MARCUS TULLIUS CICERO

Reden

Herausgeberin

Dr. Marion Giebel, geboren 1939 in Frankfurt am Main, Besuch des Friedrichgymnasiums in Kassel. Angeregt durch die Tradition dieser Schule (1539 als erste Lateinschule für die Bürger gegründet) Studium der Klassischen Philologie und Germanistik in Frankfurt, Promotion über die Odyssee. Berufsziel die Vermittlung der Antike an ein größeres Publikum, außerhalb von Schule und Universität. Berufslaufbahn Verlagslektorin (im Wilhelm Goldmann Verlag München) und dann freie Autorin.

Übersetzungen und Herausgabe griechischer und vor allem lateinischer Literatur (erste zweisprachige Ausgabe von Velleius Paterculus, »Römische Geschichte«), Biographien in der Reihe Rowohlts Monographien, Arbeiten zur antiken Religions- und Kulturgeschichte. Ständig Beiträge im Bayerischen Rundfunk und Vorträge, Volkshochschultätigkeit.

Kurzbibliographie (lieferbare Titel)

Übersetzungen, zweisprachige Ausgaben mit Erläuterungen (Reclam):
Augustus: Tatenbericht · Cicero: Briefwechsel mit Marcus Brutus; Drei Reden vor Caesar; Rede für T. Annius Milo; Philippische Reden I und II; Rede für Marcus Caelius; »Stillsitzen kann ich nicht«: Cicero zum Vergnügen · Livius: Römische Geschichte Buch II · Plinius: Briefwechsel mit Kaiser Trajan · Sueton: Nero · Velleius Paterculus: Römische Geschichte · Julian Apostata: Der Barthasser · Plutarch: Leben des Alexander und Caesar · Sophokles, Antigone: Erläuterungen und Dokumente

Rowohlts Monographien:
Cicero; Sappho; Augustus; Vergil; Ovid; Seneca.

Das Geheimnis der Mysterien. Antike Kulte in Griechenland, Rom und Ägypten. (Artemis)

Das Orakel von Delphi (Reclam)

Treffpunkt Tusculum. Ein literarischer Reiseführer durch das römische Italien. (Reclam)
Antike Weisheit. (Hrsg., Reclam)
Reisen in der Antike. (Artemis)
Plutarch: Die Kunst zu leben (Insel)

Marcus Tullius Cicero

Reden

Aus dem Lateinischen übertragen
von Marion Giebel und Ernst Schröfel

Mit einer Einführung, Einleitungen,
Anmerkungen, einer Zeittafel
und bibliographischen Hinweisen
von Marion Giebel

GOLDMANN

Die Titel »Reden: Rede für Sextus Roscius aus Ameria, Erste Rede gegen Verres, Rede für Sestius« und »Reden gegen Catilina, Vierte und siebte philippische Rede, Rede für den Oberbefehl des Cn. Pompeius, Rede für Archias« sind bereits als Einzelbände im Goldmann Verlag erschienen.

Umwelthinweis:
Alle bedruckten Materialien dieses Taschenbuches
sind chlorfrei und umweltschonend.

Der Wilhelm Goldmann Verlag
ist ein Unternehmen der Verlagsgruppe Random House.

1. Auflage 9/2001

Umschlaggestaltung: Design Team München
Umschlagfoto: AKG Berlin
Satz: IBV Satz- und Datentechnik GmbH, Berlin
Druck: Elsnerdruck, Berlin
Titelnummer: 7710
BH · Herstellung: Sebastian Strohmaier
Made in Germany
ISBN 3-442-07710-9
www.goldmann-verlag.de

1 3 5 7 9 10 8 6 4 2

Inhalt

Einführung

Die Lebenszeit Ciceros (106–43 v. Chr.) fällt in eine Epoche großer politischer Umwälzungen, die das Römische Reich in eine langdauernde Krise stürzten. Rom hatte im 2. Jahrhundert v. Chr. seine Herrschaft über den Mittelmeerraum ausgedehnt. Das Jahr der Zerstörung Korinths und Karthagos, 146 v. Chr., wurde zum Epochenjahr der römischen Politik. In den folgenden Jahrzehnten verlagerten sich die Probleme ins Innere, eine Folge der gewaltigen Expansion, die aus dem Stadtstaat Rom ein Weltreich gemacht hatte.

Politische und soziale Konflikte brachten die festgefügte Ordnung der *res publica* ins Wanken. Die jahrelange Verpflichtung der Bauern zum Kriegsdienst, die Stärkung des Großgrundbesitzes durch die Massen billiger importierter Arbeitskräfte und die Getreideschwemme aus den eroberten Ländern führten zum Ruin des Bauernstandes. Dieser wirtschaftliche und soziale Mißstand verschaffte der römischen Politik Zündstoff über Jahrzehnte hinaus. Die Reformbewegung der Gracchen, der Brüder Tiberius und Gaius Gracchus, die eine neue Landverteilung anstrebten, scheiterte schließlich am Widerstand der führenden Schicht, der stadtrömischen Nobilität. Diese bestand aus den engverbundenen Familien des Patrizier- und Amtsadels, die seit Jahrhunderten Staatsämter und Senatssitze unter sich verteilten und eifersüchtig über ihre Vormachtstellung wachten. So waren sie auch nicht bereit, den Bewohnern der italischen Städte, die mit Rom zusammen die Lasten des Krieges getragen hatten, das römische Bürgerrecht zu verleihen und dadurch die Bürgerschaft auf eine breitere Basis zu stellen. Erst ein blutiger Krieg (Bundesgenossenkrieg 91–89 v.

Chr.) konnte die längst fällige Gleichstellung erzwingen. In diesen Auseinandersetzungen hatten sich die innenpolitischen Fronten versteift: Den Verfechtern der senatorischen Standesinteressen, die sich Optimaten nannten, standen die Popularen gegenüber, die die Sache des Volkes vertraten. Ihre Führer waren meist Adlige, die zum Teil Reformen befürworteten, zum größeren Teil aber nur versuchten, statt mit Hilfe des Senats nun durch die Volksversammlung Einfluß auf die Politik zu gewinnen. Persönlicher Eigennutz und Machtstreben anstelle sozialer Intentionen diskreditierten die Bewegung der Popularen, die schließlich von einer Plattform für Reformen zur Basis der Gewaltherrschaft wurde.

Neben Senat und Volksversammlung bot das Heer ehrgeizigen Politikern die entscheidende Möglichkeit, eine politische Sonderstellung zu erringen. Das römische Heer war von einem Heerbann der Wehrpflichtigen zu einem Berufsheer geworden, das sich eng an seinen Feldherrn anschloß und in dessen Hand zu einem gefährlichen Werkzeug im innenpolitischen Kampf wurde. Das Machtstreben einzelner wurde gefördert durch die Ausübung der unumschränkten Kommandogewalt in den eroberten Ländern. Auch die geistigen und zivilisatorischen Einflüsse der hellenistischen Welt trugen dazu bei, die altrömischen Ideale der Gebundenheit an Sippe und Staat zu lockern. So trat allmählich an die Stelle der Gemeinschaftsleistung im Dienste der *res publica* das ungebundene Machtstreben einzelner starker Persönlichkeiten, die sich, auf das Heer gestützt, die führende Stellung im Staat erkämpften. Von Sulla über Caesar zu Augustus führte der Weg durch immer neue Bürgerkriegswirren zum Prinzipat, zum römischen Kaiserreich.

Inmitten dieses Kraftfeldes hat Cicero eine politische Alternative zu bieten versucht. Als *homo novus,* d. h. als ein nicht der stadtrömischen Adelskaste angehörender »Emporkömmling«, sah er die Notwendigkeit einer Regeneration und Verbreiterung der staatstragenden Schicht als das Hauptproblem des römischen Staates an. Er war sich bewußt, daß die *res publica* in eine

Krise geraten war, die sich mit administrativen Maßnahmen nicht beheben ließ. Verfassungsänderungen und die Durchführung von Gesetzen und Reformmaßnahmen scheiterten jeweils am Gruppeninteresse der römischen Stände und an der schrankenlosen Machtgier einzelner Persönlichkeiten. Dagegen entwarf Cicero sein Programm einer *concordia ordinum,* der Eintracht zwischen Senat und Ritterschaft, das er später zur *concordia omnium,* der Einheitsfront aller staatstreu Gesinnten aus allen Schichten der Bevölkerung, erweiterte. Die *libera res publica*, das freie Gemeinwesen, war für ihn ebenso eine ethische wie eine politische Idee: Die *res publica* entstand durch die Teilnahme aller an der gemeinsamen Sache, die Freiheit und Geltung des einzelnen wie des Ganzen garantierte. Ihre Umkehrung war die *res privata,* der Staat als Privatbesitz eines einzelnen, die Despotie. Wer die Schranken überschritt, die dem einzelnen zum Wohle aller gesetzt waren, stellte sich außerhalb des Staates. Daher kämpfte Cicero mit Erbitterung gegen das Machtstreben einzelner, das den Bestand des Staates gefährdete.

MARION GIEBEL

Rede für Sextus Roscius aus Ameria

Einleitung

Marcus Tullius Cicero wurde 106 v. Chr. als Sohn eines römischen Ritters in Arpinum, einer Landstadt südöstlich von Rom, geboren. In Rom erhält er rhetorischen und juristischen Unterricht bei den führenden Anwälten und Politikern seiner Zeit und beginnt seine Anwaltslaufbahn. Als einem *homo novus*, d. h. nicht dem stadtrömischen Amtsadel entstammend, ebnet ihm diese Tätigkeit den Weg zu den Staatsämtern, einschließlich des Konsulates im Jahre 63.

Sein erstes öffentliches Auftreten als Redner und Anwalt in einem großen Strafprozeß fällt in eine politisch äußerst bewegte Zeit. Der Roscius-Prozeß wurde 80 v. Chr. verhandelt, und 82 hatte der blutige Bürgerkrieg zwischen Marius und Sulla mit der Machtübernahme Sullas als Diktator geendet. Die durch den Bürgerkrieg ausgeblutete Bevölkerung wurde weiterhin dezimiert durch die Proskriptionen Sullas, die Ächtung Tausender, deren Namen auf die Proskriptionslisten gesetzt wurden. Sie galten damit als vogelfrei, ihr Vermögen verfiel dem Staat. Daß hiervon nicht nur offene politische Gegner der sullanischen Partei betroffen wurden, sondern daß dabei auch mancher die Gelegenheit benutzte, einen persönlichen Feind zu beseitigen und sich seines Vermögens zu bemächtigen, war kein Wunder.

So verhielt es sich auch im Fall des Roscius. Dieser war ein reicher älterer Landedelmann aus Ameria, einer römischen Bundesstadt in Umbrien, der im Herbst 81 in Rom ermordet wurde. Obwohl er ein Anhänger der Nobilität und Sullas gewesen und die Proskriptionslisten am 1. Juni 81 abgeschlossen worden waren, erschien sein Name auf der Liste; sein ansehnliches Vermögen, zahlreiche große Landgüter, kam zur Versteigerung. Chrysogonus, ein Freigelassener des Sulla, der sich unter dem Schutze seines Herrn eine beachtliche Machtposition geschaffen hatte und seiner Übergriffe wegen einer der bestgehaßten Männer im Staat war, hatte das riesige Vermögen für einen Spottpreis ersteigert und zwei Neffen des Toten, mit denen dieser verfeindet gewesen war, zu Verwaltern eingesetzt. Der Sohn und Erbe des Verstorbenen – er hieß Sextus Roscius wie sein Vater – wurde von den Gütern vertrieben und schließlich, da man ganz sicher gehen wollte, wegen Vatermordes angeklagt.

Wie Chrysogonus und seine Komplizen vermuteten, war keiner der namhaften Anwälte bereit, den Fall zu übernehmen und sich wegen eines Landmannes aus Umbrien die Feindschaft des allmächtigen Günstlings oder gar des Sulla selber zuzuziehen. Der Prozeß hatte dadurch den Charakter einer politischen Aktion, denn es war unvermeidbar, über den aktuellen Anlaß hinauszugehen und den Übermut der Sieger sowie die Mißstände im Staat anzuprangern.

Der junge Cicero, sechsundzwanzigjährig, der bisher nur in Zivilprozessen aufgetreten war, fand sich als einziger bereit, das Risiko auf sich zu nehmen und Roscius zu verteidigen. Der Prozeß erregte ein großes Aufsehen, nicht nur soweit er Sulla und Chrysogonus betraf, sondern auch weil er der erste reguläre Gerichtsprozeß war, der nach den Wirren der letzten Zeit stattfand, alles in allem eine glänzende Gelegenheit für einen jungen Anwalt und Redner, berühmt zu werden. Doch daß es nicht dieser Gesichtspunkt allein war, der Cicero bestimmte, beweist sein ganzes weiteres Leben, sein dauerndes leidenschaftliches Eintreten für Freiheit und Gerechtigkeit im Staat, bis hin zu den *Philippischen Reden*, mit denen er sich buchstäblich um Kopf und Kragen geredet hat.

Der Roscius-Prozeß fand vor einem Geschworenengericht unter Vorsitz eines Praetors statt. Es gab für die einzelnen Delikte verschiedene ständige Gerichte, für Mord war die *quaestio inter sicarios et veneficos* zuständig, eigentlich: der Gerichtshof für Meuchelmord und Giftmord. Die Geschworenen (die im Gegensatz zum heutigen Sprachgebrauch stets mit »Richter« angesprochen werden) wurden ausgelost, zur Zeit des Roscius-Prozesses nur aus den Mitgliedern des Senats. Die Abstimmung erfolgte geheim durch Stimmtäfelchen.

Ciceros Verteidigungsrede hat nach dem Schema der antiken Rhetorik folgende Gliederung:

I. *prooemium* oder *exordium:* Einführung in die Besonderheiten dieses Prozesses (1–14);
II. *narratio:* Erzählung, Auseinandersetzung des Sachverhalts (15–34);
III. *partitio:* Gliederung der Hauptpunkte, Angabe des Beweisgangs (35);
IV. *argumentatio* oder *probatio:* Beweisführung, Durchführung der dreiteiligen *partitio* (36–142):
   a) der Vatermord (37–82),
   b) die Roscier (82–123),
   c) Chrysogonus (124–142);
V. *peroratio* oder *conclusio:* Schluß (143–154).

In Ciceros erster großer Rede erscheinen bereits Ansätze zu seinem späteren politischen Programm, dem *consensus omnium bonorum,* dem Zusammenschluß aller positiven Kräfte im Staat. Die Nobilität wird aufgerufen, sich nicht durch Geburt und Namen, sondern durch die rechte Gesinnung und Haltung dem Staat gegenüber zur Staatsführung zu legitimieren (vgl. 139 ff.). Daraus folgt dann, daß die Teilnahme an der *res publica,* dem Gemeinwesen, allen denen offenstehen muß, die diese Haltung unter Beweis stellen, also nicht nur der Kaste des römischen Stadtadels, sondern vor allem auch dem Ritterstand.

Der besondere Kunstgriff Ciceros in der Roscius-Rede besteht darin, den allmächtigen Diktator Sulla geschickt herauszuhalten. Zwar verschließt Cicero keineswegs die Augen vor den politischen Zuständen, er tadelt mit scharfen Worten das Treiben der herrschenden Partei, die durch Kreaturen wie Chrysogonus aufs schwerste kompromittiert wird, doch läßt er Sulla persönlich aus dem Spiel und gibt ihm die Möglichkeit, sich nicht angegriffen zu fühlen, was bei dessen wunderlichem Charakter zumindest nicht ganz ohne Aussicht auf Erfolg war. Freilich war es noch schwer genug, den Richtern so weit den Rükken zu stärken, daß sie ihr persönliches Risiko außer acht ließen, und das, nachdem gerade ihr Stand in den Proskriptionen schwer dezimiert worden war. Doch Cicero siegt, es gelingt ihm, den Unmut über die herrschenden Verhältnisse und die Sehnsucht nach einer freiheitlichen Ordnung im Staat mit den Sympathien für den Angeklagten zu verschmelzen. Er erreicht den Freispruch seines Mandanten und rückt selber damit unter die bedeutendsten Redner Roms auf.

Plutarch berichtet im *Leben Ciceros* (Kap. 3), daß Cicero seinen großen Erfolg nicht sogleich ausnützte, sondern sich kurz darauf, offiziell »aus Gesundheitsrücksichten«, in Wahrheit aber, um der Rache Sullas zu entgehen, zu weiterem Studium nach Griechenland begab, von wo er erst nach Sullas Tod (78 v. Chr.) wieder zurückkehrte.

Rede für Sextus Roscius aus Ameria

1. Ich glaube, ihr Richter, darüber wundert ihr euch: So viele höchst bedeutende Redner und die angesehensten Männer sitzen als Zuschauer hier, und gerade ich habe mich zum Plädoyer erhoben. Dabei bin ich doch mit ihnen an Erfahrung, Talent und Ansehen gar nicht zu vergleichen. Sie alle, die ihr hier anwesend seht, sind zwar der Meinung, man müsse sich in diesem Prozeß gegen ein beispielloses verbrecherisches Unrecht verteidigen, diese Verteidigung zu übernehmen getrauen sie sich aber wegen der Ungunst der Zeitverhältnisse nicht. So kommt es, daß sie ihrer Pflicht zufolge zwar da sind, aber schweigen, weil

sie die Gefahr vermeiden wollen. 2. Also bin ich der Tapferste von allen? – Nein, durchaus nicht. – Aber pflichtbewußter als die anderen? – Auf dieses Lob bin ich keineswegs so erpicht, daß ich es anderen wegschnappen will. – Was bringt also gerade mich dazu, als Anwalt des Sextus Roscius aufzutreten? – Damit steht es so: Wäre einer der hier anwesenden höchst angesehenen und einflußreichen Männer als Verteidiger aufgetreten und hätte, was sich bei diesem Prozeß nicht vermeiden läßt, die Rede auf die politischen Verhältnisse gebracht, so hätte man mehr hinter seinen Worten vermutet, als er tatsächlich gesagt hätte. 3. Ich dagegen kann alles Nötige freiheraus sagen, dennoch werden meine Worte nicht in ähnlicher Weise Verbreitung finden und den Leuten ins Bewußtsein dringen können. Außerdem kann bei den anderen keine ihrer Äußerungen unbeachtet bleiben, ihres Ranges und Ansehens wegen, und man gestattet ihnen in Hinsicht auf ihr Alter und ihre Klugheit keinerlei spontane Äußerungen. Wenn *ich* mich aber etwas zu freimütig äußere, dann wird es nicht an die große Glocke gehängt, da ich ja noch nicht die politische Laufbahn begonnen habe, oder aber man verzeiht es meiner Jugend. Aber freilich sind sowohl die Übung des Verzeihens wie auch die Gewohnheit der gerichtlichen Untersuchung in diesem Staat bereits aus der Mode gekommen.

4. Dazu kommt folgender Grund: Die anderen sind vielleicht so um die Verteidigung angegangen worden, daß sie ohne Schaden für ihre Anwaltspflicht nach Belieben annehmen oder ablehnen konnten. Von mir aber haben es diejenigen dringend verlangt, die durch ihre Freundschaft, ihre Gunstbeweise und ihre hohe Stellung den größten Einfluß auf mich haben. Ihre wohlwollende Haltung mir gegenüber darf ich nicht unbeachtet lassen, ihr Ansehen nicht geringschätzen noch ihren Wunsch vernachlässigen.

5. Aus diesen Gründen also habe ich als Anwalt diesen Prozeß übernommen, nicht auserwählt als der eine mit dem größten Talent, sondern übriggeblieben von allen als der Redner mit

dem geringsten Risiko, nicht um Sextus Roscius einen möglichst sicheren Schutz zu bieten, sondern damit er nicht gänzlich verlassen ist.

Vielleicht fragt ihr, was das für ein Schrecken ist und was für eine Furcht, die so viele bedeutende Männer davon abhält, in einem Prozeß für Leib und Leben eines anderen einzutreten, wie sie es doch gewohnt sind. Daß ihr das noch nicht wißt, ist kein Wunder, denn der wahre Grund für diese Gerichtsverhandlung ist von den Anklägern absichtlich nicht zur Sprache gebracht worden. 6. Was ist das für ein Grund? Die väterlichen Güter dieses Roscius hier, im Werte von sechs Millionen Sesterzen[1], habe er von Lucius Sulla, dem glorreichen tapferen Mann, den ich mit Hochachtung nenne, für zweitausend Sesterzen[2] gekauft, behauptet der junge Mann, der zur Zeit in unserem Staat das meiste zu sagen hat, Lucius Cornelius Chrysogonus.

Dieser verlangt von euch, ihr Richter, folgendes: Weil er nun schon einmal ohne Rechtsanspruch fremdes Gut, und dazu noch ein so reiches und schönes, an sich gerissen hat und ihm beim Besitz dieses Vermögens der lebende Roscius im Wege ist, so sollt ihr sein Herz von allen bösen Ahnungen befreien und ihm alle Furcht nehmen. Solange mein Mandant unversehrt ist, glaubt er, kann er das bedeutende, reiche Erbe dieses Unschuldigen nicht auf die Dauer behalten. Ist dieser aber verurteilt und aus der Gesellschaft ausgestoßen, dann, hofft er, kann er das, was er durch ein Verbrechen gewonnen hat, in Schwelgerei verschwenden und verschleudern. Damit ihr ihm diesen Stachel aus seiner Seele reißt, der ihn Tag und Nacht antreibt und quält, fordert er, daß ihr euch öffentlich als Helfershelfer bei der Sicherung seiner Verbrechensbeute erklärt. 7. Wenn euch das als eine billige und ehrenvolle Forderung erscheint, ihr Richter, nun, so bringe ich eine Gegenforderung ein, kurz, und wie ich überzeugt bin, durchaus angemessener.

1 Über 100 000 Mark.
2 Ungefähr 300 Mark.

Als erstes fordere ich den Chrysogonus auf, sich mit Geld und Gut meines Mandanten zufriedenzugeben und nicht noch sein Leben haben zu wollen. Zweitens fordere ich euch, die Richter, auf, verbrecherischer Frechheit Widerstand zu leisten, die Notlage eines Unschuldigen zu erleichtern und in diesem Prozeß gegen Sextus Roscius gleichzeitig die Gefahr, die sich gegen alle richtet, abzuwehren.

8. Wenn sich entweder ein Grund zur Anklage, der Argwohn eines Verbrechens oder überhaupt nur der leiseste Schatten eines Verdachts zeigt, worauf die Klage der Gegenpartei basieren kann, schließlich wenn ihr außer der vorher erwähnten Beute einen anderen Anlaß für den Prozeß findet, dann will ich mich nicht dagegen wehren, daß das Leben des Roscius der Willkür dieser Leute preisgegeben wird.

Wenn es aber um nichts anderes geht, als daß es denen an nichts fehlen soll, denen nichts genug ist, wenn das allein heute zur Debatte steht, daß der Gewinn dieser fetten, reichen Beute durch die Verurteilung des Roscius seine Krönung erhält – ist das nicht eine Schande, aber ist nicht das Allerschändlichste daran die Tatsache, daß man euch dazu für geeignet hält, durch eure Stimmabgabe und euren Eid das zu erreichen, was man vorher selber gewöhnlich durch bewaffneten Mord schaffte? Ihr seid von der Bürgerschaft eurer einwandfreien Persönlichkeit wegen in den Senat gewählt worden, eures strengen Rechtssinnes halber aus dem Senat in dieses Gremium berufen worden, und euch werden solche Forderungen gestellt von Räubern und Bandenführern: Nicht nur, daß sie ihrer Verurteilung entgehen wollen, die sie von euch wegen ihrer Verbrechen zu fürchten haben, sondern sie wollen sogar mit der Siegesbeute geschmückt und bereichert diese Gerichtsverhandlung verlassen!

9. Bei einem solch schwerwiegenden, gefährlichen Fall bin ich, glaube ich, gar nicht der Richtige, um angemessen genug zu plädieren, genügend nachdrücklich Klage zu führen und freimütig die Stimme zu erheben. Zur angemessenen Behandlung fehlt mir das Talent, zum nachdrücklichen Auftreten die lang-

jährige Erfahrung, und der freimütigen Sprache ist der Zeitpunkt nicht günstig. Dazu kommt noch eine reichliche Portion Bangigkeit, verursacht durch mein von Natur aus schüchternes Wesen ebenso wie durch eure Würde, den Einfluß der Gegner und die Gefahr, in der Roscius schwebt.

Deshalb bitte ich euch inständig, ihr Richter, meinen Worten aufmerksam und wohlwollend Gehör zu schenken. Gestützt auf euren getreuen Beistand und eure Einsicht habe ich mir mehr aufgeladen, als ich tragen kann. 10. Wenn ihr mir diese Last ein wenig erleichtern wollt, werde ich sie tragen, so gut ich kann, mit allem Eifer und Einsatz. Wenn ihr mich aber im Stich laßt, was ich freilich nicht annehme, dann werde ich dennoch nicht verzagen und meine Aufgabe so gut wie möglich zu Ende bringen. Sollte ich sie aber nicht durchführen können, dann will ich lieber unter der Last meines Auftrags zusammenbrechen, als den mir nun einmal vertrauensvoll übertragenen Fall treulos von mir abzuwälzen oder aus Schwäche niederzulegen.

11. Dich, Marcus Fannius[3], bitte ich, dich uns und dem Staat jetzt bei diesem bedeutenden Fall ebenso zur Verfügung zu stellen, wie du dich schon früher für das römische Volk eingesetzt hast, als du bei einem solchen Gerichtshof den Vorsitz führtest. Du siehst, welch eine riesige Menschenmenge zu dieser Verhandlung herbeigeströmt ist, erkennst die Erwartung aller, den heißen Wunsch, hier möge tatkräftig und streng Recht gesprochen werden.

Nach langer Pause tritt hier der Gerichtshof für Mordfälle zum ersten Mal wieder zusammen, während inzwischen die unwürdigsten, schlimmsten Mordtaten geschehen sind. Alle hoffen nun, daß dieser Gerichtshof mit dir als Vorsitzendem den Verbrechen in aller Öffentlichkeit und dem täglichen Blutvergießen ein Ende machen wird.

3 Der Praetor, der den Vorsitz des Geschworenengerichtes führte. Zur Zeit des Roscius-Prozesses konnten nur Angehörige der Nobilität zu Geschworenen gewählt werden.

12. Die Aufforderung, die in anderen Prozessen die Ankläger auszusprechen pflegen, gebrauchen wir hier als Beklagte: Diese Bitte haben wir an dich, Marcus Fannius, und an euch, ihr Richter: Sühnt mit aller Härte die Verbrechen, leistet mit aller Kraft den bedenkenlosen Verbrechern Widerstand! Denkt dabei an folgendes: Wenn ihr in diesem Prozeß nicht eure Gesinnung kundtut, werden die verbrecherischen Leidenschaften dieser Leute mit einer solchen Verwegenheit hervorbrechen, daß nicht nur im Verborgenen, sondern hier im Gerichtshof, vor deinem Richterstuhl, Marcus Fannius, vor euren Füßen, Richter, hier zwischen den Gerichtsbänken Mord und Totschlag herrschen wird.

13. Denn was anderes wollen sie erreichen bei diesem Prozeß? Ankläger sind hier die, die dem Angeklagten alles weggenommen haben, sich verteidigen muß der, dem sie außer Elend nichts gelassen haben. Ankläger sind die, denen es zum Vorteil gereichte, daß der Vater des Sextus Roscius ermordet wurde – der muß sich verteidigen, dem der Tod des Vaters nicht nur Leid, sondern bittere Not brachte! Ankläger sind die, die diesen mit aller Gewalt hängen sehen wollen – der muß sich verteidigen, der sogar aufs Gericht eine Leibwache mitbringen muß, damit sie ihn nicht vor euren Augen erschlagen! Ja endlich die sind die Ankläger, deren Bestrafung das Volk fordert, und der muß sich verteidigen, der allein aus ihrem entsetzlichen Blutbad übriggeblieben ist!

14. Und damit ihr einseht, daß das Geschehene noch weit schlimmer ist, als meine Worte es bisher wiedergeben konnten, will ich euch den Sachverhalt von Anfang an auseinandersetzen. Dann werdet ihr daraus leichter beides erkennen können: das Unglück dieses Unschuldigen, die Verwegenheit der Gegenpartei und die unheilvolle Lage, in der sich der Staat befindet.

15. Sextus Roscius, der Vater dieses meines Mandanten, ein Bürger von Ameria, war seiner Abstammung und seinem Vermögen nach weitaus der angesehenste Mann nicht nur in seiner

Stadt, sondern auch in der ganzen Umgebung. Er stand in hohem Ansehen und in gastfreundlicher Verbindung mit den vornehmsten Adelsfamilien. Denn mit den Metellern, Serviliern und Scipionen war er nicht nur durch Bande allgemeiner Gastfreundschaft verbunden, sondern stand in stetigem vertrauten Umgang mit ihnen, Familien, die ich ihrer hohen Ehrenstellungen und ihres großen Einflusses halber achtungsvoll namentlich erwähne. Dies allein hat der Vater von allen seinen Gütern dem Sohn hinterlassen können. Denn das väterliche Gut haben ihm die Räuber aus der eigenen Familie entrissen und besitzen es nun, der gute Name und das Leben des Unschuldigen aber werden von den Gastfreunden seines Vaters geschützt. 16. Dieser hat immer auf der Seite des Adels gestanden, und in den Wirren der jüngsten Vergangenheit, als Würde und Existenz des gesamten Adelsstandes auf dem Spiel standen, hat er vor allen anderen in seiner Umgebung die Sache dieser Partei mit nachdrücklichem Eifer und unter Einsatz seines ganzen Ansehens verteidigt. Er hielt es nämlich für rechtens, sich für die Ehrenstellung des Standes einzusetzen, dem er selber sein hohes Ansehen unter den Seinen verdankte. Nach dem Sieg und der Beendigung der Kampfhandlungen, als die Zeit der Proskriptionen begann und man überall die festnahm, die man für politische Gegner hielt, da war Roscius häufig in Rom, war täglich vor aller Augen auf dem Forum, wobei er sich mehr über den Sieg der Adelspartei zu freuen schien als zu fürchten, ihm könne von dieser Seite irgendein Unglück zustoßen.

17. Er hatte eine alte Feindschaft mit zwei Angehörigen der Familie Roscius aus Ameria; von denen sehe ich den einen auf der Bank der Ankläger sitzen, der andere besitzt, höre ich, drei Landgüter des Roscius. Hätte er sich vor dieser Feindschaft in dem Maße schützen können, wie er sie immer fürchtete, dann wäre er noch am Leben. Er fürchtete sich nämlich nicht zu Unrecht, ihr Richter. Die beiden Titus Roscius – der eine führt den Beinamen Capito, der hier anwesende heißt Magnus – sind nämlich Menschen dieses Schlages: Der eine gilt als siegge-

wohnter alter und anerkannter Gladiator[4], der andere begab sich neulich zu diesem Fechtmeister in die Lehre, und er, der, wenigstens so viel ich weiß, vor diesem Kampf ein Neuling in dieser Kunst war, hat sogar seinen Lehrmeister mühelos an verbrecherischem Wagemut übertroffen.

18. Denn während unser Roscius in Ameria war, Titus Roscius hier aber in Rom, während der Sohn dauernd auf den Landgütern lebte und sich nach dem Willen des Vaters der Landwirtschaft widmete, dieser Titus aber sich häufig in Rom aufhielt, da wird bei den Pallacinischen Bädern auf dem Heimweg von einem Gastmahl Sextus Roscius der Vater ermordet. Ich glaube, schon hieraus ist es klar, auf wen sich der Verdacht der Untat richtet. Wenn alles, was bisher noch bloßer Verdacht ist, nicht durch die Tatbestände selber zur Gewißheit wird, dann sollt ihr den Angeklagten als schuldig verurteilen.

19. Den Mord an Sextus Roscius meldet ein gewisser Mallius Glaucia als erster nach Ameria, ein Mensch niedrigen Standes, ein Freigelassener, der als Klient und Hausgenosse zu diesem Titus Roscius gehört, und er bringt die Nachricht nicht in das Haus des Sohnes, sondern in das des Feindes Capito, und während Roscius in der ersten Nachtstunde[5] getötet worden war, kommt dieser Bote im ersten Morgenlicht nach Ameria. Er hat in zehn Nachtstunden eine Strecke von sechsundfünfzig Meilen im Reisewagen wie im Flug zurückgelegt, nicht nur um dem Feind die ersehnte Nachricht als erster zu bringen, sondern auch um das Blut des Feindes möglichst frisch und die Mordwaffe noch warm, gerade aus dem Körper gezogen, vorzuzeigen.

20. Vier Tage danach bringt man die Sache an Chrysogonus nach Volaterrae[6] ins Lager Sullas, weist auf die Größe des Ver-

4 Gladiatoren waren nicht nur die bei den Spielen beschäftigten Berufsfechter, sondern man nannte auch die bewaffneten Bandenmitglieder so, die sich zu Verbrechen aller Art anwerben ließen.

5 Gegen 19 Uhr. – Die Entfernung beträgt etwa 84 Kilometer. Ameria, heute Amelia, liegt in Umbrien, nordöstlich von Rom.

6 Bergstadt in Etrurien, heute Volterra, wo Sulla die letzten Marianer belagerte.

mögens hin, stellt den Wert der Ländereien vor Augen – denn dreizehn Landgüter hat Sextus Roscius hinterlassen, die fast alle am Tiber liegen –, erwähnt die hilflose und verlassene Lage des Sohnes. Ferner macht man Chrysogonus klar: Der Vater Roscius, immerhin ein angesehener und einflußreicher Mann, war ohne Mühe und Aufsehen ums Leben gebracht worden, da mußte es doch das Leichteste von der Welt sein, diesen arglosen, bäurischen und großstadtfremden Menschen aus dem Wege zu räumen, und dazu versprachen sie ihre Hilfe. 21. Ich will es nicht weiter ausführen – man schließt einen Vertrag. Die Proskriptionen waren bereits abgeschlossen, die vorher für ihr Leben fürchten mußten, kehrten zurück und glaubten sich den Gefahren entronnen, da wird der Name des Sextus Roscius auf die Proskriptionsliste gesetzt, eines entschiedenen Parteigängers der Nobilität. Chrysogonus kauft die Güter auf, drei der besten Landgüter bekommt Capito als Eigentum, der sie heute noch besitzt, auf das übrige Vermögen stürzt sich dieser Titus Roscius im Namen des Chrysogonus, wie er selber sagt. Diese Güter im Wert von sechs Millionen Sesterzen kaufen sie für zweitausend. Das alles, ihr Richter, ist ohne Wissen des Lucius Sulla geschehen, das weiß ich sicher. 22. Kein Wunder, er ist nämlich zur selben Zeit mit der Ordnung alles Vergangenen und Zukünftigen beschäftigt, er allein hat ja alles in der Hand, den Frieden zu sichern und den Krieg weiterzuführen, alle schauen auf den einen, der eine lenkt alles, und er ist von so vielen Angelegenheiten beansprucht, daß er gar nicht frei Atem holen kann – ja, ist es da ein Wunder, wenn er irgend etwas nicht bemerkt, besonders da doch so viele beobachten, wie beschäftigt er ist, und auf einen Zeitpunkt lauern, wo er nicht hinschaut, um ihre Untaten ins Werk zu setzen? Dazu kommt noch dieses: Wie sehr Sulla auch seinen Beinamen »Der Glückliche« zu Recht trägt, es kann doch keiner so glücklich sein, daß er nicht unter einer großen Zahl von Leuten einen Schlechten hat, ob Sklave oder Freier.

23. Inzwischen kommt Titus Roscius, dieser Ehrenmann, als Geschäftsträger des Chrysogonus nach Ameria, ergreift Besitz

von den Gütern meines Mandanten, wirft diesen Unglücklichen, der ganz im Leid aufgeht und kaum der Leiche des Vaters die schuldigen letzten Ehren erwiesen hat, nackt aus dem Haus, treibt ihn Hals über Kopf vom väterlichen Herd und seinen Göttern – er selber ist jetzt der Herr des ungeheuren Vermögens. Bei sich zu Hause war er ein ganz armer Teufel, aber jetzt, mit fremdem Gut, da wird er natürlich verschwenderisch. Vieles schleppt er ganz offen in sein eigenes Haus, noch mehr entwendet er heimlich, nicht gerade spärlich sind die Geschenke, die er seinen Helfershelfern großzügig macht, den Rest versteigert er.

24. Das alles erschien den Bürgern von Ameria so schmachvoll, daß die ganze Stadt weinte und seufzte. In der Tat hatten sie ja eine ganze Menge mit ansehen müssen: den grausamen Tod des Sextus Roscius, ihres angesehensten Mitbürgers, die schmachvolle Mittellosigkeit des Sohnes, dem dieser gottlose Räuber von seinem ganzen riesigen Besitz nicht einmal das Recht gelassen hatte, die Grabstätte des Vaters zu besuchen. Dazu kam noch die schandbare Verschleuderung der Güter, die man sich aneignet, stiehlt, raubt und weiterverschenkt. Jeder hätte lieber alles in Flammen aufgehen sehen, als den Titus Roscius zu erleben, wie er sich auf den Gütern des Sextus Roscius, eines so hervorragenden Ehrenmannes, breitmacht und den Herrn spielt. 25. Deshalb faßte der Magistrat sofort den Beschluß, die zehn obersten Beamten sollten zu Sulla reisen und ihm erklären, was für ein Mann Sextus Roscius gewesen sei, Klage führen wegen des Verbrechens und der Übergriffe und ihn bitten, das Ansehen des Toten und das Gut des unschuldigen Sohnes zu bewahren. Bitte hört selbst den Wortlaut des Dekretes.

Das Dekret wird verlesen.

Die Abgesandten kommen ins Lager. Es wird klar, ihr Richter, was ich vorhin sagte, daß Sulla nichts von dem Verbrechen und den Schändlichkeiten gewußt hat. Denn sofort kommt Chrysogonus selber zu ihnen und schickt ihnen vornehme Männer, die sie auffordern sollen, nicht selbst zu Sulla zu gehen, und die ihnen versprechen, daß Chrysogonus alle ihre Wünsche erfüllen werde. 26. So viel Angst hatte er aber, daß er lieber gestorben wäre, als Sulla dies alles zu berichten.

Diese Leute von altem Schlag, die meinten, alle anderen seien ebenso wie sie, schenkten ihm Glauben, als er versicherte, der Name des Sextus Roscius werde von der Proskriptionsliste gestrichen und die herrenlos gewordenen Güter würden dem Sohne zurückerstattet, zumal auch Titus Roscius Capito, der sich unter den zehn Abgesandten befand, sich dafür verbürgte. Sie kehrten nach Ameria zurück, ohne ihr Anliegen förmlich vorgetragen zu haben. Die anderen aber schoben die Sache erst von Tag zu Tag hinaus, dann wurden sie noch lässiger, machten Ausflüchte, und schließlich, leicht zu merken, begannen sie, Sextus Roscius nachzustellen, in der Meinung, sie könnten das fremde Vermögen, solange dessen Herr noch lebte, doch nicht auf die Dauer behalten. 27. Sobald Roscius es merkte, flüchtete er auf den Rat seiner Freunde und Verwandten nach Rom und begab sich unter den Schutz der Caecilia, der Schwester des Nepos, Tochter des Metellus Balearicus – sie gestatte mir die Ehre, ihren Namen zu nennen –, mit der sein Vater in guter Freundschaft verbunden gewesen war. Diese Frau gibt nach dem unveränderten Urteil aller noch heute einen vorbildlichen Beweis für die Freundestreue der alten Zeiten. Roscius, mittellos wie er war, aus dem Haus geworfen, von seinen Gütern vertrieben, auf der Flucht vor drohenden Mörderwaffen, erhielt Aufnahme in ihrem Haus, der bedrängte Gastfreund, von allen aufgegeben, fand in ihr eine Stütze. Ihrer Standhaftigkeit, Treue und Sorge ist es zu verdanken, daß mein Mandant hier lebendig auf der Gerichtsliste statt tot auf der Proskriptionsliste steht.

28. Denn als die anderen merkten, des Roscius Leben werde mit höchster Sorgfalt geschützt und es gebe für sie keine Möglichkeit zu einem Mord, da faßten sie kühn den verbrecherischen Plan, ihn wegen Vatermordes anzuklagen, dazu einen ge-

wiegten Ankläger aufzutreiben, der selbst in dieser Sache etwas vorbringen könnte, in der keinerlei Verdachtsgrund vorlag. Schließlich, da sie durch Anschuldigungen allein nichts erreichen konnten, wollten sie auf die Zeitumstände spekulieren. Sie argumentierten so: Da so lange keine Gerichtsverhandlungen abgehalten worden sind, wird folglich der erste, der vor Gericht gebracht wird, verurteilt werden. Dem Angeklagten werden wegen des mächtigen Einflusses des Chrysogonus keine Anwälte zur Verfügung stehen, den Verkauf der Güter und die Kumpanei mit Chrysogonus wird keiner erwähnen. Durch den bloßen Namen des Vatermordes und die Scheußlichkeit einer solchen Anschuldigung wird man es erreichen, daß dieser hier, von niemand verteidigt, ohne irgendeine Anstrengung aus dem Weg geräumt wird. 29. Mit dieser wahnsinnigen Absicht haben sie ihn, den sie umbringen wollten, aber nicht konnten, euch zur Hinrichtung übergeben.

Was soll ich zuerst beklagen? Wo soll ich anfangen, Richter? Was soll ich, wen soll ich zu Hilfe rufen? Soll ich die Treue der unsterblichen Götter anrufen, oder die des römischen Volkes, oder die eure, die ihr hier jetzt die höchste Macht habt? 30. Der Vater wurde ruchlos ermordet, das Haus besetzt von Feinden, die Güter eingezogen, besetzt, geplündert, das Leben des Sohnes in Gefahr gebracht, mit Dolch und Hinterhalt mehrmals bedroht. Was scheint bei so vielen Verbrechen noch zu fehlen? Dennoch setzen diese hier ihren übrigen Schandtaten noch die Krone auf: Eine unglaubliche Anschuldigung denken sie sich aus, Zeugen gegen ihn und Ankläger beschaffen sie vom Gelde meines Mandanten, stellen den Unseligen vor die Wahl, sich auszusuchen, ob er lieber seinen Hals dem Titus Roscius darbieten oder in einen Sack eingenäht[7] schimpflich sein Leben einbüßen will.

Anwälte würden ihm fehlen, dachten sie; sie fehlen auch, aber einer, der freiheraus seine Meinung sagt, der als getreuer Bei-

7 Die römische Strafe für Vatermord.

stand die Verteidigung führt, worauf es ja in diesem Prozeß ankommt, solch einer fehlt wahrhaftig nicht, ihr Richter!

31. Vielleicht habe ich bei der Übernahme des Prozesses in jugendlicher Unbesonnenheit gehandelt; wenn ich aber einmal einen Fall übernommen habe, dann soll mir bei Gott alles drohen, was es an Schrecknissen und Gefahren gibt, ich halte durch und nehme alles auf mich. Es ist beschlossene Tatsache: Ich will alles, was meiner Meinung nach zur Sache gehört, nicht nur erwähnen, sondern es ungeniert, mutig und freiheraus sagen. Durch nichts auf der Welt kann die Furcht mehr Macht über mich gewinnen, ihr Richter, als die Verpflichtung, die ich als Anwalt meinem Mandanten gegenüber habe. 32. Wer ist aber auch so gleichgültig, schweigend darüber hinweggehen zu können, wenn er das sieht? »Meinen Vater, der nicht zu den Proskribierten gehörte, ihn habt ihr ermordet, den Toten auf die Proskriptionsliste gesetzt, mich aus meinem Haus mit Gewalt vertrieben, mein Erbe habt ihr mit Beschlag belegt.« Was wollt ihr noch? Seid ihr nicht auch noch mit Messer und Dolch bis zu den Bänken des Gerichtes gekommen, um diesen Sextus Roscius hier entweder umzubringen oder verurteilen zu lassen? 33. Wir haben vor nicht langer Zeit einen Mann in unserem Staat erlebt, toll über alle Maßen und nach allgemeiner Ansicht – außer bei denen, die selbst verrückt sind – der Wahnsinnigste von allen, nämlich Gaius Fimbria[8]. Dieser hat beim Begräbnis des Marius den Quintus Scaevola[9] durch einen Mordanschlag verwundet, diesen unantastbaren Mann, hochgeehrt in unserem Staat, den ausführlicher zu würdigen hier nicht der Ort ist, zumal auch nichts gesagt werden kann, was seinem Ansehen im Herzen des römischen Volkes gleichkäme. Diesem Scaevola hat er mit einer

8 C. Flavius Fimbria, fanatischer Marianer, maßgeblich am Blutbad unter dem Adel vom Jahre 87 v. Chr. beteiligt, verübte 86 den erwähnten Mordanschlag auf Q. Scaevola.

9 Quintus Mucius Scaevola Pontifex, Konsul 95 v. Chr., Lehrer Ciceros, einer der ehrenhaftesten Männer seiner Zeit, wurde 82 ein Opfer des marianischen Terrors.

Anklage vor Gericht gedroht, als er erfuhr, er sei mit dem Leben davongekommen. Befragt, warum er ihn denn anklagen wollte, einen Mann, den man für sein Verdienst gar nicht genug loben könnte, soll dieser Wahnsinnige geantwortet haben: »Weil er nicht mit dem ganzen Körper den Todesstreich empfangen wollte.« Das römische Volk hat nichts Unwürdigeres erlebt als dieses, bis hin zum Tod dieses Scaevola, der eine solch weitreichende Wirkung hatte, daß Scaevola alle die ins Verderben mitriß, die er durch einen gütlichen Vergleich der beiden Parteien hatte retten wollen und von denen er nun den Tod erlitt. 34. Kann man unseren Fall mit dem Ausspruch und der Tat des Fimbria vergleichen? – Ihr klagt den Roscius an. Warum? Weil er euren Händen entschlüpft ist, weil er sich nicht umbringen lassen wollte. Weil man das eine dem Scaevola antat, hält man es für noch unwürdiger – weil das andere ein Chrysogonus tut, da soll man es ertragen können? Was ist denn, bei den unsterblichen Göttern, überhaupt an diesem Prozeß, was einer Verteidigung bedarf? Welcher Punkt erfordert den Scharfsinn eines Anwalts oder die besondere Beredsamkeit eines ausgebildeten Redners? Ich will euch den ganzen Fall Stück für Stück vortragen, Richter, und wenn wir ihn ganz vor Augen haben, wollen wir unsere Überlegungen anstellen. Ihr werdet so am leichtesten einsehen, worauf der ganze Fall beruht, über welche Punkte ich sprechen muß und was ihr für einen Kurs einschlagen müßt.

35. Drei Hindernisse gibt es hier, soweit ich das beurteilen kann, für Sextus Roscius: die Anklage, das dreiste Auftreten und die Macht seiner Gegner[10].

Eine Anklage zu erdichten hat der Ankläger Erucius[11] über-

10 Hier beginnt die Beweisführung, *argumentatio*, und zwar mit der *partitio*, der Gliederung des Stoffes. Cicero will zunächst Sextus Roscius entlasten, dann die beiden Roscier der Tat verdächtig zeigen und schließlich, Bezug nehmend auf die allgemeine politische Lage, Haß- und Feindschaftsgefühle gegen den allmächtigen Chrysogonus erwekken, unter dem jeder, und besonders Ciceros Mandant, zu leiden hatte.

11 Ein berufsmäßiger Ankläger, der übel beleumdet war.

nommen, die verwegene Rolle haben die Roscier sich ausbedungen, Chrysogonus aber, der Mächtigste im Spiel, führt seinen Einfluß ins Feld.

Alle diese Punkte muß ich meiner Ansicht nach in meiner Rede behandeln. Wie werde ich also verfahren? 36. Nicht in gleicher Ausführlichkeit bei allen Punkten, denn der erste fällt in den Bereich meiner Anwaltspflicht, die Entscheidung über die beiden übrigen aber hat das römische Volk euch auferlegt: *Ich* muß die Anklage als gegenstandslos erweisen, *eure* Pflicht ist es, euch verbrecherischen Umtrieben in den Weg zu stellen und die unheilvolle, unerträgliche Willkürherrschaft von Menschen dieses Schlages so bald wie möglich mit Stumpf und Stiel auszurotten.

37. Des Vatermordes wird Sextus Roscius beschuldigt. Eine verbrecherische, gottlose Tat, bei den Unsterblichen, und von der Art, daß in einem solchen Verbrechen alle anderen inbegriffen sind. Wenn wirklich, wie die Philosophen so schön sagen, die liebevolle Gesinnung gegen die Eltern schon durch die bloße Miene Schaden leidet, welche harte Strafe könnte man dann für einen finden, der seinen Vater tötet? Göttliches wie menschliches Recht heißen ihn doch sein Leben für ihn hingeben, wenn es sein muß.

38. Bei einem solchen Verbrechen, so schrecklich, aber auch so selten, daß man es ins Reich der Fabeltiere und Ungeheuer verweist, wenn man einmal davon hört, was müßte da der Ankläger für Beweise anführen, was meinst du, Erucius? Sicher würde er die einmalige verbrecherische Tollkühnheit des Beschuldigten anprangern, tierische Gewohnheiten, eine bestialische Natur und einen Lebenswandel, jedem Laster ergeben, verdorben bis ins Mark! Davon hast du aber gar nichts gegen Sextus Roscius vorgebracht, nicht einmal des bloßen Vorwurfs halber.

39. Seinen Vater hat Roscius umgebracht[12]. Was ist er für ein

12 Bei der Entlastung des Roscius beginnt Cicero mit dem *probabile ex vita*, der Diskussion der Verdachtsgründe aus Leben und Charakter des Angeklagten. Dem schließt sich das *probabile ex causa* an, die Untersuchung, ob es für den Angeklagten einen äußeren Anlaß gab, die Tat zu begehen, gipfelnd in der Frage nach dem *cui bono?* Wem hat die Tat Vorteile gebracht?

Mensch? Ein junger Kerl, verdorben, von Taugenichtsen verführt? – Er ist über vierzig Jahre alt[13]. – Aha, ein alter Mordbruder, verwegen und im Totschlag geübt! – Aber das habt ihr nicht einmal vom Ankläger gehört. – Verschwendung und Schuldenlast und seine zügellosen Leidenschaften haben ihn dann bestimmt zu diesem Verbrechen getrieben! – Von der Verschwendungssucht hat ihn Erucius selber freigesprochen, als er sagte, Roscius sei nicht einmal auf ein Gastmahl gegangen, und schuldig war er niemandem etwas. Und was für Leidenschaften können in einem toben, der, wie der Ankläger selber sagt, immer auf dem Lande lebt und sein Leben mit Ackerbau zubringt? Ein solches Leben ist wie kein anderes losgelöst von aller Gier und mit Pflichttreue verbunden. 40. Was also hat dem Roscius einen solchen Wahnsinn eingeflößt? – Der Vater mochte ihn nicht, sagt man. – Der Vater hat ihn nicht gemocht? – Aus welchem Grunde? – Da muß ja schon ein triftiger, gewichtiger und einleuchtender Grund vorhanden gewesen sein. Denn es ist ebenso unglaubwürdig, daß der Vater vom Sohn umgebracht worden ist ohne eine Menge gewichtiger Gründe, wie es unwahrscheinlich ist, daß der Sohn dem Vater verhaßt war ohne viele schwerwiegende und zwingende Ursachen.

41. Wir wollen also wieder zurückgehen und fragen, was für Laster der einzige Sohn gehabt haben kann, daß er dem Vater so mißfiel. Aber da ist keines zu sehen. War der Vater also verrückt, daß er seinen eigenen Sohn ohne Grund haßte? Aber er war ein höchst charaktervoller Mann. Also ist das klar: Wenn der Vater nicht verrückt war und der Sohn nicht verkommen, dann hat der Vater kein Motiv für seinen Haß und der Sohn keines für den Mord gehabt.

42. Also gut, sagt man, wir wissen nicht, warum er ihn gehaßt hat, aber wir wissen, daß eine Feindschaft bestand, und zwar aus

13 Cicero gebraucht hier und im folgenden die Redefigur der *percontatio*, der fingierten Frage und Antwort, durch die die Rede besonders lebendig wirkt.

der Zeit, als der alte Roscius noch zwei Söhne hatte. Den einen, der gestorben ist, den wollte er immer um sich haben, diesen da hat er aufs Land gesteckt. – Was dem Erucius bei seiner böswilligen, ungereimten Anklagerede zustieß, das passiert mir notwendigerweise, der ich die gute Sache vertrete. Er fand keine Stütze für seine erdichtete Anklage, ich dagegen finde keine Methode, wie ich so schwache Argumente noch entkräften und widerlegen kann. 43. Was sagst du, Erucius? So viele Landgüter, so schöne, ertragreiche, hätte Sextus Roscius seinem Sohn, um ihn zu verbannen und zu bestrafen, zu Pflege und Schutz anvertraut? Wie? Ist es nicht der größte Wunsch von Familienoberhäuptern, die Söhne haben, besonders aber von Menschen dieses Standes, die ihre Güter selbst bewirtschaften, daß ihre Söhne sich ganz dem Familieneigentum widmen und alle ihre Mühe auf die Landwirtschaft verwenden? 44. Und hat er diesen etwa so weggeschickt, daß er auf den Feldern lebte und nur beim Gutshof sein Essen bekam, ganz ohne jede Annehmlichkeit? Wie? Wenn es feststeht, daß er nicht nur die Aufsicht über die Güter führte, sondern daß er noch zu Lebzeiten des Vaters auch die Nutznießung bestimmter Grundstücke besaß – nennst du sein Leben dann immer noch eine Verbannung aufs Land, eine Ausweisung? Siehst du nicht, Erucius, wie weit sich hier deine Argumentation vom wahren Sachverhalt entfernt? Was Väter nach alter Gewohnheit tun, das stellst du als etwas ganz Neues hin, was aus Wohlwollen geschieht, prangerst du an als eine Haßreaktion. Und was der Vater seinem Sohn als Beweis seiner Achtung gestattete, das gilt dir als Strafe. 45. Sicherlich bist du dir darüber im klaren, aber dir fehlt es so sehr an Beweisgründen, daß du nicht nur gegen uns, sondern sogar gegen die natürliche Ordnung der Dinge, gegen Herkommen und allgemeine Meinung glaubst plädieren zu müssen. – Aber als Roscius noch zwei Söhne hatte, wollte er den einen immer um sich haben, den andern ließ er auf dem Land. – Bitte, Erucius, hör einmal aufmerksam zu, ich sage das nämlich nicht als Tadel, sondern nur zur Stütze deines Gedächtnisses. 46. Wenn dir das Schicksal nicht vergönnt hat, daß du genau weißt, wer dein Vater ist, von dem du lernen könntest, was Vaterliebe ist, so hat dir die Natur doch wohl genug menschliches Wesen verliehen; dazu kommt noch ein Sinn für höhere Bildung – du bist ja nicht ganz unbelesen. Also, wir wollen uns einmal in die Welt der Dichtung begeben: Kommt es dir so vor, als würde der Greis bei Caecilius[14] Eutychus, den Sohn auf dem Lande, geringer schätzen als den anderen, Chaerestratus heißt er, glaub' ich? Hat er den einen in der Stadt bei sich, um ihm eine Ehre zu erweisen, und hat er den anderen zur Strafe aufs Land verbannt? 47. Was versteigst du dich zu solchen Phantastereien? sagst du. – Als ob es mir schwerfallen würde, beliebig viele namentlich aufzuzählen – um nicht so weit abschweifen zu müssen, Tribusgenossen oder Nachbarn von mir, die größten Wert darauf legen, daß ihre Kinder, ihnen lieb und wert, ständig auf dem Lande leben. Aber Leute, die einem persönlich bekannt sind, zu erwähnen erregt Anstoß, weil man nicht weiß, ob sie genannt werden wollen. Es ist euch ja auch keiner besser bekannt als dieser Eutychus, und es ist sicher egal, ob ich einen jungen Mann aus der Komödie oder vom Lande bei Veii nenne. Ich glaube nämlich, die Dichter haben dies geschrieben, damit wir in den fremden Personen ein Abbild unseres Wesens und eine naturgetreue Wiedergabe unseres täglichen Lebens vor Augen haben.

48. Auf jetzt, wende dich zu den wahren Tatsachen und sieh dir an, welche Beschäftigungen den meisten Beifall der Familienoberhäupter finden, und zwar nicht nur in Umbrien[15] und in der Umgebung, sondern hier in den alten Landstädten. Da wirst du in der Tat einsehen müssen, daß du aus Mangel an Schuldbeweisen dem Sextus Roscius sein größtes Verdienst als Schuld angekreidet hast.

14 Caecilius Statius (um 220-168 v. Chr.), Komödiendichter. Das erwähnte Stück, die Bearbeitung einer Komödie des Griechen Menander, ist nicht erhalten.

15 Wo Ameria lag.

Und die Söhne folgen damit nicht nur dem Willen der Väter. Ich kenne sehr viele – und wenn ich mich nicht täusche, kennt ihr sie auch –, die sich aus eigenem Antrieb der Landwirtschaft widmen und das Leben auf dem Land, das deiner Meinung nach eine Schande und Strafe sein muß, für das ehrenvollste und schönste halten. 49. Was glaubst du, mit welchem Eifer und mit welchem Sachverständnis Sextus Roscius sich der Landwirtschaft widmet? Nach dem Urteil seiner Angehörigen, höchst glaubwürdiger Leute, bist du in deinem Metier als Ankläger nicht schlauer als er in dem seinen. Aber freilich, da es ja dem Chrysogonus so gefällt, der ihm kein einziges Gut übriggelassen hat, wird er seine Fertigkeit vergessen und seine Kenntnisse an den Nagel hängen dürfen. Das ist zwar traurig und entwürdigend, aber er wird es trotzdem mit Gleichmut tragen, ihr Richter, wenn er mit eurer Hilfe wenigstens sein Leben und seinen guten Namen behalten kann. Das eine aber kann er nicht ertragen: Er, der in diese unglückliche Lage kam wegen seiner zahlreichen erstklassigen Güter und dem die Tatsache, daß er sie sorgfältig verwaltete, am meisten zum Nachteil gereicht, soll daran noch nicht genug Kummer haben, daß er sie für andere, nicht für sich selbst bewirtschaftete – ja, daß er sie überhaupt bebaute, wird ihm als Verbrechen ausgelegt.

50. Du wärst in der Tat ein lächerlicher Ankläger, Erucius, wenn du in jenen Zeiten geboren wärest, als die künftigen Konsuln vom Pflug weggeholt wurden. Denn wenn du es schon für eine Schande hältst, die Aufsicht über die Landwirtschaft zu führen, dann würdest du ja auch den bekannten Atilius[16], den die Abgesandten antrafen, wie er mit eigener Hand die Saat ausstreute, als einen verächtlichen, ehrlosen Mann ansehen. Unsere Vorfahren jedenfalls urteilten ganz anders über ihn und ihm

16 C. Atilius Regulus Serranus, Konsul 257 v. Chr., Sieger über die Karthager im Ersten Punischen Krieg, der seinen Beinamen vermutlich von der hier erwähnten Begegnung erhielt (*serere* säen), eine der Vorbildgestalten des alten Rom.

ähnliche Männer. Daher konnten sie uns auch den Staat aus kleinsten Anfängen mächtig und in Blüte stehend hinterlassen. Denn seine eigenen Äcker bebaute jeder mit Sorgfalt, hatte keine Gier nach fremden, und diese Einstellung ist der Grund dafür, daß sie dem Staat Felder, Städte und fremde Völker hinzugewannen und unsere Macht und das Ansehen des römischen Namens mehrten.

51. Das alles erwähne ich nicht deshalb, weil es mit den Verhältnissen hier zu vergleichen wäre, die wir untersuchen, sondern damit folgendes klar wird: Wenn zu Zeiten unserer Vorfahren die bedeutendsten und berühmtesten Männer, wie sie zu allen Zeiten am Steuer des Staates hätten sitzen sollen, dennoch Mühe und Zeit auf die Landwirtschaft verwandten, da muß man es doch einem Mann, der sich als Landwirt bekennt, verzeihen, daß er sein Leben auf dem Land zugebracht hat. Er konnte ja auch gar nichts tun, was seinem Vater lieber oder für ihn selber schöner und in der Tat ehrenhafter gewesen wäre.

52. Bitterster Haß des Vaters gegen den Sohn zeigt sich also darin, nicht wahr, Erucius, daß er diesen hier auf dem Lande ließ. Gibt es sonst noch einen Beweis? – Ja, er wollte ihn enterben. – Aha, jetzt sagst du etwas Wichtiges! Denn das andere ist, das wirst du zugeben, leeres Geschwätz: Er ging nicht mit dem Vater auf Gastmähler. – Natürlich, wenn er nur äußerst selten in der Stadt war. – Man lud ihn kaum ein. – Kein Wunder, wenn er nicht in der Stadt lebte und die Einladungen nicht erwidern konnte. – 53. Das ist wirklich, wie du selber einsiehst, Geschwätz. Aber laß uns den einen Punkt von vorhin aufgreifen, einen sichereren Beweis dafür, daß der Vater den Sohn gehaßt hat, können wir nicht finden. Der Vater trug sich also mit dem Gedanken, den Sohn zu enterben. Lassen wir dahingestellt, warum. Ich frage nur, wie du es weißt, obwohl es ja deine Sache wäre, alle Verdachtsgründe der Reihe nach aufzuzählen. Ein glaubwürdiger Ankläger hätte die Pflicht, wenn er schon jemand eines solchen Verbrechens beschuldigt, alle Laster und Vergehen des Sohnes aufzuzeigen, die den erbitterten Vater be-

wogen haben könnten, die Natur selbst zu verleugnen, seine tiefverwurzelte Liebe aus dem Herzen zu reißen, um schließlich zu vergessen, daß er Vater ist. Und das ist ja ohne große Verfehlungen von seiten des Sohnes gar nicht vorstellbar. 54. Aber bitte, du darfst meinetwegen übergehen, was du durch dein Stillschweigen selbst als gegenstandslos hinstellst.

Das mußt du aber wenigstens klipp und klar beweisen, daß Roscius seinen Sohn enterben wollte. Was bringst du denn vor, damit wir die Tat glauben können? Tatsachen kannst du nicht vorbringen. Also erfinde doch wenigstens etwas Passendes, damit es nicht gar zu sehr in die Augen sticht, obwohl du es ja offen genug tust, daß du nämlich nur deinen Spott treibst mit dem Leben dieses Unglücklichen wie auch mit der Würde der hier versammelten Richter.

Enterben wollte er den Sohn. – Warum? – Weiß ich nicht. – Hat er ihn denn enterbt? – Nein. – Wer hinderte ihn daran? – Er hatte es aber vor. – Er hatte es vor? Wem hat er davon erzählt? – Niemandem. – Heißt das nicht das Gericht, die Gesetze und eure Würde aus Gewinnsucht und Willkür mißbrauchen, wenn man so eine Anklage führt und Beschuldigungen vorbringt, die man nicht beweisen kann, ja es nicht einmal versucht? 55. Keiner von uns, Erucius, der nicht wüßte, daß du mit Sextus Roscius keine persönliche Feindschaft hast, alle sehen, warum du als sein Feind auftrittst, sie wissen, daß das Geld dieses Mannes hier[17] dich dazu gebracht hat. Was also? Aber du hättest doch bei all deiner Raffgier bedenken sollen, daß das Urteil der Richter und das Remmische Gesetz[18] auch einiges Gewicht besitzen.

Es ist von Nutzen, viele Ankläger im Staat zu haben, damit

17 Titus Roscius Capito, einer der Neffen des alten Roscius.

18 Nach diesem Gesetz durfte der Angeklagte vom Ankläger einen Eid fordern, daß dieser keine wissentlich falsche Beschuldigung vorbrachte. Der überführte Ankläger bekam ein K auf die Stirn gebrannt (K für *calumnia* – wissentlich falsche Anschuldigung). Er war ehrlos und durfte nicht mehr vor Gericht auftreten (vgl. Abschnitt 57 Ende).

das Verbrechertum durch Furcht in Schranken gehalten wird. Aber nur insoweit ist es nützlich – nicht damit wir ganz offen von den Anklägern zum Besten gehalten werden. Manch einer ist unschuldig, aber wenn auch ohne Schuld, so doch nicht frei von Verdacht. Das ist bedauerlich, aber ich kann dem Ankläger in diesem Falle keinen Vorwurf machen. Denn er hat ja Ursachen, worauf er seine Anklage und seinen Verdacht gründet, und erweckt nicht den Anschein, als treibe er offen ein falsches Spiel und verbreite wissentlich falsche Anschuldigungen. 56. Wir lassen es uns daher alle gern gefallen, daß es möglichst viele Ankläger gibt, denn der unschuldige Angeklagte kann ja freigesprochen, der Schuldige aber, wenn er nicht angeklagt wird, auch nicht verurteilt werden. Es ist aber besser, einen Unschuldigen freizusprechen, als einen Schuldigen nicht vor Gericht zu stellen. Auf dem Kapitol werden auf Staatskosten Gänse gehalten[19] und Hunde gefüttert, die melden sollen, wenn Diebe kommen. Wer ein Dieb ist, können sie freilich nicht unterscheiden, aber sie geben Laut, wenn jemand nachts aufs Kapitol kommt, und weil das immer verdächtig ist, so wollen sie, obwohl nur Tiere, doch lieber aus zu großer Vorsicht einen Fehler machen. Wenn die Hunde aber auch bei Tag die anbellen, die kommen, um zu den Göttern zu beten, dann sollte man ihnen die Schenkel zerschlagen, weil sie auch da Lärm machen, wo nichts Verdächtiges ist.

57. Ganz ähnlich ist es mit den Anklägern. Einige von euch sind die Gänse, die nur schreien, aber keinen Schaden anrichten können. Andere sind die Hunde, die bellen und beißen können. Wir sehen, daß man euch füttert. Ihr müßt aber hauptsächlich gegen die euren Angriff richten, die es verdienen. Das ist der größte Wunsch des Volkes. Auch dann, wenn nur einige Wahrscheinlichkeit eines Verbrechens besteht, mögt ihr immerhin bei

19 Zur Erinnerung an die berühmten kapitolinischen Gänse, die durch ihr Geschnatter 387 v. Chr. beim Galliereinfall die Besatzung des Kapitols rechtzeitig weckten.

eurem Verdacht bellen. Das kann man euch zugestehen. Wenn ihr aber so vorgeht, daß ihr jemand des Vatermordes beschuldigt und nicht einmal sagen könnt, warum und auf welche Weise, und ganz ohne Verdachtsgrund bellt, dann wird euch freilich niemand die Schenkel zerschlagen, aber wie ich unsere Richter kenne, wird man den Buchstaben, der euch so zuwider ist, daß ihr sogar alle Kalenden haßt, so nachdrücklich eurem Kopf einprägen, daß ihr später niemanden mehr, nur noch euer Geschick, anklagen könnt.

58. Was hast du mir zu verteidigen gegeben, mein tüchtiger Ankläger, was den Richtern für Verdachtsgründe? – Enterbt zu werden fürchtete er. – Das höre ich. Aber warum er das fürchten mußte, sagt niemand. – Der Vater beabsichtigte es. – Beweise es doch! Nichts – kein Wort darüber, mit wem er sich beriet, wem er davon berichtet hat, wie ihr darauf gekommen seid, das zu vermuten. Wenn du so deine Anklage führst, Erucius, dann erklärst du doch ganz öffentlich: Ich weiß, was ich dafür bekommen habe, aber was ich sagen soll, weiß ich nicht. Ich habe mich ganz darauf verlassen, was Chrysogonus gesagt hat: Sextus Roscius werde keinen Anwalt finden, vom Güterkauf und der Mittäterschaft aber werde zu diesem Zeitpunkt keiner sich getrauen, ein Wort zu sagen. – Dieser Irrtum hat dich zu diesem hinterlistigen Verfahren gebracht. Du hättest bei Gott den Mund nicht aufgemacht, wenn du geglaubt hättest, einer würde dir Rede und Antwort stehen.

59. Es war schon der Mühe wert, ihr Richter, seine Nachlässigkeit beim Plädoyer zu beobachten. Ich kann es mir nicht anders erklären: Als er die Männer hier um den Angeklagten herumsitzen sah, hat er sich gefragt, ob dieser oder jener wohl die Verteidigung übernehmen werde. Mit mir rechnete er gar nicht, weil ich bisher noch nie in einem großen Strafprozeß hervorgetreten bin. Als er niemand fand von denen, die das Zeug dazu hatten, begann er so nachlässig mit seinem Plädoyer, daß er sich setzte, wann es ihm in den Sinn kam, dann wieder auf und ab ging, mehr als einmal seinen Sklaven rief, wohl um ihm einen

Auftrag fürs Essen zu geben, und trotz eurer Anwesenheit und der Zuschauermenge gerade so tat, als sei er ganz allein hier. Er kommt endlich zum Schluß, setzt sich hin, da stehe ich auf. 60. Er scheint aufzuatmen, daß kein anderer, Besserer, spricht. Ich beginne meine Rede. Lange bemerke ich, ihr Richter, daß er Scherze treibt und sich mit anderen Dingen beschäftigt – bis ich Chrysogonus mit Namen nenne. Sobald ich diesen nur genannt habe, da steht der Mensch sofort auf, scheint verwundert. Ich merke, was ihn gestochen hat. Noch einmal und zum dritten Mal nenne ich den Namen. Danach rennen dauernd Leute hin und her, vermutlich, um dem Chrysogonus zu melden, da gebe es doch einen hier im Staat, der sich getraue, gegen des Chrysogonus Willen zu reden. Anders werde der Prozeß ablaufen, als er gedacht habe, der Güterkauf sei aufgedeckt, mit seinen Komplizen werde hart ins Gericht gegangen, seinen mächtigen Einfluß ignoriere man einfach, die Richter hörten gespannt zu, und das Volk halte den Fall für eine Schande.

61. Du hast dich nun einmal getäuscht, Erucius, du siehst, daß alles verkehrt läuft, daß die Verteidigung des Sextus Roscius, wenn nicht angemessen, so doch freimütig geführt wird. Ihn glaubtest du aufgegeben, nun merkst du, er wird verteidigt. Diese, hofftest du, würden ihn preisgeben, nun siehst du, sie sprechen Recht. Deshalb stelle deinen alten Ruf der Schlauheit und Sachkenntnis vor uns wieder her: Gib zu, in der Hoffnung hergekommen zu sein, hier finde eine Räuberei statt, kein Gericht.

62. Ein Fall von Vatermord wird hier verhandelt; der Ankläger hat aber keine Rechenschaft abgelegt, aus welchem Grund der Sohn den Vater getötet haben soll. Bei den geringfügigsten Schadensfällen und bei leichteren Vergehen, wie sie häufig und fast alltäglich sind, wird nachdrücklich und zuallererst nach der Ursache für die Tat geforscht – und das hält Erucius bei einem Fall von Vatermord nicht für nötig! Selbst wenn bei einem solchen Verbrechen, ihr Richter, mehrere Beweggründe zusammenkommen und sich zu einem einheitlichen Motiv zu verdichten scheinen, bildet man sich dennoch nicht leichtfertig sein

Urteil, ist keine auf schwachen Füßen stehende Verteidigung entscheidend. Auch gibt weder die Aussage eines unzuverlässigen Zeugen noch das Talent des Anklägers den Ausschlag. Ein langes Sündenregister, ein Leben voller Verworfenheit und ein besonderer Drang zur Gewalttätigkeit müssen nachgewiesen werden, und nicht nur diese Gewalttätigkeit allein, sondern auch Raserei in höchstem Ausmaß, völlige Verrücktheit. Ist das alles beisammen, so fehlen noch die besonderen Kriterien der Tat: wo, auf welche Weise, mit welchen Helfershelfern und wann das Verbrechen begangen worden ist. Wenn die nicht zahlreich und mit Händen zu greifen sind, dann kann man an eine so verbrecherische, gräßliche und gottlose Tat einfach nicht glauben. 63. Großes vermag doch das angeborene Gefühl der Menschlichkeit, viel gelten auch die Bande des Blutes, die Natur selber ruft solchen Verdächtigungen ihr Nein entgegen. – Ganz sicher ist es eine widernatürliche, ungeheuerliche Erscheinung, wenn jemand mit menschlichem Wesen und Aussehen die wilden Tiere so sehr an Roheit übertrifft, diejenigen, denen er den Anblick des lieben Tageslichtes verdankt, schmachvoll des Lichtes zu berauben. Sogar die wilden Tiere halten durch gemeinsame Geburt und Pflege und auch durch einen Naturtrieb Freundschaft untereinander.

64. Vor gar nicht langer Zeit ereignete sich auch, wie man erzählt, der Fall eines gewissen Titus Caelius aus Tarracina, eines Mannes von einigem Ansehen. Dieser hatte sich nach der Abendmahlzeit im gleichen Raum wie seine zwei Söhne, die im Jünglingsalter waren, zur Ruhe begeben. Am Morgen fand man ihn erwürgt. Weil man weder einen Sklaven noch einen Freien der Tat verdächtig fand, die beiden Söhne in dem genannten Alter aber, die neben dem Vater gelegen hatten, aussagten, sie hätten nichts gehört, da klagte man sie wegen Vatermordes an. War das alles nicht auch sehr verdächtig? Ist es denkbar, daß keiner von beiden etwas bemerkt hat? Jemand sollte sich in das Zimmer gewagt haben gerade zu einer Zeit, wo zwei Söhne, junge Männer, dort waren, die es merken und den Vater leicht vertei-

digen konnten? Ferner war kein Verdächtiger da. Weil es aber den Richtern erwiesen schien, daß man die jungen Männer bei offener Tür schlafend gefunden hatte, sprachen sie sie frei und ledig von allem Verdacht. 65. Niemand konnte nämlich glauben, ein Mensch, der gegen alles göttliche und menschliche Recht gefrevelt habe, könne gleich danach Schlaf finden. Denn wer eine solche Untat begangen hat, kann nicht sorglos ruhen, ja nicht einmal ohne Furcht atmen. 66. Seht ihr nicht, wie die Männer in der Dichtung, die, um den Vater zu rächen, die Mutter getötet haben[20], wenn auch auf Geheiß von Göttern und Orakelsprüchen, doch von Furien gehetzt werden, die ihnen nirgends Ruhe gönnen? Sie haben ja die fromme Pflicht nicht erfüllen können, ohne ein Verbrechen zu begehen. So ist es, ihr Richter: Gewaltig ist die Kraft, der innere Zwang, die fromme Bindung, die das Blut der Eltern ausübt. Wer sich damit befleckt, kann den Flekken nicht abwaschen, er dringt ihm so tief in die Seele ein, daß ihn Tobsucht und Raserei mit Macht ergreifen. 67. Glaubt nicht, wie ihr es oft auf der Bühne seht, die Verbrecher würden von den brennenden Fackeln der Furien in Schrecken umhergescheucht. Jeden quält sein Unrecht und seine Schreckenstat, sein Verbrechen treibt ihn zum Wahnsinn, die eigenen bösen Gedanken und das schlechte Gewissen peinigen ihn. Das sind die Furien, die den gottlosen Täter stets begleiten und bei ihm hausen, die Tag und Nacht für die Eltern die Strafe ausüben an den verbrecherischen Söhnen.

68. Weil dieses Verbrechen so ungeheuerlich ist, kann man es einfach nicht glauben, wenn der Vatermord nicht ganz offensichtlich bewiesen wird: wenn der Angeklagte nicht eine ehrlose Jugend, überhaupt ein Leben voller Schande hinter sich hat,

20 Orestes, der, um seinen Vater Agamemnon zu rächen, seine Mutter Klytaimnestra tötete, in den Tragödien des Aischylos, Sophokles und Euripides, sowie Alkmaion bei Euripides, der seine Mutter Eriphyle tötete, da sie den Tod ihres Gatten Amphiaraos vor Theben verschuldet hatte. Beide Geschichten waren auch von den römischen Dichtern Ennius, Accius und Pacuvius behandelt worden.

sein Vermögen schamlos und lasterhaft verschwendet hat und so verwegen und tollkühn ist, daß es schon an Verrücktheit grenzt. Dazu müssen noch Haß gegen den Vater kommen, Furcht vor seiner Strafe, schlechte Freunde, Sklaven als Mitwisser, ein gelegener Zeitpunkt, ein besonders passender Ort für die Tat, ja, fast möchte ich sagen, die Richter müssen noch die vom väterlichen Blut bespritzten Hände sehen, wenn sie eine so scheußliche, unmenschliche, grausame Tat glauben sollen. 69. Je unglaubwürdiger aber eine solche Tat ist, wenn sie nicht ausreichend bewiesen wird, desto härter muß sie bestraft werden, wenn der Täter überführt ist.

Wir können aus vielen Einrichtungen schließen, daß unsere Vorfahren nicht nur durch die Waffen, sondern auch durch kluge Überlegung den anderen Völkern voraus waren. Besonders geht das daraus hervor, daß sie eine eigene Strafe für Elternmord hatten. Wie sehr sie dabei die übertrafen, die man für die Weisesten hielt, das seht selbst. 70. Der athenische Staat soll zur Zeit seiner größten Machtentfaltung am fortschrittlichsten in seiner Geisteshaltung gewesen sein. Der klügste Mann, sagt man, war Solon[21], der die Gesetze schuf, die man noch heute anwendet. Auf die Frage, warum er keine Strafe gegen Vatermord festgesetzt habe, antwortete er, er könne nicht glauben, daß jemand so etwas tun werde. Das hält man nun für sehr weise, daß er für ein vorher noch nicht begangenes Verbrechen keine Maßnahmen traf, um nicht durch eine Strafe vielmehr dazu anzureizen. Da dachten unsere Vorfahren weitaus vernünftiger. In der Einsicht, nichts sei so heilig, daß es nicht einmal durch ein Verbrechen entweiht würde, erdachten sie eine einzigartige Strafe für Vatermörder. Wen die Natur selber nicht auf der rechten Bahn halten konnte, den sollte das Ausmaß der Strafe von der Untat zurückhalten. 71. Sie wollten, daß die Täter lebend in einen ledernen Sack eingenäht und in den Fluß geworfen würden. Das zeugt

21 Gestorben 559 v. Chr., athenischer Dichter und Staatsmann, einer der »Sieben Weisen«.

von seltener Einsicht, ihr Richter! Sie haben einen solchen Menschen aus der Ordnung der Natur herausgerissen und ihn mit einem Mal von Luft, Licht, Wasser und Erde abgeschnitten; denn wer den getötet hat, von dem er selbst das Leben hat, der sollte alle Elemente des Lebens entbehren. Sie wollten ihn nicht den wilden Tieren vorwerfen, damit diese nicht durch die Berührung mit dem Körper eines solchen Verbrechers noch wilder gegen uns Menschen würden. Man wollte sie auch nicht nackt in den Fluß werfen, damit sie nicht, ins Meer hinabgeschwemmt, dieses verunreinigten, da wir doch glauben, mit Meerwasser das Entweihte reinigen zu können. An nichts ließen sie ihn schließlich mehr Anteil haben, mochte es noch so wertlos und für alle zu haben sein.

72. Denn was ist allen so gemeinsam wie die Luft den Lebenden, die Erde den Toten, das Meer denen, die darin treiben, die Küste den an Land Getriebenen? So leben sie, solange es möglich ist, ohne frei Luft schöpfen zu können, so sterben sie, ohne daß die Erde ihre Gebeine aufnimmt, so werden sie von den Fluten umhergetrieben, ohne jemals benetzt zu werden. So werden sie schließlich ans Land geworfen, um nicht einmal an den Felsen im Tod Ruhe zu finden[22].

Eine solche Untat, für die es eine so einzigartige Strafe gibt, glaubst du diesen Richtern hier glaubwürdig machen zu können, Erucius, ohne daß du ein Motiv dafür anführst? Und wenn du Roscius vor den Güterkäufern selber anklagtest und Chrysogonus selber den Vorsitz führte bei einem solchen Gericht, so wärest du doch sorgfältiger vorbereitet aufgetreten. Siehst du denn nicht, was verhandelt wird und vor wem es geschieht? 73. Es geht um Vatermord, den man ohne eine ganze Anzahl von

22 Cicero berichtet im *Orator* (107), daß diese kunstvolle Stelle vom Publikum mit Beifall aufgenommen worden sei. Sie bildet den Höhepunkt des Exkurses von Abschnitt 62–73. In einem solchen Exkurs, der *egressio,* wie sie in der Rede üblich war, wurde ein *locus communis,* ein allgemeiner Gesichtspunkt, abgehandelt, und zwar in besonders feierlicher Ausdrucksweise, dem *genus grande,* der erhabenen Redeweise.

Gründen einfach nicht begeht, es wird vor höchst verständigen Männern verhandelt, denen klar ist, daß nicht einmal das geringste Unrecht ohne Motiv geschieht. Nun gut, du kannst kein Motiv nennen. Eigentlich habe ich ja jetzt schon gesiegt, ich will aber nicht auf meinem Recht beharren und will dir in diesem Fall Zugeständnisse machen, was ich in einem anderen Prozeß nicht täte. Hier kann ich mich aber auf die Unschuld meines Klienten stützen. Ich frage dich also nicht, warum Roscius seinen Vater umgebracht hat, ich will nur wissen, wie er ihn getötet hat. Bei dieser Frage nach dem Wie und in dem ganzen Verfahren mit dir will ich so vorgehen, daß ich dir in der mir zustehenden Zeit das Recht einräume, entweder zu antworten, mich zu unterbrechen oder gar, wenn du willst, Fragen zu stellen.

74. Auf welche Weise also hat er ihn getötet? Hat er ihn selbst erschlagen, oder hat er anderen den Auftrag dazu gegeben? Wenn du sagst: Er selbst, so sage ich: Er war nicht in Rom. Wenn du sagst: Er tat es mit Hilfe anderer, so frage ich: Welche anderen meinst du? Sklaven oder Freie? Wenn Freie, was sind das für Leute? Warb er in Ameria oder hier in der Stadt Meuchelmörder an? Wenn in Ameria, wo sind sie? Warum werden sie nicht namhaft gemacht? Wenn in Rom, woher kannte sie Roscius, der viele Jahre nicht hier war und nie länger als ein paar Tage blieb? Wo traf er sie? Mit wem verhandelte er? Wie brachte er sie dazu? – Er gab ihnen Geld – Wem gab er es? Durch wen ließ er es auszahlen, aus welcher Kasse kam es, und wieviel gab er? – Pflegt man nicht durch eine solche Spurensuche zu dem Täter vorzudringen? Und denk zugleich daran, wie du unseren Roscius geschildert hast; ein ungeschliffener und bäurischer Mensch sei er, niemals unterhalte er sich mit jemand, niemals halte er sich länger hier in der Stadt auf.

75. Ich übergehe den Punkt, den ich sehr zum Vorteil für die Unschuld meines Klienten hervorheben könnte: Auf dem Boden ländlicher Lebensweise, einfacher Ernährung, eines derart schlichten Lebens ohne jede Raffinesse gedeiht das Verbrechen nicht. Wie man nicht jegliche Sorten von Früchten und Bäumen

auf jedem Boden finden kann, so gibt es auch nicht jede Art von Verbrechen bei jeder Lebensweise. In der Stadt entsteht der Luxus, aus dem Luxus wächst notwendig die Habgier, aus der Habgier der Drang zum Verbrechen: Daraus entwickeln sich alle Laster und Untaten. Das Leben auf dem Lande aber, das du bäurisch nennst, lehrt Sparsamkeit, Wirtschaftlichkeit und Gerechtigkeit.

76. Aber lassen wir das. Ich formuliere meine Frage so: Dieser Mann, von dem du sagst, daß er nie unter Menschen geht, mit wessen Hilfe konnte er ein derartiges Verbrechen ganz geheim, noch dazu ohne selbst dabei zu sein, ausführen? Bei vielen falschen Beschuldigungen, ihr Richter, findet sich doch der Anschein eines Verdachts: Wenn es aber hier irgendeinen Verdacht gibt, dann will ich zugeben, daß eine Schuld vorliegt. – In Rom wird Sextus Roscius ermordet, während in Ameria der Sohn auf den Feldern ist. – Er wird also einem Banditen einen Brief geschrieben haben, er, der in Rom niemand kannte. – Er hat jemand holen lassen. – Wen und wann? – Er hat einen Boten geschickt. – Wen oder an wen? – Er hat jemand mit Geld, mit seinem Einfluß, mit Hoffnungen und Versprechungen dazu verleitet. – Davon kann man nicht einmal etwas erdichten, und trotzdem wird hier wegen Vatermordes verhandelt.

77. Es bleibt noch übrig, daß er die Tat durch Sklaven verübt hat. Unsterbliche Götter, was für ein Jammer und ein Unglück! Was bei einer solchen Anklage, was einem Unschuldigen im allgemeinen hilfreich ist, daß er nämlich seine Sklaven zur Folterung anbietet, das gestattet man Roscius nicht[23]! Ihr, seine Ankläger, besitzt alle seine Sklaven, nicht ein einziger Diener ist dem Sextus Roscius zum täglichen Bedarf geblieben, aus einer

23 Die Aussage von Sklaven war nur unter der Folter gültig, um eine Verfälschung durch Angst oder Bestechung auszuschalten. Zwar brauchten sie in einem Kapitalprozeß nicht gegen ihren Herrn auszusagen, doch konnte sie dieser freiwillig als Zeugen zur Verfügung stellen. Um das zu verhindern, hatte sich die Gegenpartei aller Sklaven des Roscius bemächtigt.

riesigen Dienerschar. An dich wende ich mich jetzt, Publius Scipio, an dich, Metellus[24]! Durch eure Fürsprache, eure Bemühungen hat Sextus Roscius schon einige Male von der Gegenpartei zwei Sklaven seines Vaters zum Verhör gefordert. Ihr erinnert euch, daß Titus Roscius sich geweigert hat? Wie? Wo sind diese Sklaven? Den Chrysogonus bedienen sie, ihr Richter, er hält sie wert und teuer. Noch jetzt fordere ich, daß man sie verhört; mein Mandant bittet und fleht darum. 78. Was tut ihr? Warum weigert ihr euch? Könnt ihr jetzt noch zweifeln, Richter, wer Roscius umgebracht hat: der, der infolge seines Todes Armut und Nachstellungen ausgesetzt ist, dem man nicht einmal ein Verhör über den Tod seines Vaters gestattet, oder die, die diesem Verhör ausweichen, die die Güter besitzen, die im Morden und vom Morden leben? Alles bei diesem Fall ist traurig und schändlich, aber das Bitterste und Ungerechteste ist doch, wenn ein Sohn unter seinen Sklaven nicht einmal ein Verhör über den Tod des Vaters anstellen darf. Nicht einmal so lange darf er Herr über seine Leute sein, solange er sie über den Tod seines Vaters befragt. Ich werde auf diesen Punkt zurückkommen, und zwar bald, denn er geht ganz die Roscier an. Über deren Frechheit habe ich ja zu reden versprochen, sobald ich die Beschuldigungen des Erucius widerlegt habe.

79. Jetzt komme ich zu dir, Erucius. Ich einige mich mit dir: Falls mein Mandant das Verbrechen begangen hat, dann muß er es entweder mit eigener Hand begangen haben – das leugnest du – oder mit der Hilfe von Freien oder Sklaven. Was für Freie sollen das sein? Du kannst ja weder zeigen, wie er sie treffen konnte, oder auf welche Weise, wo und mit wessen Hilfe er sie anwarb oder mit welchen Versprechungen oder Belohnungen. Ich dagegen zeige, daß Roscius nichts davon getan hat, ja, daß

24 Publius Cornelius Scipio, Enkel des Scipio Nasica, Schwiegersohn des Redners Crassus, und Quintus Caecilius Metellus Nepos, Bruder der in Abschnitt 27 erwähnten Caecilia, die beiden vornehmen Römer, die Roscius ihren Beistand liehen. Cicero erwähnt sie, um Eindruck auf die Geschworenen zu machen.

er es gar nicht konnte, weil er viele Jahre lang nicht in Rom war und nie ohne dringenden Grund seine Güter verlassen hat. Dir blieb noch die Beschuldigung übrig, er habe mit Hilfe von Sklaven gehandelt. Darauf konntest du dich zurückziehen wie in einen Hafen, da du mit deinen anderen Anschuldigungen Schiffbruch erlitten hattest. Aber auch hier stößt du auf eine Klippe: Du siehst nicht nur die Beschuldigung von dem Angeklagten abprallen, sondern den Verdacht geradezu auf euch selber fallen[25].

80. Wohin wird denn endlich der Ankläger aus Mangel an Beweisen seine Zuflucht nehmen? Es waren damals, sagt er, solche Zeiten, daß man allgemein ungestraft Menschen umbringen konnte; daher warst auch du bei der Vielzahl von Meuchelmördern ohne Mühe in der Lage dazu. – Bisweilen scheinst du mir zwei Fliegen mit einer Klappe schlagen zu wollen, Erucius: Uns willst du durch ein Gerichtsurteil vernichten, anklagen tust du aber deine eigenen Geldgeber. Was sagst du? Mord war an der Tagesordnung? Wer führte ihn aus, wer plante ihn? Bedenkst du denn nicht, daß die Güteraufkäufer[26] dich zu diesem Zweck in Sold genommen haben? Was weiter – wissen wir nicht, daß in diesen Zeiten es dieselben waren, die an Hälsen und Gütern ihren Schnitt gemacht haben? 81. Die damals bewaffnet Tag und Nacht herumstrichen, die ständig in Rom waren, immer beim Plündern und Blutvergießen – die wollen dem Sextus Roscius die bitteren, schlechten Zeiten von damals vorwerfen, und an der Menge von Banditen, deren Häupter und Anführer sie waren, soll er wohl auch schuld sein? Er, der nicht nur nicht in

25 Die Weigerung, gerade die zwei genannten Sklaven zum Verhör freizugeben, mußte natürlich den Verdacht wecken, daß die Roscier Grund hatten, deren Aussage zu fürchten.

26 Güteraufkäufer oder Güterschlächter, *sectores,* wörtlich Zerschneider, nannte man die Leute, die die dem Staat verfallenen Güter der Geächteten aufkauften, meist zu einem Spottpreis, da die anständigen Bürger sich scheuten, am Unglück anderer zu verdienen. Auch gingen die *sectores* so weit, die Besitzer ansehnlicher Vermögen zu ermorden.

Rom war, sondern auch gar keine Ahnung hatte, was dort gespielt wurde, weil er ständig auf dem Lande lebte, wie du ja selber zugibst.

82. Ich fürchte, ihr Richter, ich falle euch lästig oder zeige wenig Vertrauen in eure Fähigkeiten, wenn ich über so eindeutig klare Sachverhalte noch länger Worte mache. Die gesamte Anklage des Erucius ist meiner Meinung nach widerlegt, außer wenn ihr etwa erwartet, daß ich die Behauptung über die Entwendung von Staatsgut[27] und andere Fabeleien dieser Art entkräfte, etwas ganz Neues, wovon ich bisher noch nie etwas gehört habe. Da scheint er mir in eine falsche Rede geraten zu sein, die er gegen einen anderen Angeklagten vorbereitet hat. Das gehört weder zum Vatermord, noch geht es den Verteidiger an, aber da er nur ein Wort der Beschuldigung fallen ließ, genügt auch die Zurückweisung in einem Wort. Falls er indessen noch etwas für das Zeugenverhör aufgehoben hat, wird er uns, wie beim Plädoyer, auch dort weit besser gerüstet finden, als er dachte.

83. Ich komme nun zu einem Thema, zu dem mich nicht Ruhmsucht, sondern die Verpflichtung meinem Klienten gegenüber treibt. Denn hätte ich Lust, irgend jemand anzuklagen, würde ich lieber solche wählen, durch deren Anklage mein Ansehen steigen kann[28]. Aber ich habe mich entschlossen, das nicht zu tun, solange mir andere Möglichkeiten freistehen. Der ist nämlich für mich der Angesehenste, der durch eigenes Verdienst zu höheren Ehren aufsteigt, nicht wer durch den Schaden und das Unglück eines anderen emporkommt. Laßt uns endlich einmal aufhören, leeres Stroh zu dreschen, laßt uns lieber for-

27 Erucius hatte angedeutet, Sextus Roscius habe von dem durch die Proskription verstaatlichten Vermögen seines Vaters einiges auf die Seite gebracht.

28 Nicht die beiden unbedeutenden Roscier, meint Cicero. Es kam in Rom öfters vor, daß ehrgeizige junge Leute als Ankläger prominenter Persönlichkeiten auftraten, um, selbst wenn sich die Anklage als gegenstandslos erwies, dadurch öffentlich bekannt zu werden.

schen, wo das Verbrechen steckt und wo es zu finden ist. Du wirst gleich merken, Erucius, durch wie viele Verdachtsgründe man eine wohlfundierte Beschuldigung beweisen kann, obwohl ich nicht alles ausführlich darlegen und ein jedes nur kurz antippen werde. Und nicht einmal das würde ich tun, wenn es nicht notwendig wäre, und daß ich es nur ungern mache, wird sich daraus erweisen, daß ich dieses Thema nicht weiter verfolgen werde, als es die Sicherheit meines Klienten und meine Amtspflicht erfordern.

84. Du konntest kein Motiv bei Sextus Roscius finden, aber ich finde eins bei Titus Roscius. Jetzt habe ich es nämlich mit dir zu tun, Titus Roscius, da du hier auf der Bank der Ankläger Platz genommen hast und dich damit offen zur Gegenseite bekennst. Auf Capito kommen wir später, sobald er als Zeuge auftritt. Darauf bereitet er sich ja vor, wie ich höre. Dann wird er auch seine anderen Ruhmestaten zu hören bekommen, von denen er nicht einmal ahnt, daß ich sie kenne. Der bekannte Lucius Cassius[29], den die Römer für einen Richter von höchster Wahrheitsliebe und Einsicht hielten, pflegte in seinen Prozessen immer wieder dasselbe zu fragen: Wem hat die Tat genützt? Im menschlichen Leben ist es so, daß sich keiner ohne eine bestimmte Hoffnung oder ohne einen Vorteil an die Ausführung eines Verbrechens begibt.

85. Diesen Mann als Untersuchungsrichter und Gerichtsvorsitzenden zu haben, suchten die ängstlich zu vermeiden, denen eine gefährliche Anklage bevorstand. Er war zwar ein Freund der Wahrheit, neigte aber seiner Natur nach nicht so sehr zum Mitleid als zur Strenge. Bei dieser unserer Verhandlung führt ein Mann den Vorsitz, der den Verbrechern sehr energisch entgegentritt, den Unschuldigen gegenüber aber äußerst milde ist. Dennoch würde ich mich nicht scheuen, entweder vor jenem

29 L. Cassius Longinus Ravilla, der als Volkstribun 137 v. Chr. die *lex tabellaria*, die geheime Abstimmung durch Täfelchen, bei den Gerichten einführte. Berühmt wurde er durch seinen Grundsatz *cui bono*? (Wem gereicht die Tat zum Nutzen?)

Richter, der mit äußerster Strenge die Untersuchung führte, oder vor Richtern, die dem Cassius gleichen, deren bloßer Name bei den Prozeßführenden sogar jetzt noch Schaudern erregt, den Sextus Roscius zu verteidigen. 86. Denn wenn diese Richter bei dem Prozeß hier sähen, daß die einen ein höchst ansehnliches Vermögen besitzen, der andere aber an den Bettelstab gekommen ist, dann würden sie nicht fragen, wem die Tat zum Vorteil gereicht hat. Sie würden, da das ganz sonnenklar ist, das Verbrechen und die Verdachtsgründe eher auf der Seite suchen, wo die Beute ist, als bei der Armut. Wie, wenn noch dazukommt, daß du vorher ein armer Schlucker warst? Habsüchtig, verwegen, der ärgste Feind des Getöteten? Was braucht man da noch Gründe zu suchen, die dich zu der Schandtat verleitet haben? Was kann man davon abstreiten? Die dürftigen Verhältnisse dieses Titus Roscius lassen sich gar nicht verheimlichen, sie stechen nur um so mehr hervor, je mehr man sie verbergen will.

87. Deine Habsucht trägst du zur Schau, indem du der Komplize eines wildfremden Menschen geworden bist wegen des Vermögens deines Mitbürgers und Anverwandten. Deine Frechheit konnten alle daran sehen – anderes wollen wir beiseite lassen –, daß aus der ganzen Kumpanei, von allen den Banditen du allein dich dazu bereitfandest, auf der Anklägerbank Platz zu nehmen und dich nicht nur sehen zu lassen, sondern sogar mit frecher Stirn zur Schau zu stellen. Feindschaft und große familiäre Streitigkeiten hast du mit dem alten Roscius gehabt, das mußt du zugeben. 88. Müssen wir noch im Zweifel sein, Richter, welcher von beiden Roscius getötet hat: der, dem sein Tod den Reichtum brachte, oder der in Armut geriet? Wer vorher arm war, oder wer jetzt bettelarm geworden ist? Wer brennend vor Habgier feindselig gegen seine Verwandten raste, oder wer in seinem Leben keine Gewinnsucht kannte, nur den Ertrag von seiner Hände Arbeit? Der verwegenste aller Güterschlächter oder der, der Forum und Gerichte nicht kannte und deshalb jetzt eure Richterstühle, ja die ganze Stadt ängstlich be-

trachtet? Ja schließlich, meiner Meinung nach das gewichtigste Argument: der Feind oder der Sohn?

89. Wenn du so viele schwerwiegende Gründe gegen den Angeklagten gehabt hättest, Erucius, wie lange hättest du geredet! Wie hättest du dich in die Brust geworfen! Die Redezeit wäre eher zu Ende gegangen als deine Rede. Jeder einzelne Punkt bietet ja so reichlichen Stoff, daß man ganze Tage damit zubringen könnte. Das könnte ich auch; ich überschätze mich zwar nicht, urteile aber auch nicht so gering über mich, zu glauben, du könntest wortreicher reden als ich. Mich mag man vielleicht, bei der riesigen Zahl von Anwälten, der großen Masse beizählen, aber dich hat die Niederlage von Cannae[30] zu einem leidlichen Ankläger gemacht. Viele Ermordete haben wir nicht am Trasumenischen See[30], sondern am Servilischen[31] gesehen. 90. »Wer wurde dort nicht verwundet vom phrygischen Schwert?«[32] Ich brauche nicht alle aufzuzählen, einen Curtius, Marius, schließlich Memmius, die schon wegen ihres Alters nicht mehr aktiv waren, schließlich »Priamos selber, den Greis«, Antistius, dem Alter und Gesetze schon das Kämpfen verboten. Außerdem gibt es noch viele, die man wegen ihres geringen Ansehens nicht erwähnt. Auch sie haben Anklage erhoben wegen Gift- und Meuchelmordes. Und wenn es nach mir ginge, wären sie alle noch am Leben. Es ist ja nichts Schlechtes dabei, daß es zahlreiche Hunde gibt, wo viele Menschen und Güter bewacht und gehütet werden müssen.

30 Die äußerst verlustreichen Niederlagen der Römer bei Cannae und am Trasumenischen See gegen Hannibal 216 bzw. 217 v. Chr. stehen hier als Bild für das blutige Morden Sullas bei den Proskriptionen, die die römische Bevölkerung ähnlich dezimierten.

31 Am Servilischen See beim Forum wurden die Köpfe der Proskribierten aufgesteckt.

32 Mit dem phrygischen Schwert (phrygisch = trojanisch) sind ebenfalls die Proskriptionen Sullas gemeint. Der Satz ist ein Zitat aus einer Tragödie des römischen Dichters Ennius. Die im folgenden erwähnten Römer waren Ankläger, die in den Bürgerkriegswirren umkamen und damit solchen wie Erucius Platz machten.

91. Aber die Kriegsfurie und die Wirren rühren gewöhnlich vieles auf, wovon die Staatslenker oft gar keine Ahnung haben. Während der Mann, der die höchste Regierungsgewalt innehatte, mit anderen Problemen beschäftigt war, gab es unterdessen einige, die ein Pflaster auf ihre Wunden suchten. Wie wenn der Staat in ewige Nacht versunken wäre, tobten sie in der Finsternis umher und setzten alles in Verwirrung. Ich wundere mich nur, daß sie nicht auch noch die Gerichtsbänke verbrannt haben, damit keine Spur mehr von den Gerichten übrigbleibt. Denn Ankläger und Richter haben sie aus der Welt geschafft. Doch der Vorteil bleibt uns: So wie sie gehaust haben, konnten sie einfach nicht alle Zeugen beiseite schaffen, auch wenn sie es gewollt hätten. Solange es Menschen gibt, wird es nicht an Männern fehlen, die sie anklagen; solange der Staat besteht, wird es Gerichte geben.

Aber wie ich vorhin sagte, hätte Erucius einen so reichen Stoff, wie ich eben erwähnt habe, er hätte darüber beliebig lange reden können. Und ich könnte es auch, ihr Richter, aber wie vorhin gesagt, will ich flüchtig darüber hinweggehen und jeden Punkt nur soweit berühren, daß man sieht, ich klage nicht an, weil es mir Freude macht, sondern verteidige, weil es meine Pflicht ist.

92. Es gibt also viele Motive, die den Titus Roscius zur Tat angetrieben haben könnten. Wir wollen jetzt nach der günstigen Gelegenheit für die Tat fragen. Wo wurde Roscius ermordet? – In Rom. Und du, Titus Roscius, wo warst du damals? – In Rom. – Was tut das zur Sache? Es war noch eine ganze Menge anderer da. – Als ob es darum ginge, wer aus der großen Menge ihn getötet hat, und nicht vielmehr darum, ob er mit größerer Wahrscheinlichkeit von dem ständig in Rom Anwesenden getötet wurde oder von dem, der viele Jahre überhaupt nicht nach Rom kam.

93. Auf, wir wollen jetzt die übrigen Möglichkeiten durchmustern.

Da gab es damals, wie Erucius gesagt hat, eine Menge Meuchelmörder, und die Leute wurden ungestraft erschlagen. Diese

Menge, was waren das für Leute? Ich meine, entweder solche, die scharf auf fremden Besitz waren, oder solche, die von diesen gedungen wurden, jemand umzubringen. Meinst du solche, die auf fremdes Gut aus waren, dann gehörst du zu ihnen, der du dich durch unser Vermögen bereichert hast. Meinst du aber solche, die man mit milder Bezeichnung Dolchmänner nennt, dann frage einmal, unter wessen Schutz und Schirmherrschaft sie stehen. Glaub mir, du wirst einen deiner Verbündeten in dieser Rolle finden. Sag dagegen, was du willst, aber stelle es unseren Argumenten gegenüber; so wird man am leichtesten die Sache des Sextus Roscius mit deiner vergleichen können. 94. Du wirst sagen: Was soll es, daß ich dauernd in Rom war? – Ich werde im Namen meines Klienten antworten: Aber ich war überhaupt nicht in Rom. – Ich gestehe, ich bin ein Güteraufkäufer, aber viele sind das. – Aber ich bin, was du selber mir vorwirfst, Bauer und Landbewohner. – Ich bin nicht gleich ein Mörder, wenn ich mich auch unter die Mörderbanden gemischt habe. – Aber ich kenne nicht einmal einen Meuchelmörder, ich bin deshalb von einem solchen Verdacht meilenweit entfernt. – Vieles könnte ich noch sagen zum Beweis, daß du zur Ausführung der Tat die beste Gelegenheit hattest. Das übergehe ich aber, weil ich selbst dich nicht gerne anklage, und noch mehr aus folgendem Grund: Wenn ich Morde erwähne, die auf dieselbe Art wie der an Roscius verübt wurden, fürchte ich, ich treffe mit meiner Rede noch mehrere andere.

95. Wir wollen nun in Kürze, genau wie das übrige, dein Verhalten nach der Ermordung des Roscius betrachten, Titus. Dies alles ist so augenscheinlich und offensichtlich, daß ich es wahrhaftig nur ungern erwähne. Ich befürchte nämlich, ganz gleich, was du für eine Sorte Mensch bist, Titus, man wird glauben, ich wollte meinen Schutzbefohlenen auf deine Kosten retten. Doch während ich das noch befürchte und dich schonen will, soweit es meine Pflicht zuläßt, bin ich schon dabei, meine Absicht zu ändern. Mir fällt nämlich deine Frechheit ein. Während deine übrigen Genossen die Flucht ergriffen und sich verkrochen ha-

ben, damit es den Anschein habe, das Gericht werde nicht über ihren Raub, sondern über die Tat des Angeklagten ein Urteil fällen, hast du da nicht dreisterweise für dich die Rolle verlangt, hier vor Gericht aufzutreten und auf der Anklägerbank zu sitzen? Aber dadurch wirst du nichts gewinnen, sondern vielmehr aller Welt deine Frechheit und Schamlosigkeit beweisen.

96. Sextus Roscius ist tot; wer bringt als erster die Nachricht nach Ameria? Mallius Glaucia, den ich vorhin erwähnte, dein Klient und Hausgenosse. Warum mußte gerade der die Botschaft überbringen? Wenn du nicht schon vorher Pläne gemacht hast über den Tod von Roscius und seine Güter, wenn du kein Bündnis geschlossen hattest mit jemand wegen des Verbrechens und der Beute, dann ging dich das doch am wenigsten an! – Aus eigenem Antrieb überbrachte Mallius die Nachricht. – Ich bitte dich, was ging es ihn an? War es ein Zufall, kam er wegen etwas anderem nach Ameria und überbrachte nun als erster die Nachricht von dem, was er in Rom gehört hatte? Weshalb kam er denn nach Ameria? – Ich bin kein Hellseher. – Ich will es gleich soweit bringen, daß man kein Hellseher zu sein braucht. Wie kam es denn, daß er dem Roscius Capito zuerst die Nachricht brachte? 97. In Ameria war das Haus des Sextus Roscius, seine Frau, seine Kinder, alle Verwandten und Blutsfreunde, die in bestem Einvernehmen mit ihm lebten: Wie kam es, daß dein Klient, der Bote deines Verbrechens, ausgerechnet dem Capito die Nachricht brachte? Roscius wurde auf dem Heimweg von einem Abendessen ermordet, es war noch nicht Tag, als es schon in Ameria bekannt war. Was bedeutet diese unglaubliche Fahrt, die rasende Schnelligkeit und Eile? Ich frage nicht, wer ihn erstochen hat, du brauchst keine Angst zu haben, Glaucia, ich schüttele dich nicht, ob du vielleicht einen Dolch bei dir hast, danach forsche ich nicht, das soll mir gleich sein. Ich sehe ja, durch wessen Anschlag er getötet wurde, da kümmert es mich nicht, durch wessen Hand es geschah. Nur das greife ich heraus, was mir dein offensichtliches Verbrechen und die klar vor Augen liegende Tat anbietet. Wo und von wem erfuhr es Glaucia?

Wie wußte er es so rasch? Gesetzt, er erfuhr es sogleich, was nötigte ihn, bei Nacht eine so weite Reise zu unternehmen? Was für eine zwingende Notwendigkeit trieb ihn, falls er aus freien Stücken nach Ameria abreiste, zu einer solchen Zeit Rom zu verlassen und die ganze Nacht keine Pause einzulegen? 98. Müssen wir bei einem solch klaren Tatbestand noch Beweise suchen oder Mutmaßungen anstellen? Ist es nicht, als würdet ihr das Gehörte mit eigenen Augen sehen, Richter? Seht ihr nicht den Unseligen, ahnungslos über sein Schicksal, von der Abendmahlzeit heimgehen? Nicht den Hinterhalt, den plötzlichen Angriff? Habt ihr nicht Glaucia vor Augen, wie er den Mord begeht? Ist nicht Titus Roscius dort dabei? Hebt er nicht mit eigenen Händen diesen Automedon[33] auf den Wagen, als Boten seines grausamen Verbrechens und seines schandbaren Sieges? Bittet er ihn nicht, diese Nacht wach zu bleiben, um seinetwillen sich anzustrengen, um dem Capito möglichst bald Nachricht zu geben? 99. Warum wollte er denn Capito als ersten davon unterrichten? Ich weiß es nicht, aber ich sehe, daß Capito und er sich die Güter geteilt haben; von dreizehn Grundstükken sehe ich ihn im Besitze der drei schönsten. 100. Ich höre außerdem, daß ein solcher Verdacht nicht zum ersten Mal gegen Capito laut wird. Er habe schon viele schandbare Siegespalmen errungen, diese aber sei die erste glänzende Auszeichnung, die ihm von Rom überbracht wurde. Keine Art, jemand aus dem Weg zu schaffen, die er nicht angewandt habe, viele habe er mit Waffen, viele mit Gift beseitigt. Ich kann einen nennen, den hat er gegen die Sitte der Vorfahren, obwohl er noch nicht sechzig Jahre alt war[34], von der Brücke in den Tiber gestürzt. Das wird er, wenn er als Zeuge auftritt – und auftreten wird er, wie ich

33 Wagenlenker des Achilleus in der *Ilias*.

34 Bei öffentlichen Abstimmungen, an denen nur Bürger bis zum sechzigsten Lebensjahr teilnehmen durften, waren hölzerne Brücken errichtet, die zum Sitz des Konsuls führten, der die Abstimmung vornahm. Bürger, die älter als sechzig Jahre waren, wurden am Betreten der Brücken gehindert. Cicero denkt aber hier an einen wirklichen Mord und verwendet nur das Wortspiel von der Stimmbrücke.

weiß –, zu hören bekommen. 101. Er soll nur kommen und seine Schrift entfalten, die ihm Erucius aufgesetzt hat, wie ich beweisen kann. Er soll dem Sextus Roscius gedroht haben, alles, was darinsteht, wolle er als Zeuge aussagen. Ein vortrefflicher Zeuge, ihr Richter! Eine würdige Persönlichkeit, die aller Erwartungen wert ist, ein ehrenhafter Lebenswandel, der es verdient, daß ihr gerne auf dieses Zeugnis hin unter Eid euren Richterspruch abfaßt!

Wir würden ja die Schandtaten dieser Leute nicht so klar sehen, wenn sie nicht selber blind wären aus Gier, Habsucht und Frechheit.

102. Der eine schickt gleich nach dem Mord einen fliegenden Boten nach Ameria zu seinem Genossen und Lehrmeister, um damit selber sein Verbrechen vor aller Augen aufzudecken, wenn auch alle verheimlichen wollten, daß ihnen der Urheber der Tat bekannt ist. Der andere will, wenn es den Göttern beliebt, sogar gegen Roscius aussagen: Gerade als ob es jetzt zur Debatte stände, ob man seiner Aussage glauben oder nicht vielmehr seine Tat bestrafen müsse. Bei unseren Vorfahren war es ja Sitte, daß auch in den geringfügigsten Angelegenheiten die großen Männer nicht als Zeugen in eigener Sache aussagen durften. 103. Africanus[35], der durch seinen Beinamen beweist, daß er sich den dritten Teil der Welt unterworfen hat, würde doch in seiner eigenen Sache kein Zeugnis abgelegt haben. Das wage ich von einem solchen Mann gar nicht zu sagen: Wenn er ausgesagt hätte, hätte man ihm nicht geglaubt. Seht nun, wie sich alles zum Schlimmen verkehrt hat. Es wird über Güter und Mord verhandelt, da will einer als Zeuge auftreten, der Güterschlächter und Meuchelmörder ist, das heißt, der die Güter, um die es geht, gekauft hat und besitzt und selber für den Mord an dem Mann gesorgt hat, dessen Tod hier untersucht wird. 104. Wie, du Ehrenmann? Hast du etwas zu sagen? Höre, paß auf, daß dir nichts entgeht, die Sache, die jetzt zur Sprache kommt, ist für dich von

35 Der jüngere Scipio, der Zerstörer Karthagos (146 v. Chr.).

größter Bedeutung. Du hast eine ganze Menge Verbrechen, Wagstücke und Untaten ausgeübt und eine ganz große Dummheit gemacht, und das auf eigene Faust, nicht auf den Rat des Erucius. Du hättest dich nicht da hinsetzen müssen, niemand braucht einen stummen Ankläger oder einen Zeugen, der von der Anklägerbank aufsteht. Dazu kommt, daß dann eure Habgier doch ein wenig versteckter und verborgener geblieben wäre. Jetzt aber, was soll man noch von euch hören wollen? Was ihr tut, sieht ja so aus, als wolltet ihr euch selber auf unsere Veranlassung hin schaden.

105. Nun gut, wir wollen jetzt sehen, was gleich darauf geschah. Nach Volaterrae ins Lager Sullas wird die Nachricht vier Tage nach der Ermordung des Roscius dem Chrysogonus überbracht. Fragt man noch, wer die Botschaft dahin schickte? Doch offenbar derselbe wie nach Ameria. Chrysogonus sorgte dafür, daß die Güter sofort zum Verkauf kamen, und er kannte doch weder Roscius noch sein Vermögen. Wie kam es ihm in den Sinn, die Güter eines Wildfremden haben zu wollen, den er überhaupt noch nie gesehen hatte? Wenn ihr so etwas hört, Richter, sagt ihr gewöhnlich, da müsse ein Mitbürger oder Nachbar als Angeber fungiert haben. Von denen kommen meistens diese Anzeigen, durch sie werden die meisten verraten. 106. Hier braucht man keine Mutmaßung anzustellen. So will ich meinen Beweis nicht führen: Wahrscheinlich haben die Roscier Chrysogonus von der Sache unterrichtet, weil sie schon vorher mit ihm befreundet waren. Die Roscier hatten nämlich von alters her viele Gönner und Gastfreunde, aber die beiden haben alle Bindungen abgebrochen und sich unter den Schutz und die Schirmherrschaft des Chrysogonus begeben. 107. Das könnte ich alles der Wahrheit gemäß sagen, aber hier braucht es keine Mutmaßungen. Sie leugnen es ja selber gar nicht, daß sich Chrysogonus auf ihr Betreiben hin an diese Güter herangemacht hat. Wenn ihr Richter den, der seinen Lohn für die Anzeige erhalten hat, mit eigenen Augen seht, werdet ihr dann noch zweifeln können, wer die Anzeige erstattet hat? Wer ist es also, dem Chryso-

gonus Anteil an den Gütern gegeben hat? – Die zwei Roscier. – Wer sonst noch? – Keiner. – Gibt es noch einen Zweifel, daß diejenigen dem Chrysogonus die Beute angeboten haben, die mit seiner Hilfe ihren Anteil an dem Raub davontrugen?

108. Laßt uns jetzt vom Standpunkt des Chrysogonus selber die Tat der Roscier betrachten! Wenn die Roscier bei dieser Mordtat nichts der Mühe Wertes getan hatten, warum belohnt sie dann Chrysogonus mit solchen Geschenken? Haben sie nichts getan, als die Nachricht zu überbringen, dann war es doch wohl genug, wenn er sich bedankte. Wenn er sich besonders freigebig zeigen wollte, konnte er ihnen ja eine Erkenntlichkeit erweisen. Aber warum erhält Capito sofort drei Güter von so beträchtlichem Wert? Warum teilt sich Titus mit Chrysogonus in den Besitz alles übrigen? Liegt es nicht auf der Hand, daß Chrysogonus diese Beutestücke den Rosciern zugestanden hat, nachdem er in die Sache eingeweiht war?

109. Es kommt unter den zehn Abgeordneten auch Capito ins Lager. Was er für ein Mensch ist, das könnt ihr aus dem Ablauf dieser Gesandtschaft erkennen. Und wenn es euch nicht klar wird, Richter, daß es keine Pflicht, kein noch so heiliges und unantastbares Recht gibt, das dieser nicht durch Verbrechen und Wortbrüchigkeit verletzt und geschmälert hat, dann mögt ihr ihn für einen Ehrenmann halten. 110. Er verhindert die Benachrichtigung Sullas, verrät die Pläne und Absichten der übrigen Gesandten an Chrysogonus, heißt ihn Sorge tragen, daß die Sache nicht öffentlich verhandelt wird, macht ihm klar, wie er, wenn man die Versteigerung der Güter nicht gestatte, eine ungeheure Geldsumme verlieren werde, während ihm selber ein Prozeß drohe. Ihn stachelt er auf, seine Mitgesandten täuscht er, ihn mahnt er wiederholt zur Vorsicht. Die anderen täuscht er hinterhältig mit falschen Versprechungen. Mit ihm schmiedet er Pläne gegen diese, ihre Absichten verrät er an ihn, mit ihm schließt er einen Vertrag ab über seinen Anteil, den Abgesandten nimmt er immer durch fingierte Verzögerungen alle Zugänge zu Sulla. Schließlich erlangen die Abgesandten auf seinen Rat

und Antrieb, durch seine Vermittlung überhaupt keinen Zutritt zu Sulla. Durch sein Wort oder vielmehr seine Wortbrüchigkeit getäuscht, bringen sie – und das könnt ihr von ihnen selber hören, wenn der Ankläger sie als Zeugen vernehmen will – statt einer klaren Entscheidung nur eine trügerische Hoffnung nach Hause zurück.

111. Wenn jemand in Privatangelegenheiten einen übernommenen Auftrag nicht etwa nur böswillig zu seinem eigenen Gewinn und Vorteil benutzte, sondern auch bloß nachlässig ausführte, hielten ihn unsere Vorfahren einer höchst ehrlosen Tat für schuldig. Daher gibt es die Verurteilung wegen verletzter Auftragspflicht, die genau so ehrlos macht wie die wegen Diebstahls. Aus folgendem Grunde, glaube ich: Wenn wir bei einer Angelegenheit nicht persönlich dabei sein können, dann tritt die Treue der Freunde als Stellvertreterin für unser eigenes Mitwirken ein. Wer diese Treue verletzt, greift einen der Grundpfeiler des menschlichen Zusammenlebens an und zerstört, soweit es auf ihn ankommt, die Gesellschaftsordnung. Denn wir können nicht alles selber tun, der eine ist mehr dafür geeignet, der andere mehr für etwas anderes. Deshalb schließt man Freundschaftsbündnisse, um den gemeinsamen Vorteil durch gegenseitige Dienstleistungen zu erlangen.

112. Wozu übernimmst du ein Mandat, wenn du es entweder vernachlässigen oder zu deinem Vorteil ausbeuten willst? Warum bietest du mir deine Dienste an und stellst dich meinem Vorteil durch betrügerische Dienstfertigkeit in den Weg? Weg mit dir, ich will das Geschäft mit einem anderen abschließen. Du nimmst die Last einer Verpflichtung auf dich, der du dich gewachsen glaubst, sie kommt einem aber um so weniger leicht vor, je weniger leichtfertig einer selber ist. – Ein solches Vergehen ist also deshalb besonders schimpflich, weil es die beiden heiligsten Güter verletzt: Freundschaft und Treue. Denn man vertraut nur einem Freund einen Auftrag an, und Vertrauen schenkt man nur einem, den man für treu hält. Derjenige muß also schon ein völlig verkommener Mensch sein, der zugleich

die Freundschaft bricht und den täuscht, der nur gerade durch sein Vertrauen zu Schaden kommt. So ist es doch. 113. Wer bei geringfügigem Anlaß sein Mandat vernachlässigt, den trifft notwendigerweise ein entehrendes Urteil. Soll man bei einer so bedeutenden Sache den noch zu den ehrlichen Leuten, ja überhaupt noch unter die Bürger rechnen, dem die Ehre eines Toten, das Vermögen eines Lebenden anbefohlen und anvertraut war und der den Toten der Schande, den Lebenden der Mittellosigkeit auslieferte? In unbedeutenden Privatsachen führt nachlässige Ausführung eines Mandats schon zu Gericht und Verurteilung. Denn gerechterweise darf der Auftraggeber sorglos sein, nicht der Übernehmende; in einer so wichtigen Angelegenheit aber, die im Namen der Öffentlichkeit vor sich gegangen ist, wenn da einer nicht durch Nachlässigkeit einen privaten Vorteil geschädigt, sondern durch Wortbrüchigkeit die geheiligte Institution der Gesandtschaft selbst befleckt und entwickelt hat, wie soll man den bestrafen, wie verdammen? 114. Gesetzt den Fall, Sextus Roscius hätte ihm privat den Auftrag gegeben, er solle mit Chrysogonus verhandeln und ein Abkommen treffen, bei dem er, Capito, selber, falls nötig, für Roscius einstehen wolle. Hätte er zugesagt und nur eine Kleinigkeit bei diesem Geschäft veruntreut, wäre er da nicht vor dem Schiedsgericht zu Schadensersatz und Verlust der bürgerlichen Ehrenrechte verurteilt worden? 115. Nun hat ihm aber nicht Sextus Roscius diesen Auftrag gegeben, sondern, und das fällt weit schwerer ins Gewicht, Roscius selber samt seinem guten Namen, seinem Leben und allem Hab und Gut ist ihm von den Ratsherren im Namen der Öffentlichkeit anvertraut worden. Und bei diesem Auftrag hat Titus Roscius keine Kleinigkeit veruntreut, sondern diesen Mann hier ganz und gar von Haus und Hof vertrieben, drei seiner Güter für sich mit Beschlag belegt und den Beschluß des Magistrats und aller seiner Mitbürger gerade so wenig geachtet wie sein eigenes gegebenes Wort.

116. Betrachtet jetzt das übrige, ihr Richter, um zu erkennen, daß man keine Schandtat ersinnen kann, womit sich dieser nicht

besudelt hat. Schon bei geringfügigen Anlässen gilt es als äußerst schändlich, seinen Geschäftspartner zu betrügen, genau so schändlich wie die vorher erwähnte Verletzung der Auftragspflicht. Und das nicht zu Unrecht, denn man glaubt ja für sich eine Hilfe gewonnen zu haben, wenn man eine Verbindung mit einem anderen eingeht. Zu wem soll man sich vertrauensvoll flüchten, wenn man durch das Vertrauen zu dem geschädigt wird, dem man die Sache in die Hand gab? Gerade die Vergehen müssen am strengsten geahndet werden, vor denen man sich am schwersten schützen kann. Auf der Hut sein können wir vor Fremden, Vertraute bekommen zwangsläufig einen offeneren Einblick in vieles, und wie könnte man sich vor einem Geschäftspartner in acht nehmen? Hegen wir Furcht vor ihm, verletzen wir ja unsere Pflicht ihm gegenüber. Zu Recht haben unsere Vorfahren jeden, der seinen Partner betrog, für keinen anständigen Bürger gehalten. 117. Aber Titus Roscius hat nicht nur einen einzelnen Partner in einem Geldgeschäft betrogen – dergleichen ist schon schlimm genug, könnte aber irgendwie noch erträglich scheinen –, nein, er hat neun Männer von höchstem Rang, Partner im Amt, in der Gesandtschaft, in einem Auftrag von allgemeiner Verpflichtung, an der Nase herumgeführt, getäuscht, im Stich gelassen, an die Gegner verraten und sie auf alle Art belogen und betrogen. Sie konnten von seinem Verbrechen keine Ahnung haben, sie durften ja dem Vertragspartner nicht mißtrauen. So merkten sie seine Bosheit nicht und schenkten seinen leeren Worten Glauben. Nun hält man diese ehrlichen Männer für zu wenig vorsichtig und weitblickend, weil sie dem hier ins Garn gegangen sind. Der da aber, von Anfang an ein Verräter, später offen ein Überläufer, der erst die Pläne seiner Partner den Gegnern hinterbrachte, dann eine Komplizenschaft mit den Widersachern einging, der will uns noch erschrecken und bedrohen, mit seinen drei Landgütern ausstaffiert, dem Lohn für sein Verbrechen!

In einem derartigen Leben, ihr Richter, bei so viel Schandtaten, werdet ihr auch die Untat vorfinden, über die hier verhandelt wird. 118. Darauf müßt ihr nämlich eure Untersuchung richten: Wo ihr so viele Taten aus Habgier, Frechheit, Schändlichkeit und Verrat sehen werdet, glaubt nur, da verbirgt sich auch das Verbrechen, das wir suchen, unter allen anderen Übeltaten. Dabei ist es ja gar nicht so verborgen, sondern liegt offen vor aller Augen. Man kann nicht nur aus den offenkundigen Taten dieses Menschen hier darauf schließen, sondern daraus auch den Beweis führen für andere Verbrechen, wofür seine Täterschaft noch im Zweifel steht. Was soll es noch? Ich bitte euch, Richter: Sieht dieser Fechtmeister etwa danach aus, als habe er seiner Waffe den Abschied gegeben, oder steht ihm sein Schüler da auch nur ein bißchen nach in der Kunst? Die gleiche Habgier erfüllt ihn, ähnliche Schlechtigkeit, eine und dieselbe Unverschämtheit, die doppelte Frechheit.

119. Ihr habt die Ehrlichkeit des Meisters kennengelernt, erfahrt jetzt die Gerechtigkeitsliebe des Schülers. Wie vorher erwähnt, forderte man von diesen beiden mehrmals zwei Sklaven zum Verhör; du, Titus Roscius[36], hast es immer verweigert. Ich frage dich: Haben die Antragsteller es nicht verdient? Ließ dich der ungerührt, für den man es forderte? Oder schien dir die Forderung an und für sich nicht billig? Die Antragsteller sind höchst vornehme und gänzlich unbescholtene Bürger unseres Staates, ich habe sie vorher genannt[37]. Sie können aufgrund ihrer Lebensweise und ihrer Achtung durch das römische Volk erwarten, daß keiner ihre Aussage für unbillig hält. Sie gaben ihre Forderung ab für einen höchst beklagenswerten, unglücklichen Menschen, der sich nötigenfalls selber der Folterung ausliefern möchte, wenn man nur ein Verhör abhielte über den Tod seines Vaters. 120. Die Forderung an dich ist so gehalten, daß es sich gleich bleibt, ob du sie ablehnst oder dich offen zu dem Verbrechen bekennst. Deshalb frage ich dich: Warum hast du sie

36 Die bisherigen Vorwürfe galten Titus Roscius Capito, jetzt kommt Titus Roscius Magnus an die Reihe.

37 Vgl. Abschnitt 77.

abgelehnt? Als Sextus Roscius getötet wurde, waren die Sklaven dabei. Die Sklaven selber klage ich meinerseits weder an, noch spreche ich sie frei. Daß ihr euch aber ihrer Freigabe zum Verhör widersetzt, das ist verdächtig. Und daß sie sogar bei euch in so hohen Ehren stehen, daraus folgt ja, daß sie etwas wissen müssen, was euch bei einer Aussage verderblich werden kann. – Es ist nicht recht, Sklaven über ihre Herren zu verhören, sagst du. – Aber das geschieht ja gar nicht, Sextus Roscius ist der Angeklagte, und wenn man sie über ihn verhört, werden sie nicht über ihren Herrn befragt; ihr seid ja ihre Herren, wie ihr sagt. – Sie sind bei Chrysogonus. – Ja, das glaube ich: Chrysogonus ist von ihrer Bildung und ihrer feinen weltstädtischen Art so hingerissen, daß er in der Schar seiner in allen Raffinessen und Künsten erfahrenen Bürschchen, ausgewählt aus den feinsten Häusern, diese Leute haben möchte, richtige Tagelöhner aus der Zucht eines bäuerlichen Hausvaters aus Ameria! 121. Nein, so ist das nicht, ihr Richter: Es ist nicht sehr wahrscheinlich, daß Chrysogonus ihre Bildung oder ihre feine Lebensart schätzen gelernt hat, er hat auch nicht ihre Sorgfalt und Treue im Hauswesen erprobt. Nein, hier wird etwas geheimgehalten, aber je eifriger es von diesen da unterdrückt und verborgen gehalten wird, desto deutlicher wird es sichtbar. Was ist es also? 122. Chrysogonus will nicht, daß sie verhört werden, um ein von ihm selbst begangenes Verbrechen geheimzuhalten? Nein, ihr Richter, ich meine nicht, daß derselbe Schuh allen paßt. Ich für meine Person habe gegen Chrysogonus keinen derartigen Verdacht, und ich besinne mich, daß ich das nicht zum ersten Mal sage. Ihr erinnert euch, ich habe zu Anfang mein Plädoyer so eingeteilt: Es geht um die Anklage, deren gesamte Beweisführung Erucius überlassen ist, und die verwegene Rolle, die die Roscier spielen. Was sich an Schandtat, Verbrechen und Mord herausstellen wird, das wird als die eigene Domäne der Roscier anzusehen sein. Von Chrysogonus sage ich, daß seine allzu einflußreiche Machtposition ein Hindernis für uns darstellt und auf die Dauer einfach nicht zu ertragen ist. Und da euch nun einmal die Möglichkeit dazu geboten ist, solltet ihr diese Machtposition nicht nur schwächen, sondern strafend gegen sie einschreiten.

123. Das ist meine Meinung: Wer mit denen, die bekanntermaßen bei dem Mord zugegen waren, ein Verhör anstellen will, der will die Wahrheit finden. Wer das verweigert, der gesteht in der Tat, mag er es auch mit Worten nicht sagen, seine Schuld an dem Verbrechen ein. Ich habe zu Anfang gesagt, Richter, ich wolle nicht mehr über das Verbrechen dieser Leute sagen, als die Sache erfordert und die Umstände mich dazu zwingen. Man könnte nämlich noch eine ganze Menge vorbringen und auch zu jedem Punkt zahlreiche Argumente anführen. Aber was ich ungern und gezwungen tue, das kann ich weder lange noch mit Genauigkeit. Was sich beim besten Willen nicht übergehen ließ, das habe ich obenhin erwähnt. Bloße Verdachtsgründe, die man, einmal angefangen, ausführlicher behandeln müßte, überlasse ich eurer eigenen scharfsinnigen Mutmaßung.

124. Ich komme jetzt zu dem mit dem goldenen Namen[38], hinter dem sich die ganze Kumpanei versteckt hat. Allerdings weiß ich nicht, wie ich über ihn reden noch wie ich über ihn schweigen soll. Schweige ich nämlich, so lasse ich vielleicht das Wichtigste aus, rede ich aber, so fürchte ich, daß nicht nur er sich verletzt fühlt – was mir ja nichts ausmachte –, sondern noch eine Menge anderer. Doch steht die Sache so, daß ich gegen den gewöhnlichen Fall von Güterschlächterei nichts Ausdrückliches zu sagen brauche, wir haben es hier mit einem ganz neuen und einzigartigen Fall zu tun.

125. Der Käufer von Roscius' Gütern ist Chrysogonus. Wir wollen zuerst untersuchen, mit welcher Berechtigung die Güter dieses Mannes zum Verkauf kamen beziehungsweise wie sie überhaupt verkauft werden konnten. Doch will ich die Antwort auf diese Frage nicht so formulieren, es sei ein Unrecht, daß man

38 Der griechische Name Chrysogonus bedeutet: der aus Gold Entstandene, hier als Anspielung gebraucht auf die Reichtümer, die er aus den Proskriptionen erworben hatte, sowie auf seine Herkunft, denn nur Sklaven trugen in Rom griechische Namen.

die Güter eines Unschuldigen verkauft habe. Wenn so etwas vorgebracht wird und man freimütig darüber sprechen will, so war Sextus Roscius kein so bedeutender Mann im Staat, daß wir gerade sein Los besonders beklagen müßten[39]. Aber ich frage: Wie konnten selbst nach dem Ächtungsgesetz, sei es das Valerische oder das Cornelische, ich weiß nicht genau[40], also wie konnten selbst nach diesem Gesetz die Güter des Roscius verkauft werden? 126. Es soll darin heißen: »Der Besitz der Geächteten soll verkauft werden« – zu denen gehört aber Roscius nicht – »oder derjenigen, die im Kampf auf seiten der Gegenpartei getötet wurden.« Solange aber gekämpft wurde, befand er sich auf der Seite Sullas. Als man allgemein die Waffen niedergelegt hatte, wurde er im tiefsten Frieden auf der Heimkehr von einem Gastmahl in Rom getötet. Geschah dies nach dem Gesetz, dann will ich zugeben, daß auch die Güter nach dem Gesetz verkauft worden sind. Steht es aber fest, daß er gegen alle Gesetze, alte und neue, getötet worden ist, dann frage ich, nach welchem Recht, Brauch und Gesetz sind die Güter verkauft worden?

127. Gegen wen ich das vorbringe, fragst du, Erucius. Nicht gegen den, den du gerne möchtest und den du annimmst. Denn den Sulla hat meine Rede gleich zu Anfang und ebenso seine eigene einzigartige Vortrefflichkeit jederzeit von allem Verdacht gereinigt. Ich behaupte, dies alles war das Werk des Chrysogonus: Er hat lügenhafte Aussagen gemacht, hat erdichtet, Roscius habe zu den Staatsfeinden gehört, hat behauptet, er sei als

39 D. h., es sind bei den Proskriptionen sehr viele weitaus bedeutendere Männer umgekommen, als daß man gerade Sextus Roscius als exemplarisches Opfer beklagen sollte. Die Tragik seines Todes liegt auf einer anderen Ebene.

40 Selbstverständlich kannte Cicero als Anwalt das Gesetz genau. Sulla hatte es aus eigener Machtvollkommenheit ohne Bestätigung durch das Volk gegeben *(lex Cornelia,* nach Sullas Cognomen Cornelius) und stützte sich dabei auf eine *lex Valeria,* die ihm die diktatorische Gewalt übertrug. Cicero will hier seine Zweifel an der Rechtmäßigkeit dieser Gesetze andeuten.

Parteigegner getötet worden, und duldete nicht, daß Sulla eben hierüber von den Gesandten aus Ameria eines Besseren belehrt wurde. Schließlich habe ich auch den Verdacht, daß die Güter gar nicht richtig verkauft worden sind. Und das will ich später beweisen, wenn ihr gestattet, Richter. 128. Denn es ist, glaube ich, im Gesetz bestimmt, bis zu welchem Termin Proskriptionen und Güterverkäufe stattfinden dürfen, nämlich bis zum 1. Juni. Aber erst einige Monate später ist der Mann getötet und sind seine Güter verkauft worden. Jedenfalls sind diese Güter entweder nicht ordnungsgemäß in die staatlichen Rechnungsbücher eingetragen worden, und wir werden von diesem Taugenichts noch raffinierter zum Besten gehalten, als wir annehmen. Oder sie sind eingetragen worden, dann hat man die Rechnungsbücher auf irgendeine Weise gefälscht. Denn daß die Güter wenigstens nach dem Gesetz nicht verkauft werden konnten, steht fest.

Doch ich merke, daß ich dies vor der Zeit untersuche und damit beinahe von meinem Weg abweiche, denn ich soll den Kopf des Sextus Roscius retten und kümmere mich um eine solche Kleinigkeit. Es geht ihm ja nicht ums Geld, er nimmt keine Rücksicht auf eigenen Gewinn, leicht meint er seine Armut ertragen zu können, wenn er nur von dem unwürdigen Verdacht und der erlogenen Anklage freigesprochen wird.

129. Bitte, ihr Richter, hört das wenige, das noch übrig ist, so an, als spräche ich teils für mich, teils für Sextus Roscius. Was mir nämlich unwürdig und unerträglich erscheint und was uns allen widerfahren kann, wenn wir nicht Vorsorge treffen, davon rede ich für meine Person aus eigenem schmerzlichen Antrieb. Was aber Leib und Leben dieses meines Klienten hier angeht, was er für seine Person vorgetragen haben will, und wie ihr ihn zufriedenstellen könnt, das sollt ihr im Schlußteil meiner Rede hören.

130. Ich lege also aus eigenem Antrieb, ganz von der Person des Sextus Roscius abgesehen, dem Chrysogonus folgende Fragen vor. Erstens: Warum sind die Güter eines staatstreuen Mannes verkauft worden? Zweitens: Warum sind die Güter eines Mannes

verkauft worden, der weder geächtet war noch auf seiten der gegnerischen Partei den Tod fand? Denn nur gegen diese richtet sich das Gesetz in seinem Wortlaut. Drittens: Warum sind die Güter eine beträchtliche Zeit nach dem im Gesetz festgelegten Termin verkauft worden? Viertens: Warum sind sie für solch ein Spottgeld verkauft worden? Sollte er, wie es nichtsnutzige und schlechte Freigelassene zu tun pflegen, die Schuld auf seinen Herrn schieben wollen, so wird er damit nichts erreichen. Denn jeder weiß, daß bei dem Umfang seiner Geschäfte viele im Trüben gefischt haben, ohne daß Sulla damit einverstanden war oder davon wissen konnte. 131. Ist es also in Ordnung, daß bei diesen Verhältnissen manches aus Unkenntnis übersehen wird? Nicht in Ordnung, ihr Richter, aber unvermeidlich. Juppiter, der Allgütige und Allerhöchste, durch dessen Wink und Willen Himmel, Erde und Meer regiert werden, fügt den Menschen oft Schaden zu durch heftige Stürme, ungeheure Unwetter, allzu große Hitze und unerträgliche Kälte. Er zerstört die Städte und vernichtet die Saaten, und dennoch, glauben wir, geschieht nichts davon aus der Absicht der Gottheit heraus, uns zu schaden, sondern vielmehr durch die Macht und Wirksamkeit der Naturgewalten. Die Vorteile dagegen, die wir genießen, das Tageslicht, an dem wir uns freuen, die Luft, die wir atmen, die sehen wir als Geschenk und Zuteilung der Gottheit an. Wie können wir uns da wundern, Richter, wenn Sulla das eine oder das andere nicht hat bemerken können, er, der den Erdkreis lenkt und das Ansehen unserer Herrschaft, das er mit den Waffen wiedergewonnen hat, mit Gesetzen festigte? Man müßte sich denn wundern, daß der Menschengeist nicht erreichen konnte, was der Götterkraft nicht möglich war.

132. Aber lassen wir das, was vorbei ist; aus dem, was gerade jetzt hier geschieht, muß es da nicht jedem einleuchten, daß Chrysogonus einzig und allein der Erfinder und Drahtzieher der ganzen Sache ist? Auf sein Betreiben wurde Sextus Roscius angeklagt, und ihm zu Gefallen tritt Erucius, wie er sagte, als Ankläger auf ...[41]

Passend und vernünftig glauben die ihr Hauswesen geordnet

zu haben, die ihre Besitzungen im Lande der Sallentiner und Bruttier haben[42], woher sie kaum dreimal im Jahr Nachricht bekommen können. 133. Der andere da aber steigt dir von seiner Wohnung am Palatin herab, er hat zur Erholung noch ein schön gelegenes Grundstück bei der Stadt, mehrere Landgüter, alle herrlich und ganz in der Nähe. Sein Haus ist voll von korinthischen und delischen Gefäßen, darunter diese bekannte Kochmaschine, die hat er neulich für so viel Geld erstanden, daß die Vorübergehenden, die den Ausrufer den Preis nennen hörten, dachten, es werde ein Grundstück verkauft. Was glaubt ihr außerdem, was er an ziseliertem Silbergeschirr, an Decken, Teppichen, Gemälden, Statuen, an Marmor besitzt? Natürlich so viel, wie sich nur irgend aus vielen vornehmen Häusern in Tumult und durch Plünderung in einem Haus anhäufen ließ. Seine Dienerschaft, wie zahlreich und wie kunstfertig sie ist, wie könnte ich das sagen? Die üblichen Künste will ich auslassen, die der Köche, Bäcker, Sänftenträger. 134. Nur zum Ohrenschmaus hat er so viele Leute, daß vom täglichen Gesang, Saiten- und Flötenspiel und von nächtlichen Gastereien die ganze Nachbarschaft widerhallt. Bei einer solchen Lebensart, ihr Richter, was glaubt ihr, was er für tägliche Ausgaben hat, was er verschwendet, was für Gastmähler er gibt? Sicherlich alles höchst ehrbar, in einem solchen Haus, wenn man das überhaupt ein Haus nennen kann und nicht eher eine Lasterhöhle und Herberge aller Verbrechen.

135. Wie er selbst mit gekräuseltem und gesalbtem Haar über das Forum stolziert, umgeben von Leuten, bei denen man nur an der Toga sieht, daß sie römische Bürger sind, das habt ihr selber vor Augen, Richter! Ihr seht ja auch, wie er alle verachtet.

41 Eine größere Lücke in der Handschrift. Sie enthielt u. a. den in 127 angekündigten Beweis sowie den Beginn der Schilderung von Chrysogonus' verschwenderischem Leben.

42 An der Südspitze von Italien, in Kalabrien, d. h. ganz weit weg. Der Satz bezieht sich vielleicht auf andere Freigelassene des Sulla, die bescheidener lebten.

Keiner kommt ihm gleich, glaubt er, er allein ist reich, er allein ist mächtig. Wollte ich davon reden, was er durchsetzt und was er plant, so fürchte ich, daß manch ein Uneingeweihter glauben würde, ich wollte die Sache der Nobilität und ihren Sieg in einem schlechten Licht erscheinen lassen, obwohl ich ja mit vollem Recht das tadeln kann, was mir an dieser Partei nicht gefällt. Ich fürchte nämlich nicht, es könnte mir einer eine nobilitätsfeindliche Haltung zutrauen.

136. Wer mich kennt, weiß das: Als mein sehnlichster Wunsch, der nach einer gütlichen Einigung, nicht in Erfüllung gehen konnte, habe ich mit meinen schwachen Kräften mit Nachdruck den Sieg derer verfochten, die auch gesiegt haben. Denn wer hätte damals nicht gesehen, daß die Niedrigkeit mit der Würde um den Besitz der höchsten Ehrenstellen stritt? Bei diesem Wettstreit wäre man ein elender Bürger gewesen, wenn man sich nicht denen angeschlossen hätte, durch deren Erhaltung im Innern die Rangordnung und nach außen hin das Ansehen bewahrt wurde. Daß man dies erreicht und jeder die ihm gebührende Ehrenstellung zurückerhalten hat, das begrüße ich mit großer Freude. Ich sehe wohl, das alles ist nach dem Willen der Götter, mit eifriger Teilnahme des römischen Volkes und durch die einsichtsvolle Lenkung und das Glück des Lucius Sulla geschehen. 137. Die Tatsache, daß man gegen die vorging, die auf alle Weise dagegen ankämpften, darf ich nicht tadeln; daß man die tapferen Männer, deren Dienste sich bei der Ausführung des Ganzen besonders bewährt haben, ehrenvoll belohnt, das erkenne ich lobend an. Um dies zu ermöglichen, darum ist ja gekämpft worden, meine ich, und ich selber bekenne mich dieser Partei zugehörig. Wenn aber das damit bezweckt wurde und man zu diesem Zweck die Waffen ergriff, daß die niedrigsten Menschen sich mit fremdem Geld bereichern und auf das Hab und Gut eines jeden ihren Angriff richten können, und man darf dies nicht verhindern, ja nicht einmal mit Worten tadeln, dann ist in Wahrheit das römische Volk in diesem Krieg nicht wiedergeboren und in seine Rechte wieder eingesetzt, sondern geknechtet und unterdrückt worden.

138. Aber es ist ja ganz anders, nichts davon ist so, ihr Richter. Die Sache der Nobilität erleidet keinen Schaden, wenn ihr solchen Menschen entgegentretet, nein, sie wird nur Ehre davon haben. Denn wer die jetzigen Zustände tadeln will, beklagt sich, daß ein Chrysogonus so viel Macht habe. Wer sie loben will, weist darauf hin, daß man ihm diese Macht ja gar nicht offiziell bewilligt habe. Es gibt jetzt keinen Grund, warum einer so töricht und unverschämt sein könnte zu sagen: »Wenn man dürfte, hätte ich das gesagt!« Du darfst, sage es nur. Oder: »Ich hätte das getan!« Du darfst es tun, keiner hindert dich. »Ich hätte das beantragt!« Beantrage nur etwas Richtiges, alle werden dir zustimmen. »Ich hätte so geurteilt!« Alle werden dich loben, wenn du nach Recht und Ordnung dein Urteil abgibst.

139. Solange es unumgänglich war und die Lage dazu zwang, hatte ein einziger alle Macht. Nachdem dieser aber Beamte bestimmt und Gesetze erlassen hat, sind jedem sein Wirkungskreis und seine Ehrenstellung zurückgegeben[43]. Haben nun die, die das wiedererlangt haben, den festen Willen, es sich auch zu erhalten[44], so werden sie es für die Dauer behaupten können. Wenn sie sich aber an diesem Morden und Plündern und an dieser ungeheuren, maßlosen Verschwendung selbst beteiligen oder sie billigen – ich will nichts Hartes gegen sie sagen, und sei es nur der bösen Vorbedeutung halber, aber das eine sage ich: Unsere Nobilität hier, wenn sie nicht auf der Hut ist, Verpflichtung dem Staat gegenüber zeigt sowie Teilnahme mit den anderen Schichten der Bevölkerung, wird ihre Ehren an die Männer abtreten müssen, bei denen sich diese Eigenschaften finden[45].

43 Im Jahre 80 trat die von Sulla neugeordnete Verfassung in Kraft. Freilich war er weiterhin Diktator, so daß Ciceros Versuch hier, den Richtern den Rücken zu stärken, durchaus nicht erfolgreich sein mußte.

44 Die Senatoren hatten das alleinige Richteramt wiedererhalten, das sie zuvor mit den Rittern teilen mußten.

45 Gemeint ist der Ritterstand. Ein erster Anklang an Ciceros staatspolitisches Prinzip des *consensus omnium bonorum,* der Einheitsfront aller staatserhaltenden Kräfte, die sich nicht durch Geburt, sondern durch Leistung legitimieren.

140. Deshalb sollen sie endlich aufhören zu sagen, man habe wie ein Staatsfeind gesprochen, wenn man offen die Wahrheit sagt. Sie sollen aufhören, ihre Sache mit der eines Chrysogonus zu identifizieren, und nicht meinen, ihnen werde ein Schaden zugefügt, wenn man jenen angreift. Sie sollen zusehen, ob es nicht Schimpf und Schande für sie bringt, wenn sie, die die glänzende Stellung des Ritterstandes nicht dulden konnten[46], jetzt die Herrschaft eines nichtsnutzigen Sklaven ertragen können. Diese Herrschaft bewegte sich bisher in anderen Bahnen, aber seht nur, »welchen Weg sie sich jetzt bahnt, welchen Kurs sie einschlägt«[47]: gegen Treu und Glauben, gegen euren Eid, eure Gerichte, gegen alles, was beinahe als einziges im Staat noch rein und unverletzt geblieben ist. 141. Auch hier will sich also ein Chrysogonus aufspielen? Auch hier will er seine Macht ausüben? Beklagenswert und bitter! Doch nicht das geht mir nah, daß ich fürchte, er könnte etwas durchsetzen; nein, daß er gewagt, gehofft hat, einen Einfluß auf solche Männer hier auszuüben zum Verderben eines Unschuldigen, darüber beklage ich mich.

Dafür war die Nobilität aufgerufen und hat sich in Rüstung und Waffen den Staat zurückerobert, daß Freigelassene und elende Sklaven des Adels nach ihrer Willkür uns an Hab und Gut, Leib und Leben schädigen können? 142. Wenn es darum ging, dann bekenne ich meinen Irrtum, daß ich das gewollt habe. Dann muß ich wahnsinnig gewesen sein, deren Überzeugung geteilt zu haben, ihr Richter, wenn auch ohne selbst mitzukämpfen. Soll aber der Sieg der Nobilität dem römischen Staat und Volk zur Zierde und zum Vorteil gereichen, dann muß, je besser und adliger einer in Wahrheit gesinnt ist, ihm meine Rede um so willkommener sein. Denn wer glaubt, er und seine Partei erlitten Schaden, wenn ein Chrysogonus getadelt

46 Die Ritter hatten im Bürgerkrieg großenteils auf der Seite des Marius gestanden und waren durch Sullas Proskriptionen schwer dezimiert worden.

47 Vers eines unbekannten Dichters.

wird, der ist sich über seine Sache nicht im klaren, sich selbst aber kennt er wohl[48]. Die Sache selber wird nämlich nur an Glanz gewinnen, wenn man so nichtswürdigen Kreaturen entgegentritt. Wer aber so minderwertig ist, dem Chrysogonus die Stange zu halten, und gemeinsame Sache mit ihm macht, dem geschieht kein Unrecht, wenn man einen Schnitt macht zwischen ihm und dieser ruhmvollen Partei.

143. Doch diese ganze Auseinandersetzung geht nur von mir aus, wie ich vorher sagte. Es drängte mich dazu die Sorge um den Staat, mein eigener schmerzlicher Unwille und das Unrecht dieser Leute[49].

Sextus Roscius empört sich über keines dieser Dinge, er beschuldigt niemanden, beklagt sich nicht über den Verlust seines väterlichen Erbes. Er, der Lebensunerfahrene, der Landbewohner und Bauer, glaubt, das alles, was nach eurer Angabe durch Sulla geschehen sei, sei nach Brauch, Gesetz und Völkerrecht geschehen. Er will nur von der Beschuldigung befreit, losgesprochen von schrecklichem Verdacht von euch gehen. 144. Befreit ihr ihn nur von diesem unwürdigen Verdacht, dann will er nach seinen Worten gelassen den Verlust seiner Mittel verschmerzen. Er bittet und beschwört dich, Chrysogonus: Wenn er nichts von dem riesigen Vermögen seines Vaters für sich selbst auf die Seite gebracht hat, wenn er dich in nichts betrogen hat, wenn er dir nach bestem Wissen und Willen all sein Eigentum abgetreten, zugezählt und zugewogen hat, den Rock, den er auf dem Leibe trug, und den Siegelring am Finger dir übergeben hat, wenn er von allem nur das nackte Leben und sonst

48 Er täuscht sich, wenn er die Nobilität mit Chrysogonus identifiziert, bei sich selber mag er recht haben.

49 Der Freimut des Redners konnte auf die Richter aus Furcht vor Sulla eine ungünstige Wirkung haben, davor will Cicero seinen Klienten schützen. Auch dünkt es ihn zu gefährlich, Chrysogonus im Ernst seine Beute abjagen zu wollen, er muß sich deshalb mit dem Freispruch als höchstem Ziel zufriedengeben. – Mit diesem Abschnitt beginnt die *peroratio,* der Schlußteil, in dem besonders an das Gefühl appelliert wird.

nichts davongetragen hat, dann solltest du ihm doch gestatten, mit Hilfe seiner Freunde sein Leben schuldlos in Armut zuzubringen.

145. Meine Landgüter besitzest du, sagt er, ich lebe von fremder Barmherzigkeit. Ich gestatte dir's, erstens bin ich gleichmütig veranlagt, zweitens ist es unvermeidlich. Mein Haus steht dir offen, mir ist es verschlossen, ich ertrage es. Du besitzest meine zahlreiche Dienerschaft, ich habe keinen einzigen Sklaven, ich dulde es und glaube es ertragen zu müssen. Was willst du mehr, was verfolgst, was bekämpfst du mich? Womit, glaubst du, schade ich deinen Absichten, wo behindere ich deinen Vorteil? Wo stehe ich dir im Weg? Willst du einen Menschen töten, um ihn zu berauben, nun, du hast ihn beraubt, was willst du weiter? Ist Feindschaft der Grund? Was hast du für eine Feindschaft mit einem, dessen Güter du besaßest, ehe du ihn selber kennengelernt hast? Oder ist es Furcht? Was hast du von einem zu fürchten, der sich, wie du siehst, gegen ein so schreckliches Unrecht gar nicht wehren kann? Wenn du aber, weil die Güter des Roscius nun dir gehören, hier seinen Sohn ins Verderben stürzen willst, zeigst du da nicht Furcht vor einem Umstand, den gerade du weniger als andere fürchten solltest? 146. Nämlich daß den Kindern der Geächteten einmal die Güter ihrer Väter zurückgegeben werden könnten? Nein, da tust du Unrecht, Chrysogonus, wenn du größere Hoffnungen für die Sicherheit deines Kaufs auf den Untergang dieses Mannes hier setzest als auf die Einrichtungen Sullas.

Hast du also gar keinen Grund, diesen Armen hier in ein solches Unglück zu stürzen, hat er dir außer seinem Leben all sein Eigentum übergeben und für sich selber nicht einmal zum Andenken etwas von dem väterlichen Gut heimlich zurückbehalten – bei den unsterblichen Göttern, was ist das dann für eine Grausamkeit, ein roher, unmenschlicher Charakter! 147. Gibt es einen so gewissenlosen Räuber, einen so entmenschten Piraten, der seine Beute ungeschmälert und ohne Blutvergießen haben kann, aber lieber dem Opfer die Beutestücke blutgetränkt entreißt? Du weißt es doch: Er hat nichts, wagt nichts, hat keinen Einfluß, hat niemals etwas gegen dich im Schilde geführt. Und trotzdem gehst du auf ihn los und hast ihn doch weder zu fürchten, noch brauchst du ihn zu hassen und siehst auch, daß er nichts mehr hat, was du ihm abnehmen kannst – falls es dich nicht etwa ärgert, daß er, den du nackt wie einen Schiffbrüchigen aus seinem Erbgut geworfen hast, bekleidet hier vor Gericht sitzt. Als ob du nicht wüßtest, daß Caecilia, die Tochter des Balearicus und Schwester des Nepos, diese angesehene Dame, ihn ernährt und kleidet. Sie hat einen berühmten Vater, angesehene Oheime, einen hochgeehrten Bruder, aber so viel Ehre ihr auch selber die angesehene Stellung ihrer Verwandten bringt, sie als Frau hat es durch ihre tapfere Haltung erreicht, daß sie in gleichem Maße die Ehre der Familie durch den eigenen Ruhm vermehrte.

148. Oder daß er ordentlich verteidigt wird, scheint dir das eine unwürdige Tat? Du kannst mir glauben: Wenn es nach den gastfreundlichen Verbindungen und der Beliebtheit seines Vaters ginge und alle seine Gastfreunde hier aufträten und ihn freimütig zu verteidigen wagten, dann hätte er Verteidiger jede Menge. Ginge es nach der Größe des Unrechts und danach, daß hier die höchsten Interessen des Staates auf dem Spiel stehen, und würden demgemäß alle zur Abwehr auftreten, dann wäre hier für euch kein Platz mehr zum Stehen. Nun wird er aber so verteidigt, daß sich die Gegner nicht beschweren dürfen noch annehmen, sie seien durch mächtigen Einfluß geschlagen worden.

149. Was zu Hause für Sextus Roscius zu tun ist, wird von Caecilia besorgt, seine Interessen in der Öffentlichkeit und vor Gericht nimmt Marcus Messalla[50] wahr. Wäre dieser bereits alt und kräftig genug, würde er selbst als Anwalt für Sextus Roscius auftreten. Da ihn jedoch seine Jugend und die Schüchtern-

50 Marcus Valerius Messalla gehörte zu den vornehmsten Römern, zur Zeit des Prozesses war er erst sechzehn Jahre alt; 53 v. Chr. Konsul.

heit, die ein Schmuck der Jugend ist, am Reden hindern, hat er den Fall mir übertragen, da er mich sich gewogen und verpflichtet wußte. Er selbst hat es durch sein unablässiges Bemühen, seine Klugheit, durch das Gewicht seines Namens und seine Umsicht erreicht, daß Sextus Roscius lebend den Händen der Güterschlächter entrissen und dem Urteil des Gerichtes anvertraut wurde. Ja, für diese Art von Adel hat der größte Teil der Bürgerschaft die Waffen ergriffen, darum ging es, daß diese Adligen ihren Platz im Staat wiedererhielten, die so handelten, wie ihr es hier bei Messalla seht: die das Leben eines Unschuldigen verteidigen, die dem Unrecht entgegentreten, die die Größe ihres Einflusses lieber durch die Rettung als durch den Untergang eines anderen zeigen wollen. Täten das alle, die in demselben Rang geboren sind, dann hätte der Staat weniger von ihnen und sie selber weniger an Anfeindung zu leiden. 150. Können wir jedoch, ihr Richter, von Chrysogonus nicht erreichen, daß er mit unserem Geld zufrieden ist und uns nicht nach dem Leben trachtet, kann er nicht davon abgebracht werden, uns auch noch den gemeinsamen Besitz aller, das Tageslicht, entreißen zu wollen, nachdem er uns schon alle unsere Habe geraubt hat, genügt es ihm nicht, seine Habgier mit Geld zu stillen, wenn seine Grausamkeit nicht Blut lecken kann, dann, ihr Richter, gibt es nur noch eine Zuflucht und eine Hoffnung für Roscius wie für den Staat. Nämlich das Vertrauen auf eure schon früher bewährte Güte und euer Mitleid. Wenn nur das noch besteht, dann gibt es auch jetzt noch eine Rettung für uns. Hat aber die Grausamkeit, die in letzter Zeit im Staat geherrscht hat, eure Herzen verhärtet und bitter gestimmt – aber das kann nicht sein –, dann ist es um uns geschehen. Unter wilden Tieren ist es dann besser zu leben als unter so schrecklichen Unmenschen. 151. Dazu seid ihr aufgespart, dazu auserwählt worden, um die zu verurteilen, die von den Güterschlächtern und Meuchelmördern nicht ermordet werden konnten? Tüchtige Feldherren stellen gewöhnlich zu Beginn der Schlacht dort Truppen auf, wo ihrer Vermutung nach die Feinde hinflüchten werden. Diesen Truppen fallen dann die aus dem Kampf Fliehenden unvermutet in die Hände. Ja, so ähnlich dachten die hier, diese Güteraufkäufer: Ihr, Männer von solchem Ansehen, sitzt hier, um die in Empfang zu nehmen, die ihren Händen entronnen sind. Die Götter mögen verhüten, ihr Richter, daß das, was unsere Vorfahren ein Richterkollegium genannt haben, jetzt zur Schutztruppe der Güterschlächter wird!

152. Oder seht ihr nicht, daß es darauf hinausläuft, die Kinder der Proskribierten auf jede Weise aus dem Weg zu räumen, und daß man den Anfang dazu bei eurem Geschworenenurteil und dem Prozeß des Roscius machen will? Gibt es denn noch einen Zweifel, wer bei der Übeltat beteiligt ist, wenn ihr auf der einen Seite den Güterschlächter, den Feind, den Meuchelmörder und zugleich den Ankläger seht, auf der anderen Seite den Armen, geschätzt von den Seinen, den Sohn, an dem nicht nur keine Schuld, sondern nicht einmal ein Verdacht hat haften bleiben können? Seht ihr bei dieser Sachlage einen anderen Belastungsgrund für Roscius, als daß man die Güter seines Vaters durch Verkauf an sich bringen wollte?

153. Wenn ihr das auf euch nehmt und dazu die Hand bietet, wenn ihr deshalb hier sitzt, damit die Kinder derer vor euch geführt werden, deren Güter verkauft wurden[51], dann, bei den unsterblichen Göttern, hütet euch, daß es nicht aussieht, als hättet ihr eine neue und noch grausamere Art von Ächtung eingeführt. Für die frühere, die doch immerhin gegen solche ging, die die Waffen ergreifen konnten, hat der Senat dennoch nicht die Verantwortung übernehmen wollen. Keine härtere Maßregel, als sie durch den Brauch der Vorfahren sanktioniert war, sollte auf öffentlichen Beschluß hin ergriffen worden sein. Diese aber, die sich auf die Kinder der Geächteten und bis zu den Wiegen der Säuglinge hin erstreckt – wenn ihr die nicht durch euer Urteil mit Verachtung zurückweist, dann seht zu, bei den unsterblichen Göttern, wohin es mit dem Staat noch kommen wird!

51 D. h. der Proskribierten.

154. Einsichtsvollen Männern von dem Ansehen und der Macht, wie ihr sie besitzt, kommt es zu, dem Übel nachdrücklich abzuhelfen, an dem der Staat am meisten leidet. Keinem von euch entgeht, daß das römische Volk, das früher als besonders milde gegen seine Feinde galt, jetzt seinen eigenen Bürgern gegenüber an Grausamkeit leidet. Verbannt sie aus dem Staat, ihr Richter, laßt sie nicht länger hier in unserer Republik herrschen! Sie brachte nicht nur das Übel mit sich, daß sie so viele Bürger auf die gräßlichste Art hingerafft hat, sie hat auch die Mildherzigsten durch die dauernde Gewöhnung an die Greuel dem Mitleid entfremdet. Denn wenn man dauernd etwas Gräßliches sieht oder hört, dann verlieren selbst die sanftesten Naturen durch den unablässigen Druck der Leiden jeden Sinn für Menschlichkeit.

Übersetzt von Marion Giebel

Erste Rede gegen Verres

Einleitung

Der Roscius-Prozeß hatte Cicero den ersten großen Erfolg in seiner Laufbahn gebracht. Zehn Jahre später übertrug man ihm die Anklage in einem Sensationsprozeß, der ganz Rom erregte.

Die Verwaltung der Provinzen durch hohe römische Beamte hatte diesen fast immer zur mehr oder weniger schamlosen Bereicherung gedient, so daß dagegen Sondergerichtshöfe eingerichtet werden mußten: *quaestiones pecuniarum repetundarum*, Gerichte wegen Herausgabe veruntreuter Gelder, im heutigen Sprachgebrauch Prozesse wegen unrechtmäßiger Bereicherung im Amt. Der Repetundenprozeß im Jahre 70 gegen Gaius Verres, den Propraetor (Statthalter) von Sizilien, stellte alles bisher Dagewesene in den Schatten. Drei Jahre lang hatte Verres die Provinz geplündert und ausgebeutet und viele ihrer Bewohner, geschätzte Bundesgenossen des Römischen Reiches, mißhandelt und getötet. Erst nach Ablauf seiner Amtszeit konnten die geplagten Sizilier in Rom Anklage erheben. Sie wenden sich an Cicero, der 75 v. Chr. bei ihnen mit seltener Uneigennützigkeit das Amt des Quaestors, eines hohen Finanzbeamten, ausgeübt hat. Zwar ist in Rom der Ankläger nicht so angesehen wie der Verteidiger, doch Cicero fühlt sich als *patronus,* als Beschützer und Verteidiger der Provinz Sizilien, und nimmt an. Den zum stadtrömischen Adel gehörenden Verres verteidigt Hortensius, der erste Anwalt Roms.

Trotz aller offensichtlichen Schuldbeweise ist eine Verurteilung des Verres keineswegs sicher, denn die Korruption der Provinzialverwaltung geht Hand in Hand mit einer ebenso erschreckenden Korruption des Gerichtswesens. Seit Sulla im Jahre 80 in seiner Gerichtsreform den Rittern das Geschworenenamt genommen und rein senatorische Gerichte geschaffen hatte, häuften sich die Korruptionsfälle, von allgemeiner Begünstigung der senatorischen Standesgenossen bis zu unverfrorener Bestechung größten Ausmaßes. Die Antwort darauf war die *lex Aurelia,* der Gesetzesantrag des Praetors Lucius Aurelius Cotta, die Geschworenengerichte zu jeweils einem Drittel mit Senatoren, Rittern und Aerartribunen (Nichtadeligen der höchsten Vermögensklasse) zu besetzen. Dieser Antrag war kurz vor dem Prozeß eingebracht worden, und die Konsuln des nächsten Jahres, Pompeius und Crassus, hatten seine Annahme in Aussicht gestellt. Die Senatoren müssen also um ihre Alleinherrschaft fürchten, und damit wird der Verres-Prozeß zu einem Politikum ersten Ranges. Cicero verlegt deshalb auch das Hauptgewicht der Anklage auf diesen Punkt: Es ist in die Hand der Senatoren selbst gegeben, ob sie weiterhin die Gerichte innehaben werden; ein Freispruch des Verres trotz erdrückender Schuldbeweise wird das Ende der senatorischen Gerichte sein (vgl. Abschnitt 49). Wie schon in der Roscius-Rede warnt Cicero die Nobilität, die ihre Vorrechte nur behalten könne, wenn sie sich ihrer auch würdig erweise. Doch Verres und sein Anhang geben sich trotz des Ernstes der Stunde keineswegs geschlagen. Sie schieben einen anderen Ankläger vor, Quintus Caecilius Niger, der Quaestor des Verres in Sizilien gewesen war. Er soll gegen den ausdrücklichen Wunsch der Sizilier die Anklage übernehmen, und da er selber an den Räubereien beteiligt war, wird sie glimpflich ausfallen. Cicero muß in einer Voruntersuchung nachweisen, daß er ein größeres Recht auf die Anklagevertretung hat als Caecilius. In diesem Verfahren, der sogenannten *divinatio in Caecilium,* überzeugt Cicero die Richter davon, daß sie die Anklagevertretung ihm als einem unparteiischen Mann übertragen müssen, sonst entstehe von vornherein beim römischen Volk der Eindruck, die Senatoren wünschten gar kein ordentliches Gerichtsverfahren. Aber Verres und die Seinen lassen nicht locker. Cicero berichtet in der Anklagerede ausführlich, wie sie mit allen Mitteln versuchen, den Prozeß ins Jahr 69 zu verschleppen, in dem Freunde des Verres wichtige Ämter sowie den Gerichtsvorsitz innehaben werden. Da greift Cicero zum letzten Mittel: Er verzichtet auf die übliche Form der Anklage, die mehrere Tage in Anspruch genommen hätte, und beginnt nach der kurzen ersten Rede sogleich mit der Zeugenvernehmung (vgl. Abschnitt 55). Diese Taktik verfehlt ihre Wirkung nicht: Unter dem Druck des Beweismaterials verzichtet der gegnerische Anwalt Hortensius auf seine Rede, und Verres geht schon vor seiner Verurteilung freiwillig in die Verbannung. Damit ist Cicero zum ersten Redner Roms aufgestiegen. Aus dem umfangreichen, im Prozeß nicht verwerteten Beweismaterial veröffentlicht er weitere fünf Reden.

Die erste Rede gegen Verres folgt auf Grund der besonderen Situation, in der sie gehalten wurde, nicht dem strengen Schema der Gerichtsrede. Nach dem *exordium* (1–3) folgen als Hauptteil *narratio* und *argumentatio* in einem, die Darstellung von Verres' Verteidigungsplänen und Ciceros Abwehrmaßnahmen (3–46). Die *conclusio* betont noch einmal mit aller Entschiedenheit: Nicht nur um Verres' Schandtaten geht es hier, sondern auch darum, in letzter Stunde das Vertrauen in die senatorischen Gerichte wiederherzustellen (46–56).

Erste Rede gegen Verres

1. Das Wünschenswerteste, ihr Richter, und das einzig Wirkungsvolle, um dem Haß gegen euren Stand und dem schlechten Ruf der Gerichte erfolgreich Abhilfe zu schaffen, das wird euch jetzt, wo es höchste Zeit für den Staat ist, gewährt und angeboten. Und dies geschieht nicht auf Grund menschlicher Überlegung, sondern geradezu durch göttlichen Ratschluß. Schon eingebürgert hat sich ja die Ansicht, verderblich für den Staat und gefährlich für euch, die man nicht nur bei uns, sondern auch bei den auswärtigen Völkern allenthalben hört: Von diesen Gerichten hier, wie sie jetzt sind, könne kein reicher

Mann, wäre er auch noch so schuldig, verurteilt werden. 2. Jetzt, da für euren Stand und eure Beteiligung an den Gerichten alles auf Messers Schneide steht, da Männer bereitstehen, die durch Volksreden und Gesetzesanträge diesen Haß gegen den Senatorenstand zu entflammen suchen – jetzt gerade ist Gaius Verres als Angeklagter vor Gericht geladen worden: ein Mann, der auf Grund seines Lebens und seiner Taten von der öffentlichen Meinung bereits einhellig verurteilt, aber durch sein vieles Geld nach eigener prahlerischer Erwartung schon freigesprochen ist.

In diesem Prozeß, ihr Richter, habe ich nach dem ausdrücklichen Willen des römischen Volkes und mit Spannung erwartet die Anklage übernommen. Meine Absicht ist nicht, den Haß gegen den Senatorenstand noch zu steigern, sondern vielmehr seinem schlechten Ruf in der Öffentlichkeit abzuhelfen. Ich habe nämlich einen Mann vor Gericht gestellt, durch dessen Verurteilung ihr den verlorenen guten Ruf der Gerichte zurückgewinnen, euch wieder mit dem römischen Volk aussöhnen und den auswärtigen Völkern Genugtuung leisten könnt: den Plünderer des Staatsschatzes, den Quälgeist Asiens und Pamphyliens, den Räuber des Stadtrechts, den Untergang und das Verderben der Provinz Sizilien[1].

3. Wenn ihr über diesen streng und gewissenhaft richtet, dann wird die Autorität, die auf eurer Seite bleiben muß, von Dauer sein[2]. Falls aber die ungeheuren Reichtümer dieses Mannes in die Gewissenhaftigkeit und Wahrheitsliebe des Gerichts eine Bresche schlagen, dann werde ich es wenigstens so weit bringen, daß man sieht, es habe mehr dem Staat an einem Gericht gefehlt als den Richtern an einem Angeklagten oder dem Angeklagten an einem Ankläger.

Ich will es für meine Person ruhig zugeben, ihr Richter: Gaius Verres hat mir zu Wasser und zu Lande reichlich Nachstel-

1 Verres war 80/79 v. Chr. Legat des Propraetors Dolabella in Kleinasien gewesen und hatte 74 die Stadtpraetur in Rom verwaltet, bevor er 73 als Propraetor (Statthalter) nach Sizilien ging.

2 Vgl. *Rede für Roscius* 139.

lungen bereitet, und ich bin ihnen teils durch meine Vorsicht entgangen, teils habe ich sie mit Hilfe des Eifers und Einsatzes meiner Freunde vereitelt. Aber ich habe nie das Gefühl gehabt, ein solches Risiko auf mich zu nehmen, und mir ist nie so angst und bange gewesen wie jetzt bei diesem Prozeß. 4. Es ist nicht einmal so sehr die gespannte Erwartung, auf die meine Anklage stößt, und die riesige Menschenmenge, die hier zusammengeströmt ist, was mir zusetzt, obwohl mich das auch in heftige Verwirrung bringt. Nein, noch mehr regen mich die schändlichen Nachstellungen dieses Menschen auf, die er gleichzeitig mir, euch, Manius Glabrio[3], dem römischen Volk, den Bundesgenossen, den auswärtigen Völkern und endlich dem Stand und Namen der Senatoren zu bereiten trachtet. Er sagt immer, die müßten sich fürchten, die nur genug für sich selber zusammengeräubert hätten. Er habe so viel geplündert, daß es für viele reichte. Nichts sei so heilig, daß es durch Geld nicht entweiht, nichts so befestigt, daß es durch Geld nicht erobert werden könne. 5. Wenn er so verschwiegen im Ausführen wäre, wie er kühn in seinen Entschlüssen ist, dann hätte er uns vielleicht einmal in irgend etwas täuschen können. Aber das trifft sich wirklich gut, daß seine unglaubliche Keckheit Hand in Hand geht mit einer einmaligen Dummheit. Denn so offen wie er beim Zusammenräubern seines Geldes verfahren ist, so hat er auch bei seiner Absicht, das Gericht unter Druck zu setzen, alle seine Karten offen auf den Tisch gelegt. Einmal in seinem Leben habe er sich gefürchtet, sagt er, damals, als ich zuerst die Anklage gegen ihn erhoben hätte. Denn er sei frisch aus der Provinz gekommen, und der Haß gegen ihn und der schlechte Ruf, in dem er stand, seien nicht frisch erworben, sondern alt und eingewurzelt gewesen. Und damals habe er auch zur Bestechung der Gerichte eine schlechte Zeit erwischt. 6. Als ich einen so überaus kurzen Termin für meine Nachforschungen in Sizilien gefordert hatte,

3 Er führte als Praetor den Gerichtsvorsitz und war wegen seiner gewissenhaften Amtsführung bekannt.

trieb er deshalb einen Mann auf, der für Achaia einen um zwei Tage kürzeren Termin beantragte. Nicht daß dieser durch seine Sorgfalt und seinen Fleiß dasselbe erreichte, wie ich es mit meiner Mühe und meinen durchwachten Nächten geschafft habe – denn dieser Untersuchungsbeauftragte für Achaia ist nicht einmal bis Brundisium gekommen[4]. Ich dagegen habe in fünfzig Tagen ganz Sizilien so durchreist, daß ich die Akten aller Gemeinden und Privatpersonen und den ihnen zugefügten Schaden untersucht habe.

Daraus kann jeder sehen, daß Verres den Menschen nicht gesucht hat, damit der seinen Angeklagten vor Gericht bringe, sondern um meinen Termin zu blockieren.

7. Nun denkt sich der freche, verrückte Mensch folgendes: Er sieht, ich komme so vorbereitet und gerüstet vor Gericht, daß ich nicht nur euren Ohren, sondern den Augen aller seine Diebstähle und Schandtaten einprägen werde. Er sieht, daß viele Senatoren Zeugen seiner Frechheit sind, sieht viele römische Ritter, außerdem Bürger und Bundesgenossen in großer Zahl, denen er ungeheures Unrecht angetan hat, er sieht auch, wie viele bedeutende Gesandtschaften von gut befreundeten Städten mit amtlichen Vollmachten gekommen sind. 8. Und trotzdem hat er von allen anständigen Menschen eine so schlechte Meinung, hält er die Senatorengerichte für derart verdorben und entartet, daß er ganz öffentlich immer wieder behauptet, er sei nicht ohne Grund so geldgierig gewesen, er wisse aus Erfahrung, was im Geld für ein mächtiger Schutz liege. Er habe, was das Schwierigste gewesen sei, sogar den Termin für seine Gerichtsverhandlung gekauft, damit er das übrige später um so leichter kaufen könne, um wenigstens dem Ansturm des ersten Augenblicks auszuweichen, wenn er schon der Gewalt der Be-

4 Um den Prozeß ins nächste Amtsjahr zu verschleppen, veranlaßten Verres und seine Anhänger die Anklage eines Senators wegen Unterschlagungen in der Provinz Achaia (Griechenland). Der Ankläger sollte einen kürzeren Termin für seine Untersuchungen beantragen, da der Prozeß mit der kürzesten Frist jeweils zuerst verhandelt wurde.

schuldigung auf keine Weise mehr entgehen könne. 9. Wenn er seine Hoffnung, ich will nicht sagen: auf seine Sache, aber doch auf einen ehrenhaften Beistand oder auf die Redekunst oder den Einfluß von irgend jemand setzen könnte, dann würde er sicher nicht dies alles zusammenzulesen und aufzuschnappen suchen. Er würde den Senatorenstand nicht derart geringschätzen und verachten, daß nach seiner Willkür einer aus dem Senat gewählt wurde, der die Rolle des Angeklagten zu übernehmen hatte, damit, bis Verres selber das Nötige bereit hätte, dieser in der Zwischenzeit vor ihm angeklagt würde.

10. Was er sich dabei erhofft und ausrechnet, sehe ich leicht. Warum er aber darauf vertraut, bei diesem Praetor und diesem Richterkollegium etwas zu erreichen, das kann ich nicht verstehen. Nur das eine ist mir klar, was auch das römische Volk bei der Ablehnung der Richter[5] geurteilt hat: Er hat die feste Hoffnung, sich auf jeden Fall durch das Geld retten zu können, so daß er seiner eigenen Überzeugung nach kein Hilfsmittel mehr hat, wenn man ihm diesen Schutz nimmt.

Denn wo gibt es ein solches Talent, eine so große Rednergabe und Fülle des Vortrags, die es fertigbrächte, das Leben dieses Menschen, das schon längst einhellig verurteilt und verdammt ist, auch nur irgendwie zu verteidigen? 11. Wenn ich auch Schimpf und Schande seiner Jugendjahre beiseite lasse, was zeigt sich anderes an seiner Quaestur, der ersten Rangstufe in der Ämterlaufbahn, als daß Gnaeus Carbo vom eigenen Quaestor der Staatsgelder beraubt wurde, daß der Konsul preisgegeben und verraten, das Heer im Stich gelassen, die Provinz ihrem Schicksal überlassen[6] und die durch das Los geheiligten Bande gemeinsamer Amtsführung[7] verletzt wurden? Sein Legatenamt

5 Der Ankläger wie der Angeklagte hatten das Recht, aus der Liste der aufgestellten Richter eine bestimmte Anzahl abzulehnen.

6 Gnaeus Carbo war 83 v. Chr. während des Bürgerkrieges zwischen Marius und Sulla als Anhänger des Marius Prokonsul in Gallien. Sein Quaestor Verres ging mit der Staatskasse zu Sulla über.

7 Der Losentscheid erschien seit alters als ein Akt göttlicher Willensent-

war der Untergang für ganz Asien und Pamphylien[8], er hat in diesen Provinzen viele Häuser, eine Menge Städte und alle Heiligtümer ausgeplündert. Damals war es, als er gegen Gnaeus Dolabella seinen früher als Quaestor begangenen Frevel erneut verübte. Er hat nämlich Dolabella, dessen Legat und Proquaestor er gewesen war, durch seine eigenen Schandtaten Haß zugezogen und ihn in der Gefahr nicht nur im Stich gelassen, sondern ist sogar noch gegen ihn aufgetreten und hat ihn verraten[9]. 12. Seine Stadtpraetur bestand in der Ausplünderung der Heiligtümer und öffentlichen Gebäude, dazu bei der Rechtsprechung im Zuerkennen und Verschenken von Gütern und Besitzungen wider alles Herkommen. Aber von allen seinen Lastern hat er die meisten und größten Denkmäler und Wahrzeichen in der Provinz Sizilien errichtet. Die hat er drei Jahre lang so gequält und zugrunde gerichtet, daß man sie unmöglich mehr in ihrem früheren Zustand wiederherstellen kann. Kaum könnte sie, so wie es aussieht, in vielen Jahren und bei uneigennützigen Praetoren sich einmal wieder einigermaßen erholen. 13. Unter diesem Praetor haben die Sizilier weder ihre Gesetze noch unsere Senatsbeschlüsse noch gemeinschaftliches Recht gehabt. Nur so viel besitzt jeder noch in Sizilien, wie der Unachtsamkeit dieses habsüchtigsten und lasterhaftesten aller Menschen entging oder von seiner Sättigung übrigblieb.

Kein Rechtsfall wurde während der drei Jahre ohne seinen

scheidung. Dies begründete ein besonders nahes Verhältnis zwischen den durch das Los zu Amtsgenossen bestimmten Beamten, speziell zwischen Konsul bzw. Praetor und Quaestor, die wie Vater und Sohn betrachtet wurden. Deshalb kann Cicero die Anklagevertretung durch Q. Caecilius als untragbar zurückweisen, da dieser Verres' Quaestor in Sizilien gewesen war.

8 Die westliche Hälfte von Kleinasien bildete die Provinz Asia, Pamphylien war eine Landschaft im Süden der Halbinsel und gehörte zur Provinz Kilikien.

9 Dolabella wurde 76 wegen seiner Amtsführung als Statthalter von Kilikien angeklagt, und Verres, der sein stellvertretender Quaestor gewesen war, sagte gegen ihn aus.

Wink entschieden, nichts besaß jemand so sicher vom Vater oder Großvater her, das ihm nicht auf seinen Befehl abgesprochen worden wäre. Nicht zu zählende Summen wurden von den Gütern der Landpächter durch eine neue, schändliche Anordnung eingetrieben, die treuesten Bundesgenossen wurden wie Feinde behandelt, römische Bürger wie Sklaven gefoltert und hingerichtet, die Schuldigsten für Geld vor Gericht freigesprochen, die Ehrenhaftesten und Unsträflichsten wurden in Abwesenheit angeklagt und ungehört verurteilt und verbannt. Die sichersten Häfen, die größten und am stärksten befestigten Städte wurden Piraten und Räubern geöffnet. Seeleute und Soldaten der Sizilier, unsere Bundesgenossen und Freunde, starben den Hungertod, die tüchtigsten Flotten mit den besten Ankerplätzen gingen zur großen Schande für das römische Volk verloren und zugrunde.

14. Dieser selbe Mann hat als Praetor die ältesten Kunstdenkmäler, teils von den reichsten Königen, die diese den Städten zur Zierde gestiftet haben, sowie auch von unseren Feldherrn, die sie als Sieger den sizilischen Städten entweder geschenkt oder zurückgegeben haben, geraubt und all ihres Schmuckes entblößt. Und das hat er nicht nur an den Bildsäulen und Schätzen in der Öffentlichkeit getan, er, hat auch alle Heiligtümer, die der heiligsten Gottesverehrung geweiht sind, ausgeplündert. Keinen einzigen Gott endlich, der ihm nur ein wenig kunstvoll gearbeitet und ein altes Meisterwerk zu sein schien, hat er den Siziliern gelassen. Seine schmählichen Ausschweifungen in Unzucht und Schande zu erwähnen, scheue ich mich aus Anstandsgefühl. Auch will ich nicht das Unglück derer durch mein Reden noch vergrößern, denen es nicht vergönnt war, ihre Kinder und Gattinnen vor seiner Frechheit unversehrt zu bewahren.

15. »Aber er hat das doch so getan, daß nicht alle davon erfuhren.«[10] Ich glaube, es gibt keinen Menschen, der seinen Na-

10 *Sermocinatio* nannte man den fingierten Dialog innerhalb der Rede; die Vorwegnahme von Gegenargumenten, die Cicero hier gebraucht, war die *percontatio,* ein beliebtes Stilmittel, um die Rede lebendiger zu gestalten.

men gehört hätte und nicht auch seine Freveltaten aufzählen könnte. Deshalb fürchte ich eher, daß man glaubt, ich übergehe viele Verbrechen, als ich erdichte welche. Denn mir scheint, die Zuhörermenge hier will nicht von mir erfahren, worum es geht, sondern vielmehr das, was sie weiß, mit mir noch einmal durchgehen.

So stehen die Dinge. Dieser verrückte, schlechte Mensch will daher auf andere Weise mit mir den Kampf aufnehmen. Er beabsichtigt nicht, mir jemandes Redekunst entgegenzustellen; nicht auf Einfluß, nicht auf das Ansehen von jemand, nicht auf Macht stützt er sich. Er gibt vor, darauf seine Zuversicht zu setzen, aber ich sehe schon, worauf er hinaus will. Er geht ja keineswegs heimlich zu Werk. Er hält mir inhaltslose Namen des Adels vor, das heißt anmaßender Leute, die mir nicht so sehr hinderlich sind, weil sie zum Adel gehören, als mir vielmehr nützen, weil man sie kennt[11]. Verres gibt vor, er vertraue auf ihren Schutz, während er doch schon lange etwas ganz anderes im Schilde führt. 16. Welches Eisen er jetzt im Feuer hat und was er zu bewerkstelligen sucht, das will ich euch nun kurz auseinandersetzen, ihr Richter. Aber erfahrt bitte zuerst, wie er die Sache von Anfang an eingefädelt hat.

Sobald er aus der Provinz zurück war, wurde wegen dieses Prozesses ein Bestechungsvertrag über eine große Geldsumme abgeschlossen. Dieser behielt seine Gültigkeit bis zu dem Termin, an dem die Richter abgelehnt wurden[12]. Nach der Zurückweisung der Richter wurde der ganze Vertrag gekündigt – beim Losentscheid hatte das Glück des römischen Volkes Verres' Hoffnung getäuscht, und bei der Ablehnung der Richter hatte meine Gründlichkeit über die Unverfrorenheit dieser Leute triumphiert. 17. Es ging alles bestens. Die Listen eurer Namen und dieses Richterkollegiums waren in aller Händen, kein

11 D. h. als bestechlich.

12 Vgl. Fußnote 5. Die im Verres-Prozeß übriggebliebenen Richter galten offenbar als der Bestechung wenig zugänglich, deshalb machte man das Abkommen rückgängig.

Merkzeichen, keine Farbe, keinen Fleck konnte man der Stimmabgabe hinzufügen[13]. Da wurde der Muntere und Vergnügte plötzlich ganz klein und niedergedrückt, so daß er nicht nur dem römischen Volk, sondern auch sich selber geschlagen dünkte. Aber plötzlich, vor wenigen Tagen, nachdem die konsularischen Wahlen stattgefunden hatten, da werden die alten Pläne mit noch mehr Geld wieder ausgepackt, und dieselben Leute fangen wieder an mit ihren Anschlägen gegen euren Ruf und das allgemeine Wohl. Das wurde mir klar an einem ganz geringfügigen Indiz; nachher, als mir einmal der Verdacht die Tür geöffnet hatte, bin ich, ohne mich ein einziges Mal zu verirren, bis ins Innerste aller ihrer Pläne eingedrungen.

18. Denn als man den designierten[14] Konsul Hortensius vom Marsfeld in einer großen Menschenmenge nach Hause geleitete, da begegnete dieser Menge zufällig Gaius Curio, den ich mehr um der Ehrung als um der Schmähung willen genannt haben will. Denn ich werde nur das sagen, was er selbst ja nicht vor einer solchen Menschenmenge und in aller Öffentlichkeit gesagt hätte, wenn er dagegen wäre, daß man es erwähnte. Ich will die Sache trotzdem nur ganz behutsam und vorsichtig vorbringen, damit man sieht, daß ich unserer Freundschaft und seiner Würde Rechnung trage. 19. Er sieht also gerade am Bogen des Fabius[15] den Verres im Gedränge, ruft ihm zu und gratuliert ihm laut. Hortensius, der doch zum Konsul gewählt worden war, und seine Verwandten und Freunde, die damals bei ihm

13 Cicero hatte vermutlich Abschriften der Liste des endgültigen Richterkollegiums verteilen lassen, damit Verres nicht heimlich ihm genehmere Richter einschmuggeln konnte. Cicero deutet in der Voruntersuchung, der *Rede gegen Caecilius,* an, der gegnerische Anwalt Hortensius pflege Manipulationen mit den Stimmtäfelchen vorzunehmen. Dies unternahm man, damit der Klient nachher überprüfen konnte, ob alle von ihm Bestochenen auch zu seinen Gunsten gestimmt hatten (vgl. auch Abschnitt 40).

14 Für die nächste Amtsperiode ab 1. Januar gewählten.

15 Ein Triumphbogen des C. Fabius Maximus anläßlich des Sieges über die Allobroger, zwischen Via sacra und Forum.

waren, würdigt er keines Wortes. Bei Verres bleibt er stehen, den umarmt er, den heißt er ohne Sorge sein. »Ich erkläre dir«, sagt er, »du bist durch den Ausgang der heutigen Wahlen freigesprochen.« Da das so viele ehrenwerte Leute gehört hatten, wurde es mir sogleich hinterbracht; ja, jeder, der mich sah, erzählte es mir. Den einen erschien das unwürdig, den anderen lachhaft: lachhaft denen, die glaubten, der Ausgang des Prozesses gegen Verres hänge von der Glaubwürdigkeit der Zeugen, von der Art der Verbrechen, von der Befugnis der Richter ab und nicht von den Konsularwahlen; unwürdig erschien es denen, die tiefer blickten und wohl sahen, daß dieser Glückwunsch auf eine Bestechung des Gerichts gemünzt war. 20. Diese Ansicht vertraten nämlich ehrenwerte Männer im Gespräch unter sich und mir gegenüber: Ganz offenbar und augenscheinlich gibt es jetzt keine Gerichte mehr. Der Angeklagte, der sich am Tag zuvor selber schon für verurteilt hielt, der gilt als freigesprochen, nachdem sein Verteidiger zum Konsul gewählt worden ist. Wie? Daß ganz Sizilien, alle Sizilier, alle Geschäftsleute, alle öffentlichen und privaten Akten sich in Rom befinden – das wird nichts gelten? Nichts, wenn es der neuernannte Konsul nicht will. Also? Die Richter werden nicht von den Beschuldigungen ausgehen, von den Zeugenaussagen, von der Meinung des römischen Volkes? Nein – alles wird der Macht und Leitung eines einzigen unterstellt werden.

Um die Wahrheit zu sagen, ihr Richter: Mich brachte das in ziemliche Aufregung, die tüchtigsten Männer sagten nämlich zu mir: »Den werden sie dir mit Sicherheit entreißen, wir aber werden nicht länger Richter sein, denn wer könnte sich der Übertragung des Richteramtes[16] noch widersetzen, wenn ein Verres freigesprochen wird?« 21. Das war für alle ein Alpdruck; es war nicht so sehr die plötzliche Freudenstimmung dieses schlechten Menschen als vielmehr der unerwartete Glückwunsch eines hochangesehenen Mannes, was sie so in Erregung versetzte.

16 Vom Senatoren- auf den Ritterstand.

Ich hätte gern mein Unbehagen verheimlicht, hätte gern den Schmerz in meinem Innern hinter einer heiteren Miene versteckt und durch Stillschweigen verheimlicht.

Doch gerade in den Tagen, als die gewählten Praetoren ihre Ämter durch das Los erhielten und dem Marcus Metellus[17] der Gerichtsvorsitz in Repetundenprozessen zugefallen war, meldete man mir, Verres erhalte Glückwünsche in solcher Menge, daß er schon Sklaven als Boten nach Hause schicke, um es seiner Gattin zu melden. 22. Das gefiel mir nun ganz und gar nicht; ich sah aber nicht ein, was denn bei diesem Ausgang der Losentscheidung so Besonderes für mich zu fürchten wäre. Nur das eine erfuhr ich von zuverlässigen Leuten, die mich über alles auf dem laufenden hielten: Mehrere Säcke voll Geld aus Sizilien seien von einem gewissen Senator einem römischen Ritter übergeben worden. Etwa zehn Säcke von diesem Geld seien bei jenem Senator geblieben in Rücksicht auf meine Teilnahme an den Wahlen[18]. Die Geldverteiler sämtlicher Tribus[19] seien eines Nachts zu jenem Senator berufen worden. 23. Einer von diesen, der sich mir gegenüber voll und ganz verpflichtet fühlte, kam noch in derselben Nacht zu mir und gab mir an, was Verres gesagt hatte. Er habe darauf hingewiesen, wie freigebig er ihnen gegenüber schon früher gewesen wäre, damals, als er sich um die Praetur beworben habe, und auch bei den folgenden konsularischen und praetorischen Wahlen. Schließlich habe er ihnen sogleich so viel Geld versprochen, wie sie gewollt hätten, wenn sie meine Wahl zum Aedil verhinderten. Da hätten die einen gesagt, das getrauten sie sich nicht, die anderen

17 Er gehörte zu den Freunden des Verres.

18 Cicero bewarb sich um das Amt des Aedils, nach der Quaestur die zweite Stufe in der römischen Ämterlaufbahn. Die Aedilität umfaßte Verwaltungsaufgaben in der Stadt, speziell die Getreidezufuhr, und berechtigte zu Strafanträgen beim Volksgericht (vgl. Abschnitt 36).

19 Es gab bei Wahlen gesetzlich erlaubte Geldzuteilungen an die Bürger, die nach einzelnen Stadtbezirken *(tribus)* eingeteilt waren. In Rom gab es vier *tribus urbanae*, dazu kamen noch über dreißig Bezirke auf dem Land.

hätten zur Antwort gegeben, sie hielten das nicht für durchführbar. Dennoch habe sich ein wackerer Freund aus derselben Familie gefunden, Quintus Verres aus der Romilischen Tribus, ein Geldausteiler, wie er im Buche steht, ein Zögling und Freund von Verres' Vater. Der habe gegen Hinterlegung von 500 000 Sesterzen versprochen, das fertigzubringen. Und es habe dann doch einige gegeben, die mit ihm gemeinsame Sache machen wollten. Unter diesen Umständen gab mein Gewährsmann mir in gewiß wohlmeinender Absicht den Rat, sehr auf der Hut zu sein.

24. Ich geriet also zu einer und derselben und noch dazu äußerst knappen Zeit in ziemliche Bedrängnis durch Angelegenheiten von höchster Wichtigkeit. Die Wahlen standen vor der Tür, und dabei kämpfte man mit großen Geldsummen gegen mich. Der Prozeß war nahegerückt, auch er bedroht durch die sizilischen Geldsäcke. Mich mit aller Kraft dem Prozeß zu widmen schreckte mich die Rücksicht auf die Wahlen ab, mich voll für meine Bewerbung einzusetzen vermochte ich wegen des Prozesses nicht. Schließlich den Geldausteilern zu drohen wäre unklug gewesen, weil diese, wie ich sah, genau wußten, daß ich durch diesen Prozeß in Anspruch genommen und angebunden sein würde. 25. Und gerade zu der Zeit, höre ich, sollen die Sizilier von Hortensius zuerst aufgefordert worden sein, zu ihm in sein Haus zu kommen. Die Sizilier aber hätten sich als freie Männer gezeigt, sie seien nicht gekommen, als sie merkten, weshalb man sie holen wollte. Inzwischen begannen meine Wahlen, die Verres zu beherrschen glaubte, wie die übrigen Wahlen des Jahres. Der einflußreiche Mann lief mit seinem schmeichlerischen und gefälligen Sohn bei den Tribus herum, seine väterlichen Freunde, das heißt die Geldausteiler, sprach er alle an und besuchte sie.

Als man dies erkannte und sich die Aufmerksamkeit darauf richtete, da erreichte es das römische Volk aus eigenem freien Antrieb, daß der, dessen Reichtümer mich nicht von meiner Pflicht hatten abbringen können, mich mit seinem Geld nicht von der Ehrenstellung verdrängte. 26. Nachdem ich nun von der großen Sorge wegen meiner Bewerbung befreit war, ging ich viel freier und gelöster daran, mich ausschließlich dem Prozeß zu widmen. Ich bin zu der Ansicht gekommen, ihr Richter, daß diese Leute ihre Pläne darauf ausgerichtet haben, die Sache mit allen Mitteln so hinauszuschieben, daß dieser Prozeß unter dem Vorsitz von Marcus Metellus als Praetor stattfindet. Davon versprechen sie sich folgende Vorteile: Zunächst ist Marcus Metellus ihr bester Freund, dann ist Hortensius Konsul, nicht Hortensius allein, sondern auch noch Quintus Metellus – und paßt nur auf, was der für ein guter Freund des Verres ist: Er hat ihm nämlich bereits einen Vorgeschmack seines Wohlwollens gegeben, so daß er ihm, wie es scheint, schon seinen Dank für die Wählerstimmen abgestattet hat.

27. Meint ihr, ich würde über so wichtige Dinge schweigend hinweggehen, ich würde bei einer solchen Gefahr für den Staat und für meinen Ruf auf irgend jemand mehr Rücksicht nehmen als auf die Pflicht und meine Würde? Da bestellt der eine zukünftige Konsul die Sizilier zu sich, und es kommen einige, weil Lucius Metellus Praetor in Sizilien war. Mit denen redet er in diesem Stil: Er sei Konsul, der eine von seinen Brüdern habe die Verwaltung der Provinz Sizilien, der andere werde die Prozesse wegen unrechtmäßiger Bereicherung im Amt führen. Daß man dem Verres nicht schaden könne, dafür sei auf vielerlei Art vorgesorgt.

28. Ich bitte dich, Metellus, was heißt das Gericht unter Druck setzen, wenn nicht dies: Zeugen, gerade die Sizilier, ängstliche Leute, denen übel mitgespielt wurde, nicht nur durch das eigene Ansehen, sondern auch durch die Furcht vor einem Konsul und die Gewalt von zwei Praetoren einzuschüchtern? Was würdest du erst für einen Unschuldigen, einen Verwandten tun, wenn du wegen eines völlig verworfenen und dir ganz fremden Menschen Pflicht und Ehre im Stich läßt und selbst schuld bist, wenn einer, der dich gar nicht kennt, das für wahr halten muß, was der da von dir sagt? 29. Verres soll nämlich be-

haupten, du seiest nicht durch das Schicksal[20], wie die übrigen aus eurer Familie, sondern durch seine Bemühungen Konsul geworden.

Zwei Konsuln und der Gerichtsvorsitzende werden ihm zu Willen sein. »Wir werden nicht nur einem Mann entgehen«, sagen sie, »der allzu sorgfältig die Untersuchung leitet, der sich allzu sehr nach der Volksmeinung richtet, nämlich dem Manius Glabrio, es wird uns auch noch folgendes zugute kommen: Richter ist Marcus Caesonius, der Amtsgenosse unseres Anklägers[21], ein in der Prozeßführung bewährter und erprobter Mann. Den haben wir gar nicht so gern in diesem Richterkollegium, das wir auf irgendeine Weise zu bestechen suchen, denn er hat schon früher als Richter im Junischen Richterkollegium[22] die schlimme Tat nicht nur widerwillig ertragen, sondern sie sogar öffentlich bekanntgemacht. Ihn werden wir ab 1. Januar nicht mehr zum Richter haben. 30. Den Quintus Manlius und Quintus Cornificius, zwei äußerst strenge und unparteiische Richter, werden wir nicht mehr bei Gericht erleben, weil sie bis dahin Volkstribunen sind. Publius Sulpicius, ein ernsthafter und unbestechlicher Richter, muß sein Amt am 5. Dezember antreten, Marcus Crepereius, aus jener Ritterfamilie von strenger Zucht, Lucius Cassius aus einer Familie, die, wie in anderen Dingen, so besonders im Richteramt mit besonderer Strenge vorgeht, Gnaeus Tremellius, ein Mann von höchster Gewissenhaftigkeit und Sorgfalt, diese drei Männer von altem Schlag sind zu Volkstribunen ernannt, vom 1. Januar an werden sie nicht mehr Richter sein. An die Stelle des Marcus Metellus werden

20 Vermutlich eine Anspielung auf einen Vers des römischen Dichters Naevius (um 280-201 v. Chr.), der wegen seiner Angriffe auf die Großen seiner Zeit, besonders die Meteller, ins Gefängnis kam. Der Vers lautete: *Fato Metelli Romae fiunt consules* – dem Schicksal verdanken es die Meteller, wenn sie in Rom Konsuln werden.

21 Er war zum Aedil ernannt wie Cicero und schied mit der Übernahme seines Amtes am Jahresanfang aus der Gerichtsverwaltung aus.

22 Justizskandal im Jahre 74 v. Chr., als ein ganzes Richterkollegium unter dem Vorsitzenden M. Junius wegen Bestechung verurteilt wurde.

wir durch Nachlosen einen Ersatzmann wählen, da er ja bei diesem Prozeß den Vorsitz haben wird. Da so nach dem 1. Januar der Praetor und fast das ganze Richterkollegium gewechselt haben werden, so werden wir die gewaltigen Drohungen des Anklägers und die hohen auf diese Verhandlung gesetzten Erwartungen nach unserem Gutdünken und unserer Willkür zunichte machen.«

31. Heute ist der 5. August[23], um drei Uhr begann die Versammlung, diesen Tag können sie schon nicht mehr rechnen. Zehn Tage sind es noch bis zu den von Gnaeus Pompeius gelobten Spielen, die er geben wird. Diese Spiele werden fünfzehn Tage wegnehmen, danach folgen sofort die Römischen Spiele. So wird, wie sie meinen, ein Zwischenraum von fast vierzig Tagen entstehen, bis sie sich meinen Vorwürfen gegenüber verantworten müssen, danach lasse sich die Sache leicht durch Ausreden und Entschuldigungen bis zu den Spielen der Victoria hinausziehen. An diese schlössen sich die plebejischen an, und danach sind entweder gar keine oder nur sehr wenige Gerichtstermine mehr. Auf diesem Wege werde die Klage entkräftet und lahmgelegt werden, und die Sache käme unentschieden an den Praetor Marcus Metellus. Was diesen angeht, so würde ich ihn, falls ich Zweifel in seine Rechtlichkeit setzte, nicht als Richter behalten haben. 32. Nun geht meine Ansicht aber dahin, daß ich den Fall lieber mit ihm als Richter denn als Praetor verhandelt sehen will, und ich will lieber dem Vereidigten seine eigene als dem Unvereidigten die Stimmtafel von anderen anvertrauen[24].

Nun frage ich euch, ihr Richter: Was, glaubt ihr, muß ich tun? Ihr werdet mir sicher stillschweigend den Rat geben, den ich auch nach meiner eigenen Ansicht notgedrungen befolgen muß. Wenn ich die mir gesetzmäßig zustehende Zeit zu meinem Plä-

23 Sextilis, d. h. der sechste Monat (später nach dem Kaiser Augustus benannt), weil ursprünglich der März als erster gerechnet wurde. Seit 153 v. Chr. war der Jahresbeginn am 1. Januar.

24 Der Praetor als Gerichtsvorsitzender wurde nicht vereidigt, wohl aber die einzelnen Richter bzw. Geschworenen.

doyer ausnutze, dann werde ich die Früchte meiner Mühe, Tatkraft und Gründlichkeit ernten und werde von dieser Anklage den Gewinn davontragen, daß es den Anschein hat, nie seit Menschengedenken sei jemand sorgfältiger vorbereitet, wachsamer und besser gerüstet vor Gericht erschienen. Aber bei allem diesem Lob meines Eifers kann mir der Angeklagte entwischen – das ist die größte Gefahr dabei. Was kann man also tun?

Darüber gibt es, meine ich, keine Ungewißheit und kein Geheimnis. 33. Diese Früchte des Ruhmes, die sich aus einer fortlaufenden Rede gewinnen lassen, will ich mir für andere Zeiten aufsparen. Jetzt will ich den Mann mit Hilfe von Rechnungsbüchern, Zeugen, privaten und öffentlichen Schriftstücken und beglaubigten Aussagen anklagen. Alles werde ich mit dir ausmachen, Hortensius. Ich will ganz offen sein. Wenn ich glaubte, du würdest bei diesem Prozeß mit den Mitteln der Redekunst und durch Widerlegung der Anschuldigungen den Kampf mit mir aufnehmen, dann würde ich meinen ganzen Fleiß auf die Anklagepunkte und die näheren Einzelheiten der Vergehen verwenden. Da du nun aber entschlossen bist, gegen mich nicht deinem Charakter gemäß zu kämpfen, sondern wie es die Verhältnisse hier und der Fall erfordern, so muß ich notwendigerweise gegen ein derartiges Vorgehen Mittel und Wege finden.

34. Dein Plan ist, daß du erst nach der Beendigung zweier Spiele anfangen willst, mir zu antworten; meiner ist, schon vor Beginn der ersten Spiele die abschließende Gerichtssitzung anzusetzen. So wird man deinen Plan für schlau halten, meine Maßnahme aber für notwendig.

Was ich anfangs sagte, daß ich es mit dir zu tun hätte, das ist so gemeint: Ich habe diesen Fall auf Bitten der Sizilier hin übernommen und es mir zur hohen Ehre angerechnet, daß diejenigen, die meine Redlichkeit und Uneigennützigkeit bereits erprobt hatten, nun auch die Probe auf meine Pflichttreue und Gewissenhaftigkeit machen wollten. Damals habe ich mir bei der Übernahme dieses Falles noch ein höheres Ziel gesteckt, wodurch das römische Volk meine Gesinnung gegen den Staat erkennen konnte. 35. Denn das erschien mir keineswegs meines Eifers und Bemühens würdig, daß dieser, schon verdammt durch das Urteil der Öffentlichkeit, von mir vor Gericht gestellt würde, wenn du nicht deine unerträglich gewordene Macht und die Parteilichkeit, die du in diesen Jahren bei verschiedenen Verhandlungen unter Beweis gestellt hast, auch bei der Verteidigung dieses hoffnungslosen Falles geltend machtest. Nun aber, weil dir deine unumschränkte Herrschaft und königliche Gewalt[25] über die Gerichte gar so große Freude macht und es Leute gibt, die über ihre Willkür und ihren schlechten Ruf weder Scham noch Abscheu empfinden, die sich gleichsam mit Fleiß in den Haß und Unwillen des römischen Volkes hineinstürzen, da habe ich – ich bekenne es offen – diese wohl große und für mich gefährliche Last auf mich genommen. Sie ist es wahrhaftig wert, daß ich alle Kräfte meiner Jahre und meines Fleißes dafür anstrenge. 36. Da der gesamte Senatorenstand durch die Schlechtigkeit und Frechheit einiger weniger unter Druck gesetzt wird und unter dem schlechten Ruf der Gerichte leidet, bekenne ich, daß ich dieser Sorte von Menschen ein feindlicher Ankläger, ein verhaßter, hartnäckiger, erbitterter Gegner sein werde. Das suche ich mir aus, das fordere ich für mich: Ich will es in meinem Amt betreiben, von der Stelle aus, an der ich nach dem Willen des römischen Volkes vom 1. Januar an vor ihm die Sache des Staates vertreten und Maßnahmen gegen Verbrecher ergreifen werde.

Das verspreche ich dem römischen Volk als das größte und schönste Geschenk meines Aedilenamtes. Ich warne, ich erkläre es ganz öffentlich, ich kündige es im voraus an: Die gewohnt sind, Geld bereitzustellen oder weiterzuleiten, anzunehmen oder welches zu versprechen sowie als Unterhändler oder Mittelspersonen bei der Bestechung der Gerichte zu dienen, die dafür ihre Machtbefugnis oder ihre Schamlosigkeit angeboten ha-

25 In Rom war seit der Vertreibung der Könige und der Einführung der Republik die Bezeichnung *regnum* und *rex* ein schlimmes Schimpfwort, mit dem Cicero hier eine Antipathie gegen die Vorrangstellung des Hortensius erregen will.

ben – die sollen bei dieser Verhandlung Hand und Herz von diesem ruchlosen Verbrechen fernhalten.

37. Dann wird Hortensius Konsul sein mit höchster Macht und Befehlsgewalt, aber ich werde Aedil sein, das heißt, ein bißchen mehr als ein Privatmann. Dennoch ist dieser Prozeß, den ich versprochen habe zu führen, dem römischen Volk so willkommen und ein Grund zu solcher Freude, daß der Konsul selbst in diesem Fall im Vergleich mit mir, wenn das möglich wäre, als noch weniger denn ein Privatmann erscheinen dürfte.

Alles wird nicht nur aufgezählt, sondern auch mit handfesten Tatsachen belegt werden, was innerhalb der zehn Jahre, seit die Gerichte dem Senatorenstand übertragen worden sind, bei der Rechtsprechung an Schlimmem und Schädlichem geschehen ist.

38. Erfahren wird das römische Volk von mir folgendes: wie es kommt, daß während des ununterbrochenen Zeitraums von fast fünfzig Jahren, in dem der Ritterstand die Richter stellte, bei keinem einzigen Gerichtsurteil auch nur der leiseste Verdacht aufkam, es habe einer Geld genommen für seinen Urteilsspruch; dann, wie es kommt, daß nach der Übertragung der Gerichte auf den Senatorenstand und der Aufhebung der Gewalt des römischen Volkes über jeden von euch[26] Quintus Calidius bei seiner Verurteilung sagen konnte, für weniger als drei Millionen Sesterzen könne doch ein Praetor anständigerweise nicht verurteilt werden. Weiter: daß der Senator Publius Septimius unter der Praetur des Quintus Hortensius wegen unrechtmäßiger Bereicherung im Amt angeklagt wurde und seine Geldbuße mit Rücksicht darauf festgesetzt wurde, daß er auch noch für ein Gerichtsurteil Geld genommen hatte. 39. Außerdem: daß bei den Senatoren Gaius Herennius und Gaius Popilius, die beide wegen Veruntreuung öffentlicher Gelder verurteilt wurden, daß bei Marcus Atilius, der wegen eines Verbrechens gegen den

26 D. h. des Volkstribunats, dessen Macht Sulla in seiner Verfassungsreform sehr eingeschränkt hatte. Es wurde 70 v. Chr., im Jahr des Verres-Prozesses, unter Pompeius als Konsul wieder voll in Kraft gesetzt (vgl. Abschnitt 44).

Staat verurteilt worden ist, es klar bewiesen wurde, daß sie Geld für einen Richterspruch genommen haben; daß sich Senatoren gefunden haben, die, als Verres Stadtpraetor war und die Auslosung[27] vornahm, gegen einen Angeklagten vorgingen, den sie ungehört verurteilen konnten; daß sich ein Senator fand, der als Richter bei derselben Verhandlung sowohl vom Angeklagten Geld nahm, um es unter die Richter zu verteilen, als auch vom Ankläger, um den Angeklagten zu verurteilen. 40. Wie soll ich außerdem die Schmach und Schande und den Verfall des gesamten Standes beklagen, daß das in diesem Staate geschehen konnte: Unter den Senatoren als Richtern wurden die Stimmtäfelchen vereidigter Männer mit verschiedenfarbigen Merkmalen gekennzeichnet! Das alles werde ich mit aller Genauigkeit und Strenge zur Sprache bringen, das verspreche ich.

Was glaubt ihr, wie mir zu Mute sein wird, wenn ich daraufkomme, daß bei dieser Verhandlung mit ähnlichen Mitteln Rechtsverletzungen begangen würden? Zumal ich durch viele Zeugen beweisen kann, daß Verres in Sizilien vor einer Menge von Zuhörern oft gesagt hat, er habe einen einflußreichen Mann an der Hand, im Vertrauen auf den er die Provinz ausplündere[28]. Nicht für sich allein suche er Geld aufzutreiben, sondern er habe die drei Jahre seiner Praetur in Sizilien so eingeteilt, daß er behaupten könne, es gehe ihm prächtig, wenn er die Beute eines Jahres zu seinem eigenen Gewinn verwenden, die des zweiten Jahres seinen Anwälten und Verteidigern überlassen und den Gewinn des dritten, des reichsten und einträglichsten, ganz für seine Richter aufheben könne.

41. Dabei fällt mir ein, was ich neulich vor Manius Glabrio bei der Ablehnung der Richter geäußert habe; es hat, wie ich gemerkt habe, großen Eindruck auf das römische Volk gemacht: Ich glaube, die auswärtigen Völker werden noch Gesandte an das römische Volk schicken, daß das Gesetz und die gerichtli-

27 Der Richter für die Verhandlung.
28 Hortensius.

che Verfolgung wegen unrechtmäßiger Bereicherung im Amt aufgehoben wird. Wenn es nämlich keine Verfahren mehr gibt, dann wird, meinen sie, jeder nur noch so viel nehmen, wie er für sich und seine Kinder braucht. Nun aber, da es solche Gerichtsverfahren gibt, da nimmt jeder so viel, daß es für ihn selber, für Anwälte, Verteidiger, den Praetor und die Richter genug ist, und das ist ein Faß ohne Boden. Die Gier des Habsüchtigsten könnten sie noch befriedigen, aber den Sieg eines in höchstem Grade Schuldigen könnten sie nicht verkraften.

42. Was für denkwürdige Gerichte und ein herrlicher Ruf unseres Standes, wenn die Bundesgenossen des römischen Volkes keine Gerichte wegen Bereicherung im Amt mehr haben wollen, die von unseren Vorfahren eben wegen der Bundesgenossen eingesetzt worden sind! Hätte Verres je Gutes für sich erhofft, wenn er nicht Schlechtes von euch dächte? Um so verhaßter muß er doch bei euch sein, wenn das möglich ist, als er es schon beim römischen Volk ist, da er euch an Habsucht, Niedertracht und Meineidigkeit für seinesgleichen hält.

43. Dagegen ergreift Maßregeln, bei den unsterblichen Göttern, ihr Richter, und trefft Vorsorge! Ich mahne euch und spreche ganz öffentlich meine Ansicht aus: Hier ist euch durch göttliche Fügung die Gelegenheit gegeben, den gesamten Stand von Haß, Anfeindung, schlechtem Ruf und Schande zu befreien. Keine Strenge gebe es mehr bei den Gerichten, glaubt man, keine Gewissenhaftigkeit; ja, man glaubt nicht einmal mehr an ihre Existenz. Deshalb werden wir vom römischen Volk verachtet, geringgeschätzt und stehen schon lange in einem drückenden schlechten Ruf. 44. Aus keinem anderen Grunde hat ja das römische Volk mit solchem Eifer die tribunizische Gewalt zurückverlangt. Als es die Forderung stellte, wollte es sie nur dem Namen nach, in Wirklichkeit forderte es unparteiische Gerichte. Das entging dem Quintus Catulus, einem sehr klugen und angesehenen Manne, keineswegs. Er wurde, als Gnaeus Pompeius den Antrag über die tribunizische Gewalt einbrachte, um seine Meinung befragt und begann mit

großem Nachdruck so zu sprechen: Die Senatoren hätten die Gerichte schlecht und schmachvoll verwaltet. Hätten sie bei ihren Urteilssprüchen den Willen gehabt, das römische Volk zufriedenzustellen, dann würden die Leute jetzt nicht so sehr die Macht der Tribunen vermissen. 45. Als endlich Gnaeus Pompeius bei der ersten Volksversammlung, die er als designierter Konsul vor der Stadt abhielt, offen zu erkennen gab, daß er die Macht der Volkstribunen wiederherstellen wolle – worauf man vor allem zu warten schien –, da gab es Geräusch und zustimmendes Beifallsgemurmel in der Versammlung. Als er in derselben Versammlung sagte, verwüstet und mißhandelt seien die Provinzen, die Gerichte aber würden schimpflich und schmachvoll verwaltet, darum wolle er sich kümmern und Abhilfe schaffen, da bezeigte das römische Volk nicht nur durch Geräusch, sondern durch lautes Geschrei seine Zustimmung. 46. Nun sind aber die Leute auf der Lauer, sie passen auf, was jeder von uns unternimmt zum gewissenhaften Befolgen und Bewahren der Gesetze. Sie sehen, daß bisher seit dem Gesetzesantrag über die tribunizische Gewalt nur ein einziger Senator verurteilt wurde, und zwar ein ziemlich kümmerlicher. Wenn sie es auch nicht tadeln, so haben sie doch auch keinen besonderen Grund, es zu loben. Es ist ja kein Ruhm, da unbestechlich zu sein, wo keiner in der Lage ist oder den Versuch macht zu bestechen.

47. Jetzt habt ihr eine Gerichtsverhandlung, in der ihr über den Angeklagten, das römische Volk aber über euch richten wird. Bei diesem Manne wird es sich entscheiden, ob unter Senatoren als Richtern ein in höchstem Grade schuldiger Mann, der aber sehr viel Geld hat, verurteilt werden kann. Dann ist ja auch der Angeklagte von dem Schlag, daß er außer einer Menge Verbrechen und einer Menge Geld nichts aufzuweisen hat. Wenn er freigesprochen wird, kann es daher nur einen, diesen allerschlimmsten Verdacht geben. Nicht durch Freundschaft, nicht durch Verwandtschaft, nicht durch anderweitiges Wohlverhalten, nicht durch irgendein anderes leichtes Verschulden

endlich werden seine so zahlreichen und schweren Vergehen in einem milderen Lichte erscheinen. 48. Schließlich werde ich den Prozeß so führen, ihr Richter, ich werde Tatsachen vorbringen, die so bekannt sind, so durch Zeugenaussagen untermauert, so wichtig und so mit Händen zu greifen, daß niemand den Versuch machen soll, von euch einen Freispruch auf dem Wege der Erkenntlichkeit zu verlangen. Ich habe aber auch sichere Mittel und Wege, durch die ich alle ihre Anschläge aufspüren und verfolgen kann. So werde ich den Prozeß führen, daß bei ihren sämtlichen Anschlägen nicht nur die Ohren aller, sondern auch die Augen des römischen Volkes darauf gerichtet sind.

49. In eurer Macht liegt es, die Schmach und Schande, die schon seit einer Reihe von Jahren diesem Stande anhaftet, zu tilgen und zu beseitigen. Alle sind überzeugt, seit der Einführung der Gerichte, wie wir sie jetzt haben, sei kein Richterkollegium so glanzvoll und würdig gewesen. Wenn hier nun ein Anstoß erregt wird, dann werden alle dafür sein, nicht mehr andere, besser geeignete Männer aus demselben Stand zu suchen – das gibt es ja nicht –, sondern es müsse eine ganz andere Klasse für das Richteramt herangezogen werden.

50. Deshalb bitte ich vor allem die unsterblichen Götter, ihr Richter, daß in diesem Gericht – was ich auch selber hoffe – kein Schlechter gefunden werde außer dem, der schon längst als solcher ausfindig gemacht wurde. Falls aber noch mehr Schlechte da sind, dann versichere ich euch, ihr Richter, und dem römischen Volk, eher soll mich das Leben verlassen als die Kraft und Ausdauer, ihre Schlechtigkeit zu verfolgen.

51. Diese Schändlichkeit aber – ich gelobe, Anstrengungen, Gefahren und Feindschaften auf mich zu nehmen, um sie streng zu verfolgen, falls sie wirklich begangen wird –, die kannst du, Manius Glabrio, durch dein Ansehen, deine Klugheit und Umsicht verhüten. Übernimm die Verteidigung der Gerichte, verteidige die Strenge, Unbestechlichkeit, Pflichttreue und Gewissenhaftigkeit. Übernimm die Verteidigung des Senates, daß er bei diesem Prozeß die Bewährungsprobe besteht und beim rö-

mischen Volk wieder zu Ruhm und Ansehen kommen kann. Bedenke, welches Amt du bekleidest, was du dem römischen Volk zu geben, was du deinen Vorfahren zu erstatten schuldig bist. Rufe dir das Acilische Gesetz[29], das dein Vater gegeben hat, ins Gedächtnis, ein Gesetz, durch das das römische Volk die besten Gerichte und die strengsten Richter über Bereicherung im Amt gehabt hat. 52. Es umgeben dich die erhabensten Vorbilder, die dich den Ruhm deines Hauses nicht vergessen lassen, die dich Tag und Nacht daran mahnen, daß du den tapfersten Mann zum Vater, den weisesten zum Großvater und den charakterfestesten zum Schwiegervater gehabt hast. Wenn du dir daher von deinem Vater Glabrio das tatkräftige und strenge Durchgreifen gegenüber Verbrechern zu eigen gemacht hast, von deinem Großvater Scaevola die Klugheit, Anschläge gegen deinen Ruf und den der Richter hier vorauszusehen, wenn du von deinem Schwiegervater Scaurus die standhafte Haltung übernommen hast, so daß dich niemand von dem als wahr und richtig Erkannten abbringen kann, dann wird das römische Volk einsehen: Vor einem so unbestechlichen und ehrenhaften Praetor und einem so auserlesenen Richterkollegium wird einen schuldigen Angeklagten sein vieles Geld eher des Verbrechens verdächtig machen als ihm ein Mittel zur Rettung sein.

53. Ich bin fest entschlossen, in diesem Prozeß keinen anderen Praetor und keine anderen Richter zuzulassen. Ich werde es nicht dulden, daß die Sache so lange hinausgeschoben wird, daß die Sizilier – die man durch die Sklaven der designierten Konsuln nicht umstimmen konnte, als man sie in einem beispiellosen Verfahren vorlud – von den Liktoren der Konsuln berufen werden; daß diese armen Leute, einst Bundesgenossen und-

29 Die *lex Acilia* gegen Bestechung wurde 123 v. Chr. von dem Volkstribunen Manius Acilius Glabrio, dem Vater des Gerichtsvorsitzenden, eingeführt. Sein Großvater war der große Redner Q. Mucius Scaevola Augur, Konsul 117 v. Chr., ein berühmter Staatsmann, ebenso wie der Schwiegervater M. Aemilius Scaurus, Konsul 115 v. Chr., mit dem Ehrennamen *princeps senatus*.

Freunde des römischen Volkes, nun Sklaven und Bittflehende, nicht nur ihr Recht und alle ihre Güter auf den Befehl jener verloren geben müssen, sondern daß sie nicht einmal die Möglichkeit haben, ihr verlorenes Recht zu beklagen. 54. Ich werde es keineswegs zulassen, daß die Gegenseite, wenn mein Vortrag beendet ist, erst nach einem Zeitraum von vierzig Tagen antwortet, wenn meine Anklage durch die lange Zwischenzeit bereits in Vergessenheit geraten ist. Ich werde es nicht geschehen lassen, daß dieser Fall erst dann abgeurteilt wird, wenn diese große Volksmenge aus ganz Italien Rom wieder verlassen hat, die jetzt zur gleichen Zeit von überall her wegen der Wahlen, der Spiele und des Census[30] zusammengekommen ist. Bei diesem Prozeß müssen, so glaube ich, der Ruhmeslorbeer und die Gefahr des Anstoßes euch, die Mühe und Aufregung mir zufallen, die Kenntnis dessen aber, was verhandelt wird, und die Erinnerung daran, was von jedem gesagt worden ist, müssen allen gehören.

55. Ich werde hiermit nichts Neues einführen, sondern nur dasselbe tun wie vor mir führende Männer unseres Staates[31], daß ich nämlich die Zeugen sofort vernehme. Nur das eine werdet ihr bei mir als neu bemerken, ihr Richter: Ich werde die Zeugen so auftreten lassen, daß ich dabei die ganze Anklage aufrolle. Wenn ich diese durch Fragen, durch Folgerungen und weitere Ausführungen untermauert habe, dann werde ich die Zeugen in einer auf die Anklagepunkte abgestimmten Reihenfolge zum Verhör heranziehen. So wird kein Unterschied sein zwischen der üblichen Art der Anklage und dieser neuen, außer daß bei der ersteren die Zeugen erst auftreten, wenn alles gesagt ist, hier aber dies schon bei den einzelnen Punkten geschieht. So hat auch die Gegenpartei die Möglichkeit, Fragen zu stellen, Bewei-

30 Eine Volkszählung und Vermögensschätzung, nach welcher die Einteilung in die einzelnen Tribus und die Besteuerung vorgenommen wurde.

31 Die Brüder Lucius und Marcus Lucullus (ersterer der berühmte Feldherr im Dritten Mithridatischen Krieg 74–64) hatten 91/90 C. Cotta in derselben Weise angeklagt, ohne eine längere Rede zu halten.

se anzuführen und sich auszusprechen. Wer eine zusammenhängende Anklagerede vermissen sollte, der wird sie bei der zweiten Verhandlung hören. Für jetzt möge man einsehen, daß mein Handeln notwendig ist – was ich tue, geschieht ja, um der Hinterlist der anderen durch meinen Plan Widerpart zu leisten.

56. Die Anklage in dieser ersten Verhandlung wird nun folgendermaßen lauten: Ich behaupte, Gaius Verres hat viele Taten der Willkür und Grausamkeit gegen römische Bürger und Bundesgenossen verübt, er hat zahlreiche Frevel wider Götter und Menschen begangen. Außerdem hat er vierzig Millionen Sesterzen aus Sizilien widerrechtlich an sich genommen. Das werde ich euch durch Zeugenaussagen, durch private Rechnungsbücher und durch Gemeindeakten so klar beweisen, daß ihr zu der Auffassung kommt, auch wenn ich Zeit und freie Tage genug zur Verfügung gehabt hätte, um zwanglos zu sprechen, so wäre doch eine lange Rede gar nicht nötig gewesen.

Soweit mein Plädoyer.

Übersetzt von Marion Giebel

Rede für Sestius

Einleitung

Als Konsul steht Cicero im Jahre 63 auf dem Höhepunkt seiner politischen Laufbahn. Er unterdrückt die Verschwörung des Catilina und erhält den Ehrentitel *pater patriae,* Vater des Vaterlandes. Die von ihm beschworene *concordia ordinum,* die Eintracht zwischen Senat und Ritterstand, bewährt sich in den catilinarischen Unruhen, aber sie hält den Belastungen der kommenden Jahre nicht stand. Der Machtanspruch einzelner Männer beraubt den Senat seiner traditionellen Führungsrolle und bedroht damit die republikanische Staatsform. Im Jahr 60 schließen Caesar, Pompeius und Crassus das Triumvirat. 59 ist Caesar Konsul und sichert sich unter weitgehender Ausschaltung des Senats eine Ausgangsbasis für seine spätere Alleinherrschaft. Cicero als der profilierteste Vertreter der alten republikanischen Politik muß weichen, da er Caesar bei seinen außergesetzlichen Maßnahmen im Wege steht und dieser bei seinem Abmarsch nach Gallien keine Gegner im Rücken dulden kann. Caesar läßt den Volkstribunen Clodius, einen persönlichen Feind Ciceros, auf ihn los, und Clodius beschwört mit brutalem Bandenterror anarchische Zustände in Rom herauf. Unter dem Vorwand, die Hinrichtung der Catilinarier sei ungesetzlich gewesen, erreicht er die Verbannung Ciceros (April 58). Noch einmal kommt es zu einer erfolgreichen gemeinsamen Aktion unter dem Zeichen der *concordia ordinum:* Die Anhänger der republikanischen Ordnung setzen sich für Ciceros Rückberufung ein, die aber erst Wirklichkeit werden kann, als die Triumvirn endlich ihre Zustimmung geben. Die triumphale Heimkehr und Ciceros überschwenglicher Dank können freilich nicht darüber hinwegtäuschen, daß damit keineswegs eine neue Epoche republikanischer Politik begonnen hat. Die Banden des Clodius beherrschen weiterhin die Straße und machen jedes geregelte politische Leben zunichte. Die drei Machthaber dulden die Zerstörung der alten *res publica* und warten auf ihre Stunde. Da kommt es Ende 57/Anfang 56 zu Spannungen zwischen ihnen. Die Hoffnung taucht auf, bei einem Zerfall des Triumvirats könne der Senat seine Führungsrolle zurückgewinnen. Cicero sieht eine Möglichkeit zur Wiederherstellung seines politischen Ideals, der Vereinigung aller loyalen Kräfte zur Rettung der alten freiheitlichen *res publica.* Gelegenheit zur Entwicklung seines politischen Programms bietet ihm der Prozeß des Publius Sestius im Februar und März 56. Sestius hatte 57 als Volkstribun eine Schutztruppe gegen die Banden des Clodius aufgestellt, und unter seinem Schutz hatte der Senat die Beschlüsse über Ciceros Rückkehr durchsetzen können. Nun wurde Sestius ausgerechnet von Clodius und dessen Hintermännern *de vi,* wegen Gewalttätigkeiten, angeklagt. Zwei Anwälte nehmen im einzelnen zu den Anklagepunkten Stellung, und Cicero gibt in seinem Schlußplädoyer einen großangelegten Rechenschaftsbericht seiner Politik, da man ja in Sestius die Verfechter der republikanischen Ordnung treffen will. Immer wieder preist er die einmütige Haltung Roms, ja ganz Italiens bei seiner Rückberufung, um mit der Erinnerung an den damaligen *consensus bonorum omnium* (Abschnitt 36), die Einmütigkeit aller staatstreu Gesinnten, zugleich die entschlossene Haltung jener Tage wiederzuerwecken. Über den Erfolg eines solchen Appells macht er sich keine Illusionen: Im Mittelpunkt seiner Rede steht ein staatspolitischer Exkurs (96–136), in dem das Kernproblem jeder Demokratie berührt wird, die ewige Frage, warum die staatstreue Mehrheit immer schwächer ist als eine radikale Minderheit, warum sie, statt den Anfängen zu wehren, in Trägheit verharrt und sich erst aufrafft, wenn es zu spät ist (100). Der römische Staat ist durch diese Haltung in eine Krise geraten, das Gleichgewicht seiner Kräfte ist gestört durch die Gewalt einzelner, der Triumvirn und des von ihnen geschützten Clodius. Der einzige Weg zurück zur alten *res publica* besteht in einer Erneuerung von innen heraus *(renovare rem publicam,* 147), einer Erweiterung der *concordia ordinum* zu einem *consensus bonorum omnium,* der Einmütigkeit aller »Guten«, d. h. aller staatstreuen Bürger, nicht nur aus dem Adel, sondern aus allen Bevölkerungsschichten, die gewillt sind, sich für den Staat einzusetzen und radikalen Umtrieben entgegenzutreten. Wie schon im Roscius- und Verres-Prozeß fordert Cicero eine sittliche Erneuerung der Nobilität: Die Optimaten führen ihren Namen nur dann zu Recht, wenn sie auch wirklich die »Besten« sind. Diese »Besten« aus allen Kreisen bilden dann die neue staatstragende Schicht der *principes civitatis,* der führenden Männer des Staates, wie sie Cicero im fünften Buch von *De re publica* beschreibt, einem Werk, das die Gedanken der Sestius-Rede weiterführt.

Ciceros Appell bleibt wirkungslos; zwar wird sein Klient einstimmig freigesprochen, aber wenige Wochen später erneuern die Machthaber auf der Konferenz von Luca das Triumvirat, und ihr Wille bestimmt in den nächsten Jahren die Politik in Rom.

Die Rede gliedert sich in folgende Teile:

I. *exordium* (Einführung) 1–3;
II. *propositio* (kurze Angabe des Redegangs statt einer ausführlichen *partitio)* 3–5: Sestius' Handeln als Reaktion auf die damaligen politischen Verhältnisse;
III. *narratio* (Erzählung) 6–79: Sestius' Tribunat, die Ereignisse des Jahres 58, Ciceros Verbannung und Rückberufung;
IV. *argumentatio* (Beweisführung) 80–135: Notwendigkeit und Rechtmäßigkeit von Sestius' Gegenwehr mit Exkurs über die Rolle der Optimaten im Staat, 96–135, und Überleitung zur
V. *conclusio* (Schluß) 136–147: Mahnung *(admonitio)* an die Zuhörer, besonders die Jugend, zum Einsatz für den Staat und Bitte *(deprecatio)* für den Angeklagten.

Rede für Sestius

1. Bisher hat man sich über folgendes gewundert, ihr Richter: Trotz großer Machtfülle des Staates, trotz hohen Ansehens der Staatsgewalt fand sich dennoch keine genügende Anzahl tatkräftiger und beherzter Bürger, die es gewagt hätten, sich selber und ihre Existenz für die bestehende Ordnung des Staates und für die Freiheit aller aufs Spiel zu setzen. Von jetzt an wird man sich eher wundern, wenn man überhaupt einen anständigen und aktiven Bürger sieht anstelle eines verzagten oder eines, der seine persönlichen Interessen über die des Staates stellt.

Ihr könnt es euch schenken, euch ein beliebiges Einzelschicksal ins Gedächtnis zu rufen, denn mit einem Blick könnt ihr die Lage überschauen: Auf der einen Seite seht ihr diejenigen, die in Gemeinschaft mit dem Senat, mit allen Gutgesinnten den Staat aus seiner Zerrüttung wiederhergestellt und von den Räubern im eigenen Land befreit haben. Sie sind niedergeschlagen, schwarz gekleidet[1], angeklagt, ihr Leben, ihr guter Ruf, ihre bürgerlichen Rechte, ihr Vermögen, ihre Kinder sind bedroht. Auf der anderen Seite findet ihr die, die alles göttliche und menschliche Recht verletzt, mit Füßen getreten, in Verwirrung und Auflösung gebracht haben. Und diese laufen nicht nur herum und sind munter und guter Dinge, sie rüsten sogar zum Angriff gegen die tapfersten und besten Bürger und brauchen keine Angst für ihre eigene Person dabei zu haben.

2. Das ist in mehrfacher Hinsicht empörend, aber das Unerträglichste daran ist doch die folgende Tatsache: Nicht mit ihren Räubern, verkommenen Verbrecher- und Elendsgestalten, versuchen sie uns anzugreifen, sondern durch euch, durch die besten Männer greifen sie die besten Bürger an.

Und das dürfen sie sich einbilden: Diejenigen, die sie mit Stei-

1 Die Angeklagten und ihre Freunde pflegten vor Gericht in Trauerkleidern zu erscheinen.

nen, mit Feuer und Schwert, mit Gewalttätigkeit und Bandenterror nicht haben vernichten können, die werden sie mit Hilfe eures Ansehens, eurer Gewissenhaftigkeit und eures Urteilsspruches überwältigen. Ich habe geglaubt, ihr Richter, nur sprechen zu müssen, um denen zu danken, die sich so sehr um mich verdient gemacht haben. Aber jetzt sehe ich mich gezwungen, meine Stimme zu erheben, um diese Männer zu verteidigen. So soll denn meine Stimme besonders denen einen Dienst erweisen, die sich bemüht haben, sie mir, euch und dem römischen Volk wiederzugeben.

3. Der hervorragende, mit höchster Beredsamkeit ausgezeichnete Quintus Hortensius hat ja bereits die Sache des Sestius vertreten, und er hat nichts von dem ausgelassen, was die jammervollen Zustände im Staat sowie die Lage des Angeklagten angeht. Aber ich muß es doch unternehmen, für ihn zu sprechen, damit nicht gerade der Mann meine Fürsprache entbehrt, der es erreicht hat, daß nicht alle übrigen Bürger sie entbehren müssen. Und das ist meine Meinung, ihr Richter: Ich spreche hier in diesem Prozeß als letzter Redner eher als Freund denn als Anwalt, mein Vortrag enthält mehr Klage als rednerischen Schmuck, meine Sprache ist eher die des Kummers als der Kunst. 4. Wenn ich daher leidenschaftlicher oder freimütiger spreche als meine Vorredner, so bitte ich euch, haltet meiner Rede meinen Schmerz aus Freundestreue und meinen gerechten Zorn zugute. Denn kein Schmerz erscheint mehr als ein Gebot der Pflicht als mein Schmerz darüber, daß einem Mann, der sich so für mich eingesetzt hat, der Prozeß gemacht wird. Kein Zorn verdient doch mehr Billigung als der, der mich entflammt gegen das Verbrechen derjenigen, die allen meinen Rettern den Krieg angekündigt haben. 5. Und da die Vorredner die einzelnen Anklagepunkte widerlegt haben, will ich mehr allgemein über Publius Sestius sprechen: über seine Lebensführung, sein Wesen, seinen Charakter, seine außerordentliche Anteilnahme an der Sache der Guten, sein Bemühen um die Erhaltung des Gemeinwohls und der Sicherheit. Ich will dabei bemüht sein, wenn es

geht, in dieser mehr allgemeinen, nicht an einzelne Punkte gebundenen Rede nichts auszulassen, was mit eurer Untersuchung, mit der Person des Angeklagten und mit den Zuständen im Staat in Verbindung steht. Und da Fortuna selber das Tribunat des Publius Sestius in diese schweren Zeiten gestellt hat, mitten in die Trümmer des zerstörten, gestürzten Staatswesens, will ich die Größe und Bedeutung dieses Tribunats nicht eher würdigen, bevor ich nicht die Anfangsgründe, das Fundament gezeigt habe, auf denen sich ein so hohes Ruhmeswerk erhebt.

6. Der Vater des Publius Sestius, ihr Richter, war, wie die meisten von euch sich noch erinnern werden, ein kluger, unsträflicher und sittenstrenger Mann. Volkstribun wurde er – als erster gewählt unter Bewerbern von höchstem Rang – zu einer Zeit, als die politischen Verhältnisse noch in Ordnung waren. Die übrigen Ehrenämter wollte er nicht bekleiden, er wollte nur ihrer würdig erscheinen[2]. Auf seinen Wunsch vermählte sich Sestius mit der Tochter des Gaius Albinus, eines höchst ehrenwerten und angesehenen Mannes. Aus dieser Ehe stammt der Knabe hier[3] und eine schon verheiratete Tochter. Die zwei Männer von altem Schrot und Korn hielten große Stücke auf ihn, er war allen beiden überaus lieb und wert. Der Tod der Tochter raubte Albinus den Namen Schwiegervater, aber die liebevolle Zuneigung und Freundschaft des Sestius konnte er ihm nicht rauben. Wie gern er Sestius heute noch hat, könnt ihr am besten aus seiner dauernden Anwesenheit hier, aus seiner Sorge und Betrübnis erkennen. 7. Noch zu Lebzeiten seines Vaters verheiratete sich Sestius mit der Tochter eines ebenso tüchtigen wie unglücklichen Mannes, des Lucius Scipio[4]. Sestius bewies ihm sei-

2 Reminiszenz an den Vers des Aischylos: »Nicht scheinen will er ja der Beste, sondern sein!« (*Die Sieben gegen Theben* 592).

3 Es war bei Gerichtsverhandlungen üblich, die Kinder der Angeklagten auftreten zu lassen, um das Mitleid der Richter zu erregen. Vgl. Abschnitt 10.

4 Lucius Cornelius Scipio Asiaticus, 83 Konsul, von Sulla besiegt und nach Massilia (Marseille) verbannt.

ne Zuneigung in klarer und anerkannter Form: Als Scipio, vertrieben von den Stürmen der Zeit, in fremdem Land weilte, statt verdientermaßen in die Fußstapfen seiner Ahnen zu treten, reiste Sestius sofort nach Massilia ab. Er wollte den Schwiegervater sehen und ihn zu trösten versuchen, er brachte ihm die Tochter, damit er bei ihrem unverhofften Anblick in ihrer Umarmung wenn nicht allen, so doch ein gut Teil seines Grames vergessen sollte. Mit liebevoller Anteilnahme und Hilfe stützte er den unglücklichen Vater, solange er lebte, und die vereinsamte Tochter. Ich könnte viele Worte machen über seine edle Gesinnung, seinen Familiensinn, über seine Tätigkeit als Kriegstribun und seine dabei bewiesene Uneigennützigkeit in der Provinz. Aber mir steht die große Politik vor Augen, sie zieht mich in ihren Bann und heißt mich diese Dinge als untergeordnet beiseite lassen.

8. Sestius war durch den Losentscheid der Quaestor meines Amtskollegen Gaius Antonius[5], aber durch seine Verbundenheit mit meinem Wirken war er der meinige. Eine Art von pflichtgemäßer Rücksichtnahme, wie ich sie verstehe, hält mich davon ab, näher auszuführen, was Publius Sestius in seinem Amt bei meinem Kollegen alles bemerkt, was er mir hinterbracht, was er lange vorausgesehen hat. Über Antonius will ich nur das eine sagen: Niemals hat er es in diesen Zeiten voller Angst und Gefahr für nötig gehalten, die Furcht aller oder den Argwohn einzelner gegen sich entweder durch Leugnen aus der Welt zu schaffen oder durch Verstellung zu beschwichtigen. Wie ich meinen Amtskollegen geleitet und im Zaum gehalten habe, wie meine äußerste Rücksichtnahme ihm gegenüber mit höchster Wachsamkeit für den Staat verbunden war, das habt ihr zu Recht immer gelobt. Wohl ebenso viel Lob gebührt dem Publius Sestius, der seinem Konsul so aufmerksame Dienste lei-

5 Sohn des aus *De oratore* bekannten Redners Marcus Antonius, Onkel des späteren Triumvirn und Mitkonsul Ciceros 63 v. Chr., in die Catilinarische Verschwörung verwickelt.

stete, daß er ihm als guter Quaestor und allen guten als bester Bürger erschien. 9. Und als nun die Verschwörung aus ihrem finsteren Versteck hervorbrach und sich frank und frei in Waffen zeigte, da eilte er mit einem Heer nach Capua, weil wir vermuteten, die gottlose Verbrecherbande werde diese Stadt wegen ihrer vielfachen militärischen Eignung zu besetzen versuchen. Er warf den Gaius Mevulanus aus der Stadt heraus, den Kriegstribunen des Antonius, einen verkommenen Kerl, der ganz offen in Pisaurum[6] und in anderen Teilen Galliens für die Verschwörung gearbeitet hatte. Er war es auch, der dafür sorgte, daß Gaius Marcellus Capua verließ. Dieser war nicht nur zu einem Aufenthalt hergekommen, er hatte sich unter dem Vorwand, ein Freund des Waffenhandwerks zu sein, der größten dortigen Gladiatorentruppe angeschlossen[7]. Als mich daher die Gemeindevertretung von Capua für die Rettung ihrer Stadt unter meinem Konsulat zu ihrem alleinigen Schutzherrn ernannte, da dankte sie mir auch für die Hilfe des Sestius. Und dieselben tüchtigen und braven Leute, die jetzt ihren Namen geändert haben und Kolonen und Dekurionen heißen[8], die erklären in einem amtlichen Dokument, was Sestius für sie getan hat, und bitten in ihrem Dekret um seinen Freispruch.

10. Lucius Sestius, lies bitte das Dekret von Capua vor, damit deine Knabenstimme schon euren Feinden etwas von dem andeute, was sie leisten wird, wenn du erst erwachsen bist!

6 Stadt in Umbrien (Mittelitalien), heute Pesaro. Mit Gallien ist Oberitalien, *Gallia cisalpina*, gemeint.

7 Capua (bei Neapel) und andere Landstädte beherbergten die Gladiatorentruppen, die für die Spiele in Rom gebraucht wurden. Man versuchte sie oft für politische Umsturzversuche anzuwerben.

8 Capua hatte seit seinem Abfall zu Hannibal 216 v. Chr. im Zweiten Punischen Krieg kein römisches Bürgerrecht und wurde erst 59 v. Chr. von Caesar in den rechtlichen Stand einer Kolonie erhoben. *Coloni* sind die Bewohner einer Kolonie, *decuriones* die Mitglieder des Gemeinderats.

Das Dekret wird verlesen.

Hier wird kein Beschluß vorgetragen, den die Nachbarschafts- oder Klientenpflicht erpreßt hat oder die Rücksichtnahme auf offizielle Gastfreundschaft, auch nicht die Aussicht auf Beziehungen oder Empfehlungen. Hier wird an überstandene Gefahr erinnert, ein großer Dienst erfährt seine Würdigung, man gibt seiner dankbaren Verpflichtung Ausdruck für die Gegenwart und legt Zeugnis ab von der Vergangenheit. 11. Um nun zu jenen Zeiten zurückzukehren: Sestius hatte Capua von seiner Furcht befreit, der Senat und alle Gutgesinnten hatten unter meiner Führung die Stadt aus den schlimmsten Gefahren gerettet, die Feinde im eigenen Land waren gefaßt und besiegt. Da ließ ich durch ein Schreiben Publius Sestius von Capua kommen mit dem Heer, das er damals befehligte. Er las den Brief und eilte sofort mit kaum glaublicher Geschwindigkeit nach Rom. Damit ihr euch in die Schreckenszeiten versetzen könnt, hört den Brief und erinnert euch an die damaligen Ängste.

Der Brief des Konsuls Cicero wird verlesen.

Die Ankunft des Sestius wirkte den Umtrieben der neuen Volkstribunen entgegen, die damals während der letzten Tage meines Konsulats meine Maßnahmen zunichte zu machen suchten, und erstickte die letzten Regungen der Verschwörung. 12. Bald kam man zu der Überzeugung, mit Marcus Cato als Volkstribun, dem ungemein tatkräftigen und hervorragenden Bürger als Schutz des Staates, würden der Senat und das römische Volk leicht aus sich heraus, auch ohne militärischen Schutz, mit ihrer Macht das Ansehen derer schützen können, die das Gemeinwohl unter eigener Gefahr verteidigt hatten. So folgte denn Sestius mit seinem Heer Antonius auf dem schnellsten Wege nach. Was soll ich hier noch viele lobende Worte darüber finden, wie Sestius den Konsul zum Handeln antrieb, ihn anstachelte, ihn, der vielleicht Freude an einem Sieg, aber doch allzu viel Furcht vor den Wechselfällen des Krieges hatte? Darüber zu sprechen würde zu weit führen, aber das will ich in aller Kürze klarstellen: Wäre Marcus Petreius nicht gewesen mit seiner tapferen Gesinnung und seinem leidenschaftlichen Eintreten für den Staat, mit seinen hervorragenden Fähigkeiten, seinem hohen Ansehen bei den Soldaten und seiner staunenswerten Kriegserfahrung, und hätte er als Helfer nicht den Publius Sestius gehabt, um Antonius anzutreiben, zu mahnen, zu tadeln und zu drängen, dann wäre es Winter geworden über diesem Krieg. Und hätte sich Catilina erst einmal durch den Frost und Schnee des Apennins hindurchgekämpft, die warme Jahreszeit erreicht und dann begonnen, sich in den Bergpfaden und den Behausungen auf den Weideflächen festzusetzen, dann wäre er nicht ohne großes Blutvergießen und die traurigste Verwüstung ganz Italiens zu besiegen gewesen.

13. Das war der Geist, in dem Publius Sestius an sein Tribunat heranging. Seine Quaestur in Makedonien will ich beiseite lassen, um endlich zu dem zu kommen, was uns näher liegt. Dennoch kann ich seine einzigartige Uneigennützigkeit in der Provinzialverwaltung nicht ganz mit Schweigen übergehen, habe ich ihre Spuren doch selber neulich in Makedonien mit eigenen Augen[9] gesehen. Es sind keine Spuren, die leicht verwischen und die man nur für einen Augenblick rühmt, sie sind vielmehr für immer ins Gedächtnis dieser Provinz eingegraben. Doch wir wollen damit nun aufhören, immerhin mit einem rückschauenden Blick. Auf sein Tribunat wollen wir geradewegs lossteuern, es verlangt schon längst unsere Aufmerksamkeit und nimmt meine Rede sozusagen ganz für sich allein in Anspruch.

14. Über dieses Tribunat hat Quintus Hortensius in der Weise gesprochen, daß seine Rede nicht nur die Anklagepunkte wi-

9 Während seiner Verbannung lebte Cicero einige Zeit in Thessalonike (58 v. Chr.). Sestius war Quaestor des Antonius, der als Prokonsul die Provinz Makedonien mit dem Sitz in Thessalonike verwaltete.

derlegte, sie hat auch in denkwürdiger Weise der Jugend Wege und Maßstäbe politischen Wirkens gewiesen. Aber da Publius Sestius in seinem gesamten Tribunat ausschließlich meine Person und Sache vertreten hat, bin ich meines Erachtens verpflichtet, über dieselben Dinge wenn nicht sorgfältigere Untersuchungen anzustellen, so doch mit noch herzlicherer Anteilnahme Klage zu führen. Wäre ich in dieser Rede darauf aus, recht kräftig gegen gewisse Leute vom Leder zu ziehen, wer könnte es mir verdenken, daß ich mir diejenigen mit offenen Worten vornähme, die mir durch ihr verbrecherisches Wüten Schaden zugefügt haben? Aber ich will maßvoll vorgehen und mehr dem gegenwärtigen Zeitpunkt als meinem schmerzlichen Unwillen Genüge leisten. Wer insgeheim gegen mich intrigiert, soll im geheimen bleiben, wer mir einmal etwas angetan hat, aber jetzt Stillschweigen und Ruhe bewahrt – ich will es vergessen. Wer mich herausfordert, mir nachstellt – gut, ich will es ertragen, soweit es geht. Keinen soll meine Rede treffen als den, der sich mir in einer Art in den Weg stellt, daß ich ganz offensichtlich ihn nicht angreife, sondern gegen ihn stoße.

15. Doch ich muß, ehe ich vom Tribunat des Publius Sestius zu berichten beginne, notwendigerweise ausführlich über den völligen Schiffbruch sprechen, den das Staatswesen im Jahr zuvor erlitten hatte. Die Trümmer zu bergen und die öffentliche Ordnung wiederherzustellen, darauf war alles Denken, Reden und Handeln des Publius Sestius gerichtet. Es war dies das Jahr für den Staat, in dem inmitten der allgemeinen Aufregung und Besorgnis der Bogen gegen mich gespannt wurde, gegen mich allein, wie die gemeinhin sagen, die nicht Bescheid wissen, in Wahrheit aber gegen das gesamte Staatswesen.

Der rasende, verkommene Kerl[10] wurde in die Plebs aufgenommen, er, der mein persönlicher Gegner, aber noch ein weit

10 Publius Clodius Pulcher. Um seinen revolutionären Umtrieben eine Rückendeckung zu verschaffen, ließ er sich von einem Plebejer adoptieren, um das den Plebejern vorbehaltene Amt des Volkstribuns zu er-

erbitterterer Feind der öffentlichen Ruhe und Sicherheit war. Der hochberühmte Gnaeus Pompeius, der trotz aller feindlichen Bemühungen treu zu mir stand, hatte ihm das bindende Versprechen und den heiligen Eid abgenommen, in seinem Tribunat nichts gegen mich zu unternehmen. Aber diese verbrecherische Ausgeburt aller Schandtaten glaubte, es sei nicht genug, das Abkommen zunichte zu machen, er müsse auch noch den, der gegen die Gefährdung eines anderen aufgetreten war, Gefahren am eigenen Leibe spüren lassen. 16. Diese gräßliche, entmenschte Bestie war durch Auspizien gebunden, durch Sitte und Herkommen festgelegt, durch geheiligte Gesetze angekettet – da ließ der Konsul durch ein Kuriatgesetz dieses Untier los[11], durch Bitten erweicht, wie ich glaube, oder, wie einige annehmen, aus Zorn auf mich, aber sicher ohne Wissen und Ahnung von dem Ausmaß der drohenden Verbrechen und Untaten. Clodius wurde Volkstribun, und es glückte ihm, den Staat in seinen Grundfesten zu erschüttern. Freilich nicht aus eigener Kraft, denn wie könnte ein Mensch bei einem solchen Leben noch Kraft haben, der sich in schändlichen Beziehungen zu seinen Brüdern, in Unzucht mit seinen Schwestern, in allen Arten unvorstellbarer Ausschweifung erschöpft hat? 17. Aber wahrhaftig, es war das Verhängnis des Staates, daß dieser blindwütige Volkstribun Konsuln hatte – was sage ich, Konsuln? Soll ich

langen. Dieses Amt bot ihm die Möglichkeit, vor allem durch Gesetzesanträge in der Volksversammlung auf die Politik bestimmenden Einfluß zu nehmen.

11 Die Gesetze wurden in den Volksversammlungen, den Komitien, beschlossen. Man unterschied Kuriat-, Zenturiat- und Tributkomitien, je nachdem ob nach den Stimmabteilungen der Kurien, der Zensurklassen oder nach Bürgerbezirken abgestimmt wurde. Außerdem gab es Kontionen, die der Unterrichtung der Bürgerschaft dienten, deren Beschlüsse aber keine Gesetzeskraft hatten. Caesar berief als Konsul und oberster Pontifex die Kuriatkomitien, denen familienrechtliche Entscheidungen zustanden, und ließ den Übertritt des Clodius zur Plebs genehmigen, und zwar wenige Stunden, nachdem Cicero sich öffentlich über verfassungsfeindliche Schritte Caesars beklagt hatte.

die Zerstörer dieses Staates, die Verräter eurer Ehre, die Feinde aller Guten mit diesem Namen nennen? Sie, die dachten, sie seien nur deshalb mit den Rutenbündeln und den übrigen Zeichen höchster Würde und Machtbefugnis ausgestattet, um den Senat zu stürzen, den Ritterstand zu vernichten und alles Recht und Herkommen mit Füßen zu treten? Bei den unsterblichen Göttern, wenn ihr euch noch nicht an die Verbrechen dieser Leute erinnert und an die Wunden, die sie dem Staat geschlagen haben, dann ruft euch ihren Anblick und ihr Auftreten ins Gedächtnis. Dann werden euch ihre Taten leichter wieder einfallen, wenn ihr ihre Gesichter in Gedanken vor Augen habt[12].

18. Der eine trieft von Wohlgerüchen, sein Haar ist mit der Brennschere gekräuselt, verächtlich blickt er herab auf die Mitwisser seiner Hurereien und die graubärtigen Liebhaber seiner Jugendblüte. Er bläst sich auf wegen seiner Börsengeschäfte und seines Verkehrs mit den Scharen der Wucherer. Einst haben die ihn so bedrängt, daß er, um nicht an den Klippen der Skylla im Meer seiner Schulden, an der bewußten Säule zu scheitern[13], sich in den Hafen des Tribunats geflüchtet hat. Er verachtete die römischen Ritter, stieß Drohungen aus gegen den Senat, verkaufte sich an die Halunken und rühmte sich, sie hätten ihn vor einer Anklage wegen Wählerbestechung gerettet. Sie würden ihm, so hoffte er, auch gegen den Willen des Senats zu einer Provinz verhelfen. Wenn er keine bekäme, dann wäre es aus mit ihm, meinte er.

19. Der andere – guter Gott, wie finster schreitet er einher, wie griesgrämig, wie schrecklich anzuschauen! Man glaubt, einen von jenen bärtigen alten Römern zu sehen, ein Musterexemplar aus dem Reich der Ahnen, ein Bild aus grauer Vorzeit, eine Säule des Staates. Er geht streng gekleidet in gewöhn-

12 Die Konsuln des Jahres 58, Gabinius und Piso, die sich Ciceros Rückberufung aus der Verbannung widersetzt hatten.

13 Die Maenische Säule stand am Südaufgang zum Forum, wo der Bankerott zahlungsunfähiger Schuldner verkündet wurde. Als Volkstribun besaß Gabinius die völlige Immunität.

lichen, fast schmutzigen Purpur, das Haar ist so ungepflegt, daß sich bei seinem Anblick die Seplasiastraße in Capua geschlagen gäbe[14], wo er damals im Gemeinderat war, um sich durch dieses Amt etwas aufzuputzen. Was soll ich über seine Augenbrauen sagen? Für die Leute waren das keine Brauen, das war das Unterpfand des Staates! Welch strenge Miene, was für ein Stirnrunzeln, als würde vom Wink seiner Brauen »der hohe Olympos erbeben«[15]. 20. Allgemein hieß es: »Dieser Mann ist doch eine starke und feste Stütze des Staates, da haben wir jemand, den wir dieser schmutzigen Pest entgegenstellen können. Schon mit seiner Miene wird er die Willkür und den Leichtsinn seines Kollegen bezähmen. Der Senat hat für dieses Jahr jemand, dem er folgen kann, den Guten fehlt es nicht an einem Schützer und Führer.«

Schließlich beglückwünschte man mich ganz besonders, daß ich gegen den rasenden und tollkühnen Volkstribunen diesen tatkräftigen, strengen Konsul hätte, der mit mir befreundet und verschwägert sei[16].

Der erstere von beiden hat niemand enttäuscht. Wer hätte denn glauben können, ein derartiger Mensch könne das Steuerruder eines so großen Reiches führen und mitten im Sturm auf hoher See das Staatsschiff steuern, ein Mensch, der plötzlich aus dem ewigen Dunkel seiner Kneipen und Bordelle aufgetaucht ist, aufgezehrt von Wein, Schlemmerei, Kuppelei und Ehebruch? Ganz unverhofft war er ja durch fremde Hilfe auf die höchste Stufe emporgehoben worden und konnte in seinem dauernden Rausch nicht einmal den ungewohnten Anblick des Tageslichts ertragen, geschweige denn das drohende Unwetter im Auge behalten. 21. Der andere war für viele eine Enttäuschung auf der ganzen Linie. Er hatte sich den Leuten durch sei-

14 Dort befanden sich Friseur- und Parfümerieläden.
15 Der Text ist hier fehlerhaft überliefert, es scheint sich um eine Anspielung auf *Ilias* I 528 ff. zu handeln.
16 Ciceros Tochter war damals mit Piso Frugi, einem weitläufigen Verwandten des Konsuls Piso, verheiratet. Frugi starb schon 57.

nen Adel, diesen einschmeichelnden Fürsprecher, empfohlen. Wir staatstreu Gesinnten sind ja alle immer Freunde des Adels. Einmal ist es dem Staat von Nutzen, daß es einen Adel gibt, der seiner Vorfahren würdig ist, und außerdem gilt bei uns das Andenken berühmter Männer, die sich um den Staat verdient gemacht haben, auch nach ihrem Tode noch viel. Weil man nun den Mann immer finster, schweigsam, abstoßend und ungepflegt sah und weil in seinem Namen das strenge Maßhalten als Familienerbteil erschien[17], begünstigte man ihn, freute sich und hoffte, er werde mit der Uneigennützigkeit seiner Vorfahren wetteifern. Dabei vergaß man freilich sein mütterliches Erbteil. 22. Ich für meine Person, um der Wahrheit die Ehre zu geben, ihr Richter, hätte es niemals für möglich gehalten, daß so viel Schurkerei, Frechheit und Grausamkeit in dem Menschen stekken könnten, wie ich es dann zusammen mit dem Staat erleben mußte. Daß er ein Nichtsnutz, ein Bruder Leichtfuß war, daß sich die Leute irrten, wenn sie ihn von seiner Jugend her beurteilten, das wußte ich. Seine Gesinnung verbarg er allerdings hinter seiner Miene, seine Schandtaten in seinen vier Wänden. Aber dieses Versteck ist nicht für die Dauer und auch nicht so fest verschlossen, daß neugierige Augen nicht doch hindurchschauen könnten. Seine Lebensweise, seine Schlaffheit und Tatenlosigkeit erlebten wir. Seine nähere Umgebung gewahrte auch seine geheimen Ausschweifungen; schließlich gaben uns seine Worte selbst so manchen Anhaltspunkt, um auf sein verborgenes Trachten schließen zu können. 23. Der bildungsbeflissene Mann lobte irgendwelche Philosophen, aber er wußte ihre Namen nicht – gleichviel, er lobte jedenfalls die ganz besonders, die vor allem das Vergnügen in den Mittelpunkt stellen und hochschätzen[18]. Was für eine Art von Vergnügen, wann und wie, danach fragte er nicht; das Wort »Vergnügen« selber sog er

17 Anspielung auf den Beinamen Frugi, von *frugalitas*, Mäßigkeit, Enthaltsamkeit. Pisos Mutter stammte aus einem gallischen Geschlecht.
18 Die Epikureer.

begierig mit allen seinen Kräften in sich hinein. Die hätten ganz recht, meinte er, die sagten, der Weise müsse alles um seiner selbst willen tun, ein vernünftiger Mensch dürfe sich um Politik nicht kümmern, nichts sei schöner als ein Leben voller Nichtstun und Vergnügen. Die anderen, die meinten, man müsse sich um die Mehrung seines Ansehens bemühen, sich für den Staat einsetzen, die Pflicht, nicht den eigenen Vorteil im Auge haben, fürs Vaterland Gefahren auf sich nehmen, in den Tod gehen, die das glaubten, die bezeichnete er als überspannt und verrückt. 24. Weil er dauernd solche Reden im Munde führte und ich sah, mit was für Leuten er zu Hause im stillen Kämmerlein zu verkehren pflegte, und da außerdem sein Haus selber nach so manchen Merkmalen dieser Brüderschaft roch, kam ich zu der Ansicht, etwas Gutes sei von diesem Nichtsnutz nicht zu erwarten, doch sei wohl auch nichts Böses zu befürchten.

Aber das ist genau so, als gäbe man einem kleinen Kind, einem schwachen Greis oder einem Kranken ein Schwert: Er selber kann mit seinem Angriff niemand Schaden zufügen, aber wenn er an den bloßen Leib auch des tapfersten Mannes kommt, kann er ihn allein durch die Schärfe und die Wucht des Eisens verwunden. So gab man diesen entnervten und ausgelaugten Leuten das Konsulat wie ein Schwert, und die, die aus eigener Kraft niemand auch nur ritzen konnten, haben das höchste Amt als Waffe gebraucht und den wehrlosen Staat hingeschlachtet. Einen Vertrag schlossen sie ganz offen mit dem Volkstribunen ab, nach dem sie von ihm die Provinzen bekämen, die sie wollten, dazu Truppen und Geld in beliebiger Menge, unter der Bedingung, daß sie selber vorher dem Volkstribunen den Staat zu Boden geworfen und gebunden auslieferten. Dieses Bündnis aber könne nur mit meinem Blut besiegelt werden, sagten sie. 25. Als das bekannt geworden war – ein solches Verbrechen kann ja nicht verheimlicht werden oder verborgen bleiben –, da beantragte derselbe Volkstribun zu einer und derselben Zeit Gesetzesanträge, die sich auf meinen Sturz und die namentliche Verteilung der Konsularprovinzen bezogen.

Der Senat wurde beunruhigt, ihr, die römischen Ritter, kamt in Aufregung, ganz Italien geriet in Bewegung, sämtliche Bürger aller Stände und Klassen waren der Meinung, man müsse bei den Konsuln als der höchsten Instanz Hilfe suchen für den in höchster Gefahr befindlichen Staat. Aber diese beiden waren ja selbst, abgesehen von dem rasenden Volkstribunen, die alleinigen Unruhestifter.

Weit davon entfernt, das Vaterland in seinem Sturz aufzuhalten, waren sie unzufrieden damit, daß es zu langsam ging. Tag für Tag bestürmten alle Guten sie mit Klagen, der Senat mit Bitten, sich meiner Sache anzunehmen, etwas zu tun, endlich einen Antrag im Senat zu stellen. Mit Weigerungen, ja mit Spott wiesen sie selbst die ranghöchsten Mitglieder des Senats ab. 26. Da versammelte sich plötzlich eine unglaubliche Menschenmenge, aus ganz Rom und Italien zusammengeströmt, auf dem Kapitol. Man beschloß, Trauerkleider anzulegen und alles Erdenkliche zu meiner Verteidigung zu unternehmen, auf private Initiative hin, da ja die staatliche Führung versagte. Zur selben Zeit fand eine Senatssitzung im Tempel der Concordia statt, und gerade in diesem Tempel lebte ja das Andenken an mein Konsulat[19]. Unter Tränen brachte die gesamte Bürgerschaft bei dem schönlockigen Konsul ihre Bitten vor, denn der andere, der Struppige und Strenge, blieb wohlweislich zu Hause. Mit welchem Übermut hat dieser schmutzige Kerl die Bitten des erlauchtesten Standes und die Tränen der angesehensten Bürger zurückgewiesen! Wie verächtlich hat er mich selber behandelt, er, der das ganze Vaterland verschleudert hat! Denn was soll ich von seinem Vatererbe reden, das er trotz seiner unsauberen Geschäfte durchgebracht hat? Ihr seid in den Senat gekommen, ihr, sage ich, die römischen Ritter und alle Guten, in Trauerkleidern, ihr habt euch, um mein Leben bittend, diesem schmutzigen Kuppler zu Füßen geworfen. Als der Räuber eure Bitten zurückgewiesen hatte, erstattete Lucius Ninnius, ein hervorra-

19 Hier hatte der Senat das Todesurteil gegen die Catilinarier gebilligt.

gend zuverlässiger, beherzter und charakterfester Mann, vor dem Senat Bericht über die politische Lage. Daraufhin beschloß der zahlreich versammelte Senat, meinetwegen Trauerkleider anzulegen. 27. Ein Tag war das, verhängnisvoll für den Senat und alle Guten, traurig für den Staat, für mich der Anlaß zu persönlichem Kummer, aber auch für den Ruhm bei der Nachwelt. Kann man aus der gesamten Geschichte ein glänzenderes Beispiel erbringen als dieses? Für einen einzelnen Bürger haben alle Guten aus eigener Initiative und der gesamte Senat auf offiziellen Beschluß hin Trauerkleidung angelegt. Und dies geschah damals ja nicht einer Fürbitte wegen, sondern zum Zeichen der Trauer. An wen hätten sie sich auch mit einer Fürbitte wenden sollen? Alle waren ja in Schwarz, und es war Beweis genug für eine schlechte Gesinnung, wenn einer keine Trauer trug. Man ging also in Schwarz, die gesamte Bürgerschaft war in Trauer, aber was der besagte Volkstribun dabei tat, dieser Frevler am göttlichen und menschlichen Recht, davon will ich nicht reden: wie er die Söhne der ersten Familien, die ehrenwertesten römischen Ritter, die für mich baten, zu sich berief und sie den Schwertern und Steinen seiner Handlanger auslieferte. Von den Konsuln will ich reden, auf deren treue Pflichterfüllung der Staat ein Anrecht hat. 28. Ganz außer sich stürzt der eine aus dem Senat, verwirrt an Leib und Seele, als ob er, wie einige Jahre zuvor, in eine Versammlung seiner Gläubiger geraten wäre. Er beruft eine Volksversammlung und hält als Konsul eine Rede, wie sie Catilina als Sieger niemals gehalten hätte. Die Leute wären im Irrtum, die dem Senat noch irgendeine politische Bedeutung zumäßen. Die römischen Ritter aber müßten jetzt büßen für den Tag, an dem sie unter meinem Konsulat mit Schwertern den Kapitolinischen Hügel besetzt gehalten hätten[20]. Jetzt sei die Zeit der Rache für die gekommen, die

20 Am 5. Dezember 63 hatte während der Senatssitzung, die über das Schicksal der Catilinarier entschied, der römische Ritterstand für den ungestörten Ablauf der Versammlung und für Ruhe und Ordnung in der Stadt gesorgt.

damals – die Verschwörer meinte er natürlich – in Angst und Schrecken versetzt worden wären. Durch diese Äußerungen allein hat er schon jede Art von Strafe verdient. Schon ein verhängnisvolles Wort eines Konsuls kann ja genügen, um den Staat ins Wanken zu bringen. Aber seht, was er dazu noch getan hat. 29. Lucius Lamia schätzte mich persönlich sehr, des engen Freundschaftsverhältnisses wegen zwischen seinem Vater und mir, und er war bereit, Leib und Leben für den Staat einzusetzen. Über diesen Mann verfügte der Konsul in der Volksversammlung die Ausweisung, mit dem Gebot, er müsse sich zweihundert Meilen von Rom entfernt aufhalten. Und das, weil er es gewagt hatte, für einen Bürger, für einen verdienten Bürger, für einen Freund, für den Staat Fürbitte zu leisten!

Was soll man mit einem solchen Menschen anfangen, für welche Strafe soll man einen so rücksichtslosen Bürger oder vielmehr einen verbrecherischen Feind aufsparen? Abgesehen von dem übrigen, worin er mit seinem rohen, schmutzigen Kollegen gemeinsame Sache macht, darf er das für sich persönlich in Anspruch nehmen: Ich will nicht sagen, er hat einen römischen Ritter aus der Stadt verjagt, ausgewiesen, einen ausgezeichneten, tüchtigen Mann, dem Staat mit Leib und Seele ergeben, einen Bürger, der zu der Zeit gerade mit dem Senat und allen Guten zusammen den Sturz des Freundes und des Staates betrauerte, nein, er hat als Konsul einen römischen Bürger ohne Gerichtsurteil auf Grund eines Erlasses aus dem Vaterland vertrieben. 30. Nichts war für die Bundesgenossen und die Latiner härter, als wenn sie, was ja nur sehr selten geschah, von den Konsuln aufgefordert wurden, die Stadt zu verlassen. Und doch war es für sie eine Rückkehr in ihre Städte, zu ihrem häuslichen Herd, und da die Maßnahme allgemein gehalten war, traf keinen eine persönliche Ehrenkränkung. Aber wie ist das jetzt? Soll ein Konsul römische Bürger durch einen Erlaß von Haus und Herd vertreiben? Sie aus dem Vaterland verbannen? Sich nach Wunsch seine Opfer aussuchen, sie namentlich zur Verurteilung und Ächtung bestimmen? Wenn er das für möglich gehalten hätte, daß ihr jemals wieder eure derzeitige politische Stellung einnehmen würdet, wenn er geglaubt hätte, es bliebe noch ein Schatten, ein Schein von Recht und Gesetz im Staat, niemals hätte er es gewagt, den Senat einfach außer Kraft zu setzen, die Bitten römischer Ritter zu mißachten und schließlich Recht und Freiheit aller Bürger durch neuartige, noch nie dagewesene Erlasse zu beseitigen.

31. Trotz aller eurer Aufmerksamkeit und eures Wohlwollens, ihr Richter, fürchte ich doch, der eine oder andere von euch wundert sich vielleicht, warum ich in meiner Rede so ausführlich bin und so weit aushole, oder was die Verbrechen, die vor dem Tribunat des Publius Sestius den Staat erschütterten, mit dem Prozeß zu tun haben. Mir geht es aber darum, zu zeigen, daß seine gesamten Pläne und Vorsätze in seinem Tribunat darauf hinzielten, die Wunden des verletzten und übel zugerichteten Staatswesens nach Kräften zu heilen. Und wenn es den Anschein hat, als redete ich bei der Bloßlegung dieser Wunden ein bißchen viel von mir, so verzeiht mir, ihr und alle Gutgesinnten habt ja selber geurteilt, mein Sturz damals habe dem Staat die tiefste Wunde geschlagen. Und Publius Sestius steht nicht in seinem, sondern in meinem Namen vor Gericht. Da er in seinem Tribunat alle Kräfte für meine Rettung aufwandte, ist mein früheres Schicksal zwangsläufig mit der jetzigen Verteidigung des Sestius verknüpft. 32. Der Senat war also in Trauer, auf öffentlichen Beschluß hin trug die Bevölkerung Schwarz. Es gab in Italien keine Bundesstadt, keine Kolonie, keine Kreisstadt, es gab in Rom keine Pachtgesellschaft, keine Genossenschaft, keinen Verein oder überhaupt irgendeine öffentliche Körperschaft, die sich damals nicht in der ehrenvollsten Weise für mich erklärt hätte. Da plötzlich verordnen die beiden Konsuln, die Senatoren sollten wieder ihre übliche Kleidung anlegen. Welcher Konsul hat jemals den Senat daran gehindert, seine Beschlüsse auszuführen? Welcher Tyrann verbot den Unglücklichen zu trauern? War es dir zu wenig, Piso – von Gabi-

nius will ich gar nicht reden –, die Leute derart getäuscht zu haben? Die Senatsautorität hast du für nichts geachtet, über den Willen der Besten hast du dich hinweggesetzt, den Staat hast du verraten und den konsularischen Namen in den Schmutz gezogen. Da wagst du es noch anzuordnen, die Leute dürften mein Unglück, das ihrige und das des Staates nicht betrauern, ihrem Schmerz nicht durch ihre Kleidung Ausdruck geben? Mag diese Trauerkleidung mehr ein Ausdruck der Trauer oder der Fürbitte gewesen sein, wer war jemals so grausam, daß er jemand daran gehindert hätte, für sich zu trauern oder im Namen anderer Fürbitte zu tun? 33. Wie? Legen die Leute nicht gewöhnlich aus eigenem Antrieb Trauerkleidung an, wenn ein Freund vor Gericht steht? Für dich selber, Piso, wird wohl keiner Schwarz tragen? Nicht einmal die Legaten, die du dir ohne Senatsbeschluß, ja gegen den ausdrücklichen Willen des Senats selber zugeteilt hast? Das Schicksal eines Verworfenen also, eines Staatsverräters sollen die betrauern können, die es wollen, aber die gefährliche Lage eines Bürgers, der in höchstem Ansehen bei den Guten steht und sich die größten Verdienste um den Staat erworben hat, die darf der Senat nicht betrauern, obwohl sie aufs engste verknüpft ist mit der Gefahr für den Staat? Und dieselben Konsuln – wenn man die Konsuln nennen darf, die jedermann nicht nur aus dem Gedächtnis, sondern sogar aus den Jahrbüchern streichen will –, die ließen sich, nachdem sie die Provinzen untereinander verschachert hatten, von dieser Furie, dem Untergang des Vaterlandes, zum Circus Flaminius in die Volksversammlung führen und erklärten sich unter eurem lauten Seufzen ausdrücklich durch ihr Votum mit allem einverstanden, was damals gegen mich und gegen den Staat ins Werk gesetzt wurde!

Im Beisein, vor den Augen derselben Konsuln wurde dann dieses Gesetz beantragt: Die Auspizien sollten keine Geltung mehr haben, niemand dürfe ungünstige Vorzeichen melden, niemand gegen das Gesetz Einspruch erheben. An allen Gerichtstagen dürfe man Gesetzesanträge stellen; das Aelische und das Fufische Gesetz[21] sollten außer Kraft gesetzt werden – ein Antrag, der, wie jeder erkennt, den Staat ganz und gar zugrunde richtete. 34. Unter den Augen derselben Konsuln wurde auf dem Aurelischen Tribunal[22] unter dem Vorwand von Vereinsgründungen eine Sklavenaushebung abgehalten. Gassenweise wurden die Leute ausgehoben, in Trupps eingeteilt, zu Gewalttaten, Mord und Plünderung aufgestachelt. Unter denselben Konsuln wurden vor aller Augen im Castortempel Waffen zusammengetragen und die Stufen dieses Tempels abgebaut. Bewaffnete besetzten das Forum und die Plätze der Volksversammlungen; Mord und Steinigung waren an der Tagesordnung, es gab keinen Senat, keine Behörden. Ein einziger hatte mit Hilfe von Waffen und Räuberbanden die ganze Staatsgewalt inne, die doch allen gehört – nicht aus eigener Macht, sondern weil er die beiden Konsuln durch das Komplott über die Provinzen dem Staat abtrünnig gemacht hatte. Deshalb spielte er sich als Tyrann auf; den einen drohte er, den anderen machte er Zusicherungen, viele hielt er mit Angst und Schrecken, noch mehr mit Aussichten und Versprechungen in Schach.

35. So war die Lage, ihr Richter: Der Senat war ohne Führer und hatte statt dessen Verräter oder sogar offene Staatsfeinde an der Spitze. Der Ritterstand wurde von den Konsuln vor Gericht gestellt, der Wille von ganz Italien wurde mißachtet, einige wurden unter Namensnennung verbannt[23], andere durch Terrormaßnahmen in Schrecken versetzt. Waffen füllten die Tempel, Bewaffnete das Forum, und das geschah nicht etwa heimlich unter dem Schweigen der Konsuln, sondern es wurde von diesen ausdrücklich durch ihr Votum gebilligt. Wir alle sahen die

21 Die *lex Aelia* gestattete auf Grund ungünstiger Vorbedeutungen Einspruch gegen Gesetzesanträge und gegen die Abhaltung von Volksversammlungen. Die *lex Fufia* verbot Gesetzesanträge an bestimmten Tagen.

22 Auf dem Forum.

23 Dies bedeutete einen größeren Ehrverlust als die bloße *relegatio* (Ausweisung).

Stadt wenn auch noch nicht zerstört und dem Erdboden gleichgemacht, so doch eingenommen und besetzt. Aber trotz aller dieser Tatsachen hätte ich bei der entschiedenen Parteinahme der Guten allen diesen Gefahren standgehalten, ihr Richter. Aber andere Befürchtungen, andere Sorgen und Ahnungen waren es, die mich bewegten.

36. Heute will ich euch, ihr Richter, die Gründe meines Entschlusses und meiner Handlungsweise auseinandersetzen. Ich will weder eure gespannte Aufmerksamkeit enttäuschen noch diese gewaltige Menschenmenge, meines Wissens die zahlreichste, die jemals bei einem Prozeß erschien.

Ich vertrat ja die gute Sache, die volle Unterstützung des Senats war mir sicher, alle Guten waren in großartiger Weise einmütig, das Volk entschlossen, ganz Italien zu jeder Anstrengung bereit – wäre ich da vor einem Volkstribunen zurückgewichen, vor der Raserei eines verkommenen Kerls, hätte ich die Charakterlosigkeit und Frechheit verächtlicher Konsuln gefürchtet, da würde ich ganz offen zugeben, ich hätte zu viel Angst und zu wenig Mut und Überlegung gehabt. 37. Wie kann man die Lage des Quintus Metellus mit der meinen vergleichen[24]! Zwar sympathisierten alle Guten mit seiner Haltung, doch hatte sie weder die offizielle Unterstützung des Senats noch die spezielle irgendeines anderen Standes oder die ausdrücklich beschlossene Billigung ganz Italiens. Er hatte ja auch bei seinem Handeln mehr seine eigene Ehre als das offenkundige Wohl des Staates im Auge, als er allein ein mit Gewalt eingebrachtes Gesetz nicht beschwören wollte. Kurz, es hat den Anschein, er war nur unter der Voraussetzung so tapfer, daß er die Liebe zum Vaterland gegen den Ruhm der Standhaftigkeit eintauschen konnte. Er hatte das unbesiegte Heer des Marius gegen sich, hatte Gaius Marius zum Feind, den Retter des Vaterlandes, der eben sein

24 Quintus Caecilius Metellus Numidicus, 109 v. Chr. Konsul, Besieger Jugurthas, widersetzte sich den ungesetzlichen Maßnahmen des Volkstribunen Lucius Appuleius Saturninus und ging freiwillig in die Verbannung (100 v. Chr.).

sechstes Konsulat verwaltete. Gegen ihn war Lucius Saturninus, zum zweiten Mal Volkstribun, ein unermüdlicher Mann, der in einer dem Volk genehmen Sache zwar nicht maßvoll, aber doch volksfreundlich und uneigennützig vorgegangen war. So ging Metellus, um nicht von tapferen Männern besiegt, mit Schande zu fallen oder als Sieger den Staat vieler tapferer Bürger zu berauben. 38. Meine Sache dagegen hat der Senat ganz offen, der Ritterstand mit allem Nachdruck, ganz Italien offiziell und alle Guten jeder für sich mit Eifer unterstützt. Ich hatte ja nicht auf eigene Faust, sondern stellvertretend für alle gehandelt. Und dabei war es nicht um meinen persönlichen Ruhm gegangen, sondern um das Wohl aller Bürger und beinahe aller Völker. Ich hatte unter der Voraussetzung gehandelt, daß jederzeit alle es für ihre Pflicht halten würden, meine Maßnahmen zu verantworten und zu verteidigen. Ich hatte auch nicht den Kampf mit einem siegreichen Heer aufzunehmen, sondern mit gedungenen Helfershelfern, die man mit der Aussicht auf die Plünderung der Stadt aufgehetzt hatte. Ich hatte nicht Marius zum Feind, den Schrecken seiner Gegner, die Hoffnung und Stütze des Vaterlandes, sondern zwei gräßliche Ungeheuer. Armut, Schuldenlast, Charakterlosigkeit und Schlechtigkeit hatten sie wie Gefangene dem Volkstribunen ausgeliefert. 39. Ich hatte es auch nicht mit einem Saturninus zu tun, der mit allen Kräften versuchte, sich Genugtuung für seinen Groll zu verschaffen. Er hatte stets vor Augen, daß man ihm als Quaestor von Ostia in ehrverletzender Weise die Getreideversorgung abgenommen und sie dem ersten Mann des Senats und der Bürgerschaft, dem Marcus Scaurus, übertragen hatte. Ich hatte es vielmehr zu tun mit dem Schätzchen reicher Lebemänner, dem Liebhaber der eigenen Schwester, einem Priester der Unzucht, einem Giftmischer, Testamentsfälscher, Meuchelmörder und Banditen. Hätte ich solche Leute mit Waffengewalt besiegt – es wäre leicht zu machen gewesen und rechtens dazu, die besten und tapfersten Bürger forderten es von mir –, so hätte ich nichts zu fürchten gehabt, weder den Vorwurf, ich hätte Gewalt mit Gewalt abgewehrt, noch daß man den Tod verbrecherischer Bürger oder vielmehr der Staatsfeinde im eigenen Lande beklagt hätte.

Nein, mich bestimmten folgende Gründe: In allen Volksversammlungen schrie der Rasende, was er gegen mich unternehme, geschehe mit der Billigung des Gnaeus Pompeius, des hochangesehenen Mannes, der sich jetzt und immer, soweit es ihm irgend möglich war, äußerst freundschaftlich mir gegenüber verhielt. Auch Marcus Crassus, mit dem ich durch Bande der Freundschaft verbunden bin, der tapfere Mann, wurde von demselben Unhold als mein ärgster Feind verschrien. Gaius Caesar, dem ich keinerlei Veranlassung gegeben hatte, gegen mich eingenommen zu sein, wurde von ihm tagtäglich in seinen Reden als mein Todfeind bezeichnet. 40. Diese drei Männer, sagte er, dienten ihm als Ratgeber bei seinen Plänen, als Helfer bei seinen Taten. Der eine von ihnen befehligte das größte Heer von Italien, die beiden anderen, die gerade kein Amt bekleideten, könnten, wenn sie wollten, sich an die Spitze des Staates stellen und ein Heer ausrüsten, und das würden sie auch tun. Kein Urteil des Volkes, keinen Kampf mit gesetzlichen Mitteln, keine Verhandlung oder richterliche Entscheidung stellte er mir in Aussicht, sondern Gewalt, Waffen, Heere, Heerführer und Feldlager.

Wie? Das Gerede eines Feindes, noch dazu grundlos, die üble Verleumdung angesehener Männer war dein Beweggrund? Nein, nicht die Rederei dieses Menschen war für mich ausschlaggebend, sondern das Schweigen derer, auf die das verleumderische Gerede zielte. Schwiegen sie auch damals aus anderen Gründen, den Leuten, die überall Gespenster sahen, schien doch ihr Schweigen beredt, ihr Verzicht auf ein Ableugnen ein Eingeständnis zu sein. Die Leute waren damals von einer bestimmten Furcht ergriffen, sie glaubten, alle Verordnungen und überhaupt alle Maßnahmen des vergangenen Jahres würden von den Praetoren wieder ins Wanken gebracht und vom Senat und den führenden Männern des Staates rückgängig gemacht[25]. Sie wollten sich einen so volksfreundlichen Tribun nicht zum Feind machen, ihre eigene Gefahr gehe sie näher an als die meine, sagten sie. 41. Dennoch sprach sich Crassus dafür aus, die Konsuln müßten meine Sache zu der ihren machen, und Pompeius appellierte an sie und erklärte, auch als Privatmann die Sache, wenn sie erst offiziell sei, nicht im Stich lassen zu wollen. Diesen Mann, der sich um mich bemühte und dessen ganzer Eifer der Wiederherstellung des Staatswesens galt, warnten bestimmte Leute, sich in acht zu nehmen. In meinem Hause sei von mir ein Anschlag gegen ihn geplant, sagten sie. Und diesen Verdacht nährten die einen durch Briefe, die anderen durch Boten, wieder andere persönlich. So kam es, daß Pompeius, der mit Sicherheit von mir nichts fürchtete, sich vor diesen Leuten hüten zu müssen glaubte, damit sie nicht in meinem Namen etwas gegen ihn ins Werk setzten. Caesar selber aber, von dem die meisten in Unkenntnis der Wahrheit glaubten, er sei erzürnt gegen mich, stand vor den Toren, an der Spitze eines Heeres, und dieses Heer war in Italien, und in diesem Heer hatte er dem Bruder des Tribunen, meines Feindes, ein Kommando gegeben.

42. Das alles sah ich mit an – es war ja kein Geheimnis: der Senat, ohne den der Staat nicht bestehen kann, gänzlich aufgehoben; die Konsuln, die die Führer dieses Rates zu sein hätten, selber als die Vollstrecker seiner völligen Entmachtung; die mächtigsten Männer in allen Versammlungen zwar zu Unrecht, aber doch mit schrecklichem Erfolg als die Urheber meines Sturzes dargestellt; Tag für Tag die Abhaltung von Volksversammlungen gegen mich, keine Stimme dabei für mich und für den Staat; die angebliche Bedrohung eures Lebens und Eigentums durch die Aufstellung der Legionen, eine Falschmeldung, die dennoch Glauben fand; dazu die alten Rotten der Verschwörer, die auf-

25 59 hatte Caesar als Konsul mehrere verfassungswidrige Verordnungen erlassen, die die Praetoren des kommenden Jahres wieder rückgängig machen wollten.

gelöste und besiegte Schreckensbande Catilinas, die sich bei einem so unverhofften Umschwung der Lage unter einem neuen Führer wiederum organisiert hatte – das alles sah ich mit an, und was sollte ich da tun, ihr Richter? 43. Ich weiß ja wohl, damals hat nicht euer Beistand mir gefehlt, sondern es war sozusagen umgekehrt, der meine fehlte euch. Ich hätte mich als Privatmann mit Waffengewalt einem Volkstribunen widersetzen sollen? Gewiß, die Guten hätten die Schlechten besiegt, die Tapferen die Feigen, der wäre getötet worden, der allein durch dieses Mittel von der Vernichtung des Staates zurückgehalten werden konnte. Aber was wäre dann gekommen? Wer hätte die Verantwortung für die Folgen übernommen? Wer konnte schließlich daran zweifeln, daß das Blut eines Tribunen, zumal ohne offiziellen Beschluß vergossen, die Konsuln als Rächer und Verteidiger auf den Plan gerufen hätte? So hat jemand in der Volksversammlung gesagt, ich müsse entweder einmal sterben oder zweimal siegen. Was sollte das heißen: zweimal siegen? Doch sicher dies: Wenn ich den Kampf mit dem blindwütigen Tribunen ausgefochten hätte, hätte ich es mit den Konsuln und seinen übrigen Rächern aufnehmen müssen. 44. Was mich angeht – wenn ich den Tod hätte hinnehmen müssen statt einer Wunde, die für mich heilbar, aber für den, der sie mir beibrachte, todbringend sein mußte –, ich hätte es vorgezogen, einmal zu sterben statt zweimal zu siegen, ihr Richter. Denn diese zweite Schlacht wäre so ausgegangen, daß wir weder als Besiegte noch als Sieger die staatliche Ordnung hätten aufrechterhalten können. Wie aber, wenn ich gleich im ersten Treffen, von der Übermacht des Tribunen besiegt, zusammen mit der Mehrzahl der Guten auf dem Forum gefallen wäre? Dann hätten vermutlich die Konsuln den Senat einberufen, den sie ja gänzlich beseitigt hatten, da hätten sie wohl zu den Waffen gerufen, nachdem sie nicht einmal erlaubt hatten, durch Trauerkleidung den Willen zur Verteidigung des Staates zu bekunden. Sie wären wohl nach meinem Untergang dem Tribunen entgegengetreten, nachdem sie zu einer und derselben Stunde mein

Verderben und ihre eigene Bereicherung ins Werk gesetzt hatten[26]!

45. So wäre mir denn nur ein Weg übriggeblieben, den mir vielleicht ein Mann voll Tatkraft und Beherztheit so bezeichnet hätte: »Hättest stehen, hättest kämpfen, hättest kämpfend fallen sollen!«[27] Dafür rufe ich dich, dich, mein Vaterland, und euch, ihr Penaten und heimischen Götter, zu Zeugen an: Um eurer Sitze und Tempel willen, dem Heil meiner Mitbürger zuliebe, das mir immer teurer war als das Leben, bin ich dem Kampf und dem Blutbad ausgewichen. Denn gesetzt den Fall, ich wäre mit meinen Freunden in einem Schiff auf dem Meer gewesen und es wären Seeräuber in großer Zahl von allen Seiten gekommen mit der Drohung, das Schiff mit ihrer Flotte zu versenken, wenn ich allein ihnen nicht übergeben würde. Hätten sich auch meine Begleiter geweigert und wären lieber mit mir zusammen untergegangen, als mich den Feinden auszuliefern, so wäre ich lieber selber in die Tiefe gesprungen, um die anderen zu retten, als meine Freunde wo nicht dem sicheren Tode, so doch großen Lebensgefahren auszusetzen! 46. Gerade so war es damals: Unser Staatsschiff wurde auf hoher See von den Stürmen des Aufruhrs und der Zwietracht hin- und hergeworfen. Das Steuerruder war den Händen des Senats entrissen, so viele Flotten standen bewaffnet zum Angriff bereit, wenn ich allein nicht ausgeliefert würde. Ächtung, Mord und Plünderung drohten; die einen wollten mich aus Furcht für ihre eigene Person nicht verteidigen, die anderen ließen sich anstacheln von ihrem Haß auf die Guten, andere von ihrem Neid, wieder andere glaubten, ich stände ihnen im Wege. Dann gab es welche, die wollten sich Gott weiß weshalb an mir rächen, und welche, die den Staat selber, die Vorrangstellung der Guten und geordnete Zustände überhaupt haßten. Während also diese alle aus so vielen ver-

26 Zugleich mit der Annahme des Gesetzes gegen Cicero wurden den Konsuln die ihnen von Clodius versprochenen reichen Provinzen Syrien und Makedonien zugewiesen. Vgl. Abschnitt 53.

27 Vers aus einem unbekannten Drama.

schiedenen Ursachen mich allein als Opfer haben wollten – sollte ich da einen Kampf auf Leben und Tod führen mit der Aussicht, euch und eure Kinder, ich will nicht sagen dem sicheren Untergang, aber doch bestimmt einer großen Gefahr auszusetzen? Sollte ich nicht lieber das, was allen drohte, allein in meiner Person, stellvertretend für alle, auf mich nehmen und tragen?

47. »Die Schlechten wären besiegt worden.« Ja, aber mit Waffengewalt, und als Bürger durch einen Privatmann, der selber als Konsul ohne Waffengewalt den Staat gerettet hatte. Wären aber die Guten besiegt worden, wer wäre übriggeblieben? Säht ihr dann nicht den Staat den Sklaven ausgeliefert? – Oder hätte ich selber, wie einige meinten, gefaßt dem Tode entgegengehen müssen? – Wie? Bin ich damals vor dem Tode geflohen? Gab es etwas Wünschenswerteres für mich? Oder standen mir bei der Ausführung meiner großen Taten inmitten so vieler Böswilliger nicht Tod und Verbannung vor Augen? Habe ich mir nicht endlich während der Geschehnisse selber damals gewissermaßen dieses Schicksal prophezeit? Oder hing ich damals am Leben, bei diesem Schmerz meiner Angehörigen, der Trennung von ihnen, bei dieser Bitternis, dem Verlust aller Güter, die Natur oder Glück mir verliehen hatten? War ich so ungebildet, so unwissend, so rat- und einfallslos? Hatte ich nichts gehört, nichts miterlebt, nichts durch Lesen und Forschen kennengelernt? Wußte ich nichts von der Kürze des Lebens und von der Ewigkeit des Ruhmes? Daß der Tod allen bestimmt und es daher wünschenswert ist, das schicksalsgebundene Leben lieber dem Vaterland zu schenken, als es für das natürliche Ende aufzusparen? Hätte ich die verschiedenen Lehrmeinungen der Philosophen nicht kennen sollen? Die einen sagen, Geist und Bewußtsein des Menschen hörten mit dem Tode auf. Die anderen vertreten die Ansicht, die Seelen der Weisen und Tapferen besäßen nach dem Verlassen des Körpers Empfindung und Lebenskraft in noch höherem Grade. Die eine Möglichkeit, kein Bewußtsein mehr zu haben, braucht man nicht zu scheuen, die andere, ein noch höheres

Bewußtsein zu haben, ist sogar wünschenswert. 48. Schließlich, wenn mir meine Ehre stets das Höchste war, wenn ich geglaubt hatte, ohne sie gebe es nichts Erstrebenswertes im Leben, wie sollte ich da, ein ehemaliger Konsul mit solchen Ruhmestaten, mich vor dem Tod fürchten? Ihn haben doch sogar athenische Mädchen, die Töchter des Königs Erechtheus, glaube ich, um des Vaterlandes willen verachtet[28]. Besonders da ich doch ein Bürger der Stadt bin, aus der einst Gaius Mucius allein ins Lager Porsennas gegangen ist, um ihn, selber den Tod vor Augen, ums Leben zu bringen[29]! Aus derselben Stadt stamme ich, aus der Publius Decius kam, erst der Vater, dann einige Jahre später der Sohn, der Erbe des väterlichen Heldenmutes. Diese beiden haben im Angesicht der schlachtbereiten Heere Leib und Leben der Rettung und dem Sieg des römischen Volkes geweiht[30]. Aus dieser Stadt kamen noch zahllose andere, die, um Ruhm zu gewinnen oder der Schande zu entfliehen, in den verschiedensten Kriegen mit größtem Gleichmut in den Tod gegangen waren. In derselben Stadt hat sich, wie ich mich selbst erinnere, der Vater unseres Marcus Crassus hier, der tapfere Mann, den Tod gegeben. Um nicht lebend seinen Feind als Sieger zu sehen, nahm er sich mit derselben Hand das Leben, mit der er so oft den Tod über die Feinde gebracht hatte[31].

28 Das Orakel von Delphi hatte Erechtheus den Sieg in der Schlacht vorausgesagt, falls er eine seiner Töchter opfere. Alle drei Töchter gaben sich freiwillig den Tod. Cicero gibt vor, den Namen nicht genau zu wissen (vgl. Abschnitt 23), da es ein Grundsatz der Rhetorik war, eher zu untertreiben, als mit seinen Kenntnissen zu prunken: *dissimulatio artis*, Verschleierung des Kunstcharakters der Rede; man sollte nicht zuviel griechische Gelehrsamkeit zeigen.

29 Im Krieg gegen den Etruskerkönig Porsenna 507 v. Chr. Beim Mordversuch ergriffen, streckte er zum Zeichen seiner Furchtlosigkeit die Hand ins Feuer und erhielt daher später den Beinamen Scaevola (Linkshänder).

30 In der *devotio* weihte sich der Feldherr den Göttern der Unterwelt, um durch seinen Tod sein Heer zu retten. Der Vater Decius Mus soll dies 340 im Latinerkrieg, sein Sohn 295 im dritten Samnitenkrieg getan haben.

31 Publius Licinius Crassus, der Vater des Triumvirn, gehörte im Bür-

49. Trotz dieser und ähnlicher Überlegungen kam ich zu folgender Überzeugung: Wenn mit meinem Tod der Staat erst völlig zugrunde gerichtet wäre, würde es keiner mehr wagen, den schlechten Bürgern gegenüber für die Rettung des Staates einzutreten. Selbst wenn ich nicht durch Gewalt, sondern durch eine Krankheit den Tod fände, müßte ich deshalb überzeugt sein, daß mit mir zugleich ein Beispiel staatserhaltenden Wirkens zugrunde ginge. Wäre ich nicht vom Senat und vom römischen Volk unter so großer Anteilnahme aller Guten zurückgerufen worden – was ja nicht hätte geschehen können, wenn ich ermordet worden wäre –, wer würde es da noch wagen, Partei zu ergreifen bei politischen Angelegenheiten, wenn auch nur die leiseste Gefahr bestände, sich mißliebig zu machen? Ich habe also durch meinen Gang in die Verbannung den Staat gerettet, ihr Richter. Ich habe mit meinem Schmerz und Kummer von euch und euren Kindern Mord und Brand, Verwüstung und Plünderung abgewehrt, und ich habe als einziger den Staat zweimal gerettet, einmal durch meine ruhmvolle Tat, das andere Mal durch mein Unglück. Ich werde doch niemals so sehr meine menschlichen Gefühle verleugnen, daß ich mich rühme, die Trennung von meinem guten Bruder, den geliebten Kindern, der treuen Gattin, von euch, vom Vaterland, von meiner Ehrenstellung hätte mir keinen Kummer bereitet. In diesem Falle hätte ich euch ja keinen Dienst erwiesen, wenn ich um euretwillen Dinge aufgegeben hätte, die mir gleichgültig waren. Das muß meinem Gefühl nach gerade der sicherste Beweis meiner großen Liebe zum Vaterland sein, daß ich es ohne tiefen Schmerz nicht verlassen konnte, aber lieber diesen Schmerz ertragen als es durch die Böswilligen zu Fall gebracht sehen wollte. 50. Ich erinnerte mich dabei an Gaius Marius, ihr Richter, den göttlichen Mann, der, zur Rettung dieses Staates aus demselben Erdreich

gerkrieg zwischen Marius und Sulla zu den führenden Optimaten und beging unter der Schreckensherrschaft des Marius 87 v. Chr. in Arpinum Selbstmord.

erwachsen wie ich[32], in hohem Alter vor beinahe gerecht zu nennender Waffengewalt floh, seinen alten Körper tief in Sümpfen verbarg und sich dann in Minturnae zu mitleidigen, armen Menschen niedrigsten Standes flüchtete. Schließlich kam er auf einem winzigen Schiff, alle Häfen und Länder meidend, an die ödesten Küsten Afrikas. Aber er hatte seiner Rache wegen sein Leben für eine höchst unsichere Hoffnung und für den Untergang des Staates aufgespart. Ich dagegen lebte unter der gleichen Gefahr wie der Staat, das haben in meiner Abwesenheit viele im Senat gesagt, und deshalb ergingen für mich auf Senatsbeschluß konsularische Empfehlungsschreiben an die auswärtigen Völker. Hätte ich da nicht Verrat am Staat geübt, wenn ich mein Leben preisgegeben hätte? In diesem Staat lebt doch nun durch meine Rehabilitierung ein Beispiel von Bürgertreue, und wenn dieses Beispiel von ewiger Dauer sein wird, wer kann daran zweifeln, daß auch dieser Staat unsterblich sein wird?

51. Denn die auswärtigen Kriege mit Königen, fremden Völkern und Nationen sind schon längst beendet, und zwar so, daß sich alle großartig behandelt fühlen, wenn wir sie nur in Frieden lassen. Und Siege im Krieg haben auch so gut wie nie den Neid der Bürger zur Folge. Aber oft müssen wir Streitigkeiten im Inneren und die Anschläge angriffslustiger Bürger abwehren. Ein Heilmittel zur Abwendung dieser Gefahr muß der Staat in seinem Besitz behalten. Das wäre euch aber gänzlich verloren gewesen, wenn mein Tod den Senat und das römische Volk der Möglichkeit beraubt hätte, ihrem Schmerz über mein Schicksal Ausdruck zu verleihen. Deshalb mahne ich euch, ihr jungen Leute – ich habe das Recht dazu, euch diesen Rat zu geben –, die ihr auf Ehre, auf die Sicherheit des Staates und auf Ruhm bedacht seid: Wenn euch einmal die Pflicht ruft, den Staat gegen

32 Er stammte wie Cicero aus Arpinum. Er floh 89 vor Sulla, zunächst nach Minturnae, einer Stadt in Latium. 88, als Sulla den Mithridatischen Krieg im Osten führte, kehrte er zurück und errichtete in Rom ein Schreckensregiment. Als Retter des Staates wird er wegen seiner Siege über die Teutonen und Cimbern bezeichnet (102 bzw. 101 v. Chr.).

böswillige Bürger zu verteidigen, dann zögert nicht und laßt euch nicht durch meinen Sturz von tatkräftigem Vorgehen zurückhalten.

52. Erstens besteht nicht die Gefahr, daß einer noch einmal unter solche Konsuln gerät, zumal wenn diese ihren verdienten Lohn erhalten haben. Dann wird hoffentlich niemals mehr ein Böswilliger sagen können, mit Willen und Unterstützung der Guten greife er den Staat an, und diese schweigen noch dazu. Noch werden bewaffnete Heere den friedlichen Bürgern einen Schrecken einjagen, und kein Feldherr vor den Toren wird einen gerechten Grund haben zu dulden, daß er fälschlicherweise als Schreckbild benutzt und ausgebeutet wird. Niemals wird auch wohl der Senat so sehr unterjocht sein, daß er nicht einmal die Macht hat, zu bitten und zu trauern. Nie wird der Ritterstand mehr so unterdrückt sein, daß römische Ritter von einem Konsul ausgewiesen werden können. Aber trotz aller dieser Geschehnisse und noch anderer, schlimmerer, die ich mit Absicht übergehe, seht ihr mich dennoch nach kurzer Leidenszeit wieder von der Stimme des Staates selber zurückgerufen und in meine frühere Ehrenstellung eingesetzt.

53. Doch ich komme wieder zum Hauptthema meiner ganzen Rede zurück, zu der Tatsache nämlich, daß in diesem Jahr die Konsuln durch Übeltaten aller Art den Staat zerrüttet haben. Gerade an diesem für mich so verhängnisvollen, für alle Guten so traurigen Tag war es: Ich hatte mich aus der Umarmung des Vaterlandes und von eurem Anblick losgerissen und war aus Sorge um euch, nicht um mich, der Raserei, dem Verrat und den drohenden Waffen dieses Menschen gewichen. Das Vaterland, dem meine ganze Liebe galt, verließ ich gerade um dieser Liebe willen. Nicht nur Menschen, auch Häuser und Tempel der Stadt trauerten über das Schrecknis meines tiefen, unerwarteten Falls. Keiner von euch wollte mehr das Forum, die Kurie, ja das Tageslicht schauen. An diesem Tag war es, gerade an diesem Tag – nein, zur selben Stunde, ja im selben Augenblick, da wurden gleichzeitig zwei Anträge gestellt: einer, der meinen Untergang und

den des Staates besiegeln sollte, sowie einer, der Gabinius und Piso die Provinzen übertrug! Bei den unsterblichen Göttern, den Hütern und Erhaltern dieser Stadt und dieses Reiches, was für Ungeheuerlichkeiten, was für Verbrechen habt ihr damals im Staat gesehen! Ein Bürger, der den Staat nach dem Willen des Senats mit der Unterstützung aller Guten verteidigt hatte, war vertrieben worden, nicht aus irgendeinem anderen Grunde, sondern gerade das, was er getan hatte, war sein Verbrechen. Und er war vertrieben worden ohne Gerichtsurteil, mit Gewalt, mit Steinen und Schwertern, durch eine aufgehetzte Sklavenbande. Ein Gesetz war eingebracht worden, nachdem das Forum verwüstet, im Stich gelassen, Meuchelmördern und Sklaven preisgegeben worden war, und zwar das Gesetz, gegen dessen Annahme der Senat durch Anlegen von Trauerkleidung protestiert hatte.

54. In dieser allgemeinen Verwirrung der politischen Zustände wollten die Konsuln nicht einmal eine Nacht hingehen lassen zwischen meinem Sturz und ihrem Griff nach der Beute. Sie eilten herbei, kaum daß ich niedergeworfen war, um mein Blut zu trinken und den Staat auszurauben, während er noch atmete.

Ich übergehe die Glückwünsche, die Festmähler, die Verteilung öffentlicher Gelder, die Vergünstigungen, Hoffnungen und Versprechungen, die Raubzüge und den Triumph einiger weniger inmitten der allgemeinen Trauer. Meine Gattin wurde mißhandelt, meine Kinder mit dem Tode bedroht, mein Schwiegersohn, ein Piso, lag bittflehend zu Füßen des Konsuls Piso und wurde von ihm zurückgestoßen. Meine Habe wurde geplündert und zu den Konsuln gebracht, mein Haus auf dem Palatin brannte – die Konsuln hielten ein Festessen. Wenn sie sich auch über mein Unglück freuten, so hätte sie doch die Gefahr, die der Stadt drohte, aufrütteln müssen.

55. Doch um jetzt von meinem persönlichen Fall abzusehen, erinnert euch an die anderen Schläge dieses Jahres – dann werdet ihr am leichtesten erkennen, welch energische Abwehrmaßnahmen aller Art der Staat von den Beamten des nächsten Jahres fordern mußte. Erinnert euch nur an die Flut von Gesetzen,

teils erlassene, teils nur beantragte. Denn erlassen wurden unter dem Schweigen dieser Konsuln – was sage ich? Schweigen? Unter ihrem Beifall! – folgende Gesetze: Die Rüge des Zensors, der schwerwiegende Urteilsspruch dieses geheiligten Amtes, solle aus der Verfassung gestrichen werden; politische Vereine sollten gegen den Willen des Senats wieder zugelassen werden, nicht nur die alten, sondern auch unzählige neue sollten von diesem einen Banditen organisiert werden; durch den Erlaß der sechseindrittel As[33] sollte so ziemlich ein Fünftel der Staatseinnahmen wegfallen. Gabinius sollte anstatt seiner Provinz Kilikien, die er sich als Preis für seinen Verrat am Staate ausbedungen hatte, Syrien erhalten, und dieser eine Verräter sollte zweimal über eine und dieselbe Sache entscheiden dürfen. Im Widerspruch zu einem bereits erlassenen Gesetz erhielt er die Möglichkeit, seine Provinz umzutauschen.

56. Ich übergehe dieses Gesetz, das alle Rechte der Religion, der Auspizien, der Amtsbefugnisse sowie alle gesetzlichen Bestimmungen über Recht und Zeitpunkt der Gesetzgebung durch eine Verfügung annulliert hat. Ich übergehe auch den ganzen Verfall im Innern. Wir haben ja auch fremde Völker unter der Raserei dieses Jahres leiden sehen. Durch ein tribunizisches Gesetz wurde der Priester der Großen Mutter aus Pessinus[34] vertrieben und seines Priesteramtes beraubt. Die Stätte heiligster, uralter Gottesverehrung wurde für schweres Geld an Brogitarus verkauft, einen gemeinen Kerl, unwürdig des heiligen Amtes, das er sich nicht zum Ausüben, sondern zum Ausrauben erbeten hatte. Es wurden Leute vom Volk als Könige bestätigt, die das nie im Leben vom Senat gefordert hatten. Zum Exil verurteilte Byzantier führte man zurück, während man die eigenen Bürger ohne Urteil aus dem Staat ausstieß. 57. Der König Ptolemaeus war zwar selber noch nicht vom Senat als Bun-

33 Der Preis für einen Scheffel Weizen, der an die Bedürftigen ausgeteilt wurde.

34 Stadt in Galatien (Kleinasien), Hauptsitz des Kultes der Cybele, einer auch in Rom verehrten Muttergottheit.

desgenosse bezeichnet worden, er war aber doch der Bruder des Königs, der unter den gleichen Verhältnissen diesen Ehrentitel vom Senat erhalten hatte. Er stammte aus demselben Geschlecht, von denselben Ahnen, war ein ebenso alter Bundesgenosse, kurz, er war ein König, wenn auch noch kein Verbündeter, so doch auch kein Feind. In Ruhe und Frieden, im Vertrauen auf die Herrschaft des römischen Volkes erfreute er sich in fürstlicher Muße der vom Vater und Großvater ererbten Königswürde. Er hat keine Vorahnung, nicht den leisesten Verdacht – da wird von diesem Halunken folgender Antrag eingebracht und durchgesetzt: Er soll auf seinem Thron mit Purpur und Szepter und den königlichen Insignien zugunsten des römischen Staates unter den Hammer gebracht werden. Unter der Herrschaft des römischen Volkes, das sogar den im Krieg besiegten Königen ihre Reiche zurückzugeben pflegt, soll ein befreundeter König ohne vorherige Anklage, ohne Forderung von Genugtuung mit all seinem Hab und Gut einfach konfisziert werden[35]!

58. Viel Bitteres, Schmähliches und Gewaltsames hat es in diesem Jahr gegeben, doch dem Verbrechen, das sie in ihrer Grausamkeit gegen mich verübt haben, kommt wohl dieses am nächsten: Antiochus den Großen hatten unsere Vorfahren in einem gewaltigen Krieg zu Wasser und zu Lande bezwungen[36]. Sie ließen ihm seine Königsherrschaft bis zum Taurusgebirge. Kleinasien, das sie ihm zur Strafe genommen hatten, schenkten sie Attalus als Königreich[37]. Mit dem Armenierkönig Tigranes

35 Mit dieser ungesetzlichen Maßnahme, der Einziehung seines Herrschaftsgebietes Zypern, hatte man ausgerechnet Marcus Porcius Cato betraut, um ihn, neben Cicero die einzig noch vorhandene Stütze des Rechtsstaates, zu entfernen.

36 Antiochos III. (242-187), bedeutendster Seleukidenherrscher, hatte große Teile Kleinasiens und des Vorderen Orients erobert, geriet aber beim Übergreifen auf Europa in Konflikt mit Rom und wurde 191/190 besiegt.

37 Nicht Attalos II., König von Pergamon, sondern sein Sohn, Eumenes II., war es, der als Bundesgenosse der Römer 188 Kleinasien bis zum Taurus erhielt.

haben wir selber erst vor kurzem einen schweren und langdauernden Krieg geführt, nachdem er durch Übergriffe gegen unsere Bundesgenossen uns geradezu zum Kampf herausgefordert hatte. Dieser Mann war schon von Haus aus unser erbitterter Gegner und hatte den schlimmsten Feind unseres Reiches, Mithridates, als er aus Pontus vertrieben war, mit seinen Machtmitteln und allem, was sein Königreich bot, verteidigt. Trotz seiner Niederlage durch Lucius Lucullus, unseren großen Feldherrn, hat Tigranes mit dem Rest seiner Truppen an seiner früheren feindlichen Gesinnung festgehalten. Ihn sah Pompeius als Bittflehenden in seinem Lager am Boden, er hob ihn auf, setzte ihm die Königskrone, die dieser vom Haupt genommen hatte, wieder auf und ließ ihn weiter als König herrschen, nachdem er ihm bestimmte Bedingungen auferlegt hatte[38]. Es galt ihm als ebenso ruhmvoll für sich persönlich wie für den Staat, daß man den König von seiner Hand wieder eingesetzt sähe anstatt in Fesseln gelegt.

59. Der also, der uns durch Unrecht herausfordert, der ein Gegner des römischen Volkes war und dessen Todfeind in seinem Reich aufgenommen hatte, der den Krieg begonnen, der uns Schlachten geliefert, der beinahe um die Herrschaft mit uns gerungen hatte, der regiert heute noch und hat den Namen eines Freundes und Bundesgenossen, den er durch seinen Krieg mit uns verwirkt hatte, durch seine Bitten neu erworben! Der unglückliche Zyprer aber, der immer unser Freund, unser Bundesgenosse war, über den nie eine ernsthafte Klage beim Senat oder bei unseren Feldherrn laut wurde, der ist sozusagen sehenden Auges bei lebendigem Leibe mit Haus und Hof annektiert worden. Wie können die anderen Könige nun ihre Stellung für gesichert halten, wenn sie an dem schlimmen Beispiel jenes verhängnisvollen Jahres sehen, daß irgendein Tribun mit einer Anzahl Spießgesellen ihnen ihr Hab und Gut wegnehmen und sie ihres gesamten Königreiches berauben kann!

38 Tigranes von Armenien (95-55) wurde im Mithridatischen Krieg von Lucullus und Pompeius besiegt (69-66).

60. Es war dazu noch ihre Absicht, durch diesen Auftrag die Ehre des Marcus Cato zu beflecken. Sie hatten ja keine Ahnung von der Kraft der Sittenstrenge, Uneigennützigkeit, Hochherzigkeit, kurz, der Tugend. Sie ist ein ruhender Pol im Wüten der Stürme, ein Licht in der Finsternis, ein Rückhalt bei Angriffen. Sie bleibt furchtlos an ihrem angestammten Platz, leuchtet mit ihrem eigenen Licht und läßt sich nicht beflecken durch die Gemeinheit anderer. Diese Leute wollten Cato nicht auszeichnen, sondern ausweisen; der Auftrag sollte ihm nicht anvertraut, sondern aufgezwungen werden. Sie sagten ja in aller Öffentlichkeit, sie hätten Cato die Zunge herausgerissen, mit der er immer so freimütig gegen ungesetzliche Übertragungen von Vollmachten gesprochen hatte. Sie werden hoffentlich in kurzer Zeit spüren, daß dieser Freimut noch vorhanden ist, und zwar womöglich in noch höherem Maße.

Cato hatte zwar die Hoffnung aufgegeben, durch sein Ansehen etwas zu erreichen, aber er kämpfte trotzdem mit der Stimme schmerzlichen Unwillens gegen die Konsuln an, und nach meinem Weggang setzte er mit seinen Klagen über meinen Sturz und den des Staates dem Piso in solcher Weise zu, daß dem elenden, schamlosen Kerl beinahe seine Provinz verleidet war. 61. »Warum also hat Cato dem Auftrag Folge geleistet?« Auch schon früher hat er Gesetze beschworen, die er für nicht verfassungsgemäß hielt. Er stellt sich diesen Tollheiten nicht entgegen, um den Staat nicht gänzlich nutzlos eines Bürgers von seinem Format zu berauben. Unter meinem Konsulat hat er als designierter Volkstribun sein Leben aufs Spiel gesetzt. Da hat er die Meinung vertreten, die ihm, wie er sehr wohl sah, Anfeindung und Lebensgefahr einbringen mußte[39]. Er sprach mit Nachdruck, handelte energisch, trug seine Gesinnung offen zur Schau. Alle jene Maßnahmen hat er vorgeschlagen, eingeleitet, durchgeführt, nicht als ob er im unklaren gewesen wäre über die

39 Cato stimmte in der Senatssitzung vom 5. Dezember 63 für die Hinrichtung der Catilinarier.

ihm drohende Gefahr, sondern in der festen Überzeugung, in einer so stürmischen politischen Lage dürfe er nicht an die eigene, sondern nur an die Gefahr für das Vaterland denken. 62. Es folgte sein Tribunat. Was soll ich über seine einzigartige Seelengröße, über seine unglaubliche Tapferkeit sagen? Ihr erinnert euch an den Tag, als sein Kollege den Tempel besetzt hielt, als wir alle für das Leben dieses hervorragenden Mannes und Bürgers fürchteten. Er aber betrat unerschrocken den Tempel und gebot dem Geschrei der Menge und dem Angriff der Böswilligen durch die Macht seiner Persönlichkeit Einhalt. Damals trat er der Gefahr entgegen, aber er tat es aus einem bestimmten Grunde, über dessen Wichtigkeit ich jetzt nichts weiter zu sagen brauche. Hätte er aber dem verbrecherischen Auftrag, Zypern betreffend, nicht Folge geleistet, die Schmach würde dem Staat dennoch anhängen, denn die Annexion des Königreiches war schon rechtskräftig, als Cato namentlich bestimmt wurde. Hätte er sich geweigert – zweifelt ihr etwa daran, daß man ihn dazu gezwungen hätte, da durch diesen einzelnen Mann die gesamten Beschlüsse des Jahres in Gefahr gerieten? 63. Und Cato war sich auch darüber klar: Da nun einmal wegen der Annexion des Königreiches ein Makel am Staat haften blieb, den niemand mehr tilgen konnte, so war es am Ende zweckmäßiger, das etwaige Gute, das der Staat bei dieser Schlechtigkeit gewinnen konnte, selber in Verwahrung zu nehmen, als es durch andere zunichte werden zu lassen. Wäre er damals auch durch irgendeine Gewalttat aus der Stadt vertrieben worden, er hätte es leicht ertragen. Er hat ja im Jahr zuvor den Senat nicht betreten, obwohl er damals noch mich als seinen politischen Gesinnungsfreund hätte antreffen können. Jetzt war ich vertrieben, und in meiner Person war zugleich mit dem gesamten Senat auch seine eigene politische Haltung zunichte gemacht worden. Wie sollte er da noch mit Gleichmut in dieser Stadt leben können? Er ist in Wahrheit vor demselben Sturm der Zeiten, vor der gleichen Raserei, denselben Konsuln, Drohungen, Anschlägen und Gefahren gewichen wie ich. Das größere Leid hatte ich zu tragen, aber das Herz war ihm so schwer wie mir.

64. Es wäre die Aufgabe der Konsuln gewesen, über dieses viele gewaltige Unrecht an Bundesgenossen, Königen und freien Staaten Beschwerde zu führen, denn unter dem Schutze dieses Amtes haben Könige und fremde Völker stets gestanden. Haben die Konsuln auch nur ein Wort darüber verlauten lassen? Freilich, wer hätte darauf gehört, falls sie auch noch so nachdrücklich protestiert hätten? Sollten sie wegen eines Königs von Zypern Beschwerde führen? Sie hatten doch mich, einen unschuldigen Mitbürger, der im Namen des Vaterlandes litt, nicht verteidigt, als ich noch stand, ja sie hatten mir nicht einmal Schutz gewährt, als ich schon am Boden lag. – Ich war also gegangen: Dem Haß entzog ich mich, wenn ihr der Meinung seid, das Volk sei mir feindlich gesinnt gewesen, was aber nicht der Fall war. Den Stürmen der Zeit wich ich aus, falls man die damalige Lage als einen allgemeinen Umbruch ansieht. Den Waffen mußte ich aus dem Wege gehen, wofern Gewalt dahintersteckte. Falls da ein Bündnis zwischen den Amtspersonen bestand, so war es ein Pakt, dem ich nachgeben mußte. Was schließlich die Gefahr für die Bürger anging, so tat ich es dem Staat zuliebe. 65. Wenn nun ein Gesetzesantrag eingebracht wurde gegen einen Bürger – ich will gar nicht sagen, gegen was für einen Bürger –, gegen sein Leben, sein Hab und Gut, obwohl es in den heiligen Gesetzen wie im Zwölftafelgesetz[40] festgelegt ist, daß kein Sondergesetz beantragt noch über einen Bürger anders als in den Zenturiatkomitien[41] abgestimmt werden darf – warum hat man da kein Wort der Konsuln gehört? Und wieso ist es in diesem Jahr, soweit es auf die beiden Totengräber unseres Staates ankam, Gesetz geworden, daß jeder Bürger durch aufgehetzte Banden in einer vom Volkstribunen einberufenen beliebigen Versammlung namhaft gemacht und aus dem Staat vertrieben werden konnte? 66. Welche Gesetzesan-

40 Römische Gesetzessammlung aus dem 5. Jahrhundert v. Chr., Grundlage für das Zivil-, Straf- und Sakralrecht.
41 Vgl. Fußnote 11.

träge, welche mündlichen Versprechungen und schriftlichen Zusicherungen an alle Welt gemacht wurden, welche Hoffnungen und Pläne in diesem Jahr geschmiedet wurden, was soll ich darüber sagen? Welches Fleckchen Erde war nicht schon für irgend jemand bestimmt? Welcher öffentliche Wirkungskreis konnte erdacht, erwünscht, ersonnen werden, der nicht schon vergeben und verteilt gewesen wäre? Welches militärische Kommando und welche Art der Provinzialverwaltung, welche Möglichkeit, Geld zu machen, hat man nicht erfunden! Wo gab es eine Gegend, eine Küste auf der Welt, nur einigermaßen groß, wo man nicht die Errichtung eines Königreiches plante? Gab es einen König in diesem Jahr, der nicht fürchten mußte, sich entweder einen neuen Besitz erkaufen oder den alten zurückkaufen zu müssen? Wer wollte damals nicht eine Provinz, eine Menge Geld, eine Gesandtschaft vom Senat haben? Die wegen Gewalttaten Verurteilten sollten amnestiert, der Weg zum Konsulat sogar sollte diesem Volkspriester frei gemacht werden. Das war es, was die Guten beklagten, die Schlechten hofften, der Volkstribun betrieb und die Konsuln unterstützten.

67. Da endlich, später, als er selbst es wünschte, nahm Pompeius seine gewohnte politische Tätigkeit wieder auf, die er nicht aufgegeben, sondern nur wegen des vorher erwähnten Argwohns vorübergehend eingestellt hatte. Das war denen höchst unwillkommen, die durch ihre Einflüsterungen und erfundenen Schreckbilder diesen hervorragenden, tapferen Mann davon abgebracht hatten, sich meiner anzunehmen. Dieser Mann hatte verbrecherische Mitbürger, erbitterte Feinde, große Staaten und Könige, wilde, unbekannte Völker, die riesigen Scharen der Seeräuber und auch die Sklavenheere durch seine Tapferkeit siegreich bezwungen. Allen Kriegen zu Wasser und zu Lande hatte er ein Ende gemacht und damit das Reich des römischen Volkes bis an die Grenzen der Erde ausgedehnt. Jetzt konnte er es nicht mehr mit ansehen, wie dieser Staat durch eine Handvoll Verbrecher zugrunde gerichtet wurde, der Staat, den er so oft nicht nur durch seine Geisteskraft, sondern auch mit

seinem Blut gerettet hatte. Er stellte sich dem Staat zur Verfügung, verhinderte durch die Kraft seiner Persönlichkeit weiteres Unheil und beklagte das bereits geschehene.

68. Am 1. Juni beschloß der zahlreich versammelte Senat meine Rückkehr. Lucius Ninnius, der in unerschütterlicher Treue und Standhaftigkeit zu mir hielt, hatte den Antrag gestellt, es gab keine Gegenstimme. Ein gewisser Ligus, ein Anhängsel meiner Feinde, erhob Einspruch. Meine Sache hatte sich wieder so weit erholt, daß sie gleichsam die Augen aufzuschlagen und ein Lebenszeichen von sich zu geben schien. Jeder, der bei meinem Sturz in irgendeiner Weise am Verbrechen des Clodius beteiligt war, wurde verdammt, wo er auch hinkam und sich dem Urteil der Öffentlichkeit aussetzte. Keiner fand sich, der zugab, gegen mich gestimmt zu haben. Mein Bruder hatte in tiefer Betrübnis und noch tieferem Schmerz Kleinasien verlassen. Als er vor der Stadt ankam, zog ihm die gesamte Bürgerschaft unter Tränen und Klagen entgegen. Der Senat äußerte sich freimütig, die römischen Ritter sammelten sich, Piso, mein Schwiegersohn, dem es nicht vergönnt war, für seine Zuneigung von mir oder vom römischen Volk belohnt zu werden, forderte von seinem Verwandten seinen Schwiegervater zurück. Der Senat verweigerte jeden Beschluß, bevor nicht als erstes die Konsuln über mich Bericht erstattet hätten.

69. So glaubte man des Erfolges bereits sicher zu sein, aber den Konsuln waren durch den Provinzenschacher die Hände gebunden. Als man sie von privater Seite aus im Senat um ihre Meinung in meiner Angelegenheit anging, antworteten sie, sie fürchteten sich vor dem Clodischen Gesetz[42]. Schon konnten sie ihren Widerstand nicht länger aufrechterhalten, da wurde ein Mordanschlag auf Gnaeus Pompeius unternommen. Der Anschlag wurde aufgedeckt, der Mörder mit dem Dolch festgenommen. Pompeius schloß sich daraufhin in sein Haus ein, solange mein Feind das Tribunat innehatte. Acht Tribunen veröf-

42 Es untersagte eine Rückberufung Ciceros.

fentlichten den Antrag über meine Rückkehr. Daraus war zu sehen, daß in meiner Abwesenheit die Zahl meiner Freunde nicht gewachsen war – zumal ich mich in einer Situation befand, in der selbst einige, die ich dafür hielt, sich nicht bewährten. Aber es zeigte sich auch, daß die Freunde stets dieselbe Gesinnung, aber nicht immer dasselbe Maß an Freiheit besessen hatten. Von den neun Tribunen, die früher zu mir gehalten hatten, war nur einer während meiner Abwesenheit abtrünnig geworden. Dieser hatte seinen Beinamen der Ahnenreihe der Aelier entwendet, wodurch er freilich mehr seine Zugehörigkeit zu dem Volksstamm der Ligurer als zu dem Geschlecht der Aelier zu bekunden schien[43].

70. Im neuen Jahr – die neuen Beamten waren bereits gewählt, und alle Guten erhofften von ihrer Zuverlässigkeit eine Besserung der Lage – setzte sich als erster Publius Lentulus mit allem Gewicht seiner Persönlichkeit und seiner Stimme für mich ein. Nach der Berichterstattung der acht Tribunen gab er unter dem Widerstand von Piso und Gabinius ein großartiges Votum für mich ab. Er sah wohl ein, daß es ihm größeren Ruhm und Dank für einen so großen Dienst eintragen würde, wenn die Sache unentschieden bliebe bis zum Beginn seines Konsulats, aber er wollte eine Angelegenheit von dieser Tragweite doch lieber rasch von anderen als langsam von ihm selber besorgt sehen.

71. Unterdessen reiste Publius Sestius als designierter Volkstribun in meiner Angelegenheit zu Caesar[44]. Er meinte, es sei für eine einmütige Haltung der Bürger und für das Gelingen der Sache von entscheidender Bedeutung, wenn Caesar der Unternehmung nicht ablehnend gegenüberstehe. Was er unternommen hat, wie weit er Erfolg hatte, das tut nichts zur Sache. Ich

43 Der vorher erwähnte Aelius Ligus. Die Ligurer, ein Volksstamm im westlichen Oberitalien, galten als betrügerisch und großsprecherisch.

44 Nach Gallien. Caesar gab ihm ausweichenden Bescheid; er wollte sich der allgemeinen Stimmung nicht entgegenstellen, konnte aber keinesfalls dulden, daß Cicero nach seiner Rückkehr seine, Caesars, Maßnahmen und Gesetze angriff.

glaube allerdings: Wenn Caesar, wie ich annehme, mir wohlwollend gesinnt war, hat Sestius nichts, wenn er sich ablehnend verhielt, nicht viel bei ihm erreicht. Aber es beweist doch den Einsatz und die lautere Absicht des Sestius.

Ich komme jetzt zu seinem Tribunat. Dazu war er ja schon berufen, als er im Interesse des Staates diese Reise unternahm. Das Jahr ging zu Ende, alles atmete auf; man konnte darauf hoffen, den Staat zu retten, wenn es auch noch nicht Wirklichkeit war. Unter schlimmen Vorbedeutungen und Verwünschungen verließen die zwei Aasgeier im Feldherrnmantel die Stadt[45]. Wäre ihnen selber doch nur das zugestoßen, was man ihnen damals anwünschte! Dann hätten wir weder die Provinz Makedonien und ein Heer noch in Syrien die Reiterei und die besten Kohorten eingebüßt.

72. Die Volkstribunen treten ihr Amt an; sie hatten sämtlich versprochen, zu meinen Gunsten einen Antrag zu stellen. Da kaufen meine Feinde einen, den die Leute, trotz ihrer Trauer lachend, Gracchus nannten. Es war ja das Schicksal des Staates, von einer aus ihrem Dorngestrüpp hervorgekrochenen Landmaus angenagt zu werden[46]. Der andere war ein Serranus, nicht der vom Pflug[47], sondern draußen aus dem wüsten Gemüsegarten des Gavius, von den geladenen Gaviern zu den calatinischen Atiliern versetzt. Er ließ plötzlich, als er sein Geld eingestrichen hatte, seinen Namen von dem Antrag streichen.

Es kommt der erste Januar. Ihr wißt das ja alles besser, ich rede nur vom Hörensagen: wie zahlreich der Senat versammelt,

45 Gabinius und Piso gingen als Statthalter in ihre Provinzen.

46 Der Volkstribun Numerius Quintius Rufus, der sich wohl als Nachfolger der großen Reformpolitiker, der Gracchen, fühlte. Die Bezeichnung »Landmaus« war wohl eine Anspielung auf seine bäuerliche Herkunft.

47 Vgl. *Rede für Roscius*, Abschnitt 50 und die dazugehörige Fußnote 16. Der folgende Wortwitz ist nicht sicher überliefert. Er verspottet die niedrige Herkunft des hier gemeinten Tribuns Sextus Atilius Serranus, der anscheinend von Geburt Gavius hieß und von der Familie der Atilier adoptiert worden war.

wie gespannt das Volk war, wie die Abordnungen aus ganz Italien herbeigeströmt waren, mit welcher Standhaftigkeit, Tatkraft und Würde der Konsul Lentulus auftrat. Ebenso, mit welcher Mäßigung sich sein Amtskollege[48] über mich aussprach: Er sei zwar infolge unserer entgegengesetzten politischen Haltung mit mir verfeindet, aber er wolle, sagte er, aus Rücksicht auf die Senatoren und die politische Lage davon absehen.

73. Darauf wurde zuerst Lucius Cotta[49] befragt, und seine Meinung entsprach genau den staatsrechtlichen Grundsätzen: Alle Verhandlungen gegen mich seien widerrechtlich gewesen, wider den Brauch der Vorfahren, wider die Gesetze. Niemand könne ohne gerichtliches Urteil aus dem Staat ausgewiesen werden; über Leib und Leben eines Bürgers dürfe kein Antrag gestellt, geschweige denn ein Urteil gesprochen werden außer in den Zenturiatkomitien. Offene Gewalt sei das gewesen, ein Flammenzeichen vom Zusammenbruch des Staates in einer wirren Zeit, als Recht und Gesetz aufgehoben waren. Bei dieser Gefahr eines gewaltigen Umsturzes sei ich ein wenig auf die Seite gewichen und hätte mich in der Hoffnung auf ruhige Zeiten in der Zukunft den Stürmen der Gegenwart entzogen. Da ich durch meine Abwesenheit unter nicht geringeren Gefahren als früher mit meiner Gegenwart dem Staat Rettung gebracht hätte, müsse der Senat mich nicht nur zurückberufen, sondern auch besonders auszeichnen. Er legte auch in kluger Weise ausführlich dar, dieser wahnsinnige, verbrecherische Feind aller Scham und Scheu habe bei seinem Gesetzesantrag über mich solche Ausdrücke, Begründungen und Formulierungen gebraucht, daß der Antrag, selbst wenn er formalrechtliche Gültigkeit hätte, doch nicht rechtskräftig werden könne. Da ich also durch kein gültiges Gesetz verbannt sei, brauchte ich auch durch kein Gesetz wieder in meinen vorigen Stand eingesetzt zu werden,

48 Q. Metellus Nepos war seit der Hinrichtung der Catilinarier mit Cicero verfeindet.

49 65 Konsul, hervorragender Jurist, Verfasser der *lex Aurelia* im Jahre 70 (vgl. Einleitung zum Verres-Prozeß).

sondern es genüge ein einfacher Senatsbeschluß. 74. Jeder erkannte an, daß Cotta mit vollem Recht gesprochen habe. Nach ihm wurde Gnaeus Pompeius befragt. Er war zwar voller Lob und Zustimmung für Cottas Meinung, äußerte aber doch, um meiner Ruhe willen und um mich gegen jede Art von popularer Anfeindung abzusichern, solle zu dem Senatsbeschluß noch ein Gnadenakt des römischen Volkes treten.

Alle hatten sich nun über meine Rückberufung ausgesprochen, einer immer entschiedener und ehrenvoller als der andere, eben sollte ohne Meinungsverschiedenheit abgestimmt werden, da – ihr wißt es ja – steht dieser Atilius Gavianus auf. Obwohl er gekauft war, wagte er keinen Einspruch, er forderte nur eine Nacht Bedenkzeit für sich. Laute Rufe im Senat, Klagen, Bitten, ein Fußfall des Schwiegervaters. Gavianus versichert, am nächsten Tag kein Hindernis in den Weg legen zu wollen. Man glaubt ihm, man trennt sich. Während er die liebe lange Nacht mit Überlegen zubringt, verdoppelt man seinen Lohn. Es folgten im Januar dann überhaupt nur noch wenige Tage, an denen Senatssitzungen abgehalten werden konnten, aber dennoch wurde ausschließlich über mich verhandelt.

75. Nachdem so durch alle möglichen Arten von Verzögerungen, Scheingefechten und Schikanen das Zustandekommen eines Senatsbeschlusses verhindert worden war, kam endlich der Tag, an dem meine Sache vor dem Volk verhandelt wurde, der 23. Januar. Der Antragsteller, mein alter Freund Quintus Fabricius, ergriff lange vor Tagesanbruch Besitz von der Rednerbühne. Ganz ruhig verhielt sich Sestius an diesem Tag, er, der hier wegen Gewalttätigkeit angeklagt ist. Er als Vertreter und Verteidiger meiner Sache tut keinen Schritt, er wartet die Anschläge meiner Feinde ab. Diese aber, auf deren Betreiben Publius Sestius vor Gericht steht – wie verhalten die sich? Mitten in der Nacht hatten sie Forum, Versammlungsplatz und Kurie mit Bewaffneten, größtenteils Sklaven, besetzt und unternehmen einen Angriff auf Fabricius, beginnen ein Handgemenge, töten einige, verwunden viele. 76. Als der tüchtige, beherzte Volkstribun Marcus

Cispius das Forum betritt, vertreiben sie ihn mit Gewalt und veranstalten ein gewaltiges Blutbad auf dem Forum. Alle suchen sie überall auf dem Forum mit gezückten Schwertern und blutbesudelten Händen meinen Bruder, den guten, mutigen, teuren Mann, nach ihm spähen und rufen sie. Er hätte sich in seinem Schmerz und seiner Sehnsucht nach mir gerne ihren Waffen entgegengeworfen, nicht zum Kämpfen, sondern zum Sterben, hätte er sein Leben nicht für die Hoffnung auf meine Rückkehr aufsparen wollen. Dennoch bekam er die schändliche Gewalttätigkeit dieser Verbrecherbande zu spüren. Er war gekommen, um beim römischen Volk für die Rückberufung seines Bruders zu bitten – man stieß ihn von der Rednerbühne, warf ihn auf dem Versammlungsplatz zu Boden, seine Sklaven und Freigelassenen deckten ihn mit ihren Leibern. Er mußte sein Leben damals durch die Flucht retten, weder Recht noch Gesetz, sondern die Nacht schützte ihn. 77. Ihr erinnert euch, ihr Richter, wie zu der Zeit der Tiber voll war von Leichen der Bürger, wie die Abwässergräben verstopft waren, wie das Blut auf dem Forum mit Schwämmen aufgewischt wurde. Jedem mußte dabei klar werden, daß diese große und so außerordentlich schlagfertige Truppe von keinem Privatmann oder Plebejer stamme, sie sei vielmehr von einem Patrizier und ehemaligen Praetor aufgestellt worden[50]. Weder vor diesem Zeitpunkt noch in den Stürmen dieses Tages selber könnt ihr dem Sestius etwas vorwerfen. »Aber es ist zu Gewalttätigkeiten auf dem Forum gekommen.« Ja, wann gab es größere? Daß Steine geworfen wurden, haben wir recht oft erlebt; nicht gar so oft, aber doch nur zu oft sahen wir auch Schwerter; aber ein solches Morden, solche Leichenberge – wann hat man das jemals auf dem Forum gesehen, außer etwa damals bei Cinna und Octavius[51]? Wodurch wurden die

50 Appius Claudius, der gerade Praetor war, hatte seinem zur Plebs übergetretenen Bruder, der zu der Zeit kein Amt bekleidete, also Privatmann war, eine Gladiatorentruppe zur Verfügung gestellt.

51 Eine blutige Auseinandersetzung während des Bürgerkriegs zwischen Marius und Sulla im Jahre 87.

Gemüter dermaßen erhitzt? Oft führt ja die Hartnäckigkeit oder Halsstarrigkeit eines Tribunen, der Einspruch erhebt, zu Unruhen. Oft ist es auch die Schuld und die Unredlichkeit eines Antragstellers, der der unwissenden Menge einen Vorteil oder Gewinn in Aussicht stellt, oder es liegt an der Uneinigkeit der Amtspersonen. Es beginnt ganz allmählich: Zuerst gibt es wohl ein Geschrei, dann rottet man sich auf beiden Seiten zusammen, nicht oft, erst spät und zögernd kommt es auch zum Handgemenge. Aber wer hat schon einmal von einem Auflauf mitten in der Nacht gehört, ohne daß überhaupt etwas gesprochen, eine Versammlung eröffnet, ein Gesetz beantragt worden wäre? 78. Oder ist das überhaupt glaubhaft, daß ein römischer Bürger oder irgendein freier Mann vor Tagesanbruch mit dem Schwert aufs Forum kommt, um einen Gesetzesantrag zu meinen Gunsten zu vereiteln – außer es handelt sich dabei um die Leute, die dieser Unheilsbringer, dieser Verbrecher schon längst mit dem Herzblut des Staates mästet?

An den Ankläger selbst, der den Vorwurf erhebt, Publius Sestius habe während seines Tribunats eine zahlreiche und wohlausgerüstete Schutztruppe bei sich gehabt, richte ich hier die Frage: War das an diesem Tag der Fall? Mit Sicherheit nicht. Die Sache des Staates wurde besiegt, aber nicht durch Auspizien, durch Einspruch, durch Abstimmung, sondern durch Gewalt, durch Tätlichkeiten, durch Einsatz von Waffen. Denn hätte der Praetor, der erklärte, den Himmel beobachtet zu haben, gegen Fabricius Einspruch erhoben[52], dann hätte er damit dem Staat eine Wunde beigebracht, aber diese wäre zu verschmerzen gewesen. Hätte ein Amtskollege gegen Fabricius sein Veto eingelegt, so hätte er damit dem Staat einen Schaden zugefügt, aber dies wäre auf Grund tribunizischen Rechtes geschehen. Du aber läßt neuangeworbene Gladiatoren, angeblich für die in Aussicht stehende Aedilität bestimmt, zusammen mit Mördern aus den

52 Appius Claudius; sein Einspruch auf Grund der *lex Aelia* (vgl. Fußnote 21) wäre verfassungsmäßig gewesen.

Kerkern auf uns los? Du stößt Amtspersonen von der Rednerbühne herab, richtest ein unermeßliches Blutbad an, besetzest das Forum? Und nachdem du das alles mit Waffengewalt durchgesetzt hast, klagst du denjenigen an, der sich mit einer Leibwache umgeben hat, nicht um dich zu bekämpfen, sondern um sein Leben retten zu können!

79. Aber nicht einmal von diesem Zeitpunkt an dachte Sestius daran, sich aus seinen Anhängern eine Schutztruppe zu bilden, um als Amtsperson auf dem Forum sicher zu sein und seine Amtsgeschäfte in Ruhe durchführen zu können. Im Vertrauen auf die Unverletzlichkeit des Tribunenamtes, in der Überzeugung, daß er durch die heiligen Gesetze nicht nur gegen Tätlichkeiten und Waffengewalt, sondern sogar gegen Zurufe und Unterbrechungen geschützt sei, kam er in den Castortempel und legte durch die Meldung ungünstiger Vorzeichen beim Konsul sein Veto ein. Da stürmte plötzlich die Clodiusbande, schon früher oft siegreich im Niedermetzeln der Mitbürger, mit Geschrei auf ihn los. Mit Schwertern, abgerissenen Schranken und Knüppeln fallen sie über den unbewaffneten und völlig überraschten Tribunen her. Mit zahlreichen Wunden bedeckt, aller Kräfte beraubt, niedergehauen, fiel er bewußtlos zu Boden. Er entging nur dadurch dem Tode, daß man ihn schon für tot hielt. Als sie ihn so daliegen sahen, zusammengeschlagen, mit Wunden bedeckt, in den letzten Zügen liegend und völlig am Ende, da ließen sie schließlich, mehr aus Ermattung und irriger Überzeugung als aus Mitleid oder Mäßigung, von ihm ab. 80. Und Sestius wird wegen Gewalttätigkeit angeklagt? Warum? Weil er noch lebt? Dafür kann er freilich gar nichts; es fehlte nur noch der endgültige Todesstreich, dann hätte er seinen letzten Atemzug getan. Klage also den Lentidius an, er hat die richtige Stelle nicht getroffen, schimpfe auf Titius, den Sabiner aus Reate[53], daß er so voreilig Sestius' Tod verkündet hat! Warum klagst du Sestius an? Hat er sich den Schwertern

53 Bandenführer des Clodius.

entzogen? Hat er Widerstand geleistet? Hat er nicht, wie man es von den Gladiatoren verlangt, dem Eisen die Brust geboten?

Oder ist das Gewalttätigkeit, wenn einer nicht sterben kann? Oder daß er als Volkstribun einen Tempel mit seinem Blut befleckt hat? Oder daß er sich nicht sofort zurückbringen ließ, als er wieder zur Besinnung kam? Wo ist da ein Verbrechen? Wessen klagt ihr ihn an? 81. Das frage ich euch, ihr Richter: Hätte an diesem Tag die clodische Sippschaft ihr Ziel erreicht, wäre Publius Sestius, den man für tot liegen ließ, wirklich getötet worden, hättet ihr dann zu den Waffen gegriffen? Hättet ihr euch dann zu der tapferen Haltung eurer Vorfahren aufgeschwungen? Hättet ihr dann endlich den Staat vor dem Räuber und Unheilsbringer gerettet? Oder hättet ihr auch dann noch ruhig dagesessen und ängstlich hin und her überlegt, während vor euren Augen der Staat von Verbrecher- und Mörderbanden und von Sklaven angefallen und mit Füßen getreten wurde?

Seinen Tod hättet ihr gerächt, wenn ihr frei und im Besitz des Staates zu bleiben gedachtet – nun lebt er noch, und da glaubt ihr unschlüssig sein zu müssen, was ihr über seine Verdienste sagen, beschließen, denken, urteilen müßt? 82. Die Hochverräter, deren entfesselte Raserei durch die langdauernde Straflosigkeit immer neue Nahrung erhielt, hatten doch schon selber einen Mordsschrecken vor ihrem eigenen Verbrechen bekommen. Sie dachten daher daran, ihren Gracchus umzubringen, um die Schuld auf uns zu wälzen, wenn man Sestius nur ein bißchen länger für tot gehalten hätte. Das pfiffige Bäuerchen merkte – die Elenden konnten den Mund nicht halten –, man verlangt sein Blut, um die durch die Untat des Clodius verursachte Feindseligkeit im Keim zu ersticken. Er griff sich den Kittel eines Maultiertreibers, ein Aufzug, in dem er zuerst nach Rom in die Volksversammlung gekommen war, und dazu stülpte er sich einen Schnitterkorb über. Während die einen nach einem Numerius, die anderen nach einem Quintus suchten, rettete ihm dieser Irrtum mit dem Doppelnamen das Leben. Ihr wißt ja alle, daß er in Lebensgefahr schwebte, bis sich herausstellte, daß

Sestius noch am Leben war. Wäre das nicht ein wenig eher herausgekommen, als mir lieb war, dann hätten die anderen zwar nicht durch die Ermordung eines bezahlten Anhängers den Haß auf die abschieben können, denen sie ihn zugedacht hatten. Aber sie hätten wenigstens die Schmach eines empörenden Verbrechens durch eine gewissermaßen wünschenswerte Tat gemindert. 83. Hätte Publius Sestius damals im Castortempel sein Leben ausgehaucht, das er nur mit Mühe rettete, so gibt es für mich keinen Zweifel, ihr Richter: Hätte es noch einen Senat im Staat gegeben, wäre die Größe des römischen Volkes zu neuem Leben erwacht, so hätte man ihm als einem im Kampf für den Staat Gefallenen einst ein Denkmal auf dem Forum gesetzt. Keiner dieser toten Helden, deren Statuen ihr hier und auf der Rednerbühne von unseren Vorfahren aufgestellt seht, verdiente einen Vorzug vor Publius Sestius, weder was seine grausame Todesart noch seine patriotische Haltung angeht. Als er sich für einen unglücklichen Mitbürger einsetzte, für einen Freund, einen um den Staat verdienten Mann, für den Senat, ganz Italien, den Staat, als er im Einklang mit den Auspizien und in Ausübung religiöser Bräuche von seinem Einspruchsrecht auf Grund ungünstiger Vorzeichen Gebrauch machte – wäre er doch da am hellichten Tag, im Angesicht der Götter und Menschen von den Verbrechern getötet worden: im heiligen Tempel, bei der Ausübung einer frommen Handlung, in einem geheiligten Amt! Und da meint noch jemand, man müsse einen Mann bei Lebzeiten seiner verdienten Auszeichnungen berauben, dem ihr im Falle seines Todes zu ewigem Ruhm ein Denkmal zuerkannt hättet?

84. »Du hast Leute gekauft, angeworben, ausgerüstet«, sagt der Ankläger. Aber wozu? Etwa um den Senat zu besetzen? Um Bürger ohne Urteilsspruch zu vertreiben? Ihre Güter zu plündern? Ihre Häuser in Brand zu stecken? Ihre Gebäude niederzureißen? Die Tempel der unsterblichen Götter in Flammen zu setzen? Volkstribunen mit Waffengewalt von der Rednerbühne zu vertreiben? Um beliebige Provinzen an Leute nach Belieben

zu verschachern? Um Könige zu ernennen? Um todeswürdige Verbrecher durch unsere Bevollmächtigten in freie Staaten zurückzuführen? Den ersten Mann des Staates unter Waffengewalt in Gewahrsam zu halten? Um das durchzusetzen, was ohne einen bewaffneten Staatsstreich nicht gelingen konnte – dazu hat, glaube ich, Publius Sestius seine Scharen und Trupps ausgerüstet!

»Aber die Zeit war noch nicht reif dafür, die Umstände noch nicht so zwingend, daß sich die Guten mit Schutztruppen umgeben mußten.« Ich war vertrieben worden, zwar nicht allein durch diese Banden, aber doch mit ihrer Hilfe: Ihr verharrtet in schweigender Trauer. 85. Das Forum war im vergangenen Jahr eingenommen worden, der Castortempel wie eine Burg von entlaufenen Sklaven besetzt: Man rührte sich nicht. Ein Haufe von in Elend und Verwegenheit verkommenen Leuten beherrschte mit Geschrei, Zusammenrottungen, Gewalt und Tätlichkeiten alles: Ihr nahmt es hin. Amtspersonen wurden von der Rednerbühne gestoßen, anderen wurde der Zugang zum Forum völlig unmöglich gemacht: Keiner dachte an Gegenwehr. Gladiatoren aus dem Gefolge eines Praetors wurden ergriffen, vor den Senat gebracht, überführt, in Ketten gelegt von Milo, von Serranus wieder freigelassen: Kein Wort wurde darüber verloren. Ein nächtliches Blutbad bedeckte das Forum mit den Leichen römischer Bürger: Es wird keine eigene Untersuchung angestellt, ja man hebt sogar die bestehenden Gerichtshöfe auf. Vor euren Augen lag ein Volkstribun mit mehr als zwanzig Wunden bedeckt am Boden und rang mit dem Tode. Ein anderer Volkstribun[54], ein großartiger Mann – ich sage, was ich und mit mir alle denken – von einem so einzigartigen, ungewöhnlichen und unvergleichlichen Format, einer Charakterfestigkeit und einem Verantwortungsgefühl ohnegleichen – dieser Mann

54 Titus Annius Milo, den Cicero später in einer Rede wegen des Mordes an Clodius verteidigte. Er war zur selben Zeit wie Sestius von Clodius *de vi*, wegen Gewalttätigkeiten, angeklagt worden; das Verfahren wurde eingestellt. Milo war 57 zusammen mit Sestius Volkstribun.

wurde in seinem Hause von der Clodiustruppe mit Feuer und Schwert belagert.

86. Du lobst bei dieser Gelegenheit den Milo, und du lobst ihn mit Recht. Haben wir je einen Mann mit solch unsterblichen Verdiensten gesehen? Ohne Aussicht auf einen anderen Lohn als den, der schon längst der Abnutzung und Mißachtung anheimgefallen ist, nämlich das Urteil der Guten, hat er Gefahren aller Art, Mühen höchsten Ausmaßes, die bittersten Kämpfe und Feindschaften auf sich genommen. Er scheint mir als einziger von allen Mitbürgern durch die Tat, nicht mit Worten, gezeigt zu haben, was Pflicht und Notwendigkeit im Staatsleben von den führenden Männern verlangen: Die Pflicht fordert, bedenkenlosen Verbrechern, die den Staat vernichten wollen, mit allen gesetzlichen und gerichtlichen Mitteln entgegenzutreten. Wenn die gesetzlichen Mittel erschöpft, die Gerichte ohnmächtig sind, wenn der Staat von den Verbrechern im Belagerungszustand gehalten wird, dann verlangt es die Notwendigkeit, mit einer Schutztruppe Leben und Freiheit zu verteidigen. Dies einzusehen zeugt von Einsicht, so zu handeln von Tapferkeit; beides, so zu denken und auch danach zu handeln, ist das höchste und größte Verdienst.

87. Der Volkstribun Milo stellte sich dem Staat zur Verfügung – ich will über sein ruhmwürdiges Verhalten etwas ausführlicher sprechen, nicht als ob er selbst lieber laut gelobt als im stillen anerkannt würde oder als ob es mir lieb wäre, ihn so ins Gesicht zu loben, zumal ich das mit Worten doch nicht ausreichend tun könnte. Nein, es geht mir vielmehr um folgendes: Überzeuge ich euch davon, daß Milo, den ja sogar der Ankläger ausdrücklich lobt, mit Recht gehandelt hat, so werdet ihr zu der Überzeugung kommen müssen, daß ihr über Sestius und seine Anklage ebenso urteilen müßt.

Titus Annius stellte sich also dem Staat zur Verfügung; er wollte dem Vaterland einen ihm entrissenen Bürger zurückgeben. Es war eine ganz einfache Sache, ein festumrissener Plan, alle waren einverstanden, alle einig. Seine Kollegen standen auf seiner Seite, von den Konsuln setzte sich der eine mit aller Entschiedenheit dafür ein, der andere war so gut wie einverstanden damit. Von den Praetoren war ein einziger dagegen, der Senat in höchstem Maße dafür, die römischen Ritter waren Feuer und Flamme, Italien voll gespannter Erwartung. Nur zwei hatten sich kaufen lassen, um Schwierigkeiten zu machen. Falls den elenden, verächtlichen Kerlen ihr schwieriges Unternehmen nicht gelang, konnte Milo ohne Mühe sein Ziel erreichen. So ging er denn vor mit seinem ganzen Einfluß, mit kluger Überlegung, mit der Unterstützung des höchsten Standes gemäß dem Vorbild echt staatsbürgerlichen Verhaltens. Er stellte die sorgfältigsten Überlegungen an, was die Würde des Staates und seine eigene erfordere, was er sich selber, seinen Zukunftsaussichten und schließlich seinen Vorfahren schuldig sei.

88. Dieser festen Haltung des Mannes konnte sich der Fechtbruder nicht gewachsen fühlen, solange alles auf gesetzlichem Wege vor sich ging. Deshalb griff er mit seiner Truppe wieder zu Feuer und Schwert, wandte sich täglichem Gemetzel, Brandschatzung und Plünderung zu. Milos Haus begann er zu belagern, fing an, ihm unterwegs aufzulauern, ihn durch Gewaltakte zu reizen, und suchte ihn in Schrecken zu versetzen. Auf Milos Festigkeit und Entschlossenheit machte dies keinen Eindruck. Zwar fühlte sich der tapfere Mann von seinem schmerzlichen Unwillen, seinem angeborenen Freiheitsgefühl und seinem entschlossenen, tatkräftigen Sinn dazu gedrängt, der Gewalt mit Gewalt zu begegnen, je öfter er ihr ausgesetzt war, und zurückzuschlagen. Aber seine Mäßigung und Besonnenheit waren so groß, daß er seinen Groll bezwang und nicht Gleiches mit Gleichem vergalt. Er versuchte vielmehr, den Kerl, der schon so oft auf den Trümmern des Staates gleichsam in triumphierender Siegesfreude getanzt hatte, in den Maschen des Gesetzes zu fangen. Er beschritt den Weg der Anklage. 89. Wer hat das jemals so ausschließlich im Interesse des Staates getan, ohne persönliche Feindschaft, ohne eine lohnende Aussicht, ohne daß es jemand von ihm forderte oder auch nur daran dachte, er würde es

je tun? Das war ein Schlag für den Burschen! Bei einem solchen Ankläger konnte er schwerlich auf die Wiederholung des schmachvollen Richterspruchs von damals hoffen[55]. Aber da treten auf einmal Konsul, Praetor und Volkstribunen mit ganz neuartigen Verordnungen auf: »Kein Angeklagter soll verhört, vor Gericht gefordert werden, keine Untersuchung soll angestellt, keine Richter, keine Gerichtshöfe sollen ernannt werden!« Was sollte der Mann da tun, der geboren war für Tapferkeit, Ehre und Ruhm, als die Gewalttätigkeit der Verbrecher um sich griff, aber Recht und Gesetz aufgehoben waren? Sollte er, der Volkstribun, einem Privatmann, er, der Treffliche, dem Verworfenen seinen Nacken darbieten? Oder die übernommene Aufgabe preisgeben? Oder sich in sein Haus einschließen? Er hielt es für eine Schande, sich besiegen und einschüchtern zu lassen und sich heimlich aus dem Staube zu machen. Da es ihm unmöglich war, Clodius auf gesetzlichem Wege beizukommen, traf er Maßnahmen, um fernerhin dessen Gewalttätigkeiten weder für seine Person noch für den Staat fürchten zu müssen.

90. Wie kannst du also Sestius anklagen, sich auf diese Weise einen Schutz verschafft zu haben, wenn du dasselbe bei Milo lobst? Oder darf sich nur der zu Recht nach einem Schutz umsehen, der sein Haus verteidigt, der Feuer und Schwert von seinem Altar und Herd fernhält, der auf dem Forum, im Tempel, in der Kurie in Sicherheit sein will? Und wer durch den täglichen Anblick der Wunden an seinem ganzen Körper daran gemahnt wird, Kopf und Hals, Kehle und Brust auf irgendeine Weise zu schützen, der muß wegen Gewalttätigkeiten angeklagt werden?

55 Clodius hatte sich als Harfenspielerin verkleidet in eine den Frauen vorbehaltene Kultfeier der Bona Dea, einer Muttergottheit, eingeschlichen, um die Gattin Caesars zu treffen. Er wurde entdeckt und wegen Religionsfrevels vor Gericht gestellt (61). Trotz offensichtlicher Schuldbeweise wurde er mit Caesars und Crassus' Hilfe freigesprochen. Cicero hatte sich geweigert, ihm durch Meineid ein Alibi zu verschaffen, und dies war vermutlich der Grund für den Haß des Clodius auf Cicero.

91. Jeder von uns, ihr Richter, weiß doch, daß im Naturzustand einst die Menschen ohne Natur- und Staatsrecht zerstreut und einzeln umherschweifend auf den Feldern lebten und nur so viel besaßen, wie sie durch das Faustrecht unter Mord und Blutvergießen an sich raffen oder behaupten konnten. Dann traten zuerst Männer auf, die sich durch tüchtiges Planen und Handeln auszeichneten. Diese erkannten die Bildungsfähigkeit des Menschengeschlechtes und seine Begabung. Sie vereinten die zerstreut Lebenden an einem Ort und führten sie aus tierischer Wildheit zu Recht und Gesetz sowie zivilisiertem Verhalten. Dann folgte die Ordnung der Verhältnisse nach dem Nutzen der Allgemeinheit, was wir das Gemeinwesen nennen, dann das Zusammenleben von Menschen, das wir Staat nennen, sowie gemeinschaftliches Siedeln, das als Stadt bezeichnet wird. Dies alles wurde durch das neugefundene göttliche und menschliche Recht wie mit einer Mauer umgeben. 92. Zwischen unserer zivilisierten Gesellschaft und jenem tierischen Urzustand gibt es aber keinen größeren Gegensatz als den zwischen Recht und Gewalt. Das eine lehnen wir ab, also müssen wir uns des anderen bedienen. Die Gewalt wollen wir beseitigen, also muß das Recht gelten, das heißt das Gerichtswesen, das die Grundvoraussetzung für das Gelten des Rechts bildet. Finden die Gerichte keine Achtung oder sind sie aufgehoben, dann muß die Gewalt herrschen. Das sieht jeder ein. Auch Milo sah es ein und handelte danach: Er wollte die Gerichte anrufen und die Gewalt in ihre Schranken weisen. Des Rechtes wollte er sich bedienen, damit die Redlichkeit die Frechheit besiegt. Die Gewalt mußte er brauchen, damit die Redlichkeit nicht von der Frechheit unterjocht würde. Dieselbe Überlegung nahm sich Sestius zur Richtschnur. Die Gerichte hat er zwar nicht angerufen – es müssen ja nicht alle denselben Weg einschlagen –, aber es bestand für ihn ohne Zweifel dieselbe Notwendigkeit, sein Leben zu schützen und sich zur Abwehr von Gewalt und Tätlichkeiten mit einer Schutzwache zu umgeben.

93. O ihr unsterblichen Götter! Was für einen Ausweg zeigt

ihr uns aus alledem? Welche Hoffnung gebt ihr uns noch für den Staat? Wird sich überhaupt noch ein Mann finden von solcher Entschlossenheit, der sich für das Staatswohl einsetzt, sich den staatstreu Gesinnten zur Verfügung stellt, echte, lautere Ehre sucht – wenn er das sieht: Von den beiden Totengräbern des Staates, Gabinius und Piso, schleppt der eine aus den Schatzkammern des friedlichen, reichen Syrien Tag für Tag riesige Massen Goldes heran, führt Krieg mit friedfertigen Völkern, um deren alten, bis jetzt unangetasteten Reichtum seiner unersättlichen Gier in den Rachen zu werfen. Eine Villa von derartigen Ausmaßen baut er hier vor aller Augen, daß dagegen das Haus ein Schuppen ist, das er als Volkstribun einst in seinen Reden schilderte, um dadurch selber als reiner und uneigennütziger Mensch dazustehen und einen tapferen, trefflichen Bürger dem Neid auszusetzen[56]. 94. Der andere, Piso, hat zuerst von den Thrakern und Dardanern den Frieden um schweres Geld erkauft, dann, damit sie zu dem Geld kämen, hat er ihnen Makedonien zum Heimsuchen und Plündern freigegeben. Derselbe Mann hat die Güter von Gläubigern, römischen Bürgern, mit ihren griechischen Schuldnern geteilt, riesige Geldsummen von den Bewohnern von Dyrrhachium erpreßt, die Thessalier ausgeplündert, den Achäern eine bestimmte Summe jährlich auferlegt, und trotz alledem hat er nirgendwo an einem öffentlichen Platz oder einem heiligen Ort eine Statue, ein Gemälde oder sonst eine Kostbarkeit übriggelassen.

Diese beiden treten so jedes Recht mit Füßen, die mit größtem Recht die härteste Strafe verdient hätten, aber angeklagt sind die zwei, die ihr hier seht. Numerius, Serranus, Aelius will ich beiseite lassen, das Strandgut der clodischen Revolte, aber auch die laufen sogar jetzt noch frei herum, wie ihr seht. Und solange ihr für euch fürchtet, werden sie nichts für sich zu fürchten haben.

56 Das luxuriöse Haus des Lucullus. Gabinius hatte als Tribun 67 den Feldherrn im Mithridatischen Krieg, Lucius Lucullus, angegriffen, und zwar auf Anstiften des Pompeius, der selber das Kommando in diesem Krieg übernehmen wollte und es 66 auch erhielt.

95. Was soll ich aber über den Aedil sagen, der selber Milo vor Gericht gestellt und wegen Gewalttätigkeiten angeklagt hat[57]? Milo wird zwar durch kein Unrecht jemals dazu gebracht werden, zu bereuen, mit solcher Tapferkeit und Entschlossenheit für den Staat eingetreten zu sein. Aber welchen Eindruck wird das auf die jungen Leute machen, die das miterleben? Der eine, der öffentliche Denkmäler, heilige Tempel, die Häuser seiner Feinde bestürmt, zerstört und niedergebrannt hat, ist immer dicht umdrängt von Meuchelmördern, gedeckt durch Bewaffnete und gesichert durch ein Netz von Spionen. Er besitzt heute noch Banditen in rauhen Mengen und hat sogar einen Trupp auswärtiger Verbrecher aufgewiegelt. Er hat an Mord und Totschlag gewöhnte Sklaven gekauft und während seines Tribunats sämtliche eingekerkerten Verbrecher auf das Forum losgelassen. Aber der Mann läuft als Aedil frei herum und klagt denjenigen an, der seinem Toben und Auftrumpfen wenigstens einigermaßen Widerstand geleistet hat. Dieser hier jedoch, der sich nur soweit mit Schutz versehen hat, um als Privatmann die Götter seines heimischen Herdes und in seinem Amt die Rechte des Tribunats und die Auspizien zu verteidigen, der ist einem Senatsbeschluß zufolge daran gehindert worden, seinem schändlichen Ankläger auf maßvolle Weise zu begegnen und ihn vor Gericht zu bringen.

96. Da komme ich nun freilich zu der Frage, die du während der Anklage eigens an mich gestellt hast[58]: Was denn das wäre, unsere Optimatensippe? Das waren nämlich deine Worte. Damit berührst du ein Thema, das für die Jugend ebenso lehrreich wie für mich leicht zu behandeln ist. Ich will deshalb einiges darüber sagen, ihr Richter, und meine Worte werden nicht im Widerspruch stehen zu den Interessen der Zuhörer noch zu eurer Aufgabe oder dem Fall des Publius Sestius selber.

Zwei Wege politischen Handelns hat es in unserem Staat im-

57 Clodius, der 57 Aedil war.
58 Angeredet ist der Ankläger Vatinius.

mer gegeben für die, die sich politisch betätigen und eine führende Rolle spielen wollten: Die einen wollten als Popularen angesehen werden und es auch wirklich sein, die anderen als Optimaten. Diejenigen, die ihr Reden und Handeln nach der Gunst der Masse ausrichteten, hielt man für Popularen, die aber die Zustimmung der besten Männer zur Richtschnur ihres Handelns wählten, die nannte man Optimaten[59].

97. Wer sind nun diese Besten? Fragt man nach ihrer Zahl: Es sind unzählige, sonst könnten wir uns ja auch gar nicht halten. Es sind die Häupter des Staatsrates, es sind deren Anhänger, es sind Mitglieder der oberen Stände, denen der Zugang zum Senat offensteht, es sind römische Bürger aus den Landstädten und Bauern, es sind Geschäftsleute, ja sogar Freigelassene sind Optimaten. Der Zahl nach ist diese Gruppe wie gesagt weit verbreitet und breit gestreut, aber das Charakteristische der Gesamtheit läßt sich, um jeden Irrtum auszuschließen, leicht beschreiben und umgrenzen.

Optimaten sind alle, die weder Verbrecher noch von Haus aus schlecht sind, blindwütig oder durch zerrüttete Verhältnisse behindert. Also die sind es, die du eine Sippschaft nennst: die Unbescholtenen, die Vernünftigen, die in geordneten Verhältnissen leben. Diejenigen, die deren Gesinnung, Interessen und Prinzipien in der Politik vertreten, gelten als die Schutzherren der Optimaten, als die bedeutendsten Optimaten, die angesehensten Bürger und die ersten Männer im Staat. 98. Welches ist nun das Ziel dieser Staatslenker, das sie im Auge haben und nach

59 Von *optimus*, der Beste. Die Bezeichnungen demokratische bzw. aristokratische Partei sind hier vermieden, da sie von heutigen Vorstellungen ausgehen. Parteien im modernen Sinne gab es nicht, lediglich politische Interessengemeinschaften. Optimatisch läßt sich im weiteren Sinne als aristokratisch verstehen, doch wie weit popular vom heutigen Begriff demokratisch entfernt ist, mag die Tatsache erhellen, daß der nach Alleinherrschaft strebende Caesar populare Politik betrieb. Je nachdem ob sich ein Politiker zur Durchführung seiner Pläne mehr auf den Senat oder auf die Volksversammlung stützte, nannte man seine Politik optimatisch oder popular.

dem sie ihren Kurs ausrichten müssen? Das, was das Beste und Wünschenswerteste für alle vernünftigen, guten und wohlhabenden Bürger ist: Ruhe bei Wahrung des Ansehens[60]. Wer dieses Ziel im Auge hat, gilt als Optimat; wer es verwirklicht, als Mann von höchstem Rang und als Erhalter des Staates. Das Streben nach Ansehen darf ja einerseits nicht dazu verleiten, die Ruhe zu gefährden, andererseits darf man sich keiner Ruhe in die Arme werfen, die mit der Wahrung des Ansehens unvereinbar ist. Grundlagen und Organe dieser Vereinigung von Ruhe und Ehre, die von den führenden Politikern geschützt und sogar unter Lebensgefahr verteidigt werden müssen, sind diese: die religiösen Einrichtungen, die Auspizien, die Machtbefugnis der Beamten, die Autorität des Senats, Gesetz und Herkommen, Rechtsprechung und Gesetzgebung, Treu und Glauben, Provinzen und Bundesgenossen, das Ansehen der Militärgewalt, Kriegs- und Finanzwesen.

99. Als Schützer und Verteidiger von Institutionen solcher Anzahl und Bedeutung aufzutreten erfordert in hohem Maße Mut, außerordentliche Fähigkeiten und große Beharrlichkeit. Denn unter so vielen Bürgern gibt es natürlich auch eine große Menge von Leuten, die entweder aus Furcht vor Strafe im Bewußtsein ihrer Schuld auf Revolution und Umsturz sinnen. Oder es gibt welche, die sich aus einer Art angeborener Tollheit an Bürgerzwist und Aufruhr weiden, oder die ihrer zerrütteten Verhältnisse wegen lieber in einem allgemeinen Weltenbrand als für sich allein untergehen wollen[61]. Haben solche Leute Anstifter und Führer gefunden für ihre verbrecherischen Bestrebungen, dann gehen die Wogen des politischen Kampfes hoch. Die Männer am Steuerruder des Staates müssen dann auf der Hut sein und all ihr Können und ihre Umsicht aufwenden, um die

60 *Cum dignitate otium* als Ziel politischer Tätigkeit nennt Cicero ähnlich auch im Lentulusbrief *Ad fam.* I 10, 21, der als politischer Rechenschaftsbericht im Zusammenhang mit der Sestius-Rede Beachtung verdient. Ferner in *De oratore* I 1 und *Brutus* 8.

61 Reminiszenz an die Catilinarier, vgl. *Catilinarische Reden* IV 14.

vorher erwähnten Grundlagen und Organe zu erhalten und mit sicherem Kurs den Hafen von Ruhe und Ansehen zu erreichen. 100. Ich kann nicht leugnen, ihr Richter, daß dieser Pfad rauh, steil und voller Gefahren und Fallstricke ist. Ich selber war mir darüber ja nicht nur immer im klaren, ich habe es auch mehr als alle anderen zu spüren bekommen.

Denn für den Angriff auf den Staat stehen wirksamere Waffen zur Verfügung als zu seiner Verteidigung. Bedenkenlose Leute nämlich, die nichts zu verlieren haben, lassen sich durch einen bloßen Wink auf die Beine bringen und sind schon von sich aus aufsässig gegen die staatliche Ordnung. Die Guten aber – Gott weiß, warum! – sind zu träge, sie beachten die Anfänge einer Entwicklung nicht und werden erst in der äußersten Notlage aufgerüttelt. Während sie so ihre Ruhe auch ohne Ansehen behalten wollen, verlieren sie durch ihr Zögern und ihre Trägheit nicht selten beides.

101. Von denen, die sich als Vorkämpfer des Staates betrachten, fallen dann noch die Charakterschwachen ab; die Ängstlichen machen sich aus dem Staube. Nur die bleiben übrig und nehmen um des Staates willen alles auf sich, die so sind wie dein Vater, Marcus Scaurus, der von Gaius Gracchus bis hin zu Quintus Varius allen Revolutionären entgegengetreten ist, dessen Haltung niemals durch Gewalt, Drohungen oder Anfeindungen ins Wanken gebracht wurde. Oder wie Quintus Metellus, der Onkel deiner Mutter, der als Zensor den erfolgreichen popularen Politiker Lucius Saturninus rügte und dem falschen Gracchus trotz der Wut der aufgehetzten Menge die Aufnahme in die Bürgerliste verweigerte. Jenes Gesetz, das er für unrechtmäßig hielt, hat er als einziger nicht beschworen, er wollte lieber das Vaterland als seine Meinung aufgeben. Oder – um die alten Beispiele, reich an Zahl wie an Ruhm, beiseite zu lassen und doch auch keinen Lebenden zu nennen – wie kürzlich Quintus Catulus, den niemals der stürmische Wind der Gefahr oder der sanfte Hauch der Ehre mit Hoffnung oder Furcht von seinem Kurs abbringen konnte[62].

102. Das müßt ihr nachahmen, bei den unsterblichen Göttern, die ihr nach Ansehen, Lob und Ruhm strebt! Das ist groß, göttlich, unsterblich, das preist die Mitwelt, das wird in historischen Dokumenten festgehalten, das wird der Nachwelt überliefert.

Es bringt Mühe, ich leugne es nicht, große Gefahren, zugegeben, und es ist nur zu wahr, daß, wie es heißt, »Hinterlist den Guten droht«. Aber weiter steht da:

»Töricht ist's, was allbeneidet, allbegehrt ist, das für sich
Zu verlangen, setzt man nicht die höchste Müh' und Arbeit dran.«

Hätte der Dichter nur nicht an einer anderen Stelle den Ausspruch getan, den schlechte Bürger so gern im Munde führen: »Sollen sie hassen, wenn sie nur fürchten!«[63], denn er hatte das andere ja der Jugend als gute Lehre gegeben.

103. Aber dennoch war dieser Weg politischer Tätigkeit früher weit gefährlicher, als in vielen Dingen noch die Bestrebungen der Masse und das Interesse des Volkes nicht mit dem Gemeinwohl im Einklang waren. Lucius Cassius beantragte die geheime Abstimmung mit Stimmtäfelchen. Das Volk sah darin eine Garantie für seine Freiheit, aber die führenden Staatsmänner waren anderer Meinung. Um der Sicherheit der Optimaten willen fürchteten sie die blinde Leidenschaft der Masse und die Ungebundenheit der geheimen Abstimmung. Tiberius Gracchus beantragte ein Landverteilungsgesetz. Es gefiel dem Volk;

62 Marcus Aemilius Scaurus, Konsul 115 v. Chr., mit dem Ehrentitel *princeps senatus*, erster Mann des Senats, entschiedener Vertreter der Senatspolitik, wandte sich gegen den Volkstribunen L. Appuleius Saturninus, der seine Reformpläne mit Gewalt durchsetzen wollte. Scaurus wurde unterstützt von Q. Metellus Numidicus, vgl. Fußnote 24. Dieser trat gegen Lucius Equitius auf, der vorgab, ein Sohn des Tiberius Gracchus zu sein.

63 *Oderint, dum metuant*, wie das vorhergehende Zitat aus dem *Atreus*, einer Tragödie des Accius (170-um 94 v. Chr.). Es wurde durch den Kaiser Caligula (12-41 n. Chr.) zum geflügelten Wort (überliefert bei Sueton, *Caligula* 30).

man glaubte, dadurch würden die Vermögensverhältnisse der ärmeren Schichten verbessert. Die Optimaten stemmten sich dagegen, sie sahen in dem Gesetz eine Quelle der Zwietracht und meinten, der Staat verliere seine Vorkämpfer, wenn die Reichen ihrer ererbten Besitzungen beraubt würden. Gaius Gracchus beantragte ein Getreidezuteilungsgesetz. Das war dem Volk höchst erfreulich, man bekam reichlich zu essen, ohne zu arbeiten. Die Guten kämpften dagegen an, sie glaubten, das Volk werde vom Fleiß zum Nichtstun gebracht, und außerdem war es ihnen klar, daß der Staatsschatz dadurch erschöpft würde.

104. So hat es auch zu unseren Zeiten auf diesem Feld manches gegeben – ich übergehe es absichtlich –, wobei die Volksleidenschaft mit der Überlegung der führenden Politiker im Streit lag. Jetzt endlich gibt es keine Streitpunkte mehr zwischen dem Volk und seinen erwählten Führern: Es stellt keine ungestümen Forderungen, ist nicht begierig auf Neuerungen und freut sich an seiner Ruhe, am Ansehen der Besten und am Ruhm des ganzen Staates. Die Aufwiegler und Unruhestifter können daher das römische Volk durch keinerlei Bestechungen mehr aufhetzen, denn nach schweren Kämpfen und Unruhen will das Volk seine Ruhe genießen. So müssen die Aufrührer bezahlte Volksversammlungen abhalten. Sie sind nicht bestrebt, ihre Reden und Anträge nach dem Willen der Versammelten auszurichten, sondern durch Bezahlung und Belohnung bringen sie es dahin, daß es so aussieht, als höre man sie gern. 105. Glaubt ihr etwa, die Gracchen, Saturninus oder einer der früheren popularen Politiker hätten auch nur einen gekauften Mann in ihren Volksversammlungen gehabt? Kein einziger von ihnen, denn die Zugeständnisse selber und die Aussicht auf den vor Augen gestellten Gewinn brachten die Massen auch ohne Bestechungsgelder in Bewegung. Daher erregten die Popularen damals bei den ordentlichen und ehrbaren Leuten Anstoß, aber beim Volk fanden sie allgemein Anerkennung und Auszeichnung. Sie erhielten Applaus im Theater, bei den Abstimmungen setzten sie durch,

was sie wollten, Namen, Gesicht und Haltung, alles liebte man an ihnen. Wer sich diesen Leuten widersetzte, galt als bedeutende Persönlichkeit und hatte im Senat großen, bei den Guten sehr großen Einfluß. Bei der Masse aber waren sie nicht beliebt. Bei den Abstimmungen erlitten sie oft Niederlagen, ja wenn einer von ihnen einmal Beifall erhielt, hatte er Angst, etwas verkehrt gemacht zu haben. Aber bei Angelegenheiten von größerer Bedeutung ließ sich dasselbe Volk doch hauptsächlich von der Autorität dieser Männer leiten.

106. Jetzt aber ist es in unserem Staat meiner Ansicht nach so, daß alle in ihrer politischen Haltung einträchtig sind, von den bezahlten Banden einmal abgesehen.

Bei drei Gelegenheiten kann ja das Volk seine politische Meinung und Gesinnung am besten offenbaren: in der Volksversammlung, bei den Komitien, bei den Spielen und Gladiatorenkämpfen. Welche Volksversammlung wurde in den letzten Jahren abgehalten – eine richtige, keine gekaufte –, in der sich die einmütige Haltung des römischen Volkes nicht offen gezeigt hätte? Viele Volksversammlungen hat dieser Bandit meinetwegen abgehalten, zu denen kein unbestechlicher, unbescholtener Mann hingegangen ist. Kein anständiger Bürger konnte sich diese Schreckensmiene ansehen und diese gräßliche Stimme hören. In den Versammlungen dieser Schurken ging es naturgemäß turbulent zu. 107. Der Konsul Lentulus hielt ebenfalls meinetwegen eine Volksversammlung ab. Da strömte das römische Volk zusammen, alle Stände, ganz Italien waren in dieser Versammlung vertreten. Mit würdigem Ernst und rednerischer Fülle vertrat er meine Sache: Alles hörte schweigend zu, dann folgte allgemeiner Beifall, so daß es den Anschein hatte, niemals sei dem römischen Volk etwas Volkstümlicheres zu Ohren gekommen. Lentulus gab dann Gnaeus Pompeius das Wort, der sich nicht nur als Verfechter meiner Rettung, sondern sogar als Bittflehender an das römische Volk wandte. Er war immer ein bedeutender und gern gehörter Redner in der Volksversammlung, aber ich behaupte, niemals vertrat er seine Ansicht mit mehr Überzeugungskraft, niemals war der Zauber seiner Beredsamkeit stärker.

108. Mit welch aufmerksamem Schweigen hat man die übrigen führenden Staatsmänner über mich sprechen hören! Ich will sie hier nicht mit Namen nennen, es wäre undankbar, wenn ich einen davon kurz abtun würde, aber ich würde mit meiner Rede kein Ende finden, wollte ich sie alle ausführlich würdigen. Und jetzt die Rede meines Feindes an das wirkliche Volk auf dem Marsfeld! Wer hat nicht nur nicht zugestimmt, wer hat es nicht vielmehr für eine Schmach und Schande gehalten, daß dieser Kerl – nicht daß er gesprochen hat –, ja daß er überhaupt noch am Leben war? Wer war nicht der Überzeugung, die Reden dieses Menschen seien ein Makel für den Staat und man habe selber allein schon durchs Zuhören teil an seinem Verbrechen?

109. Ich komme jetzt zu den Komitien, das heißt den Abstimmungen über die Wahl der Beamten und über die Gesetze. Wir erleben oft, daß eine Flut von Gesetzen erlassen wird. Ich übergehe solche, bei denen sich kaum fünf Mann zur Abstimmung finden lassen, und die noch dazu aus einem fremden Abstimmungsbezirk. Clodius will ein Gesetz gegen mich erlassen haben, er, der Ruin des Staates, der mich einen Tyrannen und Vernichter der Freiheit nannte. Wo findet sich einer, der zugibt, bei diesem Antrag gegen mich seine Stimme abgegeben zu haben? Als aber umgekehrt einem Senatsbeschluß zufolge in den Zenturiatkomitien ein Antrag über mich gestellt wurde, wer rühmt sich da nicht, dabei gewesen zu sein und seine Stimme zu meinen Gunsten abgegeben zu haben? Wessen Sache muß also als volkstümlich gelten? Die, in welcher alle ehrenwerten Bürger, alle Altersstufen, alle Stände übereinstimmen, oder die, zu der die heraufbeschworenen Geister der Unterwelt wie zum Leichenbegängnis des Staates zusammenströmen? 110. Oder wenn ein Gellius[64] dabei ist, ein Mensch, der seines Bruders, dieses ausgezeichneten Mannes, unseres tüchtigen Konsuls, ebenso

64 Er trat mit Vatinius als Hauptbelastungszeuge gegen Sestius auf.

unwürdig ist wie des Ritterstandes, zu dem er dem Namen nach noch gehört, obwohl er das dazu nötige Vermögen durchgebracht hat – soll das etwa volkstümlich sein? »Aber er ist doch dem römischen Volk ganz und gar ergeben.« Ich habe noch keinen Ergebeneren gesehen, denn als er seine Jugend im höchst angesehenen Hause seines vortrefflichen Stiefvaters Lucius Philippus genießen konnte, da war er so wenig volksfreundlich, daß er sein Hab und Gut ganz allein verzehrte. Als er dann sein väterliches Erbgut von vulgärem Reichtum zur Ärmlichkeit eines Philosophen heruntergewirtschaftet hatte, da wollte er anstatt für einen liederlichen jungen Taugenichts für einen Freund der Griechen und der Gelehrsamkeit gehalten werden und stürzte sich auf einmal auf die Wissenschaften. Aber er hatte nicht viel Spaß an den griechischen Vorlesern, die Bücher selber wurden oftmals für Wein versetzt. Sein Schlund blieb unersättlich, nur seine Mittel erschöpften sich. So lebte er immer in der Hoffnung auf einen Umsturz; Ruhe und Frieden im Staat waren sein Tod. In welchem Aufruhr war er nicht Rädelsführer, mit welchem Aufwiegler war er nicht befreundet, welche turbulente Volksversammlung hat er nicht aufgehetzt? welcher Gute hat je etwas Gutes von ihm gehört? Ja, welchen tapferen, guten Bürger hat er nicht in ganz unverschämter Weise angegriffen? Er, der eine Freigelassene zur Frau genommen hat, sicher nicht aus Liebe, sondern um so recht als Pöbelfreund[65] dazustehen!
111. Und der hat über mich abgestimmt, der war dabei, der hat mitgemacht bei den Gastmählern und Glückwunschempfängen der Verräter! Doch hat er mich dabei auch gerächt, er hat ja mit diesem Mund meine Feinde abgeküßt. Als ob ich etwas dafür könnte, daß er sein Hab und Gut verloren hat. Deshalb ist er auf mich böse, weil er nichts hat. Habe ich dir dein väterliches Erbe entrissen, Gellius, oder hast du es selber durchgebracht? Wie? Mußte ich es büßen, daß du Schlemmer und Prasser dein Erbe

65 *Plebicola*, Freund der Plebs, Anspielung auf den Familiennamen des Gellius, Publicola (Volksfreund).

durch die Gurgel gejagt hast? Deshalb wolltest du mich aus dem Staat ausstoßen, weil ich als Konsul den Staat gegen dich und deine Spießgesellen verteidigt habe? Dich will keiner von deinen Leuten mehr sehen, jeder flieht eine Begegnung, ein Gespräch, ein Zusammentreffen mit dir. Dein Neffe Postumius, ein ernsthafter junger Mann mit dem Urteilsvermögen eines Alten, hat dich gebrandmarkt, indem er unter einer so großen Zahl von Leuten gerade dich nicht zum Vormund seiner Kinder eingesetzt hat[66]. Doch ich habe mich von meinem Zorn in Rücksicht auf mich und auf den Staat hinreißen lassen – weiß ich doch nicht, wen er mehr haßt –, mehr Worte zu machen, als nötig sind über einen ganz verrückten, armseligen Fresser.

112. Ich komme wieder auf das vorige zurück: Als in der eroberten und hart bedrängten Stadt gegen mich verhandelt wurde, da sind Gellius, Firmidius, Titius und ähnliche Schwarmgeister die Anführer und Schirmherren dieser bezahlten Horden gewesen, während der Antragsteller selber ihnen an Niedertracht, Verwegenheit und Gemeinheit in nichts nachstand. Aber als über meine Rückberufung verhandelt wurde, da glaubte niemand, sich mit Krankheit oder hohem Alter hinreichend entschuldigen zu können. Jeder glaubte, mit mir zugleich den Staat selber an seinen angestammten Platz zurückzurufen.

113. Betrachten wir jetzt die Wahlversammlungen. Neulich gab es ein Tribunenkollegium mit drei Gegnern und zwei ausgesprochenen Verfechtern der popularen Politik. Von den ersteren, den Nichtpopularen, die in dieser Art von bezahlten Volksversammlungen gar nichts zu vermelden hatten, sind, wie ich sehe, zwei vom römischen Volk zu Praetoren gewählt worden. Und soviel ich aus Gesprächen in der Öffentlichkeit und aus Abstimmungsergebnissen schließen kann, sprach sich das römische Volk dahingehend aus, die feste, eindrucksvolle Haltung des Gnaeus Domitius in seinem Tribunat sowie die Pflichttreue und Entschiedenheit des Quintus Ancharius habe ihm trotz

66 Im Testament.

ihrer Erfolglosigkeit, allein ihrer Gesinnung wegen, Achtung eingeflößt. Was die öffentliche Meinung von Gaius Fannius hält, sieht man; wie das römische Volk seine Bewerbung aufnehmen wird, darüber kann niemand im Zweifel sein. 114. Nun, wie steht es mit den zwei Popularen? Der eine, der sich immerhin zurückhielt, keine eigenen Gesetzesanträge stellte, der nur eine andere politische Richtung vertrat, als man es von ihm erwartete, sonst aber ein tüchtiger Mann, unbescholten und bei den Guten stets beliebt, der wurde sich in seinem Tribunat nicht darüber klar, was dem wirklichen Volk genehm war. Er glaubte, die Teilnehmer einer Volksversammlung seien das wahre römische Volk. Deshalb hat er nicht die Stellung erreicht, die ihm mit Leichtigkeit zuteil geworden wäre, wenn er nur nicht hätte popular sein wollen.

Der andere[67] ging so weit in seinen popularen Bestrebungen, daß er Auspizien, das Aelische Gesetz, Senatsbeschlüsse, den Konsul, die Kollegen und das Urteil der Guten für nichts achtete. Er bewarb sich um die Aedilität. Seine Mitbewerber waren tüchtige Männer aus den ersten Familien, aber nicht besonders einflußreich und angesehen. Er bekam nicht einmal die Stimmen seiner eigenen Tribus, er verlor sogar die der Palatinischen Tribus, mit deren Hilfe alle diese Schurken ihre staatsfeindlichen Pläne zu betreiben pflegen. Nichts erreichte er bei diesen Wahlen, als was alle Guten wünschten, nämlich die Abweisung.

Ihr seht also, das Volk ist selber sozusagen gar nicht so sehr fürs Populare, da es den angeblichen Popularen eine so eindeutige Absage erteilt, deren Gegner aber der höchsten Ehrenämter für würdig hält.

115. Wir wollen jetzt zu den Spielen kommen. Ihr schaut mich so voll gespannter Aufmerksamkeit an, ihr Richter, da glaube ich, ich kann die Zügel schon einmal ein wenig locker

67 Publius Vatinius, 59 Volkstribun, Anhänger Caesars, verschaffte diesem durch ein Gesetz die Provinzen Gallia cisalpina und Illyricum auf fünf Jahre. Cicero griff ihn in einer Rede heftig an *(In Vatinium)*. – Zum Aelischen Gesetz vgl. Fußnote 21.

lassen. Die Ergebnisse der Wahlen und Volksversammlungen entsprechen zuweilen der Wahrheit, zuweilen sind sie gefälscht und gehen auf Bestechung zurück. Bei Theater- und Gladiatorenspielen gäbe es, sagt man, überhaupt nur durch die Charakterlosigkeit einiger weniger erkauften Beifall, und auch den nur spärlich und selten. Und doch kann man bei diesem Beifall, wenn er vorkommt, leicht erkennen, von welcher Art er ist, von wem er ausgeht und wie sich die unbestochene Volksmenge dazu verhält. Was soll ich nun sagen: Welche Männer und welche Klasse von Bürgern bekommen den meisten Beifall? Das weiß jeder von euch. Mag das auch keine große Rolle spielen – was aber nicht der Fall ist, denn es wird ja den Besten zuteil, und unbedeutend ist es nur für einen Mann, der über den Dingen steht. Wer aber von den geringsten Kleinigkeiten abhängig ist, wer von der Meinung der Öffentlichkeit und, wie die Betreffenden selber sagen, von der Volksgunst getragen wird, für den bedeutet notwendigerweise der Applaus die Unsterblichkeit, das Auszischen den Tod. 116. Ich wende mich ausdrücklich an dich, Scaurus, du hast ja die aufwendigsten und prächtigsten Spiele gegeben, und frage dich: Wer von den Popularen hat deine Spiele besucht, wer hat den Mut gehabt, sich dem Theater und dem römischen Volk zu stellen? Selbst der Obergaukler, nicht nur Zuschauer, sondern Schauspieler und Possenreißer in einer Person, der jedes Intermezzo seines Schwesterleins kennt[68], der sich in eine Frauenversammlung als Harfenspielerin einführen läßt, der hat in der Hitze seines Tribunats deine Spiele nicht besucht und auch keine anderen, die ausgenommen, bei denen er kaum mit dem Leben davonkam. Einmal überhaupt nur, sage ich, wagte sich der große Volksmann ins Theater. Das war damals, als im Tempel der Tugend die Tugend zu Ehren kam und das Denkmal des Gaius Marius, der dieses

68 Clodius' Schwester, die berüchtigte Clodia. Ihr wurden inzestuöse Beziehungen zu ihrem Bruder nachgesagt. Zum folgenden vgl. Fußnote 55.

Reich gerettet hatte, den Hintergrund bildete zur Rückberufung seines Landsmannes, der diesen Staat verteidigt hatte. 117. Bei dieser Gelegenheit hat das römische Volk in zweifacher Hinsicht seine Meinung offen bekundet: das eine Mal, als es den Senatsbeschluß vernahm und diesem sowie dem Senat in Abwesenheit einhelligen Beifall zollte und dann die aus der Senatssitzung zum Schauspiel zurückkehrenden Senatoren einzeln mit Applaus bedachte. Als nun der Konsul, der die Spiele veranstaltete[69], Platz nahm, da erhoben sich alle, dankten ihm mit ausgebreiteten Händen und bekundeten unter Freudentränen ihr Wohlwollen und ihre Teilnahme mit mir. Als dagegen dieser Wahnsinnige in seiner wilden Verrücktheit erschien, da konnte sich das römische Volk kaum zurückhalten. Um ein Haar hätten sie ihre Wut an diesem schmutzigen, abscheulichen Kerl ausgelassen. Sie machten sich Luft in Lärmen, Fäusteschütteln und Verwünschungen. 118. Aber was rede ich von der mutigen Haltung des römischen Volkes, das nach langer Knechtschaft einen Schimmer von Freiheit erblickte, von seiner Haltung dem Kerl gegenüber! Den haben doch bei seiner Bewerbung um die Aedilität nicht einmal die Schauspieler verschont, als sie ihn vor sich hatten. Denn als eine römische Komödie, der »Simulant«[70] war's, glaube ich, aufgeführt wurde, da sangen alle laut im Chor mit drohender Gebärde dem schlechten Kerl ins Gesicht:

»Das, Titus, ist
Folge und Ausgang deines lasterhaften Lebens!«

Totenbleich saß er da; er, der früher seine Volksreden mit Schimpfchören zu inszenieren pflegte, wurde jetzt durch einen richtigen Chor hinausgewiesen. Und da nun einmal die Rede

69 Publius Cornelius Lentulus Spinther, der sich während seines Konsulats nachdrücklich für Ciceros Rückberufung eingesetzt hatte.

70 *Simulans,* ein Stück des römischen Komödiendichters L. Afranius (etwa um 150 v. Chr.). Er war der Schöpfer der *togata,* der Komödie im römischen Gewand, im Gegensatz zur bisher üblichen *palliata,* einer Bearbeitung aus dem Griechischen.

vom Theater ist, soll auch dies nicht übergangen werden: Unter den zahlreichen Kernsätzen in den Stücken der Dichter gab es keine Stelle, die sich auf das Tagesgeschehen beziehen ließ, die dem Publikum entgangen wäre oder die nicht die Schauspieler selber besonders betont hätten.

119. Glaubt aber bitte nicht, ihr Richter, daß ich aus Leichtfertigkeit auf ein so wenig gebräuchliches Thema gerate, wenn ich vor Gericht von Dichtern, Schauspielern und Theaterstücken spreche. Ich bin ja kein so unerfahrener Anwalt, kein so ungeübter Redner, daß ich von überall her etwas aufschnappen will für meine Rede und allerorts herumsuche, um sie mit Glanzlichtern aufzuputzen. Ich bin mir bewußt, was ich dem Ernst eurer Stellung, was ich meiner Rolle als Anwalt und der Zuhörerschaft hier schuldig bin. Ich bedenke auch die Würde des Publius Sestius, die gefährliche Lage, in der er sich befindet, sowie mein Alter und meinen Rang. Aber ich habe mir vorgenommen, bei dieser Gelegenheit unsere jungen Leute darüber zu belehren, was es mit den Optimaten auf sich hat. Bei der Erörterung dieses Themas muß ich klarstellen, daß nicht alle diejenigen wirklich Männer des Volkes sind, die dafür gehalten werden. Das gelingt mir am leichtesten, wenn ich das wahre und unverfälschte Urteil des gesamten Volkes und die innersten Gefühle unserer Mitbürger für sich sprechen lasse.

120. Wie soll man das verstehen? Unmittelbar nachdem sich die Kunde von dem im Virtustempel getroffenen Senatsbeschluß im Theater verbreitet hatte, da hat vor dichtbesetztem Haus der große Künstler[71], der wahrhaftig in der Politik seine Rolle ebenso gut spielte wie auf der Bühne, unter Tränen der Freude, des Schmerzes und der Sehnsucht nach mir meine Sache beim römischen Volk weit eindringlicher vertreten, als ich es selbst hätte tun können. Er gab den Geist des großen Dichters nicht nur mit den Mitteln seiner Kunst, sondern auch mit

71 Claudius Aesopus, der berühmteste Schauspieler der damaligen Zeit, dessen Kunst sprichwörtlich war. Die Verse stammen aus dem *Eurysaces,* einer Tragödie des Accius.

echter Gemütsbewegung wieder. Mit welcher Eindringlichkeit sprach er die Worte:

»Der mit festem Mut einst das Vaterland
Aufgerichtet und errettet, an der Griechen Spitze stand –«

Ich hätte an eurer Spitze gestanden, meinte er, während er auf eure Reihen hinwies. Alle wollten die Stelle wiederholt haben:

»Der in Zeiten voll Bedenklichkeit
Ohne Bedenken Leib und Leben mutig in die Schanze schlug –«

121. Unter welchen Beifallsstürmen wurde das vorgetragen! Ohne Rücksicht auf den Ablauf des Stückes wurde da nur dem Dichterwort, der Anteilnahme des Schauspielers und der Hoffnung auf meine Rückkehr Beifall gezollt.

»Ihn, den größten Freund im größten Krieg –«,

das Folgende improvisierte der Schauspieler selber aus freundschaftlicher Gesinnung, und vielleicht beklatschten es die Leute gerade aus einem Gefühl der Sehnsucht:

»Ihn, den hochbegabten Geist!«

Wie seufzte das römische Volk, als er kurz darauf in demselben Stück die Worte sprach: »O Vater!« – Mich, mich, den Abwesenden, redete er als beklagenswerten Vater an, mich, den Quintus Catulus und viele andere im Senat oft den Vater des Vaterlandes genannt hatten! Unter Tränen sprach er dann die Worte, die sich auf den Brand und die Zerstörung meines Hauses bezogen, als er die Vertreibung des Vaters, die Vernichtung des Vaterlandes, das in Brand gesetzte, zerstörte Haus beklagte. Er wies dabei auf das frühere Glück hin, wandte sich um und sprach:

»Ach, das alles sah ich in Flammen gehn!«

Das hat selbst meine Hasser und Neider zu Tränen gerührt.

122. Unsterbliche Götter! Und wie hat er dann diese Stelle ausgesprochen, die mir ihrem Wortlaut und Vortrag nach wie dafür gemacht scheint, daß Quintus Catulus sie, wenn er ins Leben zurückkäme, wirkungsvoll gebrauchen könnte. Er hatte ja die Angewohnheit, zuweilen die Leichtfertigkeit des Volkes oder eine falsche Entscheidung des Senats freimütig zu tadeln und anzuprangern:

»O undankbares Volk der Griechen, hoher Dienst' uneingedenk!«

Freilich stimmte das nicht, undankbar waren sie nicht, nur unglücklich, da sie nicht in der Lage waren, ihrem Retter zu helfen. Und kein einzelner war wohl je einem anderen gegenüber dankbarer, als es die Allgemeinheit mir gegenüber war. Aber so hatte der gelehrte Dichter geschrieben, und der ebenso große wie mutige Schauspieler hatte es auf mich angewandt, indem er auf alle Reihen hinwies, den Senat, die römischen Ritter und das gesamte römische Volk anklagte:

»Lasset ihn ins Elend jagen, lasset ihn im Elend sein!«

Wie da alle ihrer Meinung sichtbar Ausdruck gaben, wie sich das gesamte römische Volk zu einem Mann bekannte, der nicht zu den Popularen gehörte, das weiß ich nur vom Hörensagen. Einen richtigen Begriff können nur die davon haben, die wirklich dabei waren.

123. Und da ich nun einmal davon spreche: Der Schauspieler vergoß Tränen über mein Unglück, sooft er meine Sache vertrat. Und er tat es mit so viel Mitgefühl, daß seine herrliche Stimme von Tränen erstickt wurde. Auch die Dichter, die ich immer so hochgeschätzt hatte, versagten mir also nicht ihre Teilnahme an meinem Unglück, und das römische Volk bezeugte durch Händeklatschen, ja durch Seufzen seinen Beifall. Wer hätte nun – falls das römische Volk wirklich frei war – für mich sprechen sollen: Aesopus und Accius oder die Führer des Staates?

Mit Namen wurde ich genannt im »Brutus«[72]:

»Tullius[73], der seinen Bürgern festen Grund der Freiheit schuf!«

Tausendfach rief man nach Wiederholung. Hat das römische Volk etwa nicht deutlich genug sein Urteil verkündet, der Senat und ich hätten ihm das wiedergegeben, was wir nach der Beschuldigung dieser Elenden geraubt hätten? 124. Das nachdrücklichste Urteil aber gab das römische Volk in seiner Gesamtheit bei einem Gladiatorenkampf ab. Er wurde von Scipio[74] veranstaltet, seiner würdig wie auch des Metellus, zu dessen Ehren er stattfand. Es war gerade die Art von Darbietung, die von allen möglichen Leuten in großer Zahl besucht wird und woran die Menge das meiste Ergötzen hat. Der Volkstribun Publius Sestius, der sich in seinem Amt ausschließlich mit meinem Fall beschäftigte, kam zu dieser Veranstaltung und zeigte sich dem Volk. Er tat es nicht aus Begierde nach Applaus, sondern damit auch unsere Feinde die Gesinnung der Gesamtheit des Volkes kennenlernen sollten. Er kam, wie ihr wißt, von der Maenischen Säule her[75]. Da erhob sich von allen Bänken vom Kapitol an und von den Schranken des Forums ein so rasendes Beifallklatschen, daß es allgemein hieß, niemals habe sich die übereinstimmende Meinung des gesamten römischen Volkes über irgendeine Angelegenheit entschiedener und eindeutiger kundgetan. 125. Wo waren damals die Lenker der Volksversammlungen, die Herrscher über die Gesetze, die Verfolger der Bürger? Oder haben die böswilligen Bürger ein anderes, ein besonderes Volk, dessen Mißfallen und Haß ich mir zugezogen hatte?

Ich glaube, nirgendwo ist so viel Volk beisammen wie bei den

72 Ebenfalls eine Tragödie des Accius.

73 Der römische König Servius Tullius (6. Jahrhundert v. Chr.), der dem römischen Staat eine Verfassung gegeben haben soll.

74 Publius Cornelius Scipio, 52 Konsul, Enkel des Scipio Nasica Serapio, des Führers der Senatspartei gegen Tib. Gracchus, adoptiert von Q. Caecilius Metellus Pius, der 63 gestorben war.

75 Vgl. Fußnote 13.

Gladiatorenspielen, weder bei irgendeiner Volks- noch bei einer Wahlversammlung. Diese unzähligen Menschenmassen, diese einstimmige Meinungsäußerung der Gesamtheit des römischen Volkes gerade in den Tagen, als man den Verhandlungen über mich entgegensah, was hat sie anderes bewiesen, als daß Existenz und Ansehen der Optimaten dem ganzen Volk am Herzen liegen? 126. Dieser Praetor[76] aber – er pflegte nicht nach der Gewohnheit seines Vaters, Großvaters, Urgroßvaters und schließlich aller seiner Ahnen, sondern nach der Manier der lieben Leutchen in Griechenland die Volksversammlung zu fragen, ob sie mit meiner Rückkehr einverstanden sei, und wenn darauf seine Söldlinge mit matter Stimme »Nein!« gerufen hatten, dann erklärte er, das römische Volk sei dagegen –, dieser Praetor war zwar Tag für Tag bei den Gladiatorenkämpfen, bloß hat ihn niemand je kommen sehen. Unter den Bänken kroch er hindurch und tauchte dann plötzlich von unten auf, als wollte er deklamieren:

»Mutter, ich rufe dich!«[77]

Daher wurde der dunkle Gang, durch den er zu den Spielen kam, Via Appia[78] genannt. Erblickte man ihn aber doch einmal, so wurden von dem plötzlichen Zischen nicht nur die Gladiatoren, sondern auch deren Pferde scheu.

127. Merkt ihr nun, was für ein Unterschied besteht zwischen dem römischen Volk und einer Volksversammlung? Daß die Herrscher über die Versammlungen vom allgemeinen Haß des Volkes gebrandmarkt werden, diejenigen aber, die sich in den gekauften Versammlungen nicht blicken lassen dürfen, vom gesamten Volk auf alle Art und Weise öffentlich geehrt werden?

76 Appius Claudius Pulcher, der Bruder des Clodius.

77 Vers aus der Tragödie *Iliona* des Dichters Pacuvius (um 220-132 v. Chr.); er wird von einer Person gesprochen, die als Schatten aus der Unterwelt aufsteigt.

78 Die Via Appia war von Appius Claudius Caecus, einem Vorfahren des Claudius, um 312 v. Chr. erbaut worden.

Und du hältst mir den Marcus Atilius Regulus[79] vor, der lieber freiwillig zurück nach Karthago in den sicheren Tod ging, als daß er ohne die Gefangenen, die ihn zum Senat geschickt hatten, in Rom bleiben wollte? Und du behauptest, eine Rückkehr mit Hilfe von Sklavenbanden und Bewaffneten sei für mich nicht annehmbar gewesen!

Ich dachte wohl an Gewalt, ausgerechnet ich, der ich, solange Gewalt herrschte, nichts unternommen hatte – ich, den außer Gewalt nichts hatte erschüttern können! 128. Dieser Rückkehr hätte ich entsagen sollen, die so glanzvoll war, daß ich den Verdacht fürchten mußte, ich sei nur aus Ruhmsucht fortgegangen, um auf eine solche Weise zurückkehren zu können? Denn welchen Bürger außer mir hat der Senat jemals den auswärtigen Völkern empfohlen? Hat der Senat jemals offiziell den römischen Bundesgenossen seinen Dank ausgesprochen für ihr hilfreiches Verhalten irgend jemand gegenüber, außer in meinem Falle? Ich bin der einzige gewesen, für dessen Leben und Wohlergehen den Statthaltern in den Provinzen, den Quaestoren und Legaten auf einen Senatsbeschluß hin die Verantwortung übertragen wurde. Seit der Gründung Roms ist es einzig und allein in meinem Falle geschehen, daß auf einen Senatsbeschluß hin durch Aufruf der Konsuln alle, denen die Erhaltung des Staates am Herzen lag, aus ganz Italien zur Abstimmung zusammengerufen wurden. Einen Beschluß, den der Senat niemals während einer Gefährdung des gesamten Staates für nötig hielt, den glaubte er zu meiner Rettung, der eines einzelnen, fassen zu müssen. Wen hat die Kurie mehr ersehnt, wen das Forum mehr betrauert? Wen haben gewissermaßen selbst die Schranken des Gerichts vermißt? Mit meinem Weggang war alles öde und leer, stumm, voller Trauer und Kummer. Wo gibt es einen Ort in Ita-

79 Konsul 267 v. Chr., geriet im Ersten Punischen Krieg 255 in die Gefangenschaft der Karthager, die ihn wegen eines Gefangenenaustausches nach Rom sandten. Als der Senat den Austausch verweigerte, kehrte Regulus, um sein Wort zu halten, nach Karthago zurück und wurde hingerichtet.

lien, in dessen Büchern nicht Bemühungen zu meinen Gunsten und Zeugnisse mir erwiesener Ehrungen verzeichnet stehen? 129. Was soll ich noch die großartigen Senatsbeschlüsse in meiner Sache erwähnen? Oder was im Tempel des Juppiter Optimus Maximus geschah? Der Mann, der durch einen dreifachen Triumph die Einverleibung der drei Weltteile mit ihren Küsten und Landstrichen in dieses Reich besiegelt hat[80], erteilte mir in einem schriftlich formulierten Gutachten das Zeugnis, ich allein hätte das Vaterland gerettet. Der äußerst zahlreich versammelte Senat stimmte zu; die einzige Gegenstimme kam von meinem Feind[81]. Der Beschluß wurde in die Staatsurkunden aufgenommen. Tags darauf wurde sodann in der Kurie auf das Drängen des römischen Volkes selbst sowie der aus den Landstädten herbeigekommenen Bevölkerung der folgende Beschluß gefaßt: Niemand dürfe den Himmel beobachten[82] noch einen Versuch machen, die Sache zu verzögern. Zuwiderhandelnde sollten geradezu als Staatsfeinde gelten. Der Senat werde dies aufs strengste verfolgen, und über derartige Handlungen solle unverzüglich Bericht erstattet werden. Und obwohl der zahlreich versammelte Senat schon mit solcher Festigkeit der Tollheit und dem Verbrechen einiger weniger entgegengetreten war, verfügte er noch folgenden Zusatz: Wenn innerhalb des Zeitraums von fünf Tagen, in denen über meinen Fall verhandelt werden könnte, keine Entscheidung gefallen sei, sollte ich auf jeden Fall ins Vaterland zurückkehren und meine frühere Stellung wieder einnehmen.

Gleichzeitig beschloß der Senat, denen ausdrücklich seinen Dank auszusprechen, die aus ganz Italien meinetwegen herbeigeströmt waren, und sie zu ersuchen, auch zur Schlußabstim-

80 Pompeius. Er feierte 79 einen Triumph über Afrika, 71 über Spanien und 61 über Asien.

81 Clodius.

82 Um auf Grund angeblicher ungünstiger Vorzeichen einen Beschluß zu verhindern *(obnuntiatio*, ein Einspruchsrecht der Beamten, speziell der Tribunen), vgl. Abschnitt 33 und Fußnote 21.

mung wiederzukommen. 130. So sehr wetteiferte alles zu meinen Gunsten, daß diejenigen, bei denen der Senat um meinetwillen Fürbitte tat, sich ihrerseits wieder für mich beim Senat verwendeten. Nur einen einzigen Menschen gab es während dieser Vorgänge, der dieser entschiedenen Willenskundgebung aller Gutgesinnten offen entgegentrat. Und das, obwohl sogar der Konsul Quintus Metellus, der wegen großer politischer Gegensätze offen mit mir verfeindet war, in den Verhandlungen anläßlich meiner Rückberufung Bericht erstattet hatte. Ihn rüttelte die machtvolle Persönlichkeit des Publius Servilius auf und die Überzeugungskraft seiner Rede, in der er gleichsam alle Meteller aus dem Grabe beschwor, um seinen Verwandten von den Räuberbanden des Clodius loszureißen und der Ehre des Geschlechts, dem sie beide entstammten, zurückzugewinnen. Als er ihm als mahnendes Beispiel im eigenen Hause die Erinnerung wachrief an den zugleich glorreichen und tiefen Sturz des Metellus Numidicus[83], da brach dieser hervorragende Mann, ein echter Metellus, in Tränen aus. Während Publius Servilius noch sprach, war Metellus schon vollständig gewonnen. Aus demselben Blute stammend, konnte er dem großartigen Mann von altem Schrot und Korn nicht länger widerstehen und söhnte sich in Abwesenheit mit mir aus durch den Dienst, den er mir leistete. 131. Gibt es nach dem Tode noch eine Spur von Bewußtsein bei den großen Männern, dann hat er bestimmt allen Metellern eine große Freude bereitet, ganz besonders aber dem einen tapferen und trefflichen Mitbürger, seinem Bruder, dem Genossen meiner Arbeiten, Gefahren und Pläne[84].

Meine Rückkehr aber – wer kennt sie nicht in allen Einzelheiten? Wie bei meiner Ankunft gleichsam stellvertretend für ganz Italien und das Vaterland selber die Brundisier mir die

83 Vgl. Fußnote 24. Publius Servilius Vatia, einer der führenden Männer des Senats, war durch seine Mutter Caecilia mit den Metellern verwandt.

84 Q. Metellus Celer, 60 Konsul, kämpfte gegen Catilina und Clodius und trat Caesars ungesetzlichen Maßnahmen entgegen.

Hand reichten. Und das war gerade am 5. August, für mich ein Tag der Wiedergeburt durch meine Heimkehr und auch der Geburtstag meiner geliebten Tochter, die ich damals nach so schwerem Leid und Kummer zum ersten Mal wiedersah. Es war zugleich auch der Geburtstag der brundisischen Kolonie und, wie ihr wißt, der Tag der Weihe des Salus-Tempels. Und an diesem Tag empfing mich das Haus jener edlen, hochgebildeten Männer, das Haus des Marcus Laenius Flaccus, seines Vaters und Bruders, mit so viel Freude, wie es mich im Jahr zuvor mit ebenso viel Trauer aufgenommen und mir unter eigener Gefahr Schutz geboten hatte. Auf dem ganzen Weg schienen Italiens Städte meine Rückkehr als einen Festtag zu begehen. Die Straßen waren voll von Abgeordneten von überall her, die Umgebung von Rom war überfüllt von einer unübersehbaren Menge von Gratulanten. Der Weg vom Stadttor, der Aufgang zum Kapitol, die Rückkehr in mein Haus – alles war so, daß ich mitten in der größten Freude nur darüber Schmerz empfand, daß ein so dankbares Volk so elend und unterdrückt hatte sein müssen.

132. Da hast du nun die Antwort auf deine Frage, was die Optimaten sind. Keine »Sippschaft«, wie du sie genannt hast, ein Ausdruck, der mir zur Genüge bekannt ist. Stammt er doch von dem Hauptgegner des Publius Sestius, einem Menschen, der diese »Sippschaft« liebend gern vernichtet und ausgerottet sehen würde[85]. Oft hat er Gaius Caesar, einen milden und allem Blutvergießen abholden Mann, gescholten, ihm oft vorgehalten, solange diese »Sippschaft« am Leben sei, könne er, Caesar, sich nicht sicher fühlen. Der Gesamtheit gegenüber richtete er freilich nichts aus, mit seiner Wühlarbeit gegen mich hörte er aber niemals auf. Mich griff er an, zuerst durch den Denunzianten Vettius, mit dem er in einer Volksversammlung ein förmliches Verhör anstellte über mich und die führenden Männer. Dabei hat er freilich diese genau wie mich mit denselben Anklagen und

85 Vatinius.

Beschuldigungen überhäuft, so daß ich ihm gewissermaßen noch dankbar sein muß, weil er mich mit den angesehensten und tüchtigsten Männern auf eine Stufe gestellt hat!

133. Später hat er mir auf die schändlichste Weise alle möglichen Nachstellungen bereitet, ohne daß ich ihm dazu irgendeine Veranlassung gegeben habe, außer daß ich mein Tun nach dem Urteil der Gutgesinnten ausrichtete. Tag für Tag erzählte er jedem, der es hören wollte, irgendeine Lügengeschichte über mich. Meinen guten Freund Gnaeus Pompeius warnte er, er solle mein Haus meiden und sich vor mir selber in acht nehmen. Mit meinem Todfeind trat er in so enge Verbindung, daß Sextus Clodius[86], ein Mann, seiner Spießgesellen durchaus würdig, behaupten konnte, was meine Ächtung betreffe, die er betrieb, so sei Vatinius dafür die Tafel, er aber der Schreiber. Über meinen Weggang hat er als einziger unseres Standes inmitten aller eurer Trauer laut frohlockt. Aber obwohl er tagtäglich so wütete, habe ich über ihn doch niemals ein Wort verloren. Ich hielt es für unter meiner Würde, während ich mit allem möglichen groben Geschütz, mit Heeresmacht und Truppen angegriffen wurde, mich über einen einzelnen Bogenschützen zu beklagen. Meine Verfügungen billige er nicht, sagt Vatinius. Das weiß ja jeder. Hat er doch mein Gesetz mißachtet, nach dem es ausdrücklich verboten ist, in einem Zeitraum von zwei Jahren vor einer wirklichen oder beabsichtigten Amtsbewerbung Gladiatorenkämpfe zu veranstalten[87]. 134. Freilich kann ich mich nicht genug wundern über seine Unbesonnenheit, ihr Richter. Er handelt ganz offen gegen das Gesetz, und er kann doch dem Gericht weder durch sein angenehmes Wesen noch durch seinen Einfluß entgehen, noch kann er mit Hilfe von Reichtum und Machtmitteln die Schranken von Recht und Gesetz durchbrechen. Was treibt also diesen Menschen zu einem so unüber-

86 Abkömmling eines Freigelassenen, Parteigänger des P. Clodius, nach dessen Tod wegen Aufruhrs verurteilt und verbannt.

87 Um nicht das Volk zu seinen Gunsten beeinflussen zu können *(lex Tullia de ambitu,* Gesetz gegen Wahlbeeinflussungen, 63 v. Chr.).

legten Verhalten, wenn nicht seine übergroße Eitelkeit? Sicher hat er sich eine glänzende, bekannte und ruhmbedeckte Fechtertruppe verschafft, er kennt die Leidenschaft der Volksmenge, sieht sie in Gedanken schon in Scharen herbeiströmen und Beifall klatschen. Von dieser Erwartung beflügelt, brennend vor Geltungssucht, konnte er es sich nicht versagen, diese Gladiatoren vorzuführen – und sich selber als den allerschönsten!

Hätte ihn das Streben nach Popularität verführt, weil ihm das römische Volk gerade seine Gunst bewiesen hatte[88], wäre das schon unverzeihlich. Nun hat er aber nicht einmal von den zum Verkauf stehenden Gladiatoren welche angeworben, sondern Leute aus den Arbeitshäusern gekauft und mit dem Namen von Gladiatoren geschmückt. Durchs Los hat er die einen zu Samniten, die anderen zu Herausforderern gemacht – wird es ihm da nicht angst und bange, was eine solche Willkür, eine solche Mißachtung der Gesetze für Folgen haben kann? 135. Aber er hat ja zwei Ausreden: Erstens sagt er: »Ich veranstalte Tierkämpfe, das Gesetz verbietet nur Gladiatorenspiele.« Großartig! Doch hört nur, es kommt noch schlauer. Er wird sagen, er führe keine Gladiatoren vor, sondern nur einen einzigen, und er habe das ganze für seine Aedilität bestimmte Geld dafür ausgegeben. Eine schöne Aedilität! Ein Löwe und zweihundert Tierkämpfer[89]! Mag er sich immerhin damit herausreden, er soll seiner Sache sicher sein. Ist er das nicht, so hat er die Angewohnheit, die Volkstribunen aufzuhetzen und das Gericht mit Gewalt aufzulösen. Ich wundere mich auch nicht so sehr, daß er mein Gesetz mißachtet, das Gesetz seines Feindes, als vielmehr darüber, daß er die Ansicht vertritt, konsularische Gesetze seien überhaupt null und nichtig. Das Caecilisch-Didische, das Licinisch-Junische hat er ebenso mißachtet. Das Gesetz gegen Bereicherung im Amt, das Gaius Caesar gegeben hat, den er durch seine Gesetzesvorlage

88 Er war bei den Aedilwahlen für das Jahr 57 durchgefallen, vgl. Abschnitt 114.

89 Einer der Gladiatoren hieß *Leo,* der Löwe.

und seine Gunst ausgezeichnet, gesichert und gerüstet hat, wie er sich immer rühmt – achtet er das genauso wenig? Und da heißt es dann, es gebe gewisse Leute, die Caesars Verordnungen aufheben wollten – und nicht einmal sein Schwiegervater und sein übriger Anhang halten es für nötig, ein so außerordentlich wichtiges Gesetz zu befolgen! Und als Ankläger hier in diesem Prozeß besitzt er die Frechheit, euch, ihr Richter, zu ermahnen, endlich einmal streng durchzugreifen und dem Staat endlich einmal eine heilsame Arznei zu verabreichen. Das ist keine Heilkunst, an einen gesunden, heilen Körperteil mit dem Messer heranzugehen, das ist eine grausame Schinderei. Nur die bringen dem Staat Heilung, die ihn von einem Übel befreien, wie man eine Drüsengeschwulst herausschneidet[90].

136. Doch um nun endlich einmal zum Schluß meiner Rede zu kommen, damit ich eher aufhöre zu sprechen, als ihr aufhört, aufmerksam zuzuhören, so will ich meine Bemerkungen über die Optimaten, ihre Oberhäupter und die Verteidiger des Staates damit abschließen: Ich rufe euch auf, ihr jungen Leute, euch, die ihr Adlige seid, euren Vorfahren nachzueifern, und euch, die ihr durch Talent und Tüchtigkeit den Adel erwerben könnt, ermahne ich, den Weg einzuschlagen, auf dem so viele Neuemporgekommene[91] zu Ruhm und Ehren gelangt sind. 137. Das ist, glaubt es mir, der einzige Weg zu Ehre, Ruhm und Ansehen: von guten, verständigen, von Haus aus in geordneten Verhältnissen lebenden Männern gelobt und geschätzt zu werden, die Verfassung unseres Staates zu kennen, die unsere Vorfahren mit so viel Weisheit geschaffen haben. Als sie die Königsherrschaft nicht länger ertragen konnten, haben sie statt dessen jährlich wechselnde Beamte eingesetzt. Den Senat haben sie als ständige Körperschaft an die Spitze des Staates gestellt, seine Mitglieder aber sollten vom ganzen Volk gewählt werden. Der Zugang zu dies-

90 Anspielung auf Vatinius, vgl. die ironische Bezeichnung »der allerschönste« in Abschnitt 134.

91 *Homines novi,* wörtlich neue Männer, die nicht aus den alten Familien des römischen Adels stammten, wie Cicero selbst.

sem höchsten Stand sollte dem Fleiß und der Tüchtigkeit aller Bürger offenstehen. Den Senat bestimmten sie zum Wächter, zum Schutzherrn, zum Vorkämpfer des Staates. Von der Autorität dieses Standes sollten sich die Beamten leiten lassen, gleichsam als Diener dieses ehrwürdigen Rates. Der Senat selber sollte das Ansehen der benachbarten Stände gewährleisten, die Freiheit der Bürger und ihre Interessen schützen und fördern.

138. Wer für diese Grundsätze nach Kräften eintritt, gehört zu den Optimaten, welchem Stand er auch angehört. Diejenigen aber, die mehr als andere die Pflichten der politischen Tätigkeit auf sich genommen haben, die galten immer als die Oberhäupter der Optimaten, als die Schutz- und Schirmherren der Bürgerschaft. Diese Klasse von Bürgern hat, wie schon gesagt, viele Gegner, ich gebe es zu. Sie hat Feinde, Neider, ist vielen Gefahren ausgesetzt, vielen Kränkungen; sie muß große Anstrengungen auf sich nehmen und sie ertragen. Aber ich habe es ja in meiner Rede überhaupt mit der Tüchtigkeit zu tun, nicht mit der Trägheit; mit der Ehre, nicht mit der Vergnügungssucht; mit den Männern, die glauben, für ihr Vaterland, ihre Mitbürger, für Ruhm und Ehre geboren zu sein, nicht zum Schlafen und für Gastmähler und Vergnügungen. Denn wer sich die Vergnügungssucht zur Richtschnur nimmt und sich den Lockungen des Lasters und den Verführungskünsten der Begierden überläßt, der soll auf öffentliche Ämter verzichten, die Finger von der Politik lassen und damit zufrieden sein, seine Muße zu genießen, die er der Anstrengung tüchtiger Männer verdankt.

139. Wer aber nach dem einzigen wahren Ruhm trachtet, wohlangesehen zu sein bei den Guten, der muß für andere nach Ruhe und Wohlleben streben, nicht für sich selbst. Er muß sich abmühen für das Wohl der Allgemeinheit, muß Feindschaften in Kauf nehmen, oftmals Stürme bestehen für die Rettung des Staates. Mit der Menge der Aufrührer, der Böswilligen muß er kämpfen, und zuweilen auch mit den Mächtigen.

Das haben wir gehört über Gedanken und Taten berühmter Männer, das ist uns überliefert, so haben wir es gelesen. Keinen bleibenden Ruhm haben die erworben, die irgendwann einmal das Volk zum Aufruhr verleitet, durch Bestechung die Unerfahrenen geblendet oder tüchtige, angesehene und hochverdiente Männer angefeindet haben. Als unzuverlässige, aufrührerische und schlechte Bürger, als ein Verderben für den Staat hat unser Volk diese Leute immer angesehen.

Diejenigen aber, die die Angriffe und Umsturzversuche dieser Abenteurer vereitelten, ihren Umtrieben unter Einsatz ihrer Autorität, mit Pflichttreue, Standhaftigkeit und Mut entgegentraten, die galten immer als Ehrenmänner, Oberhäupter, Führer und Förderer dieses Standes und Mehrer des Reiches.

140. Und damit niemand durch mein Schicksal oder das eines anderen davon abgeschreckt wird, diesen Lebensweg einzuschlagen: Nur einen Mann gibt es in unserem Staat, soweit ich weiß, der unverdient zu Fall kam, Lucius Opimius[92], der hervorragende, hochverdiente Mann. Sein Denkmal auf dem Forum wird viel besucht, sein Grab am Gestade von Dyrrhachium liegt verlassen. Aber so verhaßt er auch war, wegen des Todes von Gaius Gracchus, das römische Volk hat ihn doch stets von einer diesbezüglichen Anklage freigesprochen. Ein anderer Sturm war es, der diesen edlen Bürger durch ein ungerechtes Gerichtsurteil zu Boden warf. Die übrigen jedoch sind entweder durch das Volk selber rehabilitiert und zurückgerufen worden, wenn sie ein plötzlicher Gewaltakt oder ein Ausbruch der Volkswut getroffen hatte. Oder sie haben ihr Leben gänzlich ohne Verletzungen und Angriffe zu Ende gelebt. Diejenigen dagegen, die die Beschlüsse des Senats, die Autorität der Guten, die Einrichtungen der Vorfahren für nichts geachtet haben und der unwissenden oder aufgehetzten Menge zu Gefallen sein wollten, die haben fast alle dem Staat Buße zahlen müssen, sei

92 121 Konsul, Gegner des Reformpolitikers Gaius Gracchus, Anführer der Senatspartei in den Unruhen, die zu Gracchus' Tod führten. Wegen landesverräterischer Beziehungen zu dem Numiderkönig Jugurtha verurteilt und im Exil gestorben. Das Denkmal ist die von ihm errichtete Basilica Opimia.

es durch einen plötzlichen Tod oder eine schimpfliche Verbannung.

141. Bei den Athenern, bei Griechen, die nichts von unserer ernsten Lebensauffassung haben, fehlte es doch nie an Männern, die zum Schutz des Staates gegen den Wankelmut des Volkes auftraten, obwohl alle, die so handelten, gewöhnlich aus dem Staat verbannt wurden. Der große Themistokles, der Retter des Vaterlandes, ließ sich durch nichts von der Verteidigung des Staates abschrecken, weder durch das Schicksal des Miltiades, der vor ihm den Staat gerettet hatte, noch durch die Verbannung des Aristides, der als der gerechteste aller Menschen galt[93]. Und später haben die großen Männer desselben Staates – ihre Namen brauche ich nicht zu nennen – trotz so vieler Beispiele von Leidenschaft und Wankelmütigkeit des Volkes doch ihren Staat verteidigt: Was müssen wir da erst tun! Sind wir doch in einem Staat geboren, in dem ein ernster, hoher Sinn beheimatet ist, außerdem stehen wir auf einer solchen Höhe des Ruhmes, daß alle menschlichen Güter dagegen wertlos erscheinen müssen. Und schließlich sind wir zum Schutze eines Staates berufen, der ein solches Ansehen genießt, daß es ruhmvoller ist, in seiner Verteidigung zu fallen, als durch einen Angriff auf ihn die höchste Macht zu erlangen.

142. Die Griechen, die ich vorhin nannte, zu Unrecht von ihren Mitbürgern verurteilt und vertrieben, stehen heute dennoch wegen ihrer großen Verdienste um ihr Land nicht nur in Griechenland, sondern auch bei uns und in den übrigen Ländern in hohem Ansehen. Den Namen ihrer Gegner nennt niemand, ihr unglückliches Schicksal erscheint allen bedeutender als der Sieg ihrer Überwinder.

Wer galt in Karthago mehr als Hannibal, gemessen an seiner Einsicht, seiner Tapferkeit und seinen Heldentaten? Wer hat als

93 Themistokles, der Sieger von Salamis 480 v. Chr. gegen die Perser, starb in der Verbannung. Miltiades, der Sieger von Marathon im Perserkrieg 490 v. Chr., wurde von den Athenern angeklagt und verurteilt. Aristides, Feldherr bei Marathon, wurde 482 verbannt.

einzelner so lange Jahre mit so vielen römischen Feldherren um Macht und Ehre gestritten? Und diesen Mann haben seine Mitbürger aus dem Staat vertrieben, aber bei uns lebt er, unser Feind, ruhmvoll in unseren Literaturwerken und in unserem Gedächtnis. 143. Daher laßt uns unsere Landsleute nachahmen: Brutus, Camillus, Ahala, Decius, Curius, Fabricius, Maximus, Scipio, Lentulus, Aemilius und die unzähligen anderen[94], die diesen Staat gesichert haben, Männer, die meiner Meinung nach in die Zahl und die Gemeinschaft der unsterblichen Götter gehören[95]!

Wir wollen unser Vaterland lieben, dem Senat Folge leisten, für die Guten eintreten. Gegenwärtigen Gewinn wollen wir geringachten, nach dem Ruhm der Nachwelt laßt uns streben! Das Rechte soll für uns zugleich das Beste sein, wir wollen hoffen, daß unsere Wünsche in Erfüllung gehen, aber das ertragen, was kommt. Wir wollen schließlich eingedenk sein, daß der Leib der tapferen Großen sterblich ist, ihr Geist aber und ihr Heldenruhm unsterblich! Bei dem vergöttlichten Herkules sehen wir eine solche Auffassung geheiligt. Sein Körper zerfiel zu Asche, aber sein tapferer Geist schwang sich auf zur Unsterblichkeit, wie es heißt. Und da wollen wir nicht weniger daran glauben, daß die Männer, die unseren mächtigen Staat durch ihr Planen und Handeln gemehrt, verteidigt oder gerettet haben, zum Ruhme der Unsterblichkeit berufen sind.

144. Doch während ich von Ehre und Ruhm unserer tapferen, berühmten Männer spreche, ihr Richter, und mich anschikke, noch ausführlicher darüber zu reden, hält mich plötzlich der Blick auf die hier Anwesenden mitten im Fluß meiner Rede fest. Ich sehe Publius Sestius, den Verfechter meiner Rettung, den

94 Eine Standardliste berühmter Sieger der römischen Geschichte, die zum Repertoire des Redners gehörte und besonders in der *admonitio*, in Ermunterung und Aufruf an die Zuhörer am Schluß der Rede, Verwendung fand.

95 Derselbe Gedanke wird ausgeführt im *Somnium Scipionis* (Scipios Traum) am Ende von *De re publica* (Vom Staat).

Vorkämpfer eures Standes, den Vertreter des Staates – ich sehe ihn als Angeklagten. Ich sehe seinen jungen Sohn, mit Tränen in den Augen sieht er mich an; ich sehe Milo, den Schirmherrn eurer Freiheit, den Schützer meines Lebens, die Stütze des wankenden Staates, den Vernichter des Banditentums mitten unter euch. Er hat dem täglichen Blutvergießen ein Ende bereitet, Tempel und Häuser geschützt und über dem Senat gewacht – und ihn sehe ich in Trauerkleidern, als Angeklagten. Ich sehe Publius Lentulus, dessen Vater ich als den Schutzgott meines Lebens und meiner Ehre ansehe sowie als Retter meines Bruders und unserer Kinder. Ich sehe ihn in Sack und Asche trauern. Ihm hat im vergangenen Jahr der Vater die Männertoga und das Volk die purpurgesäumte Toga überreicht[96]. Dieses Jahr leistet er in dieser Toga Fürbitte für seinen Vater, einen unsrer tüchtigsten und angesehensten Männer, daß man diesem nicht unerwartet Schmach zufüge durch einen höchst ungerechten Antrag[97].

145. Diese düstere Erscheinung, die gedrückte Haltung, diese Trauerkleider so vieler hervorragender Bürger – ich allein bin der Grund! Sie sind in Trauer, weil sie mich verteidigt haben, weil sie mein Schicksal und mein Leid bekümmerte, weil sie mich dem trauernden Vaterland, den Forderungen des Senats, dem Drängen Italiens und den Bitten von euch allen zurückgegeben haben. Was für ein großes Verbrechen habe ich denn begangen? Was habe ich verbrochen an jenem Tag, als ich euch die Beweisstücke, Briefe und Geständnisse derer vorlegte, die unseren gemeinsamen Untergang planten[98], als ich euch gehorchte? Wenn es aber ein Verbrechen ist, sein Vaterland zu lieben,

96 Sohn des Konsuls Lentulus, der sich für Ciceros Rückkehr eingesetzt hatte. Mit sechzehn Jahren erhielt der junge Mann die *toga virilis* und wurde zugleich ins Augurenkollegium gewählt, was ihm das Recht gab, wie die höheren Beamten die purpurgesäumte *toga praetexta* zu tragen.

97 Er bezog sich auf den Auftrag zur Rückführung des vertriebenen ägyptischen Königs Ptolemaios XII. Auletes durch Lentulus; dieser Auftrag wurde Lentulus aus dem Kreise des Pompeius streitig gemacht.

98 Die Catilinarier.

dann habe ich genug dafür gebüßt: Mein Haus wurde zerstört, mein Vermögen geraubt, meine Kinder auseinandergerissen, meine Gattin mißhandelt. Mein teurer Bruder in seiner beispiellosen treuen Liebe lag in Trauergewändern meinen Todfeinden zu Füßen. Ich selber, vertrieben von Haus und Herd und den heimischen Göttern, weggerissen von den Meinen, mußte das Vaterland meiden, das ich, um das wenigste zu sagen, jedenfalls geliebt habe. Ich habe dafür die Grausamkeit meiner Feinde, das verbrecherische Verhalten der Treulosen und die Falschheit der Neider ertragen müssen. 146. Wenn das noch nicht genug ist, weil es ja alles durch meine Rückkehr wieder aufgehoben scheint – es wäre viel besser für mich, viel besser, sage ich, ihr Richter, wieder dasselbe Schicksal auf mich zu nehmen, als meinen Verteidigern und Rettern ein solches Unglück zu bereiten. Oder könnte ich in dieser Stadt bleiben, wenn die vertrieben werden, die meine Gegenwart hier ermöglichten? Nein, ich werde es nicht, ich kann es nicht, ihr Richter! Dieser Knabe hier, der mit heißen Tränen seine Liebe zum Vater bekennt, nie soll er seinen Vater um meinetwillen verloren haben und mich dann wohlbehalten hier sehen. Nie soll er, sooft er mich erblickt, aufseufzen und sagen, er sehe seinen und seines Vaters Untergang. Ich will diese hier allzeit, wie auch ihr Schicksal sein mag, umschlungen halten, und kein Geschick soll mich von der Seite derer reißen, die ihr hier um meinetwillen in Trauer seht. Und die anderen Völker, denen mich der Senat ans Herz gelegt hat, denen er um meinetwillen seinen Dank ausgesprochen hat, die sollen diesen Mann hier niemals ohne mich um meinetwillen in der Verbannung sehen!

147. Doch das haben die unsterblichen Götter in eure Hand gelegt, die Götter, die mich bei meiner Ankunft, begleitet von diesen Männern hier[99] und dem Konsul Publius Lentulus, in ihren Tempeln aufgenommen haben. Der Staat selber, verehrungswürdig vor allem, hat es in eure Macht gestellt, ihr Richter.

99 Sestius und Milo.

Ihr könnt durch euren Urteilsspruch alle Guten in ihrer Gesinnung bestärken und die Schlechten entmutigen. Ihr könnt euch an den Diensten der besten Bürger hier erfreuen, ihr könnt mich wieder aufrichten und dem Staat neues Leben schenken.

Daher bitte und beschwöre ich euch: Wenn ihr mein Heil wollt, dann erhaltet die, die mich euch zurückgegeben haben!

Übersetzt von Marion Giebel

Reden gegen Catilina

Einleitung

Cicero war für das Jahr 63 v. Chr. zum Konsul gewählt worden. Die Nobilität erhoffte von ihm wirksame Hilfe gegen seinen Mitbewerber Lucius Sergius Catilina, einen verarmten Aristokraten, der sich seit dem Jahre 66 erfolglos um das höchste Amt bewarb, von dem er sich einen Ausweg aus seiner finanziellen Notlage und den Aufstieg zu Macht und Reichtum versprach. Ein großangelegtes Programm, das Schuldentilgung und eine neue Landverteilung vorsah, hatte ihm großen Zulauf verschafft, sowohl unter hoch verschuldeten Standesgenossen wie auch unter dem besitzlosen Proletariat und den Veteranen. Ein Anknüpfen an die Tradition der Gracchen oder gar des Sklavenführers Spartacus lag ihm jedoch fern, dazu war und blieb er zu sehr Aristokrat, für den seine persönlichen Anliegen – die Gewinnung von Ansehen und Einfluß – im Vordergrund standen. Ein wohl authentischer Brief Catilinas, den Sallust überliefert *(Coniur. Cat. 35,3 f.)*, zeigt dies hinlänglich, so daß Catilina keinen Anspruch darauf hat, als ernsthafter Verfechter eines sozialrevolutionären Programms zu gelten. Als seine Bewerbung für 63 wie für 62 scheiterte, organisierte er eine Verschwörung, deren Ziel der bewaffnete Umsturz war. Sein besonderer Haß richtete sich gegen Cicero, der jedoch durch Wachsamkeit und Entschlossenheit alle Anschläge zu vereiteln wußte. Er war bestrebt, Catilinas staatsfeindliche Haltung klar herauszustellen, um ihn von seinen adligen Standesgenossen zu isolieren, die mit ihm sympathisierten und Ciceros Anschuldigungen wenig Glauben schenkten. Diesen Zweck erfüllt die 1. Catilinarische Rede: Catilina war trotz eines fehlgeschlagenen Mordversuchs an Cicero am nächsten Morgen, dem 7. November 63, im Senat erschienen. Nun aber verließ er Rom wutentbrannt und begab sich nach Etrurien, wo sein Mitverschwörer Gaius Manlius bereits Truppen aufgeboten hatte. Daraufhin wurden Catilina und Manlius zu Staatsfeinden erklärt. Am folgenden Tag unterrichtete Cicero in seiner 2. Catilinarischen Rede das Volk in der Volksversammlung über die Verschwörung und seine Gegenmaßnahmen. Am 3. Dezember ließ er die Rädelsführer verhaften und überführte sie im Senat mit erdrückenden Beweisen des Hochverrats. Am Abend des 3. Dezember meldete er dies dem Volk in seiner 3. Catilinarischen Rede. Am 5. Dezember beriet der Senat über die Bestrafung der Catilinarier. Cicero sprach sich in seiner 4. Catilinarischen Rede für die Todesstrafe aus. Er appellierte an Senat, Ritterstand und Volk, die einmütige Haltung, die sie bisher gezeigt hatten, beizubehalten und weiterhin ihr Gruppeninteresse zurückzustellen zugunsten einer solidarischen Politik. Der Senat hatte das *senatus consultum ultimum*, den Notstandsbeschluß, erlassen, der den Konsuln die Exekutivgewalt übertrug. Aufgrund dieses Beschlusses wurde an den für schuldig befundenen fünf Rädelsführern die Todesstrafe vollstreckt. Catilina wurde Anfang 62 in einem Gefecht bei Pistoria (Oberitalien) besiegt und getötet.

Wie Cicero selbst in der 4. Catilinarie zum Ausdruck bringt, war mit der Ausschaltung der Verschwörer keineswegs alle Gefahr gebannt. Der Fall Catilina war symptomatisch für die Krise des römischen Staatswesens. Cicero und Sallust haben in ihren Darstellungen diesen Modellcharakter hervorgehoben, der der Verschwörung des Catilina eine Bedeutung verschaffte, die weit über die eines mißglückten Putsches hinausging. Dieser blieb Episode, doch Catilinas Zielsetzung, die Senatsherrschaft zu zerstören und eine eigene Machtposition aufzubauen, wurde von den popularen Gruppen weiter verfochten – Cicero mußte 58 für ein Jahr ins Exil wegen angeblich unrechtmäßiger Hinrichtung der Catilinarier – und schließlich von Caesar erreicht. Damit wurde die *res publica* zur *res privata.* Einen solchen Zusammenhang spürte Cicero, und seine maßlosen Angriffe galten nicht so sehr der Person des Catilina (von dem er in seiner Rede für Caelius ein differenzierteres Bild entwirft) als vielmehr dem Typus eines Menschen, der sich außerhalb der Bürgergemeinschaft stellt und diese aufzuheben versucht.

Erste Rede gegen Catilina am 7. November 63 vor dem Senat

1. Wie lange, Catilina, willst du noch unsere Geduld mißbrauchen? Wie lange noch soll dein wahnsinniges Treiben uns höhnen? Wo ist die Grenze deiner Prahlerei und hemmungslosen Frechheit? Merkst du nichts von der nächtlichen Besetzung des Palatiums[1], nichts von den Polizeistreifen in der Stadt, nichts von der Unruhe des Volkes, nichts von dem Zusammenhalt aller anständig gesinnten Bürger? Macht die starke Sicherung dieses Ortes hier für die Senatssitzung gar keinen Eindruck auf dich? Auch nicht der Blick und die Mienen der hier versammelten Männer? Fühlst du nicht, daß deine Pläne allgemein bekannt sind? Siehst du nicht, daß durch das Wissen aller dieser Männer um deine Verschwörung diese bereits völlig eingeschnürt ist? Meinst du, wir wüßten nicht alle, was du in der letzten Nacht und in der Nacht vorher getrieben hast, wo du gewesen bist, wen du um dich gesammelt und welche Pläne du gefaßt hast?

2. Was sind das für Zeiten, was für Sitten? Der Senat weiß davon, der Konsul sieht's, und trotzdem lebt dieser Mensch noch! Ja, er lebt! Er kommt sogar in den Senat, nimmt teil an der öffentlichen Beratung, bestimmt und bezeichnet mit seinem Blick jeden einzelnen von uns für den ihm zugedachten Mord. Wir aber, wir wackeren Männer, tun anscheinend dem Wohle des Staates Genüge, wenn wir dem tollen Treiben und den Waffen dieses Schurken ausweichen. Schon längst hätte man dich auf

1 Mit Palatium ist der vornehme Stadtteil in der Nähe des Forums auf dem Palatin, einem der sieben Hügel, gemeint.

Befehl des Konsuls zum Tode führen und das Verderben, das du schon lange gegen uns alle planst, auf dich niederbrechen lassen müssen!

3. Hat doch ein hochangesehener Mann, Publius Scipio, ein Oberpriester, als Privatmann den Tiberius Gracchus[2], als er nur ein wenig den Bestand des Staates erschütterte, töten lassen. Wir aber sollen uns als Konsuln Catilina gefallen lassen, der die ganze Welt mit Mord und Brand verwüsten will? Ich übergehe jene allzuweit zurückliegenden Ereignisse, daß Gaius Servilius Ahala den Spurius Maelius wegen seiner Umsturzpläne mit eigener Hand getötet hat. Das galt einmal – ja, so war es – in unserem Staate als Mannestat, daß entschlossene Männer einen Schädling unter den Bürgern mit härteren Strafen bändigten als den erbittertsten Landesfeind. Wir haben, Catilina, einen strengen und harten Senatsbeschluß gegen dich. Die Entscheidung des Staates mit dem vollen Gewicht dieser Körperschaft hier liegt vor. Nur wir, ich sage es offen, wir Konsuln lassen es an uns fehlen.

4. Einstmals faßte der Senat den Beschluß, der Konsul Lucius Opimius solle dafür sorgen, daß der Staat keinen Schaden nehme. Keine Nacht verging, da war Gaius Gracchus, dessen Vater, Großvater und Ahnen hochberühmte Männer waren, wegen des Verdachts des Hochverrats getötet und mit ihm der Konsular Marcus Fulvius samt seinen Kindern. Durch einen ähnlichen Senatsbeschluß wurde den Konsuln Gaius Marius und Lucius Valerius die Sicherheit des Staates anvertraut. Ist damals im Vollzug der Strafe des Staates die Hinrichtung des Volkstribunen Lucius Saturninus und des Praetors Gaius Servilius[3] auch nur einen Tag aufgeschoben worden? Wir aber lassen es schon

2 Tiberius Sempronius Gracchus, der als Volkstribun für eine Ackerreform eintrat, wurde 133 v. Chr. von der Adelspartei unter Führung des Publius Scipio Nasica getötet, als er sich auch für das nächste Jahr um das Tribunat bewarb. Auch sein Bruder Gaius fand 121 v. Chr. einen gewaltsamen Tod, als er für die Reformpläne seines Bruders eintrat.

3 Lucius Saturninus und Gaius Servilius hatten als radikale Demagogen Pläne zugunsten des Volkes mit Gewalt durchsetzen wollen.

zwanzig Tage zu, daß die Schärfe der Vollmacht dieser Männer hier stumpf wird. Einen entsprechenden Senatsbeschluß haben wir, aber er liegt noch im Archiv versteckt wie das Schwert in der Scheide. Nach diesem Senatsbeschluß hättest du, Catilina, auf der Stelle getötet werden müssen. Du aber lebst, lebst nicht, um deine Frechheit abzulegen, sondern sie noch zu verstärken. Es ist mein Streben, Senatoren, jede Schärfe zu vermeiden, aber es ist auch mein Streben, in solch gefährlicher Lage des Staates nicht als fahrlässig zu erscheinen. Ich tadele mich ohnedies selbst wegen meiner Untätigkeit und Nachlässigkeit.

5. Ein gegen das römische Volk gerichtetes Lager befindet sich in Italien, in den Engpässen von Etrurien. Mit jedem Tage wächst die Zahl der Feinde. Der Befehlshaber dieses Lagers aber und der Führer der Feinde weilt in unseren Mauern, ja ihr könnt ihn sogar im Senat sehen, obwohl er Tag für Tag von innen her den Untergang des Staates betreibt. Wenn ich dich, Catilina, endlich festnehmen und töten ließe, ich glaube, ich müßte eher den Tadel aller Gutgesinnten befürchten, daß ich zu spät zugegriffen habe, als daß ich grausam gehandelt habe. Aber ich habe aus einem ganz bestimmten Grunde Veranlassung, noch nicht zu tun, was ich schon längst hätte tun sollen. Du wirst erst dann sterben, wenn kein noch so verdorbener, ruchloser und dir ähnlicher Mensch sich finden läßt, der nicht zugibt, dir sei recht geschehen.

6. Solange sich noch jemand findet, der den Mut hat, dich zu verteidigen, wirst du leben, und zwar so, wie du jetzt lebst, belauert von meinen zahlreichen und starken Wachen, damit du keine Bewegungsfreiheit hast zum Unglück des Staates. Viele Augen und Ohren auch werden dich wie bisher, ohne daß du es merkst, beobachten und überwachen. Worauf wartest du eigentlich noch, Catilina, wenn weder die finstere Nacht eure verbrecherischen Zusammenkünfte noch dein eigenes Haus in seinen Mauern die Stimmen der Verschwörer verbergen kann, kurz, wenn alles bekannt wird und ans Licht kommt? Ändere endlich deine Gesinnung, glaube mir, und laß die Finger weg von Mord und Brand! Du bist von allen Seiten umstellt, alle deine Pläne

sind klarer als Tageslicht. Wenn du willst, kannst du sie mit mir zusammen noch einmal durchgehen.

7. Erinnerst du dich noch an meine Äußerung vom 21. Oktober im Senat, daß Gaius Manlius, dein Spießgeselle und Helfer deiner frechen Pläne, an einem ganz bestimmten Tage, nämlich am 27. Oktober, losschlagen werde? Habe ich mich etwa über den Umfang deines blutigen und unerhörten Unternehmens getäuscht, Catilina, oder, was noch verwunderlicher ist, über diesen Termin? Ich habe weiter im Senat erklärt, du hättest ein Blutbad unter den Adligen auf den 28. Oktober festgesetzt. Daraufhin sind viele führende Männer aus Rom fortgegangen, nicht zu ihrer eigenen Sicherheit, sondern um deine Pläne im Keim zu ersticken. Kannst du leugnen, daß dich eben an diesem Tage meine Wachen und meine Wachsamkeit so umstellten, daß du nichts gegen den Staat unternehmen konntest? Hast du damals nicht geäußert, du würdest dich nach dem Weggang der anderen auch mit der Ermordung der Zurückgebliebenen begnügen?

8. Weiter! Als du hofftest, Praeneste durch einen nächtlichen Überfall am 1. November besetzen zu können, hast du da nicht gemerkt, daß diese Kolonie auf meinen Befehl hin durch meine Schutzmaßnahmen, durch Wachen und Posten, gesichert war? Nichts kannst du tun, nichts ins Werk setzen, nichts planen, was ich nicht sogleich höre, was ich nicht sehe und bis in alle Einzelheiten merke. Betrachte doch schließlich mit mir jene vorletzte Nacht! Dann wirst du gleich einsehen, daß ich viel leidenschaftlicher für das Wohl des Staates wache als du für seine Vernichtung. Ich behaupte, daß du in der letzten Nacht, ich rede offen, in der Gasse der Sichelmacher bei Marcus Laeca gewesen bist, daß sich dort mehrere Helfer des gleichen verbrecherischen Wahnsinns versammelt haben. Wagst du etwa zu leugnen? Warum schweigst du? Falls du leugnen wolltest, werde ich dich überführen. Ich sehe nämlich hier im Senat einige Männer, die mit dir zusammen waren.

9. O ihr unsterblichen Götter! Wo in aller Welt sind wir denn? In welcher Stadt leben wir? Was haben wir für einen

Staat? Hier, ja, hier in unserer Mitte, Senatoren, in dem heiligsten und erhabensten Rat der ganzen Welt, gibt es Leute, die auf den Untergang von uns allen, die Vernichtung dieser Stadt, ja der ganzen Welt sinnen. Ich, der Konsul, sehe sie vor mir und muß sie sogar um ihre Meinung über das Wohl des Staates fragen. Sie, die man mit dem Schwert ausrotten müßte, darf ich nicht einmal mit Worten verletzen.

Du warst also, Catilina, in jener Nacht bei Laeca, du hast die Rollen für Italien verteilt, hast bestimmt, wohin ein jeder zu gehen habe. Du hast die Männer ausgesucht, die du in Rom zurücklassen und die du mit dir nehmen willst. Du hast die Bezirke der Stadt genau bezeichnet, wo Brandstiftungen erfolgen sollen, du hast erklärt, du wärest selbst schon längst fortgegangen, müßtest aber noch eine kleine Weile warten, weil ich noch am Leben sei. Zwei römische Ritter erklärten sich bereit, dich von dieser Sorge zu befreien, und sagten dir zu, mich noch in der gleichen Nacht kurz vor Tagesanbruch in meinem Bett zu ermorden.

10. Das alles habe ich kurz nach Auflösung eurer Zusammenkunft erfahren und daraufhin mein Haus mit stärkeren Wachen geschützt und gesichert. So wurden die Männer, die du geschickt hattest, mir den Morgengruß zu bringen, nicht eingelassen. Es waren ebendie Männer, deren Erscheinen ich vielen hochstehenden Persönlichkeiten für diese Zeit angesagt hatte. Da die Dinge so liegen, Catilina, vollende, womit du begonnen hast, und gehe endlich fort aus dieser Stadt! Die Tore stehen offen, reise ab! Schon allzulange sehnt sich das Lager des Manlius nach dir, seinem Oberbefehlshaber. Nimm alle deine Anhänger mit, oder doch wenigstens die meisten. Reinige die Stadt von ihnen. Du wirst mich von einer großen Sorge befreien, sobald nur die Mauer zwischen mir und dir liegt. Bei uns kannst du nicht länger mehr bleiben. Ich kann es nicht ertragen, nicht dulden und nicht zulassen.

11. Wir sind den unsterblichen Göttern zu großem Dank verpflichtet und vor allem dem Juppiter Stator[4], dem uralten Schirmherrn dieser Stadt, daß wir diesem abscheulichen, furcht-

baren und staatsfeindlichen Scheusal so oft gerade noch entronnen sind. Es ist unerträglich, daß die Existenz des Staates immer wieder durch einen einzigen Menschen aufs Spiel gesetzt wird. Solange deine Anschläge, Catilina, mich vor Antritt des Konsulats bedrohten, habe ich mich nicht mit der bewaffneten Macht des Staates, sondern durch meine eigene Wachsamkeit geschützt. Als du bei den letzten Konsulatswahlen mich und deine Mitbewerber auf dem Marsfeld töten wolltest, habe ich deine ruchlosen Pläne durch die Schutztruppe meiner Freunde zunichte gemacht, ohne daß öffentliche Unruhen entstanden. Kurz, solange deine Anschläge nur mir galten, bin ich dir mit eigenen Mitteln entgegengetreten, obwohl ich wußte, daß mein Tod ein großes Unglück des Staates zur Folge haben müsse.

12. Doch jetzt greifst du bereits offen den Staat in seiner Gesamtheit an, du rufst auf zur Vernichtung und Verwüstung der Tempel der unsterblichen Götter, der Häuser der Stadt, des Lebens aller Bürger, ja ganz Italiens. Da ich jedoch das, was das Nächstliegende wäre und der Macht unserer Herrschaft und dem strengen Brauch unserer Vorfahren entspräche, noch nicht zu tun wage, will ich wenigstens das tun, was zwar im Hinblick auf die Strenge zu nachsichtig, für das Allgemeinwohl jedoch zweckmäßiger ist. Wenn ich nämlich dich hinrichten lasse, bleibt doch die übrige Schar der Verschwörer im Staate zurück. Gehst du aber fort, wozu ich dich schon längst auffordere, dann wird mit dir auch der große verderbliche und staatsfeindliche Auswurf deiner Genossen aus der Stadt ausgeräumt.

13. Wie ist das, Catilina? Zögerst du noch, auf meinen Befehl das zu tun, was du freiwillig schon vorhattest? Der Konsul befiehlt dem Staatsfeind, die Stadt zu verlassen. Du fragst mich, ob in die Verbannung? Ich befehle es nicht, doch wenn du mich fragst, rate ich es dir. Was könnte dir, Catilina, in unserer Stadt

4 Im Tempel des Juppiter Stator, der der Sage nach von Romulus im Kampfe gegen die Sabiner gelobt wurde, fand die Senatssitzung statt. Stator bedeutet soviel wie Erhalter, Retter.

noch Freude machen? Außerhalb der verkommenen Verschwörerbande gibt es hier niemanden, der dich nicht fürchtete, der dich nicht haßte. Gibt es ein Brandmal häuslicher Verworfenheit, das deinem Leben nicht eingebrannt ist, eine Schande im persönlichen Verhalten, die nicht an deinem Rufe haftet? Welche Lüsternheit war deinen Augen fremd, welche Untat deinen Händen, welche Schande überhaupt deinem ganzen Körper? Gibt es einen jungen Menschen, den du nicht durch Lockungen in das Netz deiner Verführungskünste verstrickt und dem du zu vermessener Tat nicht das Schwert und zur Lüsternheit nicht die Fackel vorangetragen hättest?

14. Wie aber steht es damit, als du neulich dein Haus durch den Tod der ersten Gattin für die neue Hochzeit frei machtest? Hast du diesem Frevel durch das andere unglaubliche Verbrechen[5] nicht die Krone aufgesetzt? Von diesen Dingen jedoch will ich nicht reden und sie gern mit Schweigen übergehen. Sonst könnte der Eindruck entstehen, daß es in unserem Staate wirklich solche gemeine Taten gegeben hat oder daß sie nicht gesühnt wurden. Ich übergehe auch den Zusammenbruch deiner wirtschaftlichen Verhältnisse. Daß er dir in vollem Umfange droht, wirst du an den nächsten Iden[6] merken. Ich komme jetzt zu dem, was nicht mit deinen persönlichen entehrenden Lastern zusammenhängt, auch nicht mit deinen häuslichen Schwierigkeiten und Schändlichkeiten, sondern zu dem, was mit der Existenz des Staates, dem Leben und der Zukunft von uns allen zu tun hat.

15. Kann dir, Catilina, das Tageslicht oder die Luft unter unserem Himmel noch Freude machen, da du doch wissen mußt, daß es einem jeden der hier Anwesenden bekannt ist, daß du am 31. Dezember unter dem Konsulat des Lepidus und Tullus[7] bewaffnet in der Wahlversammlung standest und eine

5 Die angebliche Tötung seines Sohnes aus erster Ehe.
6 Die Iden, der 13. oder 15. des Monats, waren Kündigungsfrist für geliehene Gelder.
7 Das Konsulat des Lepidus und Tullus fiel in das Jahr 66 v. Chr.

Handvoll Leute bereithieltest, um die Konsuln und führende Männer des Staates zu töten? Diesen verbrecherischen und wahnsinnigen Anschlag hat nicht eine vernünftige Erwägung oder Scheu deinerseits verhütet, sondern das Glück des römischen Volkes. Ich will nicht davon reden, wie oft du mich nach meiner Wahl zum Konsul und dann nach meinem Amtsantritt hast töten wollen. Denn diese Vorgänge sind ja nicht unbekannt und vereinzelt. Wie oft bin ich deinen Anschlägen, die so geführt wurden, daß sie kaum mißlingen konnten, sozusagen nur durch eine knappe Wendung des Körpers entkommen. Nichts richtest du aus, nichts erreichst du, trotzdem versuchst und planst du es immer wieder.

16. Wie oft ist schon der Dolch deiner Hand entwunden worden, wie oft ist er dir durch irgendeinen Zufall entfallen und entglitten! Mit welchen heiligen Gelübden er freilich geweiht und gesegnet ist, daß du meinst, er müsse den Körper des Konsuls treffen, ist mir unbekannt.

Was für ein Leben ist das für dich? So nämlich will ich jetzt mit dir reden, aber nicht als würde ich von Haß getrieben, wie ich müßte, sondern von Mitleid, das du nicht verdienst. Du bist eben in die Senatssitzung gekommen. Wer hat dich aus der großen Zahl der Versammelten von deinen vielen Freunden und Verwandten begrüßt? Wenn das seit Menschengedenken keinem widerfahren ist, wartest du noch auf laute Schimpfworte, da dich bereits das harte Urteil des Schweigens betroffen hat? Daß ferner bei deinem Erscheinen alle Sitze leer geworden sind, daß alle ehemaligen Konsuln, die von dir oft zur Ermordung bestimmt waren, als du Platz nahmst, diesen Teil der Sitze räumten und dir leer überließen, wie glaubst du das eigentlich ertragen zu können?

17. Wahrhaftig, wenn meine Sklaven mich auf solche Weise fürchteten, wie dich alle deine Mitbürger fürchten, ich würde mich gezwungen fühlen, mein Haus zu verlassen. Und du meinst es im Hinblick auf die Stadt nicht tun zu müssen? Wenn ich zusehen müßte, wie ich von meinen Mitbürgern obschon zu

Unrecht so arg verdächtigt und gehaßt würde, würde ich lieber den Blicken der Mitbürger ausweichen, als daß mich immerfort ihre feindseligen Blicke träfen. Obwohl du im Bewußtsein deiner Frevel zugeben mußt, daß der allgemeine Haß berechtigt ist und du ihn schon lange verdient hast, zögerst du da noch, den Blicken und der Nähe derer aus dem Wege zu gehen, deren Herz und Sinn du durch deine Anwesenheit verletztest? Falls deine Eltern dich fürchteten und haßten und du sie auf keine andere Weise beruhigen könntest, ich glaube, du würdest ihnen aus den Augen gehen. Hier aber haßt und fürchtet dich das Vaterland, die gemeinsame Mutter von uns allen; sie weiß schon längst von dir, daß du auf nichts anderes als auf ihren Tod sinnst. Du aber hast weder Scheu vor ihrer Würde, noch folgst du ihrem Urteil, noch zitterst du vor ihrer Gewalt?

18. Dieses Vaterland, Catilina, spricht so zu dir und bringt gleichsam schweigend dies zum Ausdruck: »Schon seit einer Reihe von Jahren gab es keine Untat, an der du nicht beteiligt warst, und keine Schandtat ohne dich. Dir allein blieben die Ermordung vieler Bürger, die Mißhandlung und Ausplünderung der Bundesgenossen ungestraft und ungesühnt. Du hast es fertiggebracht, die Gesetze und Untersuchungsverfahren nicht nur zu mißachten, sondern sie sogar völlig zu durchbrechen. Diese früheren, wenn auch unerträglichen Vorgänge habe ich, so gut ich konnte, ertragen. Daß ich aber jetzt immerfort nur deinetwegen in Angst sein soll, daß ich bei dem leisesten Geräusch Catilina dahinter fürchte, daß augenscheinlich kein Anschlag gegen mich geschmiedet werden kann, der nicht deinem verbrecherischen Sinn entspringt, ist unerträglich für mich. Daher gehe fort und befreie mich von dieser Furcht! Ist sie berechtigt, damit ich nicht von ihr erdrückt werde; ist sie unbegründet, daß ich endlich einmal nicht mehr zu fürchten brauche!«

19. Wenn das Vaterland so, wie ich eben tat, zu dir spräche, müßte es nicht Erfolg haben, auch wenn es keine Gewalt anwenden kann? Wie steht es denn damit, daß du dich selbst in freie Haft begeben hast, daß du erklärtest, du wolltest, um jeden

Verdacht zu vermeiden, bei Manius Lepidus wohnen? Von ihm abgewiesen, hast du es sogar gewagt, zu mir zu kommen, und mich gebeten, dich in meinem Hause zu behalten. Als du auch von mir den Bescheid erhalten hattest, ich könne auf keinen Fall mit dir in Sicherheit unter einem Dache leben, da es für mich schon eine große Gefahr bedeute, innerhalb derselben Stadtmauern mit dir zusammen zu wohnen, bist du zum Praetor Quintus Metellus gegangen. Von ihm abgewiesen, bist du schließlich zu deinem Genossen Marcus Metellus, diesem ehrenwerten Mann, weitergegangen. Offenbar warst du der Meinung, er sei besonders gewissenhaft in der Bewachung, scharfsinnig in argwöhnischer Beobachtung und am ehesten entschlossen, gegen dich einzuschreiten. Kann aber einer, der sich selbst der Haft für würdig hält, noch weit vom wirklichen Gefängnis und Kerker sein?

20. Bei solchem Stand der Dinge, Catilina, zögerst du noch, wenn du schon nicht mit gelassener Ruhe sterben kannst, in irgendwelche Länder fortzugehen und dort dein Leben, das dann vielen gerechten und verdienten Strafen entzogen ist, der Zurückgezogenheit und Einsamkeit zu weihen?

»Stelle einen Antrag im Senat«, sagst du. Das nämlich verlangst du und erklärst, du würdest gehorchen, falls diese Körperschaft den Beschluß faßte, dich in die Verbannung zu schikken. Ich will aber diesen Antrag nicht stellen, weil er meiner Gepflogenheit widerspricht, ich werde aber doch dafür sorgen, daß du die Meinung der hier Versammelten über dich kennenlernst. Verlasse die Stadt, Catilina, befreie den Staat von seiner Furcht, gehe fort in die Verbannung, wenn du auf dies Wort wartest! Nun, merkst du etwas, bemerkst du ihr Schweigen? Ihr Schweigen beweist ihr Einverständnis. Wartest du noch auf die Bestätigung durch Worte, da du ihren Willen in ihrem Schweigen deutlich erkennen kannst?

21. Wenn ich dasselbe hier zu dem vortrefflichen jungen Publius Sestius oder zu dem ausgezeichneten Mann, Marcus Marcellus, sagte, dann hätte der Senat sogar hier in diesem Tempel

auf der Stelle und mit vollem Recht gewaltsam Hand an mich gelegt trotz meiner Stellung als Konsul. Wenn sie aber, Catilina, wo es sich um dich handelt, ruhig bleiben, dann zeigt das ihre Zustimmung; wenn sie sich das gefallen lassen, kommt es einem Beschluß gleich, ihr Schweigen bedeutet lauten Beifall. Aber nicht nur sie sind es, deren Spruch dir sicherlich wertvoll ist – ihr Leben freilich ist dir völlig wertlos –, sondern auch jene römischen Ritter, diese ehrenwerten und erlauchten Männer, und alle übrigen tapferen Bürger, die sich um den Senat versammelt haben. Ihre große Zahl hast du sehen, ihre Haltung spüren und ihre Stimmen eben deutlich hören können. Nur mit Mühe kann ich schon lange ihre bewaffnete Faust von dir fernhalten, trotzdem werde ich sie leicht dazu bringen, dich bis an die Tore zu geleiten, wenn du diesen Ort verläßt, dem du schon längst Vernichtung zugedacht hast.

22. Doch was rede ich da? Daß dich vielleicht irgend etwas niederschmettern oder dich jemals bessern könnte? Daß du an Flucht denkst und Verbannung in Erwägung ziehst? Ich wollte, die unsterblichen Götter gäben dir diese Einsicht! Doch darüber bin ich mir im klaren, falls du dich durch meine Rede erschüttert zur Verbannung entschließen würdest, welcher Sturm der Entrüstung mir, wenn auch nicht im Augenblick, da die Erinnerung an deine Frevel noch frisch ist, so doch in späterer Zeit drohen würde. Aber es ist der Mühe wert, wenn nur dies Unglück auf mich persönlich beschränkt bleibt und jede Gefährdung des Staates ausgeschlossen ist. Von dir kann man nicht verlangen, daß du dich durch deine Fehltritte erschrecken läßt, daß du vor den Strafen der Gesetze zitterst und auf die Lage des Staates Rücksicht nimmst. Nein, Catilina, du bist nicht der Mann, den jemals das Ehrgefühl von einer Schändlichkeit oder die Furcht von einer Gefahr oder vernünftige Überlegung von deinem Wahnsinn hätte zurückhalten können.

23. Deshalb geh fort, wie ich schon oft sagte, gehe geradewegs in die Verbannung, wenn du nach deinen öffentlichen Äußerungen Haß gegen mich, deinen persönlichen Feind, entfachen

willst. Ich werde kaum das Gerede der Leute ertragen können, wenn du das tust, kaum die drückende Last des Hasses aushalten, wenn du auf Befehl des Konsuls in die Verbannung gehst. Willst du aber meinem Ansehen und Ruhm einen Dienst erweisen, dann nimm bei deinem Fortgehen die freche Schar deiner Mitverbrecher mit. Begib dich zu Manlius, hetze verworfene Bürger auf, trenne dich von den anständigen Menschen, bekriege dein Vaterland und rühme dich deiner Schurkerei, damit man nicht meint, du seiest von mir zu Fremden ausgestoßen worden, während du doch dem Rufe der Deinen folgst.

24. Doch wozu fordere ich dich noch auf, da ich doch genau weiß, daß die Vorausabteilung beim Forum Aurelium auf dich wartet. Ich kenne genau den Tag, den du mit Manlius vereinbart hast. Ich weiß auch, daß der silberne Adler[8], dem du in deinem Hause eine Weihestätte deiner Verbrechen bereitet hast, vorausgeschickt wurde. Er soll dir aber, wie ich fest überzeugt bin, Tod und Verderben bringen. Wie könntest du längere Zeit ohne ihn sein, zu dem du zu beten pflegst, wenn es zum Morden geht. Von seinem Altar hast du schon oft deine ruchlose Hand zum Bürgermord gewandt.

25. Einmal wirst du doch gehen, wohin dich schon längst deine schrankenlose, wahnsinnige Gier treibt. Solches Verhalten nämlich verursacht dir keinen Kummer, sondern eine geradezu unglaubliche Lust. Zu solchem Wahnsinn hat dich die Natur geradezu geschaffen, dein eigener Entschluß hingetrieben und das Geschick aufgespart. Niemals hast du nach Ruhe Verlangen gehabt, nicht einmal nach Krieg, wenn er nicht verbrecherisch war. Aus verkommenen, existenzlosen und aus jeder Hoffnung verstoßenen Leuten hast du einen wüsten Haufen von Verbrechern zusammengebracht.

26. Was magst du für Freude in solcher Gesellschaft haben, wie magst du laut frohlocken und geradezu in Lust schwelgen,

8 Mit dem silbernen Adler ist ein Legionsadler gemeint, den Marius im Kampfe gegen die Cimbern in seinem Heer mitgeführt haben soll.

wenn du im Kreise deiner Anhänger keinen einzigen anständigen Menschen hörst oder siehst! Die Strapazen, die du auf dich nimmst, sind die Vorübung zu solcher Lebenshaltung. Du liegst auf dem Boden, nicht bloß um auf eine Gelegenheit zu unzüchtiger Handlung zu warten, sondern auch um auf eine Schandtat zu lauern. Wenn du nachts wachst, belauerst du tückisch nicht nur den Schlaf der Ehemänner, sondern auch den Besitz friedlicher Bürger. Du hast eine gute Gelegenheit, die an dir gerühmte Fähigkeit im Ertragen von Hunger, Kälte und jeglichem Mangel zu zeigen. Du wirst aber bald merken, daß du erledigt bist.

27. Soviel wenigstens habe ich damals, als ich dich bei der Bewerbung um das Konsulat ausschaltete, erreicht, daß du den Staat nur als Außenseiter beunruhigen, ihn aber nicht als Konsul verderben kannst, ebenso, daß man dein frevelhaftes Unternehmen eher als einen Banditenstreich denn als einen Krieg bezeichnet. Senatoren, ich möchte nun noch eine bestimmte, fast könnte man sagen, berechtigte Beschwerde des Vaterlandes entschieden und feierlich zurückweisen. Hört euch, bitte, aufmerksam an, was ich sage, und prägt es euch tief in Herz und Sinn ein! Wenn das Vaterland, das mir viel teurer ist als mein Leben, wenn das gesamte Italien, der ganze Staat so zu mir spräche: »Marcus Tullius, was tust du? Ihn, den du als Staatsfeind entlarvt hast, der, wie du weißt, der Führer des Krieges sein wird, der, wie dir bekannt ist, als Feldherr der Feinde im Lager erwartet wird, ihn, den Urheber des Verbrechens, das Haupt der Verschwörung, den Aufwiegler der Sklaven und verkommenen Bürger, willst du fortgehen lassen? Daraus könnte doch der Eindruck entstehen, du hättest ihn nicht aus der Stadt fortgeschickt, sondern gegen die Stadt losgelassen. Willst du nicht lieber den Befehl geben, ihn ins Gefängnis abzuführen, zur Hinrichtung zu schleppen und mit den grausamsten Martern hinzuschlachten?

28. Was hindert dich denn? Etwa der Brauch unserer Vorfahren? In diesem Staate haben doch sehr oft Männer ohne amtliche Stellung staatsgefährliche Bürger mit dem Tode bestraft.

Oder die Gesetze, die über die Hinrichtung römischer Bürger beschlossen wurden? Niemals haben Hochverräter in unserem Staate die Rechtsstellung eines Bürgers behalten. Oder fürchtest du die Entrüstung der Nachwelt? Wahrhaftig, einen herrlichen Dank erstattest du dem römischen Volke, das dich auf Grund eigener Bewährung ohne Empfehlung von Ahnen so früh über alle Stufen der Ehrenämter bis zum höchsten Amt emporgehoben hat, wenn du dich jetzt aus Furcht vor Anfeindung oder irgendeiner Gefahr um das Wohl deiner Mitbürger nicht kümmern willst.

29. Wenn du aber Anfeindungen fürchtest, so sind diese wegen Lässigkeit und Unentschlossenheit schlimmer zu fürchten als die wegen strengen und entschiedenen Vorgehens. Wenn erst Italien verwüstet ist, wenn die Städte zugrunde gerichtet sind und die Häuser brennen, meinst du, du würdest dann nicht erst recht von der Flamme des Hasses verbrannt werden?«

Diesen feierlichen Worten des Staates und all derer, die ebenso denken, will ich kurz antworten: Wenn ich es für das beste hielte, Senatoren, jetzt Catilina mit dem Tode zu bestrafen, dann würde ich diesem Schurken auch nicht den Genuß einer einzigen Stunde des Lebens lassen. Wenn hochstehende Männer und hervorragende Bürger sich mit dem Blute eines Saturninus oder der Gracchen oder des Flaccus und noch anderer aus früherer Zeit nicht befleckt, sondern im Gegenteil Ehre erworben haben, so brauchte ich sicherlich nicht zu befürchten, es könnte mich wegen der Hinrichtung dieses Hochverräters eine Welle des Hasses bei der Nachwelt treffen. Wenn er mir auch noch so sehr drohte, ich habe immer die Auffassung gehabt, daß ich Haß, der in entschlossener Haltung seinen Ursprung hat, nicht als Haß, sondern als Ehre empfunden habe.

30. Indes, es gibt in dieser Körperschaft einige, die entweder die drohenden Dinge nicht sehen oder das, was sie sehen, verschleiern. Sie haben durch ihre schwächliche Haltung Catilinas Hoffnung genährt und die Verschwörung, als sie im Entstehen war, durch ihr Nichtglaubenwollen gestärkt. Unter dem Ein-

druck ihres Ansehens würden viele, nicht nur übel beleumdete, sondern uneingeweihte Bürger ein scharfes Vorgehen gegen Catilina als grausam und despotisch bezeichnen. Das aber weiß ich bestimmt: Wenn er ins Lager zu Manlius geht, wohin es ihn zieht, wird es keinen mehr geben, der in törichter Verblendung die Verschwörung nicht sehen will, keinen noch so Ruchlosen, der sie nicht zugibt.

Wenn dieser eine Mann nur hingerichtet ist, bin ich überzeugt, daß diese Bedrohung des Staates zwar ein wenig zurückgedrängt, aber nicht für alle Zeit unterdrückt werden kann. Wenn er aber gleichsam sich selbst hinauswirft und seine Anhänger mitnimmt und sich dort die anderen schiffbrüchigen Existenzen aus aller Welt zugesellt, dann wird die Seuche im Staat nicht nur da, wo sie sich entwickelt hat, ausgelöscht, sondern mit Stumpf und Stiel ausgerottet.

31. Schon lange nämlich, Senatoren, schweben wir in den hinterhältigen Gefahren dieser Verschwörung. Auf merkwürdige Weise aber sind alle Verbrechen, der lang genährte Wahnsinn und die Frechheit gerade in der Zeit meines Konsulats ausgereift und zum Ausbruch gekommen. Wenn nun von dieser ganzen Räuberbande nur jener eine beseitigt wird, werden wir uns vielleicht für kurze Zeit von Furcht und Sorge erholen können, die Gefahr aber wird zurückbleiben und insgeheim drinnen in Hirn und Herz des Staates fortleben. Wenn Schwerkranke von Hitze und Fieber geschüttelt werden, fühlen sie durch einen kalten Trunk scheinbar für kurze Zeit Erleichterung. Danach aber leiden sie um so schlimmer und heftiger. Ebenso wird die Krankheit, die am Staate nagt, durch die Bestrafung jenes einen zwar abgeschwächt; wenn aber die anderen am Leben bleiben, wird sie hinterher um so schlimmer wüten.

32. Deshalb sollen die Verworfenen ausgeschieden werden, sie sollen sich von den anständigen Bürgern trennen, an einem Orte sich sammeln, kurzum, was ich schon oft sagte, durch die Stadtmauer von uns abgesondert werden. Es muß ihnen die Möglichkeit genommen werden, dem Konsul in seinem eigenen

Hause aufzulauern, den Amtssessel des Stadtpraetors zu umstellen und die Kurie mit Schwertern zu bedrohen, Brandpfeile und Fackeln zur Einäscherung Roms herzurichten. Es muß endlich jedem einzelnen Bürger auf die Stirn geschrieben sein, wie er über den Staat denkt. Die Zusicherung gebe ich euch, ihr Mitglieder dieses Hauses, wir Konsuln werden so wachsam sein, so groß wird eure entschiedene Haltung, die Entschlossenheit der römischen Ritter und das Einvernehmen unter allen anständigen Bürgern sein, daß ihr nach dem Fortgang Catilinas alles aufgedeckt, geklärt, unterdrückt und geahndet seht.

33. Unter diesen Aussichten, Catilina, mach dich zur Rettung des Staates auf zu deinem ruchlosen und verbrecherischen Krieg, der für dich selbst Unheil und Verderben bedeutet und Untergang für alle die, die sich mit dir zu jedem Verbrechen und Hochverrat verschworen haben.

Du, Juppiter, der du von Romulus unter den gleichen Auspizien wie unsere Stadt errichtet wurdest, den wir mit Recht den Erhalter unserer Stadt und unseres Reiches nennen, du wirst diesen Schurken und seine Helfershelfer von deinen Altären und den übrigen Tempeln fernhalten, ebenso von den Häusern und Mauern der Stadt, vom Leben und Besitz aller Bürger. Du wirst sie, die Gegner aller anständigen Bürger, die Feinde des Vaterlandes, die Banditen Italiens, die sich zu einem verbrecherischen Bund und zu einer gottlosen Gemeinschaft zusammengeschlossen haben, im Leben und Tode mit ewiger Vergeltung strafen.

Übersetzt von Ernst Schröfel

Zweite Rede gegen Catilina am 8. November 63 vor dem Volke

1. Endlich, ihr Bürger, endlich haben wir den tollkühnen Lucius Catilina, der mit seinem Pesthauch in frevelhafter Weise des Vaterlandes Verderben betrieb, euch und unsere Hauptstadt mit Feuer und Schwert bedrohte, aus der Stadt hinausgeworfen, vielmehr hinausgelassen, ja, wir haben ihm sogar noch Wünsche auf den Weg mitgegeben. Er ging also fort, machte sich aus dem Staube, er ist auf und davon. Von diesem verhängnisvollen Ungeheuer kann unserer Stadt innerhalb ihrer Mauern kein Unheil mehr bereitet werden. Diesen einmaligen Anstifter des Bürgerkrieges haben wir ohne Widerrede seinerseits besiegt. Dieser Dolch wird nicht mehr in unserer Brust wüten. Wir brauchen nicht mehr auf dem Marsfeld[1], auf dem Forum, im Rathaus oder gar in unseren eigenen vier Wänden vor ihm zu zittern. Er ist durch seinen Hinauswurf aus der Stadt aus der Bahn geworfen. Jetzt können wir mit diesem Feinde ohne Rücksichtnahme einen offenen Kampf führen. Indem wir ihn aus verstecktem Hinterhalt lockten und zu offener Meuterei trieben, haben wir diesen Kerl ohne Zweifel vernichtet und einen prächtigen Sieg über ihn errungen.

2. Wie betrübend und niederschmetternd muß es für ihn sein, daß er seinen Dolch nicht, wie er wollte, mit Bürgerblut besudelt forttrug, daß wir bei seinem Weggang am Leben blieben, daß wir das Schwert seinen Händen entwanden, daß er die Bürger unverletzt, die Stadt wohlbehalten zurücklassen mußte! Er

1 Das Marsfeld ist ein großer ebener Platz am Tiber, der zu Wahlversammlungen und als Sport- und Exerzierplatz benützt wurde.

aber liegt hingestreckt am Boden, er muß sich völlig erschüttert und entmutigt fühlen, wenn er seine Augen auf unsere Stadt zurückwendet, es muß ihn schmerzen, daß sie seinem Rachen entrissen wurde. Sie hat, so meine ich, ein Recht, sich zu freuen, daß sie diese Pest ausgespien und hinausgeworfen hat.

3. Sollte mich jemand gerade deswegen, weil meine Rede jubelt und frohlockt, heftig anklagen – eigentlich müßten es alle tun –, daß ich diesen Todfeind entkommen ließ, anstatt ihn festzunehmen, so liegt die Schuld, Bürger, nicht bei mir, sondern in besonderen Umständen. Lucius Catilina hätte freilich schon längst unter härtesten Martern getötet werden müssen; das verlangte von mir der Brauch der Vorfahren, die strenge Würde meines Amtes und das Wohl des Staates. Aber gab es nicht viele, die meinen Berichten nicht glauben wollten, nicht viele, die ihn sogar verteidigten? Wenn ich überzeugt gewesen wäre, daß durch seine Beseitigung jede Gefahr von euch genommen wäre, hätte ich Lucius Catilina schon längst, auch mit Gefährdung meines Lebens, beseitigen lassen, nicht bloß, weil ich Anfeindungen zu fürchten hatte.

4. Aber nicht einmal ihr alle hättet damals ein solches Verfahren gebilligt, wenn ich ihn, wie er es verdiente, mit dem Tode bestraft hätte. Da ich aber feststellte, ich könnte unter dem Druck der Mißgunst seine Mitverschwörer nicht verfolgen, habe ich es dahin kommen lassen, daß ihr erst dann den Kampf offen zu führen hattet, wenn der Feind vor euren Augen entlarvt war. Daß ich diesen Feind, Bürger, auch draußen noch für sehr gefährlich halte, mögt ihr vor allem aus meiner Sorge darüber erkennen, daß er die Stadt mit zu geringem Gefolge verlassen hat. Hätte er doch lieber alle seine Leute mitgenommen! Den Tongilius, den er schon im Knabenalter mit seiner Liebe an sich zog, nahm er mit, ebenso den Publicius und Minucius. Ihre in Kneipen angekreideten Schulden hätten den Staat nicht erschüttern können. Dafür ließ er uns einflußreiche und hochstehende Männer mit einer riesigen Schuldenlast zurück.

5. Daher blicke ich im Vergleich zu den gallischen Legionen

und den von Quintus Metellus im Gebiet von Picenum und Umbrien[2] ausgehobenen Einheiten und im Vergleich zu den Truppen, die wir hier täglich einziehen, voll Verachtung auf jenes Heer, das aus verkrachten älteren Leuten, aus ländlichen Schlemmern und Verschwendern und aus solchen zusammengebracht wurde, die lieber ins Heer eintraten, als daß sie ihrer Verpflichtung, vor Gericht zu erscheinen, nachkommen wollten. Wenn ich ihnen die scharfe Klinge unseres Heeres, dazu noch den besonderen Erlaß des Praetors[3] zeige, werden sie zusammenbrechen. Diejenigen aber, die sich noch vor unseren Augen auf dem Forum herumtreiben, am Rathaus herumstehen, ja sogar im Senat erscheinen, die von Salben glänzen und in Purpurgewändern strahlen, alle diese hätte er lieber als seine Soldaten mit sich hinausnehmen sollen. Bleiben sie weiterhin hier, so sind weniger jene im Heer zu fürchten als vielmehr diejenigen, die jenem Heer fernblieben. Sie sind um so gefährlicher, weil sie mein Wissen um ihre Pläne ahnen, sich aber trotzdem nicht einschüchtern lassen.

6. Ich weiß, wem Apulien zugeteilt ist, wer Etrurien, wer das Gebiet von Picenum, wer Umbrien und Oberitalien[4] zu halten hat, und endlich auch, wer sich die hinterlistige Arbeit des Mordes und der Brandstiftung in der Hauptstadt ausbedungen hat. Sie fühlen es, daß mir alle ihre Pläne der vorgestrigen Nacht bekannt wurden; ich habe sie ja gestern in der Senatssitzung aufgedeckt. Catilina selbst fürchtete für sich und floh. Worauf aber warten denn eigentlich die anderen? Wahrhaftig, sie irren sich sehr, wenn sie hoffen, daß meine frühere Gelassenheit ewig fortdauert.

Was ich wollte, habe ich bereits erreicht, nämlich, daß ihr alle euch von dem Bestehen einer offenen Verschwörung gegen den

2 Picenum und Umbrien sind Landschaften Mittelitaliens an der Adria.
3 Der Praetor hatte als Gerichtsherr bekanntzugeben, wie er gegen diejenigen zu verfahren gedenke, die sich dem Erscheinen vor Gericht entzogen hatten.
4 Dort waren viele Veteranen angesiedelt, daher war dort der beste Nährboden für revolutionäre Erhebungen.

Staat überzeugen ließet. Es müßte denn jemanden geben, der glaubt, die Catilina verwandten Naturen würden nicht seine Partei ergreifen. Für ruhige Gelassenheit ist kein Platz mehr. Die Sache selbst verlangt strengen Zugriff. Eines will ich ihnen noch zubilligen: Sie sollen sich auf und davon machen und nicht zulassen, daß sich der arme Catilina in Sehnsucht nach ihnen verzehrt. Ich will ihnen sogar den Weg weisen; er nahm die Via Aurelia[5]; wenn sie sich beeilen, können sie ihn gegen Abend einholen.

7. Welches Glück wäre das für den Staat, wenn er diesen Unflat der Hauptstadt los wäre! Wahrhaftig, schon durch die Ausstoßung Catilinas scheint mir der Staat wie erlöst und neu geboren. Denn welches Unheil und welches Verbrechen ist vorstellbar oder denkbar, das er nicht ersonnen hätte? Gibt es in ganz Italien einen Giftmischer, einen Raufbold, einen Lumpen und Meuchelmörder, gibt es einen Verwandtenmörder, Erbschleicher und Betrüger, einen Schlemmer und Taugenichts, einen Ehebrecher, ein schamloses Weib, einen Jugendverderber, einen Verdorbenen und Verworfenen, der nicht zugeben müßte, mit Catilina im engsten Verkehr gelebt zu haben? Gibt es in all den Jahren einen Mord, der ohne seine Beteiligung verübt, eine niederträchtige Unzucht, die nicht von ihm getrieben wurde?

8. Wer hat vollends jemals solchen verderblichen Einfluß auf die Jugend ausgeübt wie er? Er selbst knüpfte auf widernatürlichste Weise Liebschaften an und gab sich ohne Scham der Liebe anderer hin. Den einen versprach er Befriedigung ihrer Leidenschaften, anderen sogar die Ermordung ihrer Eltern, er begnügte sich nicht mit Zureden, sondern war ihnen dabei behilflich. Wie überraschend schnell hat er jetzt aus der Stadt wie auch vom Lande eine Menge verkommener Existenzen gesammelt! Weder in Rom noch in irgendeinem Winkel Italiens gibt es ei-

5 Die Via Aurelia führte von Rom nach Norden an der Westküste Italiens entlang.

nen in Schulden verstrickten Menschen, den er nicht für diesen unerhört verbrecherischen Bund gewonnen hätte.

9. Damit ihr seine vielseitigen Bemühungen auf verschiedenen Gebieten kennenlernt, hört: Es gibt in der Fechterschule keinen unternehmungslustigen und verwegenen Burschen, der seine enge Verbundenheit mit Catilina leugnen könnte, auf der Bühne keinen nichtsnutzigen Taugenichts, der sich nicht seiner Bruderschaft mit ihm rühmen könnte. Wegen seiner Übung in mannigfachen Arten der Unzucht und des Verbrechens an das Ertragen von Kälte, Hunger, Durst und Schlaflosigkeit gewöhnt,wurde er von diesen Leuten als Held gefeiert, während er doch die Kräfte des Fleißes und die Anlagen zu mannhafter Leistung in ausgelassener Leidenschaft und Verwegenheit vergeudete.

10. Wenn ihm aber seine Kumpane folgen, wenn die schamlosen Scharen verkommener Menschen die Stadt verlassen, wie glücklich werden wir dann sein, wie gesegnet der Staat, und wie herrlich der Ruhm meines Konsulates! Denn die Leidenschaften dieser Menschen sind grenzenlos, unmenschlich und unerträglich ihre Frechheiten; sie denken ja nur an Mord, Brandstiftung und Plünderung. Ihr Erbgut haben sie verpraßt, ihr Vermögen verpfändet; ihr Geld ging längst dahin, seit kurzem schwand auch ihr Kredit. Geblieben ist ihre Zügellosigkeit wie in den Tagen des Überflusses. Würden sie ihre Ausschweifungen und Hurereien nur bei Wein und Spiel suchen, müßte man sie zwar verachten, würde es aber noch erträglich finden. Wer aber kann es ertragen, daß Faulenzer den entschlossensten Männern auflauern, Hohlköpfe den Vernünftigen, Schlafmützen den Wachsamen? Während sie bei Gelagen in den Armen schamloser Weiber liegen, vom Wein benommen, von Speise vollgestopft, mit Kränzen geschmückt, von Salben triefend und von Unzucht geschwächt, stoßen sie rülpsend in ihren Reden Drohungen aus von Mord an anständigen Bürgern und von Brandstiftungen in der Stadt.

11. Über ihren Häuptern schwebt – das ist meine feste Über-

zeugung – das sichere Verhängnis; die schon lange verdiente Strafe für ihre Ruchlosigkeit, Nichtswürdigkeit, ihr Verbrechen und ihre Zügellosigkeit steht ihnen mit Bestimmtheit bevor und ist schon sehr nahe. Wenn mein Konsulat sie beseitigt, da es sie nicht bessern kann, dann wird es den Bestand des Staates nicht nur für kurze Zeit, sondern für viele Jahrhunderte gesichert haben. Denn es gibt kein Volk, das wir fürchten müßten, keinen König, der das römische Volk bekriegen könnte. Alle auswärtigen Angelegenheiten sind durch die Tüchtigkeit eines einzigen Mannes[6] zu Lande wie zu Wasser befriedet. Geblieben ist nur der Kampf im Innern; hier gibt es hinterlistige Anschläge, innen sitzt die Gefahr und der Feind. Mit Ausschweifung, Tollheit und Verbrechen haben wir zu kämpfen. Für diesen Kampf stelle ich mich als Führer zur Verfügung, ich will die Anfeindungen verrufener Menschen auf mich nehmen; was geheilt werden kann, will ich auf irgendeine Weise heilen, ich kann aber nicht dulden, daß das, was ausgeschnitten werden muß, zum Verderben des Staates fortwuchert. Daher sollen sie entweder fortgehen oder sich ruhig verhalten. Sollten sie aber in der Stadt bleiben und in der gleichen Gesinnung verharren, so mögen sie die verdiente Strafe erwarten.

12. Manche Leute, ihr Bürger, behaupten freilich, ich hätte Catilina in die Verbannung getrieben. Wenn meine Worte solche Wirkung haben könnten, würde ich auch ebendiese Schwätzer hinaustreiben. Jener schüchterne und überbescheidene Mann konnte natürlich die Stimme des Konsuls nicht ertragen; kaum hatte er die Aufforderung erhalten, in die Verbannung zu gehen, da gehorchte er schon.

Als ich am gestrigen Tage in meinem Hause beinahe getötet worden wäre, ihr Bürger, berief ich den Senat in den Tempel des Juppiter Stator und legte ihm den ganzen Sachverhalt vor. Auch Catilina erschien dort. Hat einer von den Senatoren ihn angeredet oder begrüßt, hat ihn einer als verkommenen Bürger be-

6 Pompeius

trachtet und nicht vielmehr als ganz gemeinen Staatsfeind? Ja, führende Männer dieser Körperschaft ließen die Bankreihen, denen jener sich näherte, frei und unbesetzt.

13. Da fragte ich, der gewalttätige Konsul, der mit einem Wort Mitbürger in die Verbannung zu schicken vermag, Catilina, ob er an der nächtlichen Zusammenkunft bei Marcus Laeca teilgenommen habe oder nicht. Dieser freche Schuft aber schwieg, von seinem Schuldbewußtsein überwältigt. Da deckte ich alles übrige auf. Ich erzählte, was er in dieser Nacht getrieben hatte, wo er gewesen war, was für Pläne er für den nächsten Tag gefaßt hatte, auf welche Weise von ihm der Plan des ganzen Krieges entworfen wurde. Als er nun im Netz saß und nicht mehr ein und aus wußte, fragte ich ihn, warum er zögere, dahin zu gehen, wohin er schon längst wolle. Ich wüßte ja, daß er Waffen, Beile, Rutenbündel[7], Signalhörner, Feldzeichen und jenen silbernen Adler, dem er in seinem Hause ein Heiligtum bereitet hatte, vorausgeschickt habe.

14. Ich sollte versucht haben, den in die Verbannung zu schikken, der, wie ich wußte, den Krieg bereits begonnen hatte? Jener Hauptmann Manlius, der im Gebiet von Faesulae lagert, hat vermutlich auf eigene Faust dem römischen Volke den Krieg erklärt. Dieses Lager erwartet jetzt natürlich Catilina nicht als Führer, und in die Verbannung getrieben wird er sich, wie es heißt, nicht in dieses Lager, sondern nach Massilia (Marseille) begeben.

Welch beklagenswertes Los, den Staat nicht nur verwalten, sondern auch erhalten zu müssen! Wenn Lucius Catilina jetzt, durch meine Entschlüsse, Bemühungen und Wagnisse eingekreist und geschwächt, plötzlich in Furcht gerät, seine Gesinnung ändert, die Seinen im Stiche läßt, den Kriegsplan aufgibt und von der bisherigen Bahn des verbrecherischen Krieges den Weg zur Flucht und in die Verbannung nimmt, wird es nicht

7 Die Rutenbündel mit Beil (*fasces*) waren die Insignien der Magistrate. Sie wurden von Liktoren – Amtsdienern – den betreffenden Beamten vorangetragen.

heißen, er sei von mir der Waffen seiner Verwegenheit beraubt, durch meine Umsicht überrascht und erschüttert, von dem geplanten Unternehmen verscheucht worden, sondern man wird sagen, er sei unschuldig ohne Urteil von dem Konsul durch Gewalt und Drohungen in die Verbannung getrieben worden. Und es wird Leute geben, die, falls er das wirklich tut, verlangen, daß man ihn nicht für ruchlos, sondern für beklagenswert, mich aber nicht für einen überaus umsichtigen Konsul, sondern für einen unbarmherzigen Tyrannen hält.

15. Mir ist es der Mühe wert, ihr Bürger, mich dem Sturm unbegründeter und unverdienter Mißgunst auszusetzen, wenn nur von euch die Gefahr dieses schrecklichen und verbrecherischen Krieges abgewendet wird. Mag man meinetwegen behaupten, er sei von mir hinausgetrieben worden, wenn er nur wirklich in die Verbannung geht. Er wird es aber nicht tun, glaubt mir. Niemals, ihr Bürger, will ich zur Erleichterung der Mißgunst gegen mich von den unsterblichen Göttern erbitten, daß ihr einmal vernehmt, Lucius Catilina führe wirklich das feindliche Heer; aber ihr werdet es doch innerhalb von drei Tagen hören. Viel eher habe ich zu befürchten, daß man mir einmal den Vorwurf macht, ich hätte ihn hinausgelassen, anstatt ihn hinauszujagen. Da es aber Menschen gibt, die behaupten, er sei hinausgetrieben worden, obwohl er von selbst fortging, was würden sie erst sagen, wenn er getötet worden wäre?

16. Jene, die immer wieder behaupten, Catilina gehe nach Massilia, beklagen das freilich nicht, sie befürchten es vielmehr; denn keiner von denen ist so mitfühlend, daß er ihn nicht lieber zu Manlius als zu den Massiliensern gehen sähe. Hätte er aber wahrhaftig niemals vorher sein Vorhaben geplant, würde er doch lieber als Freibeuter sterben wollen, als in der Verbannung leben. Ihm ist doch bisher nichts gegen seinen Wunsch und sein Planen widerfahren, außer daß wir bei seinem Weggang aus Rom am Leben blieben. Daher wollen wir jetzt lieber wünschen, daß er wirklich in die Verbannung geht, als es beklagen.

17. Wozu aber rede ich so lange über den einen Feind, der sich

ja schon als Staatsfeind bekennt und den ich gar nicht fürchte, weil uns, was ich stets gewünscht habe, eine Mauer trennt? Warum spreche ich nicht von jenen, die sich verstellen, in Rom verbleiben und unter uns leben? Ich sinne gar nicht so sehr darauf, sie zu strafen, als daß sie selbst, wenn es irgend möglich ist, Vernunft annehmen und sich mit dem Staate aussöhnen. Ich sehe auch nicht ein, warum dies nicht möglich sein soll, falls sie auf mich hören wollen.

Ich will euch, ihr Bürger, nunmehr darlegen, aus welchen Menschengruppen jene Mannschaften geworben werden. Dann will ich, wenn möglich, für jeden einzelnen das Heilmittel mit wohlgemeintem Rat in meiner Rede nennen.

18. Die erste Gruppe sind diejenigen, die zwar große Schulden, aber noch ziemlich große Besitzungen haben; da sie mit ganzem Herzen daran hängen, können sie auf keine Weise ihre Schulden loswerden. Das Auftreten dieser Leute ist recht würdig; sie sind ja Großgrundbesitzer; ihre Gesinnung aber und ihr Beweggrund sind sehr schamlos. Wenn man mit Ackerland, Gebäuden, Silbergeschirr, Gesinde und allen möglichen Dingen reichlich versehen ist, warum zögert man, diesen Besitz etwas zu verringern und dafür an Kredit zu gewinnen? Worauf wartet man denn? Auf Krieg etwa? Wieso? Meint man denn, die Besitzungen würden in der allgemeinen Verwüstung unangetastet bleiben? Oder hofft man auf Schuldenerlaß? Wer das von Catilina erwartet, ist im Irrtum; durch mein Entgegenkommen werden neue Schuldbücher angelegt, allerdings aufgrund von Zwangsversteigerungen. Diejenigen nämlich, die Besitzungen haben, können auf andere Weise nicht saniert werden. Hätten sie das rechtzeitig getan und nicht, was die größte Torheit war, die Schuldzinsen mit dem Ertrag ihrer Landgüter bestreiten wollen, dann hätten wir an ihnen wohlhabendere und bessere Bürger. Diese Menschen aber sind, wie ich glaube, am wenigsten zu fürchten; denn entweder können sie von ihrer Meinung abgebracht werden, oder falls sie dabei bleiben, werden sie eher Verwünschungen gegen den Staat ausstoßen als gegen ihn die Waffen ergreifen.

19. Zur zweiten Sorte gehören die, welche trotz ihrer Schuldenlast auf Gewaltherrschaft hoffen und auf jeden Fall in den Besitz der Macht kommen wollen. Sie glauben, die Ehrenämter, auf die sie bei ruhigen Verhältnissen im Staate auf keinen Fall rechnen können, in Wirren zu erreichen. Diese muß ich wohl über das eine aufklären, daß sie vergeblich auf die Erreichung ihres Zieles hoffen. Dies gilt übrigens in gleicher Weise auch für die übrigen. Zuallererst nämlich bin ich selbst wachsam auf meinem Posten und schütze den Staat. Sodann sind andere Männer da mit entschlossenem Mut, und stark ist der Zusammenhalt bei dem größten Teil der Bürger; außerdem stehen große Truppeneinheiten zur Verfügung. Schließlich glaube ich, daß die unsterblichen Götter persönlich unser unbesiegbares Volk, unser herrliches Reich und unsere wunderschöne Stadt gegen verbrecherische Gewalttat schützen werden. Selbst wenn jene, was sie in größter Verblendung erstreben, erreichen sollten, können sie denn hoffen, auf den Trümmern der Stadt und im Blutbad der Bürger – das sind die Ziele ihrer verbrecherischen und ruchlosen Gesinnung – Konsuln oder Diktatoren oder gar Könige zu werden? Sehen sie denn nicht, daß sie etwas begehren, was sie nach Erfüllung ihres Wunsches irgendeinem entlaufenen Sklaven oder einem Banditen abtreten müssen?

20. Die dritte Gruppe ist zwar im Alter schon vorgeschritten, aber durch körperliche Übung noch recht rüstig. Zu ihr gehört jener Manlius, den jetzt Catilina ablöst. Diese Leute stammen aus den von Sulla gegründeten Siedlungen. Ich weiß, daß sie im allgemeinen wackere und tüchtige Männer sind; aber es gibt unter den Siedlern auch solche, die sich bei dem unverhofften und plötzlichen Besitz allzu verschwenderisch und übermütig aufspielten. Während sie wie Glücksritter bauten, an erlesenen Landgütern, an zahlreichem Gesinde und an üppigen Gelagen ihre Freude hatten, stürzten sie in gewaltige Schulden. Sie zu retten, müßte Sulla von ihnen von den Toten auferweckt werden. Diese Leute haben auch einige Menschen vom Lande, die in dürftigen Verhältnissen leben, zur gleichen Hoffnung auf

Raubzüge wie früher angestachelt. Beide Gruppen rechne ich zur gleichen Gattung der Räuber und Plünderer. Ihnen rate ich, ihren Wahnsinn aufzugeben und nicht an Ächtungen und Diktaturen zu denken. Der Grimm über jene Zeiten ist den Bürgern so tief eingebrannt, daß solche Verhältnisse nicht nur Menschen, sondern wohl nicht einmal Tiere mehr ertragen wollen.

21. Die vierte Sorte ist ein recht bunt zusammengewürfelter, unruhiger Haufe von Leuten: solchen, die schon seit langem in Bedrängnis leben und niemals hoffen können herauszukommen, solchen, die teils durch Trägheit, teils durch schlechtes Wirtschaften, teils auch durch großen Aufwand in alten Schulden versunken sind; ferner solchen, die sich entmutigt durch gerichtliche Vorladungen, Gerichtsurteile und Zwangsversteigerung ihres Besitzes in großer Zahl, wie es heißt, aus der Hauptstadt und vom Lande in jenes Lager begeben. Diese sind, wie ich glaube, weniger schneidige Soldaten als vielmehr faule Schuldner. Diese Leute sollen, wenn sie nicht stehen können, möglichst bald zusammenbrechen, aber so, daß nicht bloß der Staat, sondern nicht einmal ihre nächsten Nachbarn etwas merken. Ich kann nämlich nicht einsehen, warum sie, falls sie nicht ehrbar leben können, schimpflich zugrunde gehen wollen oder weshalb sie glauben, sie würden im Verein mit vielen unter geringeren Schmerzen zugrunde gehen, als wenn sie allein umkommen.

22. Zur fünften Gruppe gehören die Verwandtenmörder und Banditen, mit einem Wort alle Verbrecher. Sie rufe ich nicht von Catilina zurück. Denn sie können sich von ihm nicht trennen, und so mögen sie inmitten des Raubgesindels untergehen; ihre Zahl ist so groß, daß das Staatsgefängnis sie nicht fassen kann.

Die letzte Gruppe, nicht bloß der Reihenfolge nach, sondern auch nach Charakter und Lebensweise, sind, wesensverwandt mit Catilina, seine Auserwählten, seine Lieblinge und Busenfreunde. Es sind die, welche ihr mit glänzend geschniegeltem Haar seht, entweder bartlos oder mit gestutztem Bart, mit ärmellangen, bis auf die Knöchel herabfallenden Tuniken, in Segeltüchern, nicht in Togen. Ihre ganze Lebens- und Arbeitskraft äußert sich in Gelagen, die sich bis zum Morgen ausdehnen.

23. In dieser Garde finden sich alle Würfelspieler, alle Ehebrecher, alle unsauberen und schamlosen Elemente. Diese zierlichen und feinen Bürschchen haben nicht nur gelernt, zu lieben und sich lieben zu lassen oder zu tanzen und zu singen, sondern auch den Dolch zu schwingen und Gift zu spritzen. Wenn sie nicht fortgehen, wenn sie nicht umkommen, so wißt: Mit ihnen wird immer im Staate, mag auch Catilina zugrunde gehen, eine Pflanzstätte für Catilinarier bleiben. Was wollen denn eigentlich diese elenden Gesellen? Wollen sie ihre Dämchen mit ins Lager nehmen? Wie aber sollen sie ohne sie auskommen, zumal in diesen langen Nächten? Wie sollen sie die Fröste und Schneefälle des Apennin ertragen? Vielleicht aber glauben sie, die Winterkälte leichter ertragen zu können, weil sie gewohnt sind, bei ihren Gelagen splitternackt zu tanzen.

24. Welch gefährlicher Krieg, da Catilina dieses Hurengesindel als Leibgarde um sich hat! Bürger, rüstet nun gegen diese ausgezeichneten Truppen Catilinas eure Sicherheitswachen und Heere! Stellt zuerst jenem erschöpften und angeschlagenen Kämpfer eure Konsuln und Oberfeldherren entgegen, führt ferner gegen diese gescheiterte und hinfällige Schar der Schiffbrüchigen die Blüte und Kraft ganz Italiens ins Feld! Vollends aber werden die Pflanz- und Landstädte es mit Catilinas Waldschlupfwinkeln aufnehmen. Die übrigen Truppen nämlich und die vorzügliche Wehr auf eurer Seite brauche ich nicht mit jenem dürftigen und kümmerlichen Raubgesindel auf seiner Seite zu vergleichen.

25. Lassen wir aber einmal alles außer Betracht, was uns in reichem Maße zur Verfügung steht, ihm aber fehlt: den Senat, die römischen Ritter, die Hauptstadt, den Staatsschatz, die Steuereinnahmen, das gesamte Italien, alle Provinzen, die auswärtigen Völker. Wenn wir dies alles beiseite lassen und nur die miteinander streitenden Parteien vergleichen wollen, kann man schon daraus erkennen, wie sehr jene unterlegen sind. Auf unse-

rer Seite kämpft das Ehrgefühl, dort Frechheit; hier Schamgefühl, dort Schamlosigkeit; hier Treue, dort Trug; hier Pflichtgefühl, dort Verbrechen; hier Charakterfestigkeit, dort Verblendung; hier Ehrenhaftigkeit, dort Ehrlosigkeit; hier Selbstbeherrschung, dort Ausschweifung; schließlich kämpfen Gerechtigkeit, Mäßigung, Tapferkeit, Klugheit, mit einem Wort alle Tugenden, gegen Ungerechtigkeit, Genußsucht, Trägheit, Unbesonnenheit, kurz gegen alle Laster. Endlich stehen miteinander in Wettstreit: Wohlstand mit Dürftigkeit, gesundes Finanzgebaren mit zerrüttetem, gesunder Sinn mit Wahnsinn und endlich hoffnungsvolle Sicherheit mit völliger Verzweiflung. Müssen in solchem Wettstreit und Kampfe nicht die unsterblichen Götter selbst, falls die menschlichen Bemühungen versagen, dafür sorgen, daß unsere hervorragenden Tugenden über so viele schlimme Laster siegen?

26. Bei dieser Lage, ihr Bürger, schützt, wie ich es schon vorher ausführte, eure Häuser durch Wachen bei Tage und bei Nacht! Von mir aus ist mit Umsicht Vorsorge getroffen, daß der Schutz der Stadt ohne Aufregung und Beunruhigung eurerseits hinreichend gesichert ist. Alle Bürger der Pflanz- und Landstädte sind von mir über den nächtlichen Ausbruch Catilinas in Kenntnis gesetzt und werden daher leicht ihre Städte und ihr Gebiet verteidigen. Die Fechterverbände[8], die jener für seine zuverlässigste Truppe hielt, werden, obwohl sie eine bessere Gesinnung zeigen als ein Teil der Patrizier, durch meine Machtbefugnis in Schranken gehalten. Quintus Metellus, den ich vorsorglich in das Gebiet von Umbrien und Picenum schickte, wird den Kerl überwältigen oder doch alle seine Aufstandsversuche unterdrücken. Über alle anderen Maßnahmen, die zu beschließen und beschleunigt durchzuführen sind, werde ich alsbald dem Senat berichten, der, wie ihr seht, eben zusammengerufen wird.

8 Die Verbände der Fechter, d. h. Gladiatoren, waren als unzuverlässig aus Rom entfernt und auf zuverlässige Provinzstädte verteilt worden.

27. Jene aber, die in der Hauptstadt zurückgeblieben sind oder vielmehr von Catilina zu eurem Verderben und dem der Stadt zurückgelassen wurden, sollen, wenn sie auch Feinde sind, immer und immer wieder gewarnt sein, da sie ja als Bürger geboren sind. Meine bisherige Nachsicht, die vielleicht manchem zu entgegenkommend erschien, hat das eine bezweckt, daß das, was im verborgenen vor sich ging, ans Licht kam. In Zukunft aber kann ich nicht mehr darüber hinwegsehen, daß dies mein Vaterland ist, daß ich Konsul der Bürger hier bin, daß ich mit ihnen leben oder für sie sterben muß. An den Toren steht keine Wache, niemand lauert am Wege; wenn einer die Stadt verlassen will, kann ich ein Auge zudrücken. Wer aber sich in der Stadt rührt und von mir nicht nur bei einer Tat, sondern schon bei dem Versuch einer solchen gegen das Vaterland ertappt wird, der soll merken, daß in unserer Stadt wachsame Konsuln sind, ausgezeichnete Behörden, ein entschlossener Senat, daß es Waffen gibt und ein Gefängnis, das nach dem Willen unserer Vorfahren zur Strafvollstreckung für ruchlose und erwiesene Verbrechen bestimmt ist.

28. Alle diese Maßnahmen, ihr Bürger, werden so durchgeführt werden, daß sehr wichtige Entscheidungen mit geringster Erregung getroffen, schwere Gefahren ohne Beunruhigung überstanden werden und daß dieser seit Menschengedenken grausamste und gefährlichste Bürgerkrieg im Innern unter mir als alleinigem zivilen Führer und Befehlshaber beigelegt wird. Ich will es, Bürger, so einrichten, daß, wenn es irgend möglich ist, nicht einmal ein Böswilliger in dieser Stadt Strafe für sein Vergehen zu verbüßen braucht. Sollte aber offene, freche Gewalt, drohende Gefährdung des Vaterlandes mich notgedrungen von dieser Zurückhaltung abbringen, dann will ich wahrhaftig so vorgehen, wie es in einem so schwierigen und tückischen Kriege kaum denkbar erscheint, nämlich daß kein anständiger Bürger den Tod findet und daß ihr alle bei der Bestrafung von nur wenigen ohne Schaden bleiben könnt.

29. Diese Versprechungen, ihr Bürger, mache ich freilich

nicht im Vertrauen auf meine Klugheit oder überhaupt auf menschliche Entschlüsse, sondern auf Grund vieler unzweideutiger Zeichen der unsterblichen Götter, unter deren Beistand ich zu dieser hoffnungsvollen Auffassung gekommen bin. Denn sie schützen mit hilfreichem Walten ihre Tempel und die Häuser unserer Stadt nicht aus der Ferne, wie sonst manchmal vor einem auswärtigen und weit entfernten Feind, sondern tun es in diesem Falle durch ihr persönliches Eingreifen. Sie müßt ihr, Bürger, bitten und andächtig anrufen: Sie mögen unsere nach ihrem Willen herrlichste, blühendste und mächtigste Stadt, die alle feindlichen Heere zu Wasser und zu Lande besiegt hat, auch gegen dieses ruchlose Verbrechen verworfener Bürger schützen!

Übersetzt von Ernst Schröfel

Dritte Rede gegen Catilina am 3. Dezember 63 vor dem Volke

1. Seht, Bürger, unser Staat, euer aller Leben, Hab und Gut, eure Frauen und Kinder, diese Hauptstadt des weltberühmten Reiches, diese unsere herrliche und gesegnete Stadt ist am heutigen Tage durch die tiefe Liebe der unsterblichen Götter zu euch, durch meine Bemühungen, meine Entschlüsse und durch den Einsatz meines Lebens aus Feuer und Schwert, ja geradezu aus dem Rachen des Schicksals gerettet und euch erhalten und wiedergegeben worden.

2. Die Tage, an denen wir aus Lebensgefahr gerettet werden, sind uns, so meine ich, ebenso teuer und strahlend wie die Tage, an denen wir ins Leben treten; denn die Freude über die Rettung ist sicher, der Zustand bei der Geburt aber ungewiß; sie erleben wir ohne Bewußtsein, die Rettung aber mit bewußter Freude. Da wir nun den Gründer unserer Stadt[1] mit dankbarem Nachruhm unter die unsterblichen Götter erhöht haben, müßte es wahrlich eure und eurer Nachkommen Pflicht sein, den in Ehren zu halten, der euch diese nach ihrer Gründung so herangewachsne Stadt erhalten hat. Ich nämlich habe die Brände, die beinahe schon ringsum an die ganze Stadt, an die Tempel, Häuser und Mauern gelegt waren, gelöscht; ebenso habe ich die gegen den Staat gezückten Schwerter zurückgestoßen und ihre Spitze von euren Kehlen weggeschlagen.

3. Die Vorgänge habe ich bereits im Senat erläutert, aufgedeckt und nachgewiesen. Nun will ich sie euch, ihr Bürger, kurz darlegen, damit ihr, die ihr sie nicht kennt und Aufklärung er-

1 Romulus

wartet, beurteilen könnt, wie gefährlich und offenkundig sie sind und wie sie aufgespürt und aufgedeckt wurden.

Seit Catilina vor wenigen Tagen aus der Stadt ausbrach, die Helfer seines verbrecherischen Anschlages aber als leidenschaftliche Anführer dieses ruchlosen Bürgerkrieges in Rom zurückließ, habe ich vor allem Tag und Nacht gewacht und Vorkehrungen getroffen, wie wir aus diesen gefährlichen und geheimen Anschlägen gerettet werden könnten. Damals nämlich, als ich Catilina aus der Stadt hinauswarf – jetzt fürchte ich nicht mehr das Gehässige dieses Wortes, eher muß ich den Vorwurf fürchten, daß er lebend hinauskam –, damals also, als ich ihn aus der Bannmeile der Stadt entfernen wollte, glaubte ich noch, die übrige Schar der Verschwörer würde ihm folgen oder die Zurückgebliebenen würden ohne ihn schwach und unfähig sein.

4. Sobald ich aber sah, daß gerade die, deren wahnsinnige und verbrecherische Verblendung ich kannte, unter uns in Rom zurückblieben, habe ich Tag und Nacht darauf verwendet, ihre Pläne und Vorhaben zu erfahren und zu durchschauen. Bei der unglaublichen Schwere des Verbrechens hätten Worte von mir in euren Ohren kaum Glauben gefunden; daher wollte ich das Unternehmen so handgreiflich überführen, daß ihr endlich im Herzen bereit wäret, für eure Rettung zu sorgen, wenn ihr euch mit eigenen Augen von dem Verbrechen überzeugen könntet. Sobald ich also erfuhr, daß die Gesandten der Allobroger[2] von Publius Lentulus[3] aufgewiegelt worden seien, in Gallien und Oberitalien Krieg und Aufruhr anzuzetteln, und sie auf dem

2 Die Allobroger waren ein Volk in Gallien zwischen Rhône und Isère bis an den Genfer See, von römischen Provinzbeamten ausgesaugt und arg verschuldet. Ihre zum Senat in Rom geschickten Gesandten standen eine Zeitlang mit den Verschwörern in Verbindung, wurden dann aber zum Werkzeug Ciceros.

3 Publius Cornelius Lentulus, Konsul 71 v. Chr., bald darauf wegen seines anstößigen Lebenswandels aus dem Senat ausgestoßen, wurde 63 als Praetor wieder Mitglied des Senats. Er war nach dem Weggang Catilinas Hauptrádelsführer der Verschwörer in der Hauptstadt.

Wege in ihre Heimat ihren Volksgenossen und Catilina schriftliche Abmachungen und Anweisungen überbringen sollten, daß ferner Titus Volturcius[4] ihnen als Begleiter mitgegeben wurde, ebenfalls mit einem Schreiben an Catilina, da endlich glaubte ich, es sei mir die Gelegenheit geboten, das Unternehmen nicht nur von mir aus, sondern auch vor dem Senat und vor euch handgreiflich überführen zu können. Es war ein schweres Stück Arbeit und mein tägliches Gebet zu den unsterblichen Göttern.

5. Am gestrigen Tage berief ich also die beiden Praetoren Lucius Flaccus und Gaius Pomptinus, zwei entschlossene Männer und glühende Patrioten, zu mir, setzte ihnen die Lage auseinander und erklärte ihnen, was zu tun sei. Bei ihrer stets bewährten, hervorragenden politischen Gesinnung übernahmen sie ohne Zögern und Widerrede den Auftrag. Ohne Aufsehen gelangten sie in der Dämmerung zur Milvischen Brücke und legten sich in den benachbarten Häusern in zwei Gruppen so auf die Lauer, daß der Tiber und die Brücke zwischen ihnen lag. Ohne daß jemand Verdacht schöpfte, hatten sie viele entschlossene Männer mitgenommen, ich selbst hatte ihnen noch aus dem Bezirk von Reate eine Anzahl auserlesener junger Männer, deren Mitwirkung ich mich ständig zum Schutze des Staates bediene, bewaffnet mitgegeben.

6. Als nach Ablauf ungefähr der dritten Nachtwache[5] die Gesandten der Allobroger zusammen mit Volturcius und starker Bedeckung die Milvische Brücke betraten, erfolgte der Angriff auf sie. Auf beiden Seiten wurden die Schwerter gezogen; denn nur den Praetoren war die Lage bekannt, die übrigen wußten von

4 Titus Volturcius wurde nach seiner Verhaftung im Verlauf des Verfahrens gegen die Verschwörer zum Kronzeugen, da er in alle Pläne eingeweiht war.

5 Man teilte die Nacht von Sonnenuntergang bis Sonnenaufgang in vier Nachtwachen (vigiliae), die je nach der Jahreszeit ungleich lang waren, zwei vor, zwei nach Mitternacht. Da die Vorgänge in der Nacht vom 2. zum 3. Dezember spielen, kann man etwa die Zeit von 3 Uhr morgens annehmen.

nichts. Bald aber wurde durch das Einschreiten des Pomptinus und Flaccus der entbrannte Kampf abgebrochen. Die bei diesem Gefolge befindlichen Schreiben wurden mit unversehrten Siegeln den Praetoren übergeben, die ergriffenen Personen wurden mir bei Morgengrauen vorgeführt. Sogleich ließ ich auch Cimber Gabinius, den schlimmsten Anstifter aller dieser Verbrechen, ohne daß er irgendeinen Verdacht hegte, zu mir rufen. Ebenso wurde darauf Lucius Statilius und nach ihm Gaius Cethegus herbeigeholt. Sehr spät erst kam Lentulus, weil er, wie ich glaube, wegen der Übergabe der Schreiben gegen seine Gewohnheit bis spät in die Nacht aufgeblieben war.

7. Hohe und erlauchte Männer unseres Staates, die sich am Morgen auf die Kunde von den Vorgängen in großer Zahl bei mir einfanden, waren der Meinung, ich solle erst die Schreiben öffnen, bevor ich sie dem Senat vorlegte. Fände sich nichts Belastendes darin, würde die Bürgerschaft ohne Grund durch mich in große Unruhe gebracht. Ich aber erklärte, es nicht verantworten zu können, bei der Bedrohung des Staates dem Staatsrat die Sache nicht unverletzt vorzulegen. Denn ihr Bürger, selbst wenn die mir gebrachten Berichte sich nicht als richtig erwiesen hätten, glaubte ich doch, bei so schwerer Gefährdung des Staates, nicht vor übertriebener Gewissenhaftigkeit zurückschrecken zu dürfen. Daher berief ich, wie ihr gesehen habt, auf der Stelle eine Vollsitzung des Senates ein.

8. Inzwischen schickte ich auf Anraten der Allobroger sofort den Praetor Gaius Sulpicius, einen entschlossenen Mann, um im Hause des Cethegus eine Haussuchung auf Waffen durchzuführen; tatsächlich brachte er von dort eine sehr große Menge von Dolchen und Schwertern.

Dem Senat führte ich den Volturcius zunächst ohne die Gallier vor. Ihm wurde auf Beschluß des Senates Straffreiheit zugesichert. Von mir aufgefordert, er solle ohne Scheu alles bekennen, was er wisse, sagte er aus, kaum daß er sich von dem großen Schrecken erholt hatte, er habe von Publius Lentulus ein Schreiben und Anweisungen an Catilina bekommen, er solle sich der

Mithilfe der Sklaven bedienen; ferner solle er möglichst bald mit seinem Heer an die Stadt heranrücken; wenn diese nach genauester Einteilung auf allen Seiten brenne und unter den Bürgern ein grenzenloses Blutbad angerichtet sei, solle er zur Stelle sein, um die Flüchtenden aufzufangen und sich mit den Rädelsführern in der Stadt zu vereinigen.

9. Dann wurden die Gallier vorgeführt. Sie erklärten, von Lentulus, Cethegus und Statilius ein Schreiben mit eidlicher Verpflichtung an ihr Volk bekommen zu haben, ferner sei ihnen von diesen und Lucius Cassius aufgegeben worden, möglichst schnell Reiterei nach Italien zu schicken; an Fußvolk sei kein Mangel. Lentulus habe ihnen versichert, nach den Sibyllinischen Weissagungen[6] und den Sprüchen der Opferschauer sei er der dritte Cornelier[7], dem die unbeschränkte Macht über diese Stadt zufallen müsse. Vor ihm seien es Cinna und Sulla gewesen. Er habe auch geäußert, dieses Jahr sei schicksalbestimmend für den Untergang unserer Stadt und unseres Reiches; denn es sei das zehnte Jahr nach der Freisprechung der vestalischen Jungfrauen[8] und das zwanzigste nach der Einäscherung des Kapitols.

10. Im übrigen, so sagten sie weiter aus, habe es zwischen Cethegus und den anderen eine Meinungsverschiedenheit gegeben, weil Lentulus und die übrigen beschlossen hätten, die Ermordung der Bürger und die Brandlegung der Stadt an den Sa-

6 Die Sibyllinischen Weissagungen waren uralt, angeblich in der Königszeit von einer alten Prophetin angekauft. Sie wurden auf dem Kapitol verwahrt und in bedrängter Zeit eingesehen. Z. T. waren .sie auch mündlich in Umlauf.

7 Die anderen Cornelier außer Lentulus sind Lucius Cornelius Cinna, Anhänger des Marius, viermal Konsul in den Jahren 87 bis 84 v. Chr., und Lucius Cornelius Sulla, nach Niederwerfung seiner politischen Gegner unumschränkter Herr in Rom (82 v. Chr.).

8 Die Vestalinnen waren die Priesterinnen der Vesta, der Göttin des häuslichen Herdes, und hatten das heilige Feuer zu hüten. Sie waren wegen unerlaubter Beziehungen angeklagt gewesen. Bei Verletzung des Keuschheitsversprechens oder Vernachlässigung des Tempeldienstes (Erlöschen des Feuers) wurden sie zur Strafe lebendig eingemauert.

turnalien[9] stattfinden zu lassen, während dem Cethegus dieser Termin zu spät gelegen habe. Um es kurz zu machen, Bürger, ich ließ die Schreiben vorzeigen, die ein jeder ihnen angeblich ausgehändigt hatte. Cethegus, dem das seine zuerst gezeigt wurde, erkannte sein Siegel an. Dann zerschnitt ich den Faden und las es vor. Eigenhändig hatte er dem Senat und Volk der Allobroger geschrieben, er werde die ihren Gesandten gemachten Zusicherungen halten; ebenso sollten sie die von ihren Gesandten eingegangenen Verpflichtungen einhalten. Cethegus, der zuerst wenigstens etwas über die bei ihm gefundenen Schwerter und Dolche geantwortet und dabei erklärt hatte, er sei immer ein Waffennarr gewesen, sagte nach dem Vorlesen des Schreibens, von seinem Schuldbewußtsein niedergedrückt und vernichtet, kein Wort mehr. Darauf wurde Statilius vorgeführt; auch er bestätigte Siegel und Unterschrift. Als ihm das Schreiben ungefähr desselben Inhalts vorgelesen wurde, bekannte er sich dazu. Alsdann zeigte ich es Lentulus und fragte ihn, ob er das Siegel anerkenne. Als er bejahte, sprach ich: »Wahrlich, dein Siegel ist uns ja gut bekannt mit dem Bildnis deines Großvaters, jenes hochberühmten Mannes, der in einzigartiger Weise sein Vaterland und seine Mitbürger liebte; es hätte dich mit stummem Vorwurf vor diesem schweren Staatsverbrechen warnen müssen.«

11. Ebenso wurde das Schreiben an den Senat und das Volk der Allobroger verlesen. Ich gab ihm die Möglichkeit, sich zu dieser Sache zu äußern. Zuerst zwar leugnete er, nach geraumer Zeit aber, als die ganze Anzeige erörtert und zu Protokoll gegeben war, erhob er sich und fragte die Gallier, was er mit ihnen zu schaffen habe und wozu sie in sein Haus gekommen seien. Das gleiche tat er mit Volturcius. Als jene aber, zwar kurz, doch übereinstimmend, erwiderten, durch wessen Vermittlung und wie oft sie zu ihm gekommen seien, und ihn fragten, ob er denn

9 Die Saturnalien waren ein Fest des Saturnus, ein großes Freudenfest im Dezember zum Andenken an das goldene Zeitalter des Saturnus.

nichts mit ihnen über die Sibyllinischen Weissagungen gesprochen habe, verlor er angesichts seines Verbrechens plötzlich die Fassung und offenbarte so die gewaltige Macht des Gewissens. Denn obwohl er hätte leugnen können, machte er plötzlich wider alles Erwarten ein Geständnis. Dabei verließ ihn nicht nur das angeborene Talent und die Redefertigkeit, mit der er sonst sehr viel ausrichtete, sondern wegen der Schwere des handgreiflich überführten Verbrechens auch seine sonst unübertroffene Unverschämtheit und Gemeinheit.

12. Als nun unversehens auf Verlangen des Volturcius das Schreiben gebracht und geöffnet wurde, das ihm nach seiner Aussage von Lentulus an Catilina ausgehändigt worden war, war Lentulus aufs heftigste erschüttert, so daß er Siegel und Handschrift anerkannte. Es trug nämlich keine Unterschrift und lautete so: »Wer ich bin, wirst Du durch den Überbringer erfahren. Sorge dafür, daß Du als Mann handelst, und überlege, wie weit Du bereits gegangen bist. Sieh zu, was Deine Interessen verlangen, und sorge dafür, daß Du Dir die Unterstützung aller, auch der Niedrigsten, sicherst!« Gabinius, der alsdann hereingeführt wurde, wollte anfangs dreiste Antworten geben, schließlich aber bestritt er keine der von den Galliern vorgebrachten Anklagen.

13. Bürger! Zwar schienen mir persönlich diese Beweise und Aussagen über das Verbrechen völlig überzeugend, die Schriftstücke, die Siegel, die Handschrift und schließlich das Geständnis jedes einzelnen; viel beweiskräftiger aber waren für mich ihre veränderte Gesichtsfarbe, ihre Augen und Mienen sowie ihr schuldbewußtes Schweigen. Völlig überrascht blickten sie zu Boden, bisweilen warfen sie sich verstohlene Blicke zu, so daß man meinte, sie seien nicht von anderen angeklagt, sondern beschuldigten sich gegenseitig.

Nachdem ich die Aussagen dargelegt und zu Protokoll gegeben hatte, legte ich dem Senat die Frage vor, was im Interesse des Staatswohls zu geschehen habe. Von den Wortführern wurden sehr scharfe und entschlossene Anträge gestellt, denen der Senat ohne Abänderung zustimmte. Da aber der Senatsbeschluß noch nicht schriftlich vorliegt, will ich euch, ihr Bürger, die Auffassung des Senats aus dem Gedächtnis vortragen.

14. Zuerst wurde mir mit ehrenvollsten Worten dafür gedankt, daß ich mit Entschlossenheit, Klugheit und Umsicht den Staat aus größter Gefahr gerettet habe. Alsdann wurden die beiden Praetoren Lucius Flaccus und Gaius Pomptinus mit vollem Recht für ihre entschlossene und treue Mitwirkung, die sie mir zur Verfügung gestellt hatten, gelobt. Auch mein Amtsgenosse erhielt Anerkennung für seine Unerschrockenheit, mit der er die persönlichen wie amtlichen Beziehungen zu den Verschwörern abgebrochen hatte. Der weitere Beschluß lautet dann so: Publius Lentulus solle nach Niederlegung seines Amtes als Praetor in Haft genommen werden; ebenso seien in Gewahrsam zu bringen Gaius Cethegus, Lucius Statilius und Publius Gabinius, die alle anwesend waren. Derselbe Beschluß betraf auch den Lucius Cassius, der sich den Auftrag zur Einäscherung der Stadt ausbedungen hatte, den Marcus Caeparius, der nach Aussagen beauftragt war, die Hirten in Apulien aufzuwiegeln, den Publius Furius aus Sullas Siedlungen in Faesulae, ferner den Quintus Annius Chilo, der sich zusammen mit Furius dauernd bei der Aufhetzung der Allobroger betätigt hatte, schließlich den Freigelassenen Publius Umbrenus, der, wie feststand, zuerst die Gallier bei Gabinius eingeführt hatte.

Der Senat verfuhr mit solcher Nachsicht, Bürger, daß er trotz der gefährlichen Verschwörung und der großen Zahl der inneren Feinde durch die Bestrafung nur der neun schlimmsten Menschen den Staat gerettet glaubte, während die übrigen zur Vernunft gebracht werden könnten.

15. Auch wurde ein Dankfest an die unsterblichen Götter für ihre einzigartige Hilfe mir zu Ehren beschlossen, eine Ehrung, die zum ersten Male seit Gründung der Stadt mir als einem Zivilisten zuteil wurde. Der Beschluß drückt es in folgenden Worten aus: Ich hätte die Stadt vor Brand, die Bürger vor Mord, Italien vor Krieg gerettet. Vergleicht man dieses Dankfest mit den

bisherigen, so besteht ein Unterschied, insofern die übrigen wegen rühmlicher Taten für den Staat beschlossen wurden, dieses einzige aber für seine Rettung. Was nun zuerst zu tun war, wurde veranlaßt und durchgeführt. Obwohl nämlich Publius Lentulus, überführt durch die Aussagen, seine Geständnisse sowie durch das Urteil des Senats nicht nur seine Rechtsstellung als Praetor, sondern auch die eines Bürgers verloren hatte, mußte er dennoch ausdrücklich sein Amt niederlegen. Mit der Bestrafung des Privatmannes Publius Lentulus wollten wir uns von den religiösen Bedenken freihalten, um die sich der hochberühmte Gaius Marius nicht gekümmert hatte, als er den Praetor Gaius Glaucia ohne namentlichen Beschluß töten ließ.

16. Bürger, da ihr nun die ruchlosen Führer des frevelhaftesten und gefährlichsten Krieges ergriffen und gefangengesetzt habt, dürft ihr annehmen, daß damit nach Abwendung der Gefahr für die Stadt zugleich auch alle Truppen Catilinas und alle seine Hoffnungen und Machtpläne zusammengebrochen sind. Als ich ihn aus der Stadt verjagte, Bürger, sah ich voraus, daß ich nach Entfernung Catilinas die Schläfrigkeit des Publius Lentulus, den Fettbauch des Lucius Cassius und den verblendeten Wahnsinn des Gaius Cethegus nicht mehr zu fürchten brauchte. Jener allein von allen jenen Kreaturen bedeutete eine Gefahr, aber nur solange er innerhalb der Mauern unserer Stadt weilte. Er kannte alle Verhältnisse, er hatte Zutritt zu allen möglichen Leuten; er konnte es wagen, sie anzusprechen, zu verführen und aufzuhetzen. Er allein faßte den zur Tat passenden Entschluß, dem Entschluß aber fehlte es weder an Überredungsgabe noch an Tatkraft. Schon hatte er für die Durchführung bestimmter Aufträge bestimmte Männer ausgewählt und benannt. Aber mit dem Auftrag allein war es bei ihm nicht getan; es gab nichts, was er nicht selbst anfaßte, unternahm und mit wachem Geist ins Werk setzte; Kälte, Durst und Hunger machten ihm nichts aus.

17. Hätte ich diesen leidenschaftlichen, verwegenen, schlagfertigen und gerissenen Menschen, der solchen Eifer im Verbrechen, solche Umsicht in verruchten Plänen zeigte, nicht aus sei-

nem Versteck in der Stadt zum Raubgesindel im Lager getrieben – ich spreche, wie ich denke, Bürger! –, dann wäre es mir nicht leicht geworden, diese Riesenlast des Verderbens von eurem Nacken abzuwenden. Er hätte nicht erst die Saturnalien festgesetzt, auch nicht den schicksalsvollen Unglückstag unseres Staates so lange vorher angedroht; er hätte es auch nicht dazu kommen lassen, daß ein Siegel und Schreiben seinerseits als Zeugen für die Überführung des Verbrechens in unsere Hand fielen. In seiner Abwesenheit aber ist dies jetzt in solchem Umfang geschehen, daß kaum jemals ein Diebstahl in einem Privathaus so deutlich ans Tageslicht kam, wie diese für den Staat gefährliche Verschwörung handgreiflich überführt wurde. Zwar bin ich Catilina, solange er da war, mit Entschiedenheit bei all seinen Anschlägen entgegengetreten, doch wäre er bis heute in der Stadt, so hätte ich, milde ausgedrückt, mit ihm kämpfen müssen. Niemals hätte ich, solange er als Feind in der Stadt weilte, den Staat aus dieser ungeheuren Gefahr in so friedlicher Ruhe und ohne Aufsehen retten können.

18. Dies alles, ihr Bürger, ist jedoch von mir so erledigt worden, daß man meinen könnte, es sei nach dem Willen und Ratschluß der unsterblichen Götter getan und gelenkt worden. Nur vermutungsweise können wir begreifen, daß die Lenkung so bedeutender Ereignisse kaum menschlichem Ratschluß entsprungen sein kann; so sichtbar haben sie uns in diesen Tagen Hilfe und Rettung gebracht, daß wir sie nahezu mit unseren Augen sehen können. Ich will nicht davon sprechen, daß zu nächtlicher Zeit am westlichen Himmel Fackeln und Brand zu sehen waren, ich übergehe auch die Blitzschläge, Erdbeben und alle anderen außergewöhnlichen Geschehnisse während meines Konsulats, durch die die Götter die gegenwärtigen Ereignisse zu prophezeien schienen. Das eine aber, was ich nun sagen will, Bürger, darf auf keinen Fall übergangen und übersehen werden.

19. Sicherlich denkt ihr noch daran, daß unter dem Konsulat des Cotta und Torquatus mehrere Stellen auf dem Kapitol vom Blitz getroffen wurden; dabei wurden Götterbilder von ih-

rem Platz geworfen, Bildnisse altverdienter Männer umgestürzt, eherne Gesetzestafeln geschmolzen und sogar Romulus, der Gründer unserer Stadt, vom Blitz getroffen. Ihr erinnert euch doch, wie er vergoldet auf dem Kapitol dargestellt als Säugling an den Zitzen der Wölfin saugt. Die damals aus ganz Etrurien herbeigerufenen Zeichendeuter prophezeiten Mord und Brand, Umsturz der Verfassung, inneren Bürgerkrieg und nahen Untergang der ganzen Stadt und des Reiches, wenn nicht die unsterblichen Götter, mit allen Mitteln versöhnt, mit ihrer Allmacht das drohende Schicksal abwendeten.

20. Daher wurden auf Grund jener Deutungen damals zehn Tage hindurch Spiele veranstaltet und nichts unterlassen, was zur Versöhnung der Götter beitragen konnte. Ebenso wurde von jenen Zeichendeutern angeraten, ein größeres Bildnis Juppiters anzufertigen, es an hochgelegener Stelle aufzurichten und im Gegensatz zu vorher nach Osten hinzuwenden. Nur wenn dieses Götterbild, das ihr vor Augen habt, nach Sonnenaufgang, nach Forum und Kurie hinschaue, könne man hoffen, daß Pläne, die sich im geheimen gegen den Bestand der Stadt und des Reiches richteten, ans Licht gebracht würden und vom römischen Senat und Volk durchschaut werden könnten. Die damaligen Konsuln vergaben den Auftrag zur Aufstellung dieses Bildnisses, die Arbeit aber ging so langsam vorwärts, daß es weder unter den früheren Konsuln noch von uns bis zum heutigen Tage aufgestellt worden ist.

21. Wer könnte da, ihr Bürger, so unvernünftig, so verblendet, so wahnsinnig sein zu leugnen, daß alles, was wir erleben, vor allem aber unsere Stadt durch den Willen und die Macht der unsterblichen Götter gelenkt wird? Als damals der Bescheid erging, daß Mord, Brand und Untergang des Staates vorbereitet würden, und zwar durch eigene Bürger, schien dies wegen der Ungeheuerlichkeit der Verbrechen nicht wenigen unglaubwürdig, ihr habt es aber schmerzlich erfahren müssen, daß solches von ruchlosen Bürgern nicht nur geplant, sondern ins Werk gesetzt wurde. Wird es aber dann nicht ganz augenscheinlich, daß

es der Wille und das Werk des höchsten und erhabenen Juppiter war, daß zu derselben Stunde, als heute früh auf meinen Befehl die Verschwörer und ihre Angeber über das Forum in den Tempel der Concordia geführt wurden, sein Bildnis aufgestellt wurde? Nach seiner Aufstellung und Ausrichtung auf euch und den Senat hin wurden alle Pläne gegen eure Existenz, wie ihr wißt, ans Licht gebracht und aufgedeckt.

22. Um so hassenswerter und strafwürdiger sind die, welche nicht nur an eure Behausungen und Gebäude, sondern auch an die Tempel und Heiligtümer der Götter verderblichen und fluchwürdigen Brand legen wollten. Wollte ich nun behaupten, *ich* hätte mich ihnen entgegengestellt, so wäre dies anmaßend und ich selbst unausstehlich. Nicht ich, sondern Juppiter fiel ihnen in den Arm. *Er* wollte das Kapitol, unsere Tempel, die ganze Stadt und euch alle gerettet sehen. Unter Führung der unsterblichen Götter habe ich diese Haltung der Entschlossenheit eingenommen, ihr Bürger, und bin zu so entscheidenden Beweisen gelangt. Vollends aber wären niemals von Lentulus und den übrigen inneren Feinden in so verblendeter Weise wichtige Dinge und sogar Briefe Unbekannten und Ausländern übergeben und anvertraut worden, hätten nicht die unsterblichen Götter ihnen bei diesem verwegenen Unternehmen die ruhige Überlegung genommen. Weiter, daß die Gallier, Leute aus einem kaum befriedeten Staat, aus einem Volk, das vielleicht allein imstande ist und den Wunsch hat, das römische Volk zu bekriegen, die Hoffnung auf Herrschaft und große Versprechungen, die ihnen von altadeligen Männern freiwillig angeboten wurden, zurückwiesen und euer Wohl ihren eigenen Vorteilen vorzogen, muß das nicht wie eine göttliche Fügung erscheinen, zumal jene in der Lage waren, uns nicht durch Kampf, sondern durch Schweigen zu besiegen?

23. Bürger! Da also ein Dankfest vor allen Götterbildnissen beschlossen ist, feiert diese Tage mit euren Frauen und Kindern! Oft schon wurden den unsterblichen Göttern zahlreiche wohlbegründete und schuldige Ehren erwiesen, niemals aber waren

sie mehr berechtigt als diesmal. Denn ihr seid aus dem grausamsten und schrecklichsten Untergang gerettet, gerettet ohne Mord, ohne Blutvergießen, ohne Aufbietung des Heeres und ohne Kampf; als friedliche Bürger habt ihr gesiegt, ich allein war im Friedenskleide euer Führer und Befehlshaber.

24. Erinnert euch, Bürger, an alle Bürgerzwiste, nicht nur an die, von denen ihr gehört habt, sondern auch an die, welche ihr selbst in eurer Zeit erlebt habt. Lucius Sulla stürzte den Publius Sulpicius[10]; den Gaius Marius, den Hüter dieser Stadt, und viele andere wackere Männer vertrieb er aus dem Staat oder ließ sie töten. Der Konsul Gnaeus Octavius warf seinen Amtsgenossen[11] mit Waffengewalt aus der Stadt; dieser ganze Platz hier war mit Leichenhaufen bedeckt und troff von Bürgerblut. Nachher blieb Cinna zusammen mit Marius Sieger; damals wurden mit der Ermordung hochberühmter Männer Leuchten des Staates ausgelöscht. Die Grausamkeit des Sieges hat hernach Sulla gerächt; mit wieviel Opfern an Bürgerblut, zu welchem Schaden des Staates, das verschweigt man besser. Marcus Lepidus[12] lag mit dem hochangesehenen, tapferen Quintus Catulus im Streit, sein eigener Untergang versetzte den Staat kaum in Trauer, wohl aber der Tod der andern.

25. Doch all diese Zwistigkeiten, Bürger, waren derart, daß sie nicht auf die Vernichtung, sondern auf eine Veränderung der Staatsform abzielten. Man wollte den Staat nicht völlig beseitigen, sondern in dem bestehenden Staat die Führung haben, man beabsichtigte nicht, unsere Stadt in Brand zu stecken, sondern wollte in dieser Stadt die erste Rolle spielen. Und doch wurden

10 Dieser hatte beantragt, den Oberbefehl im Mithridatischen Krieg anstatt an Sulla an Marius zu übertragen, was zu blutigen Unruhen führte. – Marius wird Hüter der Stadt genannt, da er Rom vor den Kimbern und Teutonen rettete und außerdem als Konsul im Jahre 100 gegen senatsfeindliche Umtriebe einschritt.

11 Cinna.

12 Marcus Lepidus wollte 78 v. Chr. als Konsul die Sullanische Verfassung umstürzen, wurde aber von seinem Amtskollegen Catulus daran gehindert.

alle jene Streitigkeiten, von denen keine auf den Untergang des Staates zielte, nicht durch die Wiederherstellung der Eintracht, sondern durch Bürgermord entschieden. In diesem einen seit Menschengedenken gefährlichsten und grausamsten Krieg aber, wie ihn niemals ein fremdes Volk mit seinem eigenen Stamm geführt hat, galt nur das von Lentulus, Catilina, Cethegus und Cassius aufgestellte Gesetz, daß alle als Feinde betrachtet wurden, die in einem sicheren Staat mit ihrer Sicherheit rechnen könnten. In diesem Kampfe, Bürger, habe ich mich so verhalten, daß ihr alle heil und unversehrt bliebt. Während eure Feinde gemeint hatten, es würden von den Bürgern nur so viele übrigbleiben, wie das grenzenlose Morden überleben könnten, von der Stadt aber nur die Gebiete, die der Brand nicht hatte erreichen können, habe ich die Stadt und ihre Bürger in völliger Unversehrtheit erhalten.

26. Für diese gewaltige Leistung, ihr Bürger, fordere ich von euch keinen Lohn für meinen Einsatz, keine ehrenvolle Auszeichnung, kein Ruhmesdenkmal als nur das eine, daß ihr immer an diesen Tag denkt. Alle meine Triumphe, alle ehrenvollen Auszeichnungen, alle Ruhmesmale und Zeichen der Anerkennung sollen in euren Herzen verwahrt und aufgehoben sein. Kein stummes, wortloses Denkmal vermag mich zu erfreuen, kurz, nichts von der Art, was auch weniger Würdige erreichen können. In eurer Erinnerung, Bürger, werden meine Taten weiterleben, in euren Gesprächen wachsen, in literarischen Denkmälern fortleben und lebendig bleiben. Ich weiß, daß dieser selbe Tag, der, wie ich hoffe, unvergänglich sein wird, zum Heile der Stadt und zum Gedächtnis an mein Konsulat auf die Nachwelt kommt und daß es in unserem Staate zu ein und derselben Zeit zwei Bürger[13], gegeben hat, von denen der eine die Grenzen eurer Herrschaft nicht nur auf Erden, sondern auch in den

13 Neben Cicero, der die innere Sicherheit des römischen Staates geschützt hatte, war es Pompeius, der durch die siegreiche Beendigung des Mithridatischen Krieges die Würde und Macht des römischen Staates wiederhergestellt hatte.

Bereichen des Himmels sicherte, der andere den Sitz und die Stätte dieser Herrschaft rettete.

27. Bei den von mir vollbrachten Taten sind jedoch die Voraussetzungen und die Lage anders als bei denen, die auswärtige Kriege zu führen hatten. Denn ich muß mit denen leben, die ich besiegt und überwunden habe, jene aber ließen die Feinde entweder tot oder völlig bezwungen zurück. Wenn also anderen ihre Taten mit Recht Vorteile bringen, wird es eure Aufgabe sein, Bürger, darauf zu sehen, daß mir die meinigen nicht eines Tages gefährlich werden. Ich habe ja auch darauf geachtet, daß die verbrecherischen und ruchlosen Gedanken tollkühner Menschen euch nicht schaden konnten; sorgt also dafür, daß sie mir nicht schaden. Freilich, ihr Bürger, kann mir von jenen Schurken keine Gefahr mehr drohen; denn ich habe an den anständigen Bürgern einen starken Rückhalt, den ich mir für immer geschaffen habe, bedeutendes Ansehen im politischen Leben, das mich stets im stillen schützen wird, dazu die große Macht des guten Gewissens, das diejenigen, die mich verletzen wollen, nicht übersehen können, ohne sich selbst zu belasten.

28. Eine solche Einstellung habe ich nämlich, ihr Bürger, daß ich mich nicht nur keiner Dreistigkeit beuge, sondern alle Schurken stets von mir aus herausfordere. Sollte sich die ganze Wucht der inneren Feinde, die ich von euch abwehrte, gegen mich allein wenden, werdet ihr, Bürger, zu entscheiden haben, in welcher Lage künftig diejenigen leben sollen, die sich für eure Rettung allen Gefahren des Hasses aussetzten. Gibt es für mich persönlich etwas, was ich zu meinem Erfolg im Leben noch hinzuerwerben könnte, zumal da ich bei eurer Wertschätzung und dem Ruhm für meine Leistung keine höhere Stufe meines Aufstiegs mehr sehe?

29. Das allerdings will ich erreichen, Bürger, daß ich meine Erfolge während des Konsulats auch als Privatmann schütze und ausbaue, daß die trotz der Rettung des Staates etwa noch vorhandene Mißgunst die Neider selbst schädigt, mir aber zur Vergrößerung meines Ruhmes beiträgt. Kurz, ich werde mich

im politischen Leben so verhalten, daß ich mich stets an das erinnere, was ich geleistet habe, und die Auffassung unterstütze, es sei nicht durch Zufall, sondern durch meinen persönlichen Einsatz erreicht worden. Da die Nacht schon hereinbricht, betet, Bürger, zu Juppiter, dem Beschützer dieser Stadt und eurer selbst, geht heim in eure Häuser und, wenn auch die Gefahr bereits beseitigt ist, beschützt sie wie in der vergangenen Nacht durch nächtliche Wachen! Ich werde dafür sorgen, daß das nicht mehr allzulange erforderlich ist, sondern ihr in dauerndem Frieden leben könnt.

Übersetzt von Ernst Schröfel
und Marion Giebel

Vierte Rede gegen Catilina am 5. Dezember 63 vor dem Senat

1. Senatoren, ich sehe, wie ihr alle euer Augenmerk auf mich gerichtet habt. Ich sehe, ihr seid in Aufregung nicht nur wegen der Gefahr für euch selber und für den Staat, sondern auch, falls diese abgewendet wäre, wegen der Gefahr, die mir droht. Eure Zuneigung ist für mich eine Wohltat im Unglück und ein Trost im Leiden. Aber, bei den unsterblichen Göttern, laßt das beiseite, vergeßt den Gedanken an meine Sicherheit und denkt an euch und eure Kinder!

Ist es mir in meinem Konsulat beschieden, ein volles Maß an Bitterkeit, Schmerzen und Peinigungen zu erdulden, dann will ich das nicht nur tapfer, sondern sogar gerne tragen, wenn nur durch meine Mühen euch und dem römischen Volke Ehre und Existenz gesichert werden.

2. Ich bin der Konsul, Senatoren, der weder auf dem Forum, dem Sitz aller Gerechtigkeit, noch auf dem Marsfeld, geweiht durch die Auspizien bei den Konsulatswahlen, noch in der Kurie, der vornehmsten Freistatt aller Völker, noch in seinem Hause, dem Zufluchtsort jedes Menschen, noch auf seinem Lager, das zum Ausruhen da ist, noch schließlich auf diesem Ehrensitz, dem kurulischen Amtssessel, jemals sicher war vor Lebensgefahr und heimtückischen Anschlägen.

Ich habe vieles verschwiegen, vieles hingenommen, vieles mit Nachsicht behandelt, vieles wieder in Ordnung gebracht, wobei für mich das Leiden blieb, für euch nur das Fürchten. Wenn nun nach dem Willen der unsterblichen Götter dies der Ausgang meines Konsulats sein soll, daß ich euch und das römische Volk vor einem ganz jammervollen Blutbad, eure Frauen und Kinder und die vestalischen Jungfrauen vor der übelsten Mißhandlung, Tempel und Göttersitze, unsre herrliche Vaterstadt aus dem schrecklichsten Feuer und Brand und ganz Italien vor Krieg und Verwüstung retten kann, dann will ich das, was das Schicksal mir allein zugedacht hat, auf mich nehmen. Wenn nämlich ein Publius Lentulus, von Wahrsagern verleitet, glauben konnte, sein Name sei vom Schicksal zum Verderben des Staates ausersehen[1], warum sollte ich mich da nicht freuen, daß mein Konsulat gewissermaßen vom Schicksal zur Rettung des römischen Volkes ausersehen ist?

3. Darum sorgt für euch selber, Senatoren, tragt Vorsorge für das Vaterland, erhaltet euch, eure Frauen und Kinder und euer Hab und Gut, verteidigt den Namen und das Heil des römischen Volkes, laßt aber ab, mich zu schonen und an mich zu denken! Ich darf ja hoffen, alle Götter, die dieser Stadt Schutz gewähren, werden es mir so vergelten, wie ich es verdiene. Sollte mir aber etwas zustoßen, werde ich ruhig und gefaßt in den Tod gehen. Denn ein Ehrenmann kann keinen entehrenden Tod finden, ein Konsular keinen zu frühen und ein Anhänger der Philosophie keinen kläglichen. Freilich bin ich nicht so ohne alles Gefühl, daß ich nicht ergriffen würde von der Betrübnis meines teuren Bruders hier, der so sehr an mir hängt, und von den Tränen all dieser Männer, von denen ihr mich hier umgeben seht. Auch schweifen meine Gedanken oft nach Hause zu meiner Frau, die in Todesängsten schwebt, zu meiner ganz niedergeschlagenen Tochter, zu meinem kleinen Sohn – der Staat hält ihn, wie mir scheint, am Herzen als Bürgen für eine erfolgreiche Verwaltung meines Konsulats – und zu dem Manne, den ich dort in meiner Nähe stehen und den Ausgang des Tages erwarten sehe, meinem Schwiegersohn[2]. All das wirkt auf mich ein, doch nur so, daß ich

1 Vgl. die Dritte Rede gegen Catilina 9.
2 Ciceros Angehörige: Quintus Tullius Cicero, der jüngere Bruder, Terentia, die Gattin, Marcus, der kleine Sohn, Tullia, die Tochter, und Calpurnius Piso Frugi, der Schwiegersohn.

sie lieber mit euch zusammen gerettet sähe, sollte ich auch einem Gewaltakt zum Opfer fallen, als daß sie mit uns zusammen in einem allgemeinen Untergang des Staates zugrunde gehen.

4. Richtet daher alle Sorge auf die Erhaltung des Staates, Senatoren, habt genau acht auf alle Stürme, die ihm drohen, wenn ihr keine Vorsorge trefft. Kein Tiberius Gracchus, der zum zweiten Male Volkstribun werden wollte, kein Gaius Gracchus, der die Anhänger der Landreform aufzuwiegeln suchte, kein Lucius Saturninus, der den Gaius Memmius[3] tötete, wird hier zur Rechenschaft, und zwar vor euer strenges Gericht, gezogen. In unseren Händen haben wir die Männer, die deshalb in Rom zurückgeblieben sind, um die Stadt in Schutt und Asche zu legen, euch alle zu ermorden und Catilina zu empfangen. In unsren Händen sind Briefe, Siegel, handschriftliche Dokumente, schließlich das Geständnis eines jeden: Man wiegelt die Allobroger auf, reizt die Sklaven zum Aufruhr, holt Catilina herbei – das bedeutet, man hat einen Plan entworfen, nach dem, wenn man alle ermordet hat, niemand mehr übrigbleibt, nicht einmal um das römische Volk zu beweinen und das unselige Schicksal dieses großen Reiches zu betrauern.

5. Dies alles haben Informanten ausgesagt, die Angeklagten haben es zugegeben, und ihr habt schon mehrmals durch Beschlüsse euer Urteil darüber gefällt: Erstens habt ihr mir in außerordentlich anerkennenden Worten gedankt und durch einen Beschluß kundgetan, durch meine entschlossene, umsichtige Haltung sei die Verschwörung der Verbrecher aufgedeckt worden. Zweitens habt ihr Publius Lentulus gezwungen, die Praetur

3 C. Memmius (111 v. Chr. Volkstribun) führte einen erbitterten Kampf gegen die Übermacht und Korruption der Nobilität und für eine gerechtere Landverteilung. Er wurde von Lucius Appuleius Saturninus, seinem Rivalen, bei der Bewerbung ums Konsulat erschlagen. Cicero macht einen Unterschied zwischen Catilina und diesen *seditiosi*, den Aufruhr stiftenden Politikern (wie sie Cicero im *Brutus* 224 nennt), da man diesen noch einigermaßen selbstlose Motive ihrer Politik unterstellen kann, was bei Catilina nicht der Fall ist.

niederzulegen, und drittens habt ihr dafür gestimmt, daß er und die übrigen, über die ihr ein Urteil gefällt habt, in Haft gehalten werden sollen. Vor allem aber habt ihr mir zu Ehren ein Dankfest beschlossen, eine Ehrung, die vor mir noch keinem Bürger in Friedenszeiten zuteil geworden ist[4]. Schließlich habt ihr gestern den Gesandten der Allobroger und dem Titus Volturcius äußerst reichliche Belohnungen gegeben. Dies alles sind Maßnahmen, die zeigen, daß die Männer, die namentlich einem Bewacher zugeteilt worden sind[5], von euch ohne jedes Bedenken als Verurteilte angesehen werden.

6. Doch habe ich mir vorgenommen, Senatoren, euch den Fall so vorzutragen, als sei die Frage noch offen, welches Urteil ihr über den Tatbestand abgebt und was ihr über die Bestrafung beschließt. Ich will nur erwähnen, was Aufgabe des Konsuls ist[6].

Daß es gewaltige Umtriebe im Staat gab, Umsturzpläne in Umlauf kamen und üble Dinge angezettelt wurden, das sah ich schon längst, aber daß diese so umfassende, so gefährliche Verschwörung unter meinen Mitbürgern besteht, das hätte ich nie für möglich gehalten. Wie es auch steht und zu welcher Seite ihr auch neigen mögt mit eurer Einstellung und eurer Stimmabgabe, ihr müßt jetzt einen Beschluß fassen, und zwar noch vor Anbruch der Nacht[7]. Wie schwer das Verbrechen ist, das euch angezeigt wurde, seht ihr. Wenn ihr glaubt, es seien nur wenige daran beteiligt, so seid ihr gewaltig im Irrtum. Weiter als man ver-

4 Diese Feier wurde sonst nur zu Ehren siegreicher Feldherrn abgehalten.

5 In einer verschärften Form der *custodia libera*, der Ehrenhaft, bei der sich der Verhaftete seinen Bewacher aussuchen konnte und in dessen Hause lebte.

6 Der Konsul konnte als Leiter der Senatsdebatte selbst keinen Antrag stellen; dies ist wichtig für die Beurteilung von Ciceros Rolle in dieser Phase des Abwehrkampfes. Der Konsul konnte nur den Tatbestand referieren und die von den Senatoren gestellten Anträge formulieren und zur Abstimmung stellen.

7 Ein gültiger Senatsbeschluß mußte am Tage der Abstimmung vor Sonnenuntergang gefaßt sein.

mutet, hat sich die Saat dieses Übels verbreitet. Es hat nicht nur in Italien um sich gegriffen, es ist sogar über die Alpen gedrungen und hat heimlich fortschleichend bereits zahlreiche Provinzen befallen. Durch Hinhalten und Aufschieben läßt es sich auf keinen Fall mehr unterdrücken. Welche Art des Vorgehens ihr auch wählen mögt, ihr müßt rasch dagegen einschreiten.

7. Wie ich sehe, liegen bisher zwei Anträge vor. Der eine stammt von Decimus Silanus[8], der beantragt hat, daß diejenigen, die unsern Staat vernichten wollten, mit dem Tode zu bestrafen sind. Der zweite Antrag, von Gaius Julius Caesar, nimmt Abstand von der Todesstrafe, begreift aber alle übrigen harten Strafen ein.

Beide Antragsteller bestehen, ihrem Rang und der Schwere des Falles entsprechend, auf der Anwendung äußerster Strenge. Der eine ist der Ansicht, Menschen, die darauf aus waren, uns allen das Leben zu rauben, das Reich zu vernichten, den römischen Namen zu tilgen, dürften keinen Augenblick länger das Leben und die Luft, die wir alle atmen, genießen. Er erinnert daran, daß eine solche Strafe gegen verbrecherische Bürger in diesem Staat schon oft angewandt wurde. Nach der Auffassung des anderen ist der Tod von den unsterblichen Göttern nicht als Strafe verhängt, sondern ist eine naturgegebene Notwendigkeit und ein Ausruhen von Mühsal und Leiden. Daher haben ihn die Weisen niemals widerwillig, die Tapferen oft sogar gerne angenommen. Haft dagegen, und diese auf Lebenszeit, ist sicherlich als außerordentliche Strafe für Freveltaten erfunden worden. Caesar verlangt die Überstellung der Verhafteten an die Landstädte. Dieses Verfahren wäre aber mit Härte verbunden, wenn man es auf dem Befehlswege, und mit Schwierigkeiten, wenn man es durch Bitten durchsetzen wollte. Dennoch soll es beschlossene Sache sein, wenn es euch so richtig erscheint.

8. Ich werde selbst die Durchführung in die Hand nehmen und werde hoffentlich auch Leute finden, die nicht glauben, sie

8 Er war zum Konsul für das nächste Jahr gewählt.

müßten die Maßnahmen, die ihr für das Gemeinwohl getroffen habt, um ihrer eigenen Würde willen ablehnen. Der Antragsteller fügt eine strenge Strafandrohung für die Landstädte hinzu, für den Fall, daß jemand einen von ihnen aus der Haft befreit. Er umgibt sie mit scharfen Sicherheitsmaßnahmen, wie sie Verbrecher verdienen. Bei Strafe untersagt er, daß jemand einen Senats- oder Volksbeschluß herbeiführe, um das Strafmaß der Verurteilten herabzusetzen. Damit raubt er ihnen sogar die Hoffnung, den einzigen Trost der Menschen im Elend. Außerdem soll ihr Vermögen konfisziert werden. Nur das nackte Leben läßt er diesen Verbrechern. Nähme er ihnen auch das, so würde er sie damit zugleich von den mannigfachen körperlichen und seelischen Leiden und von allen Strafen für ihre Verbrechen befreien. Daher haben ja auch die Leute früher geglaubt, in der Unterwelt gäbe es entsprechende Strafen für die Gottlosen, damit den Übeltätern schon im Leben ein Schreckbild vor Augen stehe. Man war sich nämlich klar darüber, daß ohne solche Strafen der Tod an sich überhaupt nichts Schreckliches sei.

9. Ich sehe sehr wohl, Senatoren, was mein eigenes Interesse in der gegenwärtigen Lage erfordert: Schließt ihr euch dem Antrag Caesars an, dann brauche ich bei einem solchen Stimmführer und Befürworter des Antrags weniger Angst vor Angriffen der Volkspartei zu haben. Denn er vertritt ja in seinem politischen Wirken die populare Richtung. Stimmt ihr für den anderen Antrag, wird mir das vermutlich größere Schwierigkeiten zuziehen. Aber das Allgemeinwohl hat über meinem persönlichen Interesse und Risiko zu stehen.

Wir haben von Caesar eine Stellungnahme, wie sie seinem Rang und seinen erhabenen Ahnen entspricht und die gleichsam ein Unterpfand seiner positiven Staatsgesinnung auch für die Zukunft darstellt. Man konnte daran den Unterschied erkennen zwischen leichtfertigen Volksverhetzern und einer echten popularen Gesinnung, die auf das Wohl des Volkes bedacht ist.

10. Wie ich sehe, fehlt hier so mancher, der sich sonst als

Volksfreund gibt, nämlich damit er nicht mitabstimmen muß über Leben und Tod römischer Bürger. Und doch hat man vorgestern römische Bürger inhaftieren lassen und mir ein Dankfest zuerkannt, und man hat gestern die Zeugen in großzügigster Weise belohnt. Nun gibt es keinen Zweifel mehr darüber, wie jemand über den Tatbestand und die Rechtslage urteilt, wenn dieser für den Angeklagten die Haft, für den Leiter der Untersuchung ein Dankfest und für den Zeugen eine Belohnung angeordnet hat. Gaius Caesar dagegen weiß wohl, daß das Sempronische Gesetz[9] für römische Bürger gegeben ist, daß aber ein Staatsfeind nie und nimmer ein römischer Bürger sein kann, ja daß der Urheber des Sempronischen Gesetzes selber auf Beschluß des Volkes vom Staat die Strafe erhalten hat. Auch ist er nicht der Meinung, man könne den Publius Lentulus trotz seiner verschwenderischen Freigebigkeit gegenüber dem Volk jetzt noch einen Volksfreund nennen, nachdem er so haßerfüllte, so grausame Pläne zur Vernichtung des römischen Volkes, zum Untergang dieser Stadt geschmiedet hat. Darum trägt auch ein sonst so milder, schonungsvoller Mann kein Bedenken, diesen Publius Lentulus ins ewige Dunkel des Kerkers zu verbannen, und trifft Vorsorge für die Zukunft, daß sich niemand durch eine Strafmilderung hervortun und künftig zum Verderben des römischen Volkes als Volksfreund gelten kann. Er fügt auch die Gütereinziehung hinzu, damit zu allen körperlichen und seelischen Qualen noch Armut und völlige Mittellosigkeit trete.

11. Somit gebt ihr mir, falls ihr diesen Antrag zum Beschluß erhebt, einen Begleiter in die Volksversammlung mit, der beim Volk gut angeschrieben und beliebt ist. Falls ihr aber lieber dem Antrag des Silanus folgen wollt, werde ich mich und euch leicht dem römischen Volk gegenüber von dem Vorwurf der Grau-

9 Die *lex Sempronia* aus dem Jahre 123 v. Chr., benannt nach dem Antragsteller, dem Volkstribunen Gaius Sempronius Gracchus, verbot die Hinrichtung eines römischen Bürgers ohne Zustimmung der Volksversammlung.

samkeit reinigen können und beweisen, daß dieser Antrag eine weit mildere Strafe darstellt.

Aber kann man bei der Bestrafung eines so ungeheuerlichen Verbrechens überhaupt von Grausamkeit sprechen? Ich urteile nach meinem Empfinden. So wahr es mir vergönnt sein möge, mich mit euch an einem gesunden Staatswesen erfreuen zu dürfen, so gewiß treibt mich keine innere Roheit dazu, in dieser Sache mit größerer Härte vorzugehen – wer wäre denn mildherziger als ich? Es ist vielmehr gerade ein besonderes Gefühl der Menschlichkeit und Barmherzigkeit. Ich sehe vor meinen Augen diese Stadt, die Leuchte des Erdkreises, Schutz und Schirm aller Völker, plötzlich in Schutt und Asche sinken, im Geiste sehe ich auf der Grabstätte des Vaterlandes bejammernswerte, unbestattete Leichen von Bürgern zuhauf liegen. Den Anblick des rasenden Cethegus habe ich vor mir, wie er in eurem Blute watend in wilden Triumph ausbricht.

12. Und wenn ich mir gar Lentulus als König vorstelle, wie er es nach eigenem Geständnis aufgrund von Weissagungen erhoffte, sowie seinen Großwürdenträger Gabinius im Purpurgewand, die Ankunft Catilinas an der Spitze eines Heeres, dann erfaßt mich ein Grausen vor dem Wehgeschrei der Mütter, den angstvollen Fluchtversuchen der Mädchen und Knaben, der Schändung der vestalischen Jungfrauen. Und weil mir das alles im höchsten Maße kläglich und beklagenswert vorkommt, deshalb werde ich gegen die, die das zur Wirklichkeit machen wollten, hart und streng sein.

Ich frage nämlich: Wenn ein Hausvater an seinem Sklaven, der ihm die Kinder erschlagen, die Frau gemordet, das Haus in Brand gesteckt hat, wenn er an dem nicht die allerhärteste Strafe vollzieht, erscheint er da mild und barmherzig oder äußerst unmenschlich und grausam? Ich halte ihn für roh und gefühllos, da er seinen eigenen Schmerz und seine Pein nicht durch Schmerz und Pein des Schuldigen gelindert hat. So ist es auch mit uns diesen Menschen gegenüber, die uns, unsere Frauen und Kinder abschlachten wollten, die das Haus jedes einzelnen von uns ebenso wie den gesamten Bau unseres Staates zu zerstören versuchten, die darauf hinarbeiteten, das Volk der Allobroger auf den Trümmern dieser Stadt und auf der Asche unseres niedergebrannten Reiches anzusiedeln. Wenn wir mit aller Strenge gegen sie verfahren, werden wir als mitleidsvoll gelten. Wollen wir aber mehr Nachsicht walten lassen, dann wird uns das angesichts des Untergangs von Vaterland und Mitbürgern zwangsläufig den Ruf höchster Grausamkeit eintragen.

13. Oder hat jemand vorgestern den Lucius Caesar für allzu grausam gehalten, diesen Ehrenmann und glühenden Patrioten? Er hat doch den Mann seiner Schwester, einer vortrefflichen Dame, in dessen eigener Gegenwart für des Todes schuldig erklärt[10]. Er hat gesagt, zu Recht sei sein Großvater auf Befehl des Konsuls getötet und der unmündige Sohn, der eine Botschaft des Vaters brachte, im Kerker erdrosselt worden. Aber haben diese etwas Vergleichbares verübt, haben sie Pläne zum Umsturz des Staates geschmiedet?

Man hatte damals das Bestreben, dem Volke reichliche Spenden zufließen zu lassen, und es herrschte Streit unter den politischen Gruppen. Und gerade damals verfolgte der Großvater des Lentulus, ein hochberühmter Mann, den Gracchus mit bewaffneter Hand. Er trug sogar eine schwere Verwundung davon, nur damit der Staat keinerlei Schaden erleide. Dieser Lentulus aber holt die Gallier her, um den Staat in seinen Grundfesten zu erschüttern, er wiegelt die Sklaven auf und ruft Catilina herbei. Er weist Cethegus die Aufgabe zu, uns zu ermorden. Gabinius soll die übrigen Bürger töten, Cassius die Stadt in Schutt und Asche legen, und ganz Italien verwüsten und plündern soll Catilina.

Und da solltet ihr euch, denk' ich wohl, vor dem Eindruck

10 Lucius Julius Caesar Strabo war ein entfernter Verwandter Julius Caesars. Seine Schwester war mit dem Catilinarier Lentulus verheiratet, sein Großvater war Marcus Fulvius Flaccus, ein Parteigänger der Gracchen, der mit Gaius Gracchus zusammen auf Befehl des Konsuls Lucius Opimius 121 getötet wurde. (vgl. Erste Rede gegen Catilina).

fürchten, ihr hättet bei diesem ungeheuren, gottlosen Verbrechen ein allzu strenges Exempel statuiert! Dabei haben wir viel eher zu fürchten, daß man eine Milderung der Strafe als Grausamkeit gegen das Vaterland auslegt, als daß man ein strenges Vorgehen gegen unsre erbittertsten Feinde als zu große Härte verurteilen wird.

14. Doch ich höre so allerlei, Senatoren, was ich nicht ohne Erwiderung lassen kann. Da werden Äußerungen verbreitet, die mir zu Ohren kommen, von Leuten, die anscheinend fürchten, ich hätte nicht genug Machtmittel in Händen, um eure heutigen Beschlüsse in die Tat umzusetzen. Aber es ist alles geplant, vorbereitet und gerüstet, Senatoren, einmal durch meine ganz besondere Sorge und Umsicht, dann aber noch weit mehr durch die Entschlossenheit des römischen Volkes, die Leitung des Staates in der Hand zu behalten und seinen gemeinsamen Besitz zu behaupten. Alle sind sie hier, Männer aller Stände, aller Altersstufen, sie füllen das Forum, die öffentlichen Gebäude um das Forum, sie füllen alle Zugänge zu dieser geweihten Stätte und diesem Platz.

Seit der Gründung der Stadt ist dies der einzige Fall, wo alle einmütig dasselbe wollen, ausgenommen die, die ihren Untergang vor Augen sehen und deshalb lieber mit allen zusammen als für sich allein zugrunde gehen wollen. Diese Leute nehme ich allerdings aus und trenne sie gerne von den anderen; sie müssen, meine ich, nicht als verkommene Mitbürger, vielmehr als die erbittertsten Staatsfeinde angesehen werden.

15. Alle andern aber – bei den unsterblichen Göttern –, wie zahlreich, wie eifrig, wie mannhaft finden sie sich zusammen zum Schutz der gemeinsamen Wohlfahrt und Ehre! Was soll ich noch die römischen Ritter erwähnen? Sie haben euch den ersten Platz eingeräumt, was Rang, Stand sowie politische Einsicht angeht, aber sie wetteifern mit euch an Liebe zum Vaterland. Nach langjährigen Zwistigkeiten mit eurem Stand hat sie der heutige Tag und der vorliegende Fall zu gemeinsamem, einträchtigem Wirken zurückgeführt und mit euch vereinigt. Gelingt es uns,

diese unter meinem Konsulat geschlossene Verbindung auch für die Zukunft im Staatswesen zu erhalten, so werden, ich versichere es euch, künftighin kein Bürgerkrieg, keine inneren Streitigkeiten mehr unsern Staat irgendwie schädigen können.

Mit dem gleichen Eifer haben sich, wie ich sehe, auch die Aerartribunen, die tüchtigen Männer, zur Verteidigung des Staates hier versammelt. Ebenso sehe ich sämtliche Sekretäre, die zufällig heute in großer Zahl im Aerarium anwesend sind und die sich vom Ergebnis ihrer Auslosung zum Staatswohl gewandt haben[11].

16. Die Freigeborenen sind vollzählig hier, auch die Allerärmsten. Denn wo wäre ein Mensch, dem diese Tempel, der Anblick der Stadt, der Besitz der Freiheit, ja überhaupt dieses Licht und unser heimischer Boden nicht teuer, nicht lieb und wohltuend wären?

Auch ist es wohl der Mühe wert, die eifrige Teilnahme der Freigelassenen anzuerkennen. Das sind Männer, die sich durch eigene Tüchtigkeit ihre bürgerliche Stellung errungen haben und die diese Stadt hier als ihre wahre Vaterstadt ansehen. Dagegen gibt es welche, die hier geboren, und zwar hochwohlgeboren sind, die sie nicht für ihre Heimat, sondern für eine Feindesstadt gehalten haben. Doch was rede ich hier von Männern und Ständen, die ihr eigener Besitz, ihr gemeinsamer Staat, ja das Schönste auf Erden, die Freiheit, zur Rettung des Vaterlandes auf die Beine gebracht hat? Keinen Sklaven gibt es ja, sofern er nur unter halbwegs erträglichen Verhältnissen dient, den es nicht schaudert vor der Vermessenheit dieser Bürger, der nicht den jetzigen Zustand beibehalten möchte und nicht mit soviel Entschlossenheit, wie er nur aufbringen darf und kann, für das Allgemeinwohl eintritt.

11 Die Aerartribunen waren die Reichsten unter den Plebejern; sie gehörten der obersten Steuerklasse ihres Standes an und waren zeitweilig auch als Geschworene zugelassen. – Die Schreiber oder Sekretäre waren im Saturntempel versammelt, wo sich das Aerarium, die Staatskasse, befand. Dort wurden sie an diesem Tage durchs Los den Beamten für die Provinzen zugeteilt.

17. Sollte sich also jemand durch das Gerücht beunruhigt fühlen, ein Kuppler des Lentulus treibe sich als Agent in den Läden und Werkstätten herum und hoffe, arme und unwissende Leute durch Bestechung aufwiegeln zu können, so sei hier gesagt: Solche Versuche sind gemacht worden, aber es hat sich keiner gefunden, der so elend dran wäre oder so verworfen, daß er nicht den Ort, wo sein Arbeitstisch steht, wo er arbeitet und seinen täglichen Verdienst hat, wo sein Lager, sein Bett steht, kurz, daß er nicht seinen friedlichen Alltag gesichert wissen wollte. Dem weitaus größten Teil dieser Leute, die ihr Lädchen haben, ja man muß sogar sagen, dem ganzen Handwerkerstand gehen Ruhe und Frieden über alles. Jede Erwerbsmöglichkeit, jede Arbeit und jeder Verdienst basieren auf dem regen Verkehr der Bürger, gedeihen in ruhigen Verhältnissen. Wenn nun ihr Verdienst schon leidet, wenn ihre Buden geschlossen werden, was würde erst geschehen, wenn sie niedergebrannt würden?

18. Bei dieser Sachlage, Senatoren, fehlt es euch nicht an der Unterstützung durch das römische Volk – seht ihr nur zu, daß es nicht aussieht, als würdet ihr es dem römischen Volk gegenüber fehlen lassen. Ihr habt einen Konsul, der aus so vielen Gefahren und Anschlägen, mitten aus Lebensgefahr heraus erhalten geblieben ist, nicht für sich selber, sondern um euch zu retten. Alle Stände sind einmütig, einträchtig und einstimmig bereit zur Erhaltung des Staates. Von den gottlosen Verschwörern mit Brandfackeln und Waffen umlagert reckt unser aller Vaterland bittflehend zu euch die Hände empor: Euch vertraut es sich an, euch vertraut es das Leben aller Bürger an, das Kapitol mit der Burg, die Altäre der Penaten, das ewige Feuer der Vesta, alle Tempel und Heiligtümer der Götter, die Mauern und Häuser der Stadt. Darüber hinaus habt ihr am heutigen Tage über euer eigenes Leben, über das Leben eurer Frauen und Kinder, über allen Besitz, über Haus und Herd zu entscheiden.

19. Ihr habt einen Anführer, der nur an euch denkt und sich selbst vergißt, eine Gelegenheit, die sich nicht immer bietet. Ihr habt alle Stände, alle Menschen, das gesamte römische Volk in

einmütiger Haltung auf eurer Seite – etwas, was wir in einem innenpolitischen Streit heute zum ersten Mal erleben. Bedenkt, mit welcher Mühe die Herrschaft begründet, mit welch tatkräftigem Einsatz die Freiheit gesichert wurde, mit welch gütiger Vorsorge die Götter unsern Wohlstand förderten und mehrten. Und dies alles wäre um ein Haar in einer einzigen Nacht vernichtet worden! Damit Bürger etwas Derartiges in Zukunft nicht einmal ausdenken, geschweige denn ausführen können, dafür müßt ihr am heutigen Tage Vorsorge treffen. Doch ich habe dies nicht erwähnt, um euch anzuspornen – euer Eifer ist ja fast noch größer als der meine –, sondern damit man sieht, daß ich mit meiner Stimme, die die führende im Staat zu sein hat, meine Pflicht als Konsul erfüllt habe.

20. Bevor ich auf die Abstimmung zurückkomme, Senatoren, will ich nun noch einiges zu meiner Person bemerken. Das ist mir klar: So groß die Zahl der Verschwörer ist – und die ist, wie ihr seht, gewaltig groß –, so groß ist auch die Zahl derer, die ich mir zu Feinden gemacht habe. Aber ich halte sie für einen elenden, schwachen, verzweifelten Haufen. Und wenn sich diese Horde doch einmal, von irgendeinem wahnwitzigen Verbrecher aufgestachelt, stärker erweisen sollte als eure Machtstellung und die des Staates, Senatoren, dann werden mich meine Maßnahmen und Pläne doch niemals reuen. Der Tod, den sie mir vielleicht androhen, ist ja das Ziel für alle Menschen. Im Leben aber hat noch niemand so viel Ruhm geerntet, wie ihr ihn mir durch eure Beschlüsse in ehrenvoller Weise habt zuteil werden lassen. Allen andern nämlich habt ihr für erfolgreiche Leitung des Staates ein Dankfest zuerkannt, mir als einzigem aber für seine Erhaltung.

21. Mag jener Scipio berühmt sein, dessen Klugheit und Tapferkeit Hannibal zwang, Italien zu verlassen und nach Afrika zurückzukehren, mag der andere Africanus mit Ruhmeslorbeer bedeckt sein, der die zwei Erzfeinde unseres Reiches, die Städte Karthago und Numantia, zerstörte, soll dieser Paulus als ein hervorragender Mann gelten, dessen Triumphzug durch den

einst so mächtigen, weithin angesehenen König Perseus Glanz erhielt. Ewiger Ruhm sei auch dem Marius gegönnt, der Italien zweimal von Besetzung und Furcht vor der Knechtschaft befreit hat[12], und höher als sie alle stehe Pompeius, dessen Heldentaten die Länder erfüllen vom Aufgang der Sonne bis zum Untergang – es wird doch sicher in der Ruhmeshalle dieser Männer noch ein Plätzchen frei sein für meinen Ruhm. Oder sollte es eine größere Leistung sein, Provinzen zu erschließen, in die wir gehen können, als dafür zu sorgen, daß die, die hinausgezogen sind, auch einen Platz haben bei ihrer siegreichen Rückkehr?

22. In einer Hinsicht ist ein Sieg über die Feinde draußen allerdings vorteilhafter als einer über innenpolitische Feinde: Die auswärtigen Feinde werden entweder besiegt und zu Untertanen, oder sie werden in Gnaden aufgenommen und fühlen sich dadurch gebunden. Wenn aber Mitbürger, durch wahnwitzige Ideen verführt, erst einmal mit staatsfeindlicher Betätigung begonnen haben, dann kann man sie weder durch Gewalt im Zaum halten noch im Guten zur Vernunft bringen, wenn man sie an der Zerstörung des Staates gehindert hat.

Darum bin ich mir klar darüber, daß ich mir einen immerwährenden Krieg mit diesen verbrecherischen Bürgern aufgeladen habe. Ich vertraue aber darauf, ihn ohne Mühe von mir und den Meinigen abwenden zu können, und zwar mit eurer Hilfe und der aller anständigen Bürger sowie im Andenken an diese schlimmen Gefahren, das im Reden und Denken aller Völker, nicht nur des geretteten, ewig lebendig bleiben wird. Es wird wohl auch keinen Angriff von solcher Stärke geben, daß er eure Verbindung mit den römischen Rittern und eine so umfassende

12 Scipio Africanus Maior (der Ältere) besiegte Hannibal im 2. Punischen Krieg 202 bei Zama. Scipio Africanus Minor (der Jüngere) Aemilianus zerstörte 146 Karthago im 3. Punischen Krieg sowie 133 Numantia in Spanien. Lucius Aemilius Paulus siegte im 3. Makedonischen Krieg über König Perseus von Makedonien (168 Schlacht von Pydna). Gaius Marius siegte 102 über die Teutonen und 101 über die Kimbern.

Einheitsfront aller Patrioten zerstören oder ins Wanken bringen könnte.

23. Aus diesen Gründen, Senatoren, verlange ich, statt eines Oberbefehls, statt eines Heeres, statt einer Provinz, auf die ich verzichtet habe[13], anstelle eines Triumphes und aller anderen Ehrungen, die ich als Wächter über euer Heil und das der Stadt abgelehnt habe, anstelle von Klientelverbindungen und Gastfreundschaften in der Provinz – die ich freilich durch meinen Einfluß in Rom mit ebensoviel Sorgfalt pflege, wie ich sie gewinne –, statt all dieser Vorteile verlange ich für meine außerordentlichen Bemühungen um euch, für mein umsichtiges Handeln bei der Erhaltung des Staates – ihr habt es ja vor Augen – nichts anderes von euch, als daß ihr die ganze Zeit meines Konsulats im Gedächtnis behaltet. Solange die Erinnerung daran in euch lebendig ist, so lange darf ich mich wie hinter einem festen Schutzwall sicher fühlen. Sollte jedoch die Macht der Staatsfeinde meine Zuversicht zunichte machen und die Oberhand gewinnen, so vertraue ich euch meinen kleinen Sohn an. Er wird gewiß genügend Schutz finden nicht nur für seine bloße Existenz, sondern auch für ein Leben in Ehren, wenn ihr in Erinnerung behaltet, daß er der Sohn des Mannes ist, der diesen Staat ganz auf sich gestellt unter eigener Gefahr gerettet hat.

24. Faßt daher mit Umsicht und Mut, wie ihr es schon begonnen habt, Senatoren, euren Beschluß über eure Existenz und den Bestand des römischen Volkes, über das Leben eurer Frauen und Kinder, über Hausaltar und Herd, über Heiligtümer und Tempel, über Häuser und Wohnsitze der ganzen Stadt, über

13 Zugunsten seines Amtskollegen Antonius, der mit den Catilinariern sympathisierte und den Cicero durch die Überlassung einer reichen Provinz auf seine Seite brachte. Die in der Provinz geknüpften Verbindungen stellten einen wichtigen politischen Faktor dar, auf den Cicero damit ebenfalls verzichtete. Die Klientel war ein Schutz- und Treueverhältnis zwischen römischen Adligen und Bürgern niederen Standes bzw. Provinzbewohnern. Der Patron trat für seine Schutzbefohlenen ein, sie unterstützten ihn dafür bei den Wahlen.

Reich und Freiheit, über das Wohl Italiens und den gesamten Staat! Ihr habt einen Mann zum Konsul, der kein Bedenken trägt, euren Beschlüssen zu gehorchen, und auch in der Lage ist, solange er lebt, eure Entscheidung zu verteidigen und mit seiner Person für sie einzustehen!

Übersetzt von Marion Giebel

Philippische Reden gegen M. Antonius

Einleitung

Ciceros Rolle in der Catilinarischen Verschwörung wirkt in vielem wie ein Vorspiel zu der weit ernsteren Machtprobe, die Cicero – und mit ihm der Staat – nach Caesars Ermordung zu bestehen hatte. Die Hoffnung auf eine Wiederherstellung der freiheitlichen *res publica* begann zu schwinden, denn die Verschwörer, Brutus, Cassius und ihre Anhänger, versagten gegenüber den Anforderungen der Realpolitik, und Caesars Gefolgsmann Marcus Antonius warf sich zum Nachfolger des toten Diktators auf. Der dreiundsechzigjährige Cicero führte, an der Spitze des Senates stehend, den Kampf gegen die erneut drohende Militärdiktatur. Wieder beschwor er die Einmütigkeit aller Stände und rief zur Verteidigung der Freiheit auf.

Der Titel seiner Reden sollte an den Freiheitskampf erinnern, zu dem der große athenische Redner Demosthenes 351–341 v. Chr. in seinen Reden gegen König Philipp von Makedonien die Griechen entflammt hatte. In Antonius, ebenso wie in Catilina und Caesar, sah Cicero die Negation seiner Idee einer Staatsform, in der sich der Mensch als Bürger frei entfalten konnte. Deshalb kämpfte er mit höchstem Einsatz darum, den schwankenden, unentschlossenen Senat mit sich fortzureißen und eine starke Front gegen Antonius aufzubauen. Aus diesem Grunde förderte er auch den jungen Caesar-Erben Octavian, der eine Armee aufgestellt hatte und von dem er sich ein militärisches Gegengewicht zu Antonius erhoffte. Doch Octavian ließ sich nicht auf die Wertordnung der *res publica* festlegen: Er wandte sich vom Senat ab und verband sich mit Antonius und Lepidus zum Triumvirat, und der Sieg einer neuen Militärdiktatur war nicht aufzuhalten. Antonius forderte den Kopf des Mannes, der die Philippischen Reden gegen ihn gehalten hatte, und Ciceros Tod leitete das Ende der Republik ein.

Vierte philippische Rede am 20. Dezember 44 vor dem Volke

1. Euer unerwartet zahlreiches Erscheinen, Bürger, in dieser nach meiner Erinnerung wohl stärksten Volksversammlung gibt mir den freudigsten Ansporn zur Verteidigung unseres Staates und die Hoffnung, ihn wiederaufzurichten. Niemals hat mir hierzu der Mut gefehlt, aber die Verhältnisse versagten. Sobald sie aber auch nur einen Lichtschimmer zu zeigen schienen, stand ich bei der Verteidigung eurer Freiheit in vorderster Front. Hätte ich früher das zu unternehmen versucht, wäre ich jetzt dazu nicht in der Lage. Am heutigen Tage aber sind die Voraussetzungen für alle weiteren Maßnahmen geschaffen worden, und ihr sollt nicht glauben, daß eine unbedeutende Entscheidung gefallen ist. Denn Antonius ist vom Senat zwar dem Namen nach noch nicht als Staatsfeind bezeichnet worden, aber das Urteil über ihn als solcher ist der Sache nach schon gefällt. Nun aber bin ich noch zuversichtlicher, da auch ihr mit großer Übereinstimmung und mit starkem Beifall bestätigt habt, daß er der Feind des Staates ist. Denn nunmehr, ihr Bürger, müssen entweder die als Frevler gelten, die gegen ihn als Konsul Streitkräfte geworben haben, oder aber jener ist der Feind, gegen den mit Recht die Waffen ergriffen wurden. Wenn es auch darüber keinen Zweifel gab, so hat doch der Senat am heutigen Tage jegliche Ungewißheit beseitigt. Denn Gaius Caesar Octavianus[1], der mit freudigem Einsatz, mit Umsicht und mit seinem Erbe den Staat

1 Gaius Caesar Octavianus, der spätere Kaiser Augustus, war der junge Großneffe und Adoptivsohn des am 15. März 44 v. Chr. ermordeten Diktators Gaius Julius Caesar. Cicero nennt Octavian jeweils Caesar.

verteidigt hat und verteidigt, wurde vom Senat mit außerordentlichen Lobsprüchen geehrt.

Ich muß euch loben, Bürger, loben muß ich euch, daß ihr mit dankbarem Herzen den Namen dieses ausgezeichneten Jünglings, der eher noch als Knabe zu bezeichnen ist, begrüßt habt. Denn seine Taten gehören der Unsterblichkeit an, nur seine Person der Jugend. Vieles weiß ich, vieles habe ich gehört und gelesen, Bürger, aber ich habe in der Geschichte aller Jahrhunderte nichts Derartiges gefunden. Denn als wir unter der Knechtschaft stöhnten, das Unglück von Tag zu Tag anwuchs, wir gar keinen Schutz fanden und die verhängnisvolle und höchst gefährliche Rückkehr des Marcus Antonius aus Brundisium fürchteten, da hat er den von allen unerwarteten und sicherlich ungeahnten Entschluß gefaßt, ein unbesiegbares Heer aus den Soldaten seines Vaters auf die Beine zu stellen und die von grausamsten Plänen angefachte Raserei des Antonius von der Vernichtung unseres Staates abzuwenden.

2. Ein jeder nämlich muß einsehen: Hätte Caesar nicht das Heer zusammengebracht, dann hätte die Rückkehr des Antonius unseren Untergang bedeutet. Denn so kehrte er zurück: glühend von Haß gegen euch, besudelt mit dem Blute römischer Bürger, die er in Suessa und Brundisium hatte töten lassen. Dabei hatte er keinen anderen Gedanken, als das römische Volk zu vernichten. Hätte aber euer Wohl und eure Freiheit einen Schutz gefunden, wenn nicht Gaius Caesar über das Heer aus den tapfersten Veteranen seines Vaters hätte verfügen können? Durch Zustimmung zu meinem Antrag hat eben der Senat beschlossen, es solle über seine herrlichen und unvergänglichen Auszeichnungen und Ehren, die ihm für seine hohen und überragenden Verdienste gebühren, so bald als möglich im Senat verhandelt werden. Muß nicht ein jeder erkennen, daß Antonius durch diesen Beschluß zum Staatsfeind erklärt ist? Müssen wir ihn nicht als solchen bezeichnen, wenn der Senat glaubt, nach außerordentlichen Ehrungen für die suchen zu müssen, die gegen ihn ihre Streitkräfte aufmarschieren lassen? Weiter! Hat

nicht die dem Mars geweihte Legion[2], die, wie ich glaube, durch göttliche Fügung ihren Namen von dem Gotte entlehnt hat, der nach der Überlieferung der Stammvater des römischen Volkes ist, selbst schon durch ihre Entscheidungen Antonius zum Staatsfeind erklärt, noch bevor der Senat es tat? Denn wenn er nicht der Staatsfeind ist, müßten wir die zu Feinden erklären, die den Konsul verlassen haben. Vortrefflich und an der rechten Stelle habt ihr, Bürger, durch euren Widerspruch eben die herrliche Tat der Soldaten des Mars gutgeheißen. Sie, die sich dem Spruch des Senats anschlossen und sich für eure Freiheit und die Gesamtheit des Staates zur Verfügung stellten, haben ihn, den Feind, Räuber und Mörder des Vaterlandes, verlassen. Dies haben sie nicht nur in leidenschaftlicher Entschlossenheit getan, sondern auch mit ruhiger und kluger Überlegung. Sie setzten sich in Alba fest, einer günstig und nahe gelegenen und befestigten Stadt mit sehr tapferen Männern sowie sehr zuverlässigen und gutgesinnten Bürgern. Dem Beispiel der heldenhaften Mars-Legion folgte die Vierte Legion unter Führung des Lucius Egnatuleus – ihn hat der Senat eben verdientermaßen belobigt – und schloß sich dem Heer des Gaius Caesar Octavianus an.

3. Erwartest du, Marcus Antonius, noch schwerwiegendere Urteile? Caesar Octavianus wird in den Himmel erhoben, er, der ein Heer gegen dich aufstellte. Mit ausgesuchtesten Worten werden die Legionen gelobt, die dich verlassen haben. Sie, die du herbeiriefst, hätten dir gehört, wenn du dich als Konsul, nicht als Feind verhalten hättest. Die entschlossene und völlig zutreffende Entscheidung dieser Legion bestätigt der Senat, das gesamte römische Volk billigt sie. Oder solltet ihr, Bürger, Antonius etwa noch als Konsul und nicht als Staatsfeind betrachten? Dies letzte kommt, Bürger, wie ich es mir gedacht habe, in eurer Haltung zum Ausdruck. Weiter! Ihr meint doch nicht, daß die Land- und Pflanzstädte sowie die Kreisstädte anders

2 Die Mars-Legion bestand großenteils aus Veteranen Julius Caesars, die sich nun seinem Erben anschlossen.

urteilen? Alle Menschen stimmen in ein und derselben Meinung überein, daß gegen jene Pestbeule alle Waffen ergriffen werden müssen von denen, die die Rettung unserer Stadt wünschen. Ferner, kann noch jemand, Bürger, die Entscheidung des Decimus Brutus übersehen, die ihr aus seinem heutigen Erlaß kennenlernen konntet? Ihr habt völlig recht, Bürger, wenn ihr es verneint. Wie durch ein gnädiges Geschenk der Götter nämlich ist das Geschlecht des Brutus[3] unserem Staate gegeben worden, immer bereit, die Freiheit des römischen Volkes aufzurichten oder zurückzugewinnen.

Wie urteilte denn Decimus Brutus über Marcus Antonius? Er läßt ihn nicht in seine Provinz, stellt sich mit seinem Heer gegen ihn und fordert ganz Gallien, das sich schon von selbst und aus eigenem Entschluß auflehnte, zum Kampfe gegen ihn auf. Ist Antonius noch Konsul, dann ist Brutus der Staatsfeind; ist aber Brutus der Retter des Staates, dann ist Antonius der Staatsfeind.

4. Können wir noch zweifeln, was von beiden der Fall ist? Wie ihr einmütig und einstimmig solchen Zweifel ausschließt, so hat eben der Senat erklärt, daß Brutus sich die höchsten Verdienste um den Staat erworben habe, da er das Ansehen des Senates sowie die Freiheit und die Herrschaft des römischen Volkes verteidige. Gegen wen verteidige? Doch wohl gegen den Feind! Gibt es sonst eine Verteidigung, die man loben müßte?

Ferner wird auch die Provinz Gallien gelobt und mit Recht vom Senat mit sehr ehrenvollen Worten ausgezeichnet für ihren Widerstand gegen Antonius. Würde jene Provinz ihm noch die Eigenschaft als Konsul zuerkennen und ihn trotzdem zurückweisen, würde sie sich in ein schweres Vergehen verstricken; denn alle Provinzen unterstehen dem rechtmäßigen Befehl des Konsuls. Er wird aber von dem Oberfeldherrn, dem für das nächste Jahr gewählten Konsul Decimus Brutus, einem Mann,

3 Decimus Brutus hatte erklärt, er werde unter keinen Umständen die ihm vom Senat und Volk übertragene Provinz Oberitalien abtreten. Lucius Junius Brutus war der Befreier Roms von den Tarquiniern (510 v. Chr.). Marcus Brutus gehörte zu den Caesarmördern.

der zum Dienst am Staat geboren ist, abgelehnt, ebenso von Gallien und ganz Italien, vom Senat und schließlich auch von euch. Hält ihn also noch jemand für den Konsul außer dem Raubgesindel? Indessen nicht einmal sie selbst denken, wie sie sprechen, und wenn sie auch ruchlose Verbrecher sind, können sie doch dem allgemeinen Urteil nicht widersprechen. Aber die Hoffnung auf Raub und Beute verblendet ihre Sinne. Sie konnten weder die Schenkung von Gütern noch Landzuweisung, noch die dauernden Versteigerungen zufriedenstellen. Sie haben sich die Stadt sowie Hab und Gut der Bürger als Beute ausersehen. Sie meinen, es werde ihnen an nichts fehlen, solange hier noch etwas zum Plündern und Wegschleppen da ist. Ihnen versprach Marcus Antonius – unsterbliche Götter, ich bitte euch, wendet diesen Fluch und dieses böse Omen ab! – die Plünderung unserer Stadt.

Möge, Bürger, euer Gebet sich erfüllen und die Strafe für solchen Wahnsinn auf ihn selbst und seine Familie zurückfallen. Ich bin auch überzeugt, daß es so kommt. Denn ich glaube, daß nicht nur die Menschen, sondern auch die unsterblichen Götter zur Rettung der Stadt zusammenstehen. Können die unsterblichen Götter durch Vor- und Wunderzeichen uns die Zukunft voraussagen, dann ist deutlich angekündigt, daß ihm Strafe droht, uns aber die Freiheit nahe ist. Wenn eine so starke Einmütigkeit aller nicht ohne Veranlassung der Götter hätte zustande kommen können, haben wir dann noch Zweifel an dem Willen der Himmlischen?

5. Es bleibt nur übrig, daß ihr, Bürger, der jetzt gezeigten Auffassung treu bleibt. Ich will also tun, was die Feldherren zu tun pflegen, wenn das Heer zum Kampfe aufgestellt ist. Wenn sie ihre Soldaten auch noch so kampfbereit wissen, richten sie doch mahnende Worte an sie. Ebenso will ich euch auffordern, die ihr an sich schon begeistert und mutig entschlossen seid, die Freiheit wiederzugewinnen. Ihr habt es, Bürger, in diesem Kampfe mit einem Feinde zu tun, mit dem es keinen friedlichen Vergleich geben kann. Denn er verlangt jetzt nicht mehr wie vorher nur

eure Knechtung, sondern in seiner Wut euer Blut. Er scheint kein lustigeres Spiel zu kennen als Blutvergießen, Mord und öffentliche Niedermetzelung der Bürger. Ihr habt es, Bürger, nicht mit einem frevelhaften und ruchlosen Menschen mehr zu tun, sondern mit einem abscheulichen und widerwärtigen wilden Tier. Möge es in der Grube umkommen, in die es stürzte. Sollte es sich aber herausarbeiten, dann wird man seiner grausamen Rache nicht entgehen können.

Aber er wird niedergehalten, unterdrückt und jetzt von den Truppen bedrängt, die uns bereits zur Verfügung stehen, bald auch von denen, die in wenigen Tagen die neuen Konsuln aufbringen. Werft euch, Bürger, mit Leidenschaft auf die Sache, wie ihr es bereits tut! Niemals war in irgendeiner Lage eure Einmütigkeit so groß, niemals wart ihr so stark mit dem Senat verbunden. Kein Wunder! Denn es geht nicht darum, unter welchen Verhältnissen wir siegen, sondern ob wir überhaupt siegen oder unter Schande und Martern zugrunde gehen. Die Natur hat freilich allen den Tod bestimmt; aber einen grausamen und ehrlosen Tod vermag Tapferkeit abzuwenden, die für das römische Geschlecht und unseren Stamm wesentlich ist. An ihr haltet, bitte, fest, da sie euch eure Vorfahren gleichsam als Erbe hinterlassen haben. Mag alles andere trügerisch, ungewiß, hinfällig und schwankend sein, die Tapferkeit allein ist tief im Boden verwurzelt. Sie kann niemals erschüttert, niemals durch irgendeine Macht von der Stelle verdrängt werden. Durch diese Tapferkeit haben eure Vorfahren zuerst ganz Italien unterworfen, darauf Karthago vernichtet, Numantia zerstört, sehr mächtige Könige und kriegerische Völker unter die Herrschaft unseres Reiches gebracht.

6. Freilich hatten es auch eure Vorfahren, Bürger, mit einem Feinde zu tun, der selber einen Staat, ein Rathaus und einen Staatsschatz, eine einmütige, einträchtige Bürgerschaft besaß und mit dem man nach Möglichkeit zu einem friedlichen Verhältnis kommen konnte. Euer jetziger Feind aber greift euren Staat an, er selbst ist ohne einen solchen. Sein heftiges Verlangen ist es, den Senat, die Ratsversammlung der ganzen Welt, zu ver-

nichten, er selbst hat keinen. Euren Staatsschatz hat er schon verbraucht, einen eigenen besitzt er nicht. Kann er die Eintracht der Bürger besitzen, wenn er sich aus der Gemeinschaft ausgeschlossen hat? Kann es eine friedliche Vereinbarung geben mit einem Menschen, der keine Treue kennt und von unglaublicher Grausamkeit ist?

Bürger, der ganze Kampf des römischen Volkes, das über alle Völker siegreich blieb, gilt einem Mörder und Räuber, gilt einem Spartacus[4]. Wenn er sich nämlich der Ähnlichkeit mit Catilina zu rühmen pflegt, so ist er zwar mit jenem im Verbrechen zu vergleichen, an Tatkraft aber ist er ihm unterlegen. Jener hatte kein Heer zur Verfügung, hat aber im Nu eines zusammengebracht. Dieser hat das Heer, das ihm übergeben wurde, verloren. Catilina habt ihr durch meine Umsicht, durch das Einschreiten des Senates und durch euren eifrigen Einsatz vernichtet. Ebenso werdet ihr in kurzer Zeit hören, daß Antonius mit seinem ruchlosen Raubgesindel durch eure noch nie dagewesene große Einmütigkeit mit dem Senat, durch das Glück und die Tapferkeit eurer Heere und Führer niedergeworfen ist. Ich für meine Person werde nichts unterlassen, was ich durch Aufmerksamkeit, Anstrengung, Wachsamkeit, durch mein Ansehen, meine Klugheit und höchsten Einsatz erreichen kann, was irgendwie zu eurer Freiheit beiträgt. Ich könnte ja gar nicht anders in Anbetracht eurer großartigen Gunstbeweise, ohne sträflich zu handeln. Am heutigen Tage sind wir entsprechend dem Antrag des Marcus Servilius[5], dieses entschlossenen, bei euch beliebten Mannes und seiner Amtsgenossen, ausgezeichneter Männer und vortrefflicher Bürger, unter meiner Führung erstmals wieder nach langer Zeit zur Hoffnung auf Freiheit entflammt.

Übersetzt von Ernst Schröfel

4 Spartacus, Führer des römischen Sklavenaufstandes 73–71 v. Chr. Er brachte als entlaufener Gladiator ein Heer von etwa 70 000 Sklaven zusammen, die den römischen Staat stark bedrängten.

5 Marcus Servilius vertrat als Volkstribun mit seinen Amtsgenossen die Sache des Volkes. Er hatte die vorausgegangene Senatssitzung einberufen und im Sinne Ciceros gesprochen.

Siebte philippische Rede im Januar 43 vor dem Senat

1. Senatoren, wir werden in zwar unbedeutenden, aber vielleicht notwendigen Fragen zur Stellungnahme aufgefordert. Der Konsul berichtet über die Via Appia und über die Münzstätte im Junotempel, der Volkstribun über die Priesterschaft des Lupercus. Die Auseinandersetzung über diese Frage mag leicht sein, unsere Gedanken aber werden durch größere Sorgen in Spannung gehalten und schweifen daher ab von der eigentlichen Tagesordnung. Die Lage ist nämlich, Senatoren, in die höchste Gefahr und nahezu in die letzte Entscheidung gerückt. Nicht ohne Grund habe ich immer die Entsendung einer Abordnung an Antonius gefürchtet und sie daher niemals gutgeheißen. Ich weiß nicht, was ihre Rückkehr uns bringen wird, sieht aber nicht jeder, wieviel Untätigkeit das Warten auf sie uns aufzwingt? Diejenigen nämlich ruhen nicht, zu deren Ärger der Senat wieder die Hoffnung auf seine frühere Einflußnahme erblühen sieht, das römische Volk sich eng mit dieser Körperschaft verbunden fühlt, Italien in seinem Willen einig ist, Heere und Führer in voller Bereitschaft stehen. Schon jetzt können sie sich die Antwort des Antonius vorstellen und suchen sie zu verteidigen. Die einen behaupten, er werde die Entlassung aller Heere fordern. Natürlich, wir haben die Abgesandten zu ihm geschickt, nicht damit er sich selbst unterwerfe und der Entscheidung dieser Körperschaft gehorche, sondern damit er seinerseits Bedingungen stellen und Verordnungen erzwingen könne und wir auf sein Geheiß Italien den auswärtigen Völkern öffnen, wobei er selbst unangefochten bleibt, er, von dem eine größere Gefahr zu befürchten ist als von irgendwelchen Natio-

nen. Andere meinen, er werde uns das diesseitige Gallien[1] überlassen und nur das jenseitige beanspruchen. Vortrefflich! Damit er in die Lage kommt, von dort aus nicht nur Legionen, sondern auch auswärtige Völker gegen unsere Hauptstadt zu führen! Eine dritte Gruppe meint, seine Forderungen würden sehr maßvoll sein. Makedonien zähle er allerdings zu seinem Machtbereich, weil sein Bruder Gaius von dort zurückgerufen wurde. Gibt es aber eine Provinz, aus der diese Brandfackel Antonius nicht den allgemeinen Brand anschüren könnte?

Dieselben Leute behaupten gleichsam als fürsorgliche Bürger und umsichtige Senatoren, ich hätte das Signal zum Kampfe gegeben. Sie maßen sich den Schutz des Friedens an. Sagen sie denn nicht so: »Antonius hätte nicht gereizt werden dürfen. Freilich ist er ein nichtswürdiger und unverschämter Mann, aber außer ihm gibt es noch viele Böse!« Die so sprechen, können freilich bei sich selbst anfangen zu zählen. Sie erklären, man müsse sich vor ihnen hüten, sie müßten sichergestellt werden. Gibt es aber bei ruchlosen Bürgern eine bessere Sicherstellung, als sie zu strafen, solange man die Möglichkeit hierzu hat, anstatt sich vor ihnen fürchten zu müssen?

2. So sprechen die Leute, die einmal wegen ihres Wankelmuts für Freunde des Volkes gehalten wurden. Aus ihrer Haltung kann man entnehmen, daß sie im Herzen schon immer dem gesicherten Bestand des Staates abgeneigt und nicht in lauterer Absicht Anhänger der Volkspartei waren. Wie kommt es denn, daß sie, die in kritischen Lagen sich als Volksparteiler gaben, jetzt gerade in der einzigen besonders volkstümlichen Frage, weil sie für den Staat heilsam ist, sich lieber als Schurken denn als Volksfreunde verhalten? Mich freilich, der ich, wie ihr wißt, immer der Unbesonnenheit der Menge entgegengetreten bin, hat hauptsächlich diese Haltung volkstümlich gemacht. Sie werden freilich ehemalige Konsuln genannt, vielmehr sie nennen sich

1 Die Alpen schieden Gallien in das diesseitige (Oberitalien) und das jenseitige (Frankreich).

selbst so. Dieses Namens aber ist nur der würdig, der solchen Ehrennamen wahren kann. Möchtest du oder du etwa den Feind begünstigen? Könnte Antonius an dich über seine Hoffnung auf Erfolg schreiben? Brächtest du es fertig, mit heiterer Miene sein Schreiben vorzubringen, zu verlesen und sogar unzuverlässigen Bürgern zur Abschriftnahme auszuhändigen, deren Frechheit zu stärken, die Hoffnung und tapfere Haltung der Gutgesinnten dagegen zu schwächen und dich dann noch für einen gewesenen Konsul oder für einen Senator oder gar noch für einen Bürger zu halten?

Gaius Pansa[2], dieser entschlossene und vortreffliche Konsul, wird meine Worte im besten Sinne aufnehmen. Ihm will ich in freundschaftlichstem Sinne sagen: Selbst ihn, mit dem ich in engstem Verkehr stehe, würde ich nicht mehr als Konsul gelten lassen, wenn er sich als Konsul nicht so benähme, daß er alle schlaflosen Nächte, Sorgen und Gedanken allein auf die Rettung des Staates richtete. Uns hat zwar von seiner frühen Jugend an Umgang, naher Verkehr, die Gemeinschaft und Übereinstimmung in ehrenvollsten Bestrebungen eng verbunden; seine unvergleichliche und in schwersten Gefahren des Bürgerkrieges bewährte Umsicht und Fürsorge hat bewiesen, daß er nicht nur ein Hüter meines Lebens, sondern auch meines Ansehens ist. Dennoch aber würde ich, wie gesagt, ihn nicht mehr als Konsul zu bezeichnen wagen, wenn er nicht ein Konsul von der geschilderten Art wäre. So aber nenne ich ihn nicht bloß Konsul, sondern den besten und vortrefflichsten Konsul, solange ich denken kann. Damit will ich nicht sagen, daß andere nicht die gleiche Tüchtigkeit und Einsatzbereitschaft besessen hätten; aber sie fanden nicht eine solche Lage vor, in der sie ihren guten Willen und Tüchtigkeit beweisen konnten. Seinem hohen Sinn aber, seiner Würde und Klugheit bot sich das Ungewitter der

2 Gaius Vibius Pansa, mit Aulus Hirtius Konsul des Jahres 43, wie Cicero Priester im Augurenkollegium, sollte den von Antonius belagerten Decimus Brutus befreien. Er starb nach der Schlacht von Mutina April 43.

schrecklichsten Zeit an. Dann erst wird ein Konsulat ins hellste Licht gerückt, wenn es den Staat in einer zwar nicht erwünschten, aber unausweichlichen Lage steuert. Zwingender aber, Senatoren, war nie eine Lage als die jetzige.

3. Ich bin stets ein Fürsprecher des Friedens gewesen; der Friede, zumal der innere, lag mir immer vor allen Gutgesinnten besonders am Herzen. Der ganze Umfang meiner emsigen Tätigkeit spielte sich unter Mühen auf dem Forum ab, in der Kurie, bei der Verteidigung gefährdeter Bürger; daraus habe ich die höchsten Ehren, mäßigen Reichtum, daraus auch die ehrenvolle Stellung, wenn ich eine solche habe, erworben. Ich, sozusagen ein Kind des Friedens, wäre sicherlich nicht ohne den Bürgerfrieden zu meiner Bedeutung gelangt, wobei ich nicht anmaßend sein will. Ich bin mir auch der Gefahr bewußt, wenn ich das sage; ich bin nämlich in Sorge, wie ihr, Senatoren, es auffaßt. Mit Rücksicht aber auf meinen dauernden Wunsch, eure Würde zu erhalten und zu vermehren, trage ich euch diese dringende Bitte vor: Mag auch, was ich zu sagen habe, bitter anzuhören sein und aus dem Munde des Marcus Cicero unglaublich klingen, nehmt es ohne Anstoß hin und weist es nicht zurück, ehe ich seine Berechtigung begründet habe. Ich also – ich muß es immer wieder sagen, stets der Fürsprecher und Förderer des Friedens – mag mit Marcus Antonius keinen Frieden haben. Mit großem Vertrauen gehe ich zu meinen übrigen Ausführungen über, Senatoren, nachdem ich unter eurem stillschweigenden Zugeständnis die gefährlichste Klippe umschifft habe. Warum also will ich keinen Frieden? Weil er entwürdigend, weil er gefahrvoll ist, weil er überhaupt nicht sein kann. Wenn ich diese drei Punkte behandle, hört bitte meinen Worten mit dem gewohnten Wohlwollen zu!

Was ist für die einzelnen Menschen, vor allem aber für die Gesamtheit des Senats entwürdigender als Wankelmut, Leichtfertigkeit und Unbeständigkeit? Gibt es aber einen größeren Beweis von Wankelmut, als mit dem plötzlich Frieden schließen zu wollen, den ihr eben nicht nur dem Wortlaut nach, sondern tatsächlich durch zahlreiche Beschlüsse zum Staatsfeind erklärt habt? Oder ihr habt damals, als ihr für Gaius Caesar die allerdings verdienten und gebührenden, aber einzigartigen und unvergänglichen Ehren beschlosset, und zwar aus dem einzigen Grunde, weil er gegen Marcus Antonius ein Heer aufgebracht hat, Antonius nicht zum Staatsfeind erklärt; und auch damals ist Antonius von euch nicht zum Staatsfeind erklärt worden, als auf euer Gutachten hin die Veteranen gelobt wurden, die sich Gaius Caesar angeschlossen hatten, und auch damals habt ihr Antonius nicht zum Staatsfeind erklärt, als ihr den tapferen Legionen dafür, daß sie ihn, der sich noch Konsul nennen ließ, wegen seiner staatsfeindlichen Haltung verließen, Dienstbefreiung, Geld und Land verspracht?

4. Weiter! Als ihr Brutus, der durch eine günstige Vorbedeutung seines Geschlechts und Namens zur Befreiung des Staates geradezu geboren ist, und sein Heer, das für die Freiheit des römischen Volkes Antonius bekämpfte, und Gallien, diese treueste und beste Provinz mit außerordentlichen Lobsprüchen bedachtet, habt ihr nicht damit Antonius zum Staatsfeind erklärt? Als ihr ferner den Beschluß faßtet, die Konsuln sollten, einer von ihnen oder beide, zum Kampfe ausrücken, wo war da ein Krieg außer mit dem Staatsfeind Antonius? Wozu denn rückte der Konsul Aulus Hirtius, dieser entschlossene Mann, mein Freund und Priesteramtskollege, ins Feld? Wie schwach war er doch und wie abgezehrt! Die körperliche Schwäche aber konnte seine geistigen Kräfte nicht hemmen. Er hielt es, wie ich glaube, für recht, sein Leben, das ihm durch die Gelübde des römischen Volkes erhalten geblieben war, für die Freiheit des römischen Volkes entscheidend einzusetzen. Weiter! Als ihr in ganz Italien Aushebungen angeordnet und alle Beurlaubungen aufgehoben habt, wurde da nicht Antonius zum Staatsfeind erklärt? Ihr seht in der Stadt die Waffenschmieden, bewaffnete Soldaten begleiten den Konsul, anscheinend zu seinem Schutz, in Wirklichkeit aber zu unserem; alle melden sich ohne Widerrede, ja mit höchster Begeisterung zum Dienst und gehorchen

euren Anordnungen. Ist damit nicht Antonius zum Staatsfeind erklärt? Trotz alledem haben wir Unterhändler zu ihm geschickt. Wehe mir, daß ich gezwungen bin, den Senat zu tadeln, den ich sonst immer gelobt habe! Meint ihr, Senatoren, ihr hättet dem römischen Volk die Entsendung von Unterhändlern annehmbar gemacht? Merkt und hört ihr nicht, daß man die Durchführung meines Antrags stürmisch verlangt? Während er am Tage zuvor eure laute Zustimmung fand, seid ihr tags darauf zu nichtigen Friedenshoffnungen abgesunken. Welche Schande aber, daß die Legionen Abgesandte an den Senat schicken, der Senat aber solche zu Antonius! Freilich ist dies keine Gesandtschaft, sondern die Ankündigung seines nahen Verderbens, falls er sich dieser Körperschaft nicht unterwirft. Was macht das aus? Der äußere Anschein wiegt doch schwerer. Alle sehen nämlich, daß Unterhändler abgegangen sind, aber nicht alle kennen den Wortlaut unserer Entschließung.

5. Wir müssen also unsere Charakterfestigkeit, Härte und Beharrlichkeit aufrechterhalten, müssen die althergebrachte Strenge wieder annehmen, wenn denn das Ansehen des Senats Glanz, Ehre, Ruhm, Würde verlangt, Vorzüge, die dieser Körperschaft allzu lange gefehlt haben. Damals[3] gab es für die Unterdrückten eine wenn auch erbärmliche, so doch berechtigte Entschuldigung. Heute gibt es keine. Wir schienen von königlicher Gewaltherrschaft befreit zu sein, wurden aber hernach um so schlimmer von bewaffneten Auseinandersetzungen im Innern bedroht. Wir haben sie zwar abgewehrt, müssen dem Feind aber die Waffen noch entwinden. Sind wir dazu nicht fähig – ich spreche, wie es eines Senators und Römers würdig ist –, dann wollen wir sterben.

Welche Schmach aber für den römischen Staat, welche Entwürdigung und welcher Schandfleck, wenn Antonius in diesem Hause vom Platz der ehemaligen Konsuln aus seine Anträge stellt! Ich will nicht von den zahllosen Vergehen während sei-

3 Unter Caesar.

nes Konsulats hier in der Stadt sprechen, in dem er ungeheure Staatsgelder vergeudete, Verbannte ohne gesetzliche Grundlage zurückrief, Steuern einzeln verkaufte, Provinzen aus der Machtbefugnis des römischen Volkes herausnahm, Königreiche für Geld verteilte, der Bürgerschaft gewaltsam Gesetze aufzwang und den Senat mit Waffen unter Druck setzte oder ganz ausschaltete. Hiervon will ich, wie gesagt, nicht sprechen. Denkt ihr aber nicht wenigstens daran, wie schändlich und entehrend es sein müßte, diesen Mann, der Mutina, die stärkste Kolonie des römischen Volkes bestürmte, den Feldherrn des römischen Volkes, den für das nächste Jahr gewählten Konsul, belagerte, das Land verwüstete, wieder in diese Körperschaft aufzunehmen, von der er eben aus den genannten Gründen schon mehr als einmal zum Staatsfeind erklärt wurde?

6. Doch genug über die Schande! Ich will jetzt anschließend, wie ich mir vorgenommen hatte, über die Gefahr sprechen. Sie muß man weniger vermeiden als die Schande, sie packt aber eher die Herzen der meisten Menschen. Könnt ihr einen gesicherten Frieden haben, wenn ihr Antonius im Staate seht oder vielmehr die ganze Antoniersippe? Es müßte denn sein, daß ihr Lucius Antonius nicht ernst nehmt. Ich tue es sogar bei seinem Bruder Gaius[4]. Soweit ich aber sehe, wird Lucius der Herr sein. Er nämlich ist der Schutzherr von 35 Stadt- und Landbezirken, deren Stimmrecht er durch sein eigenes Gesetz, als er mit Gaius Caesar die Beamtenstellen verteilte, aufhob; er ist auch der Schutzherr von Wahlbezirken der römischen Ritter, die er ebenso ohne Wahlrecht ließ, er ist der Schutzherr der ehemaligen Militärtribunen, schließlich ist er auch der Schutzherr der Wechsler am mittleren Janusbogen.[5]

4 Es gab drei Brüder Antonius: Gaius, Lucius und Marcus. Lucius Antonius hatte 44 als Volkstribun den Vorschlag gemacht, Caesar wegen einer bevorstehenden längeren Abwesenheit zu ermächtigen, für die nächsten zwei Jahre die höheren Ämter im voraus zu besetzen.

5 Es gab auf dem Forum drei gedeckte Torhallen; unter der mittleren hatten die Geldwechsler ihre Stände.

Wer wird seine Macht ertragen können, zumal er seine Leute auch aufs Land verpflanzt hat? Wer tat das je bei allen Wahlbezirken, den römischen Rittern, wer auch bei Militärtribunen? Können wir glauben, die Macht der Gracchen sei größer gewesen, als die dieses Fechters zu werden droht? Ihn jedoch habe ich nicht in dem Sinne »Fechter«[6] genannt, wie manchmal auch Marcus Antonius Fechter genannt zu werden pflegt, sondern wie diejenigen ihn nennen, die deutlich in unserer Sprache reden. Der Fechter hat in Asien zugeschlagen. Als er seinen Freund und Begleiter mit thrakischen Waffen versehen hatte, tötete er jenen Unglücklichen auf der Flucht, er selbst jedoch bekam einen deutlichen Hieb ab, wie die Narbe beweist. Was wird einer, der seinen Freund tötete, seinem Feinde tun, wenn er hierzu Gelegenheit hat? Und wer solches zum Vergnügen tut, was wird der wohl in der Wut des Plünderns tun? Wird er nicht wieder die Verkommenen in Abteilungen sammeln, wieder die Freunde der Ackerverteilung aufhetzen, nicht Klage führen für die Enteigneten? Und wird Marcus Antonius nicht der Mann sein, bei dem bei jeder Unruhe die verkommenen Bürger massenweise zusammenströmen? Selbst wenn es nur die sind, die jetzt schon um ihn sind, und diejenigen, die ihn jetzt offen begünstigen; werden das nicht genug sein? Zumal wenn die Schutztruppen der staatstreu Gesinnten sich aufgelöst haben, jene aber auf seinen Wink bereitstehen werden. Ich jedenfalls fürchte, wenn wir in diesem Augenblick in unserem Entschluß wanken, werden jene in kurzer Zeit allzu zahlreich sein.

Nicht daß ich keinen Frieden will, ich fürchte aber einen Krieg, der in den Deckmantel des Friedens eingehüllt wird. Wenn wir Frieden haben wollen, müssen wir kämpfen. Wenn wir dem Kampf ausweichen, werden wir niemals in den Genuß des Friedens kommen. 7. Es liegt aber an eurer Entscheidung, Senatoren, für eine möglichst lange Zukunft vorzusorgen. Wir sind dazu auf diesen Posten und gleichsam auf diese Warte ge-

6 Fechter oder Gladiatoren waren Sklaven oder Kriegsgefangene.

stellt, durch unsere Wachsamkeit und Vorsicht das römische Volk von Furcht zu befreien. Schimpflich wäre die Feststellung, daß der höchsten Ratsversammlung der ganzen Welt, zumal in einer so klaren Sache, die Entschlußfähigkeit gefehlt habe. Wir haben solche Konsuln, das römische Volk in solchem Eifer, solche Einmütigkeit Italiens, solche Führer und Heere, daß ohne Schuld des Senates unser Staat keinen Schaden nehmen kann. Ich selbst will es an mir nicht fehlen lassen. Ich werde euch mahnen, euch die Zukunft aufzeigen und stets, mit Göttern und Menschen als Zeugen, meine Meinung offen vertreten. Ich will euch nicht nur meine Treue zur Verfügung stellen, was vielleicht ausreichend scheinen könnte, bei einem Bürger in führender Stellung jedoch nicht genügt, sondern auch meine Fürsorge, meinen Rat und meine Wachsamkeit.

8. Soviel über die Gefahr. Nunmehr aber will ich euch klarmachen, daß man einen Frieden nicht notdürftig zusammenleimen kann. Das ist die letzte der von mir aufgeworfenen Fragen. Zuerst, kann es denn überhaupt für Antonius Frieden mit dem Senat geben? Mit welchem Gesicht soll er denn vor euch treten und wiederum ihr vor ihn? Wer von euch ist frei von Haß gegen ihn, und wen von euch verabscheut er nicht? Sicherlich euch alle und ihr ihn. Aber wie? Die Leute, die Mutina belagern, die in Gallien Aushebungen halten, die auf euer Hab und Gut lauern, können die jemals eure Freunde sein oder ihr die ihrigen? Soll er sich etwa an die römischen Ritter halten? Unklar blieb wohl ihre Gesinnung und ihr Urteil über Antonius? Sie, die aber in großen Scharen auf den Stufen des Concordiatempels standen, uns zur Wiederherstellung der Freiheit aufriefen, stürmisch Waffen, Kriegsausrüstung und Kampf verlangten, mich zusammen mit dem römischen Volke in die Volksversammlung riefen, können die alle den Antonius lieben, und wird Antonius Frieden mit ihnen halten? Was soll ich noch von der Gesamtheit des römischen Volkes sagen? Auf dem bis zum letzten Platz besetzten Forum rief es mich zweimal einmütig und einstimmig in die Volksversammlung und gab damit seinen leidenschaftlichen

Wunsch nach Wiedererlangung der Freiheit zu erkennen. Früher war es wünschenswert, das römische Volk in seinem Gefolge zu haben, jetzt geht es uns voran. Gibt es also noch eine Hoffnung, daß die, welche Mutina belagern und den Feldherrn des römischen Volkes samt seinem Heer bekämpfen, mit dem römischen Volke Frieden schließen können? Oder kann es etwa mit den Landstädten Frieden geben, deren große Anhänglichkeit in ihren Beschlüssen, in der Stellung von Soldaten und im Versprechen von Geldmitteln so sichtbar wurde, daß man in jeder einzelnen Stadt die Kurie des römischen Volkes nicht vermißte? Lob verdienen nach dem Beschluß dieser Körperschaft die Bewohner von Firmum, die zuerst Geldunterstützung zusagten, ehrenvolle Anerkennung gebührt den Marrucinern, die alle die mit Schande brandmarken wollten, die sich dem Kriegsdienst entzogen. Dies wird bald in ganz Italien geschehen. Wird Antonius mit ihnen einen festen Frieden haben, sie wiederum mit ihm? Gibt es einen größeren Zwiespalt als diesen? In Zwietracht aber kann es niemals einen Frieden unter Bürgern geben.

Ich will aus der Menge nur einen Fall herausgreifen. Wird Marcus Antonius mit dem römischen Ritter Lucius Visidius in Frieden leben können, diesem vor allen ausgezeichneten und ehrenvollen Mann und stets bewährten Bürger? Ich habe selbst seinen wachsamen Schutz meines Lebens bei Tag und Nacht während meines Konsulates kennengelernt. Er hat seine Nachbarn nicht nur zum Kriegsdienst ermuntert, sondern sie auch mit seinen Mitteln dabei unterstützt. Ich wiederhole: Kann Marcus Antonius mit einem solchen Manne, der die volle Anerkennung des Senates verdient, in Frieden leben? Ferner etwa mit Gaius Caesar, der jenen von der Hauptstadt fernhielt, oder mit Decimus Brutus, der ihn von Gallien abwehrte? Vollends kann er selbst sich mit der Provinz Gallien versöhnen und befreunden, aus der er vertrieben und verstoßen wurde? Wenn ihr nicht vorsorgt, Senatoren, werdet ihr erkennen müssen, daß sich überall Haßgefühle und Zwietracht angestaut haben, aus denen die Bürgerkriege entstehen. Wünscht also nichts Unmögliches und, bei den unsterblichen Göttern, sorgt dafür, daß ihr nicht durch die Hoffnung auf einen augenblicklichen Frieden den dauernden Frieden verscherzt!

9. Worauf zielt nun meine ganze Rede? Was die Abgesandten verhandelt haben, wissen wir noch nicht. Trotzdem aber müssen wir aufmerksam, wachsam und in unseren Herzen auf alles vorbereitet und gewappnet sein, damit wir uns nicht durch verführerische Worte oder Bitten oder durch Vortäuschung eines Ausgleichs betrügen lassen. Er muß sich allen Verboten und Geboten fügen, bevor er irgendwelche Forderungen stellt: Er muß aufhören, Brutus und sein Heer zu bekämpfen und die Städte sowie Ländereien der Provinz Gallien zu verwüsten, er muß den Gesandten die Möglichkeit geben, Brutus aufzusuchen, er muß sein Heer über den Rubicon[7] zurücknehmen, aber in einem Abstand von zweihundert Meilen von der Hauptstadt haltmachen und sich unter die Befehlsgewalt des Senates und des römischen Volkes stellen. Nur unter dieser Voraussetzung bleibt uns die uneingeschränkte Freiheit der Entscheidung. Sollte er sich aber dem Senat nicht fügen, dann hat nicht der Senat ihm, sondern er dem römischen Volke den Krieg erklärt.

Senatoren, euch gilt diese Mahnung: Es geht um die Freiheit des römischen Volkes, die euch anvertraut ist, um das Leben und Gut aller Gutgesinnten, worauf Antonius schon lange mit ungeheuerlicher Grausamkeit seine schrankenlose Gier richtet. Es geht um euer Ansehen, das verloren ist, wenn ihr es jetzt nicht behauptet. Hütet euch vor dem gräßlichen und verderblichen Untier und laßt es nicht aus dem Käfig und den Fesseln entkommen! An dich, Pansa, wende ich mich im besonderen. Du bedarfst zwar nicht meines klugen Rates, da du selbst in hohem Maße darüber verfügst; dennoch aber nehmen selbst die

7 Rubicon, kleiner Apenninenfluß südlich von Ravenna, einst Grenzfluß zwischen dem eigentlichen Italien und dem diesseitigen Gallien, mit dessen Überschreiten Julius Caesar 49 v. Chr. den Bürgerkrieg eröffnete. Den Rubicon überschreiten heißt: eine entscheidende Tat einleiten.

tüchtigsten Steuerleute in gefährlichen Stürmen auch den Rat der Mitreisenden an. Ich meine, du darfst nicht zulassen, daß deine starke und prächtige Vorbereitung zur Abwehr in ein Nichts zusammenfällt. Dir bietet sich eine Gelegenheit wie keinem vor dir. Gestützt auf die Festigkeit des Senates, auf die eifrige Mitwirkung des Ritterstandes, auf die hingebende Bereitschaft des römischen Volkes, bist du in der Lage, unseren Staat für immer von Furcht und Gefahr zu befreien.

Übersetzt von Ernst Schröfel

Rede für den Oberbefehl des Cn. Pompeius

Einleitung

Im Jahre 66 war Cicero Praetor und hielt nach langjähriger erfolgreicher Tätigkeit als Anwalt seine erste politische Rede an das Volk. Es ging um die Frage, wer den Oberbefehl im Krieg gegen den König Mithridates erhalten sollte. König Mithridates VI. Eupator von Pontus beherrschte seit 111 das Land südöstlich des Schwarzen Meeres. Sein Expansionsdrang bedeutete seit der Jahrhundertwende eine schwere Gefahr für Roms Stellung im östlichen Mittelmeer. Den 1. Mithridatischen Krieg (88–84 v. Chr.) hatte Sulla siegreich beendet; Lucius Murena hatte im 2. Mithridatischen Krieg (83–81 v. Chr.) die Erfüllung der Friedensbedingungen durchgesetzt. Der König hatte seinen Plan einer Eroberung ganz Kleinasiens jedoch nicht aufgegeben, und Rom befand sich seit 74 v. Chr. wieder mit ihm im Kriegszustand. Der Feldherr Lucius Licinius Lucullus hatte anfänglich große Erfolge, er scheiterte aber an einer Meuterei seiner Truppen, und seine politischen Gegner erreichten seine Abberufung (68 v. Chr.). Seit dieser Zeit war Mithridates in unaufhaltsamem Vormarsch und bedrohte die römische Provinz Asia im Westen der Halbinsel Kleinasien sowie die mit Rom verbündeten Nachbarstaaten. In besonderer Gefahr sahen sich die römischen Ritter, die dort die Steuerpacht und andere Geschäfte betrieben und den sicheren Ruin vor Augen hatten. Nur ein Mann kam als Oberbefehlshaber in Frage: Roms erfolgreichster Feldherr Gnaeus Pompeius, der soeben siegreich den Seeräuberkrieg beendet hatte und sich in Kleinasien im Winterquartier befand. Das Volk wie auch zahlreiche Senatoren hatten sich für den Antrag des Volkstribunen Manilius zugunsten des Pompeius ausgesprochen, doch einige Angehörige der Nobilität hatten

Bedenken angemeldet. Es bedeute eine zu große Gefahr für den Staat, sagten sie, einen einzelnen mit einer solch unumschränkten Machtfülle auszustatten, wie sie der Antrag vorsah. Im Prinzip teilte Cicero diese Bedenken, jedoch war er sich im Falle des Pompeius sicher, daß dieser nicht als ein zweiter Sulla aus dem Krieg zurückkehren werde, und der Ausgang gab ihm recht.

Cicero befürwortete den Gesetzesantrag des Manilius (daher der zweite Titel der Rede: *Pro lege Manilia* – Für den Gesetzesantrag des Manilius). Ciceros Standesgenossen, die römischen Ritter, hatten ihn um die Wahrnehmung ihrer Interessen gebeten, doch Cicero wollte darüber hinaus die Sache des *universus populus Romanus* vertreten (vgl. 44), der gesamten Bürgerschaft. In diesem Blick auf das Gesamtinteresse deutet sich schon Ciceros spätere Ausgleichspolitik an. Gegen ihn stand das Gruppeninteresse einiger extremer Aristokraten, die er ihrer starren, reaktionären Haltung wegen bekämpfte.

Im Mittelpunkt seiner Rede steht der Preis der *virtus* des Pompeius (vgl. 29–42). Er wird als der ideale römische Feldherr und Statthalter dargestellt, dessen Kriegstüchtigkeit noch übertroffen wird von seiner *continentia,* seiner Integrität den Bundesgenossen gegenüber. Indem Cicero die Gewichte in dieser Weise verteilt (vgl. 67: Pompeius ist groß durch die Laster der anderen), kann er seine Kritik an der senatorischen Ausbeutung der Provinzen in aller Deutlichkeit laut werden lassen. Er prangert die Habgier, Maßlosigkeit und Willkür der Statthalter an, die Roms Regiment in den Provinzen verhaßt gemacht haben, und stellt ihnen Pompeius gegenüber, der den Bundesgenossen den Glauben an die römische Gerechtigkeit zurückgegeben habe. Ein solcher Mann, der wegen seiner Beherrschtheit und Menschlichkeit von Freund und Feind bewundert wird, vertritt das Ideal der *res publica* in würdiger Weise und ist daher der berufene Mann für ein solches Kommando. Pompeius erhielt den Oberbefehl, beendete den Krieg siegreich, und seine politische und administrative Neuordnung des Ostens wurde beispielhaft für die Folgezeit.

Die Rede zeichnet sich durch klare Gliederung und einprägsame Formulierung aus, sie darf als Musterbeispiel einer *contio*, einer Staatsrede in der Volksversammlung, gelten. Sie gliedert sich in folgende Teile:

I Einleitung *(exordium, prooemium)* 1–3: Zur Person Ciceros und zum Gegenstand

II Darlegung des Sachverhalts *(narratio)* 4–5: Die Verhältnisse in Kleinasien

III Disposition (*partitio*) 6: Worüber muß gesprochen werden?

IV Ausführung (*tractatio*) 6–68: Die Sonderstellung dieses Krieges; Gründe, warum nur Pompeius als Feldherr in Frage kommt; Widerlegung der gegnerischen Argumente

V Schlußwort (*conclusio, peroratio*) 69–71: Folgerungen aus dem Antrag des Manilius, Beweggründe Ciceros.

Rede für den Oberbefehl des Cn. Pompeius

1. Es ist für mich immer höchst erfreulich gewesen, ihr Bürger, euch so zahlreich hier versammelt zu sehen, und dieser Platz[1] schien mir stets einem Beamten großen Glanz und einem Redner besondere Auszeichnung zu verleihen. Doch hat mich von dieser Eingangspforte zum Ruhm, die immer den Besten am weitesten offenstand, bisher nicht meine freie Entscheidung ferngehalten, sondern die Richtlinien, an die ich mich von Jugend auf gehalten habe. Denn früher wagte ich diese ehrwürdige Stätte wegen meiner jungen Jahre nicht zu betreten und war überzeugt, hier dürfe man nur Reden von vollendeter Erfindung und sorgsamster Ausarbeitung vortragen. Deshalb glaubte ich, ich müsse all meine Zeit bedrängten Freunden zur Verfügung stellen.

2. Während so diese Stätte niemals leer blieb von Leuten, die eure Sache vertraten, habe ich mich lauter und uneigennützig in Privatprozessen betätigt und dafür durch eure Wahlentscheidung reichen Lohn geerntet. Denn ich bin infolge des Abbruchs der Wahlversammlungen dreimal von allen Zenturien[2] an erster Stelle zum Praetor gewählt und ausgerufen worden und konnte daraus leicht erkennen, ihr Bürger, wie ihr über mich dachtet und welche Anforderungen ihr an andere stellt. Nun verfüge ich über so viel Ansehen, wie ihr es für die Übertragung von Äm-

1 Die Rednerbühne (*rostra*) auf dem Forum.

2 Das römische Volk war nach Rang und Vermögen in verschiedene Klassen, die Zenturien, eingeteilt. In dieser Zenturienordnung wurden auch die Beamten gewählt. Wer von den acht zu wählenden Praetoren die meisten Stimmen erhalten hatte, wurde als erster ausgerufen. Bei Ciceros Wahl war der Wahlgang wegen politischer Unruhen mehrmals unterbrochen worden. – Die anderen Ehrenämter waren die Quaestur und die Aedilität, die Cicero bereits bekleidet hatte.

tern für nötig hieltet, und so viel Fähigkeit zu politischen Verhandlungen, wie sie die Gerichtspraxis mit ihrer fast täglichen Übung im Reden einem unermüdlich tätigen Mann einbringen konnte. Da will ich natürlich alles, was ich an Ansehen besitze, in Gegenwart derer aufbieten, die mir dazu verholfen haben. Und wenn ich als Redner etwas vermag, so will ich es ganz besonders gerne bei denen beweisen, die sich mir mit ihrer Wahlstimme auch dafür erkenntlich zeigen wollten.

3. Ferner sehe ich einen besonderen Grund zu berechtigter Freude in der Tatsache, daß sich mir für die ungewohnte Argumentation von dieser Stelle aus ein Gegenstand angeboten hat, bei dem niemandem die Worte ausgehen können. Ich habe nämlich zu sprechen über die einzigartige, über alles Maß hinausgehende Tüchtigkeit des Gnaeus Pompeius: Bei einem solchen Thema ist es schwerer, ein Ende als einen Anfang zu finden. So brauche ich mich beim Reden nicht so sehr um Stoffreichtum als um Maß und Ziel zu bemühen.

4. Ich will mit meiner Rede am Ausgangspunkt des ganzen Geschehens beginnen. Einen schweren, gefährlichen Krieg mit euren steuerpflichtigen Untertanen und Bundesgenossen haben zwei sehr mächtige Könige begonnen: Mithridates und Tigranes. Der eine war noch nicht völlig besiegt, der andere fühlte sich zum Krieg gereizt, und beide hielten eine günstige Stunde für gekommen, sich Asiens[3] zu bemächtigen. Römische Ritter, hochachtbare Leute, müssen jetzt um ihr Kapital bangen, das sie zur Verwaltung eurer Steuern angelegt haben. Sie haben mir wegen meiner engen Beziehung zu ihrem Stand[4] die Sache des Staates

3 Gemeint ist Kleinasien. Es bestand aus der römischen Provinz Asia an der Westküste, außerdem Bithynien an der Nordküste, Galatien, südlich von Bithynien, Kappadokien, Pisidien, Pamphylien und der römischen Provinz Kilikien an der Südküste. Östlich schlossen sich an: Pontus an der südöstlichen Schwarzmeerküste, Stammland des Mithridates, und Armenien, das Reich seines Schwiegervaters Tigranes. Zu Pontus gehörte noch das Bosporanische Reich auf der Krim.

4 Cicero war selbst römischer Ritter.

wie auch die Sorge um ihre gefährdeten Interessen übertragen. Tagtäglich erhalten sie Schreckensnachrichten aus Asien:

5. In Bithynien, das nun eure Provinz ist[5], seien zahlreiche Ortschaften eingeäschert worden. Das Reich des Ariobarzanes[6], das an die euch steuerpflichtigen Gebiete grenzt, sei völlig in der Gewalt des Feindes. Lucius Lucullus verlasse nach großen militärischen Erfolgen den Kriegsschauplatz, sein Nachfolger sei auf die Führung eines so schweren Krieges nicht genügend vorbereitet. Ein Mann nur werde von allen, Verbündeten wie römischen Bürgern, als Feldherr in diesem Krieg dringlichst gefordert, ebendieser eine nur werde von den Feinden gefürchtet, sonst keiner.

6. Ihr seht, so steht die Sache. Nun überlegt, was zu tun ist. Zuerst muß ich, so scheint mir, über die Art dieses Krieges sprechen, dann über seine Bedeutung und schließlich über die Wahl des Oberbefehlshabers.

So wie dieser Krieg seiner Art nach ist, muß er euch in flammender Erregung darauf dringen lassen, ihn siegreich zu Ende zu bringen. Es steht dabei der Ruhm des römischen Volkes auf dem Spiel, den euch die Vorfahren auf allen Gebieten, ganz besonders aber in der Kriegführung, hinterlassen haben. Es steht auch die Existenz der Bundesgenossen und Freunde[7] auf dem Spiel, und dafür haben ja eure Vorfahren viele große und schwere Kriege geführt. Es stehen weiter auf dem Spiel die sichersten und bedeutendsten Einkünfte des römischen Volkes. Verliert ihr sie, so werden euch die Mittel fehlen, den Frieden angenehm zu gestalten und den Krieg zu finanzieren. Es steht schließlich

5 König Nikomedes von Bithynien hatte sein Reich den Römern vermacht. Mithridates wollte eine Erweiterung der römischen Herrschaft im Osten nicht dulden und marschierte in Bithynien, der Provinz Asia und Kappadokien ein (Beginn des 3. Mithridatischen Krieges).

6 König von Kappadokien, Vasall der Römer.

7 *Socius populi Romani atque amicus* – vom Senat verliehener Ehrentitel für ausländische Fürsten und Gemeinwesen, die auf römischen Schutz Anspruch hatten.

das Vermögen vieler römischer Bürger auf dem Spiel, für das ihr in ihrem wie im Interesse des Staates sorgen müßt.

7. Ihr seid ja immer mehr als andere Völker nach Ruhm und Ehre begierig gewesen. Also müßt ihr jetzt diesen Schandfleck aus dem früheren Krieg mit Mithridates tilgen, der schon tief und allzu fest der Ehre des römischen Volkes eingebrannt ist. Denn der Mann, der an einem Tage in ganz Asien, in so vielen Städten auf eine Botschaft, auf einen schriftlich gegebenen Wink hin alle römischen Bürger töten, abschlachten ließ[8], der hat nicht nur bis zum heutigen Tage nicht die verdiente Strafe für sein Verbrechen erhalten, ja er regiert seit jenem Zeitpunkt nun schon das dreiundzwanzigste Jahr! Und er regiert so, daß er sich nicht etwa in den Schlupfwinkeln von Pontus und Kappadokien verkriechen will, nein, es beliebt ihm, aus seinem angestammten Reich hervorzukommen und sich in euren Tributgebieten, das heißt im hellen Tageslicht Asiens, auf Beutezug zu begeben.

8. Bisher nämlich haben unsere Feldherrn mit diesem König in der Weise Krieg geführt, daß sie von ihm zwar Siegestrophäen, aber nicht den Sieg selbst nach Hause brachten. Einen Triumph über Mithridates haben Lucius Sulla und Lucius Murena[9] gefeiert, beides höchst tapfere Männer und hervorragende Feldherrn, aber ihr Triumph hatte nichts anderes zur Folge, als daß Mithridates, geschlagen und besiegt, dennoch König blieb. Gleichwohl verdienen diese beiden Feldherrn Lob, daß sie so energisch vorgingen, und Nachsicht, daß sie noch Arbeit übriggelassen haben. Denn Sulla wurde durch die politische Lage nach Italien zurückgerufen, Murena aber von Sulla.

9. Mithridates aber bemühte sich in der ganzen Zeit, die man ihm ließ, nicht etwa darum, daß der alte Krieg in Vergessenheit geriet, nein, er rüstete zu einem neuen. Er ließ eine gewaltige Flotte bauen und ausrüsten und brachte riesige Heeresmassen

8 Die sog. *Vesper von Ephesos* im Jahr 88 v. Chr. Dabei wurden ca. 80 000 römische Bürger getötet.

9 Murena führte 83–81 den 2. Mithridatischen Krieg.

aus allen möglichen Völkern zusammen, zum Schein für einen Krieg gegen die Bosporaner, seine Grenznachbarn. Dann schickte er Unterhändler und Sendschreiben bis nach Spanien zu den Heerführern, mit denen wir damals im Kriege lagen[10]. Sein Plan lief darauf hinaus, den Krieg mit einer einheitlichen Strategie auf zwei weit voneinander entfernten Kriegsschauplätzen in ganz entgegengesetzter Richtung mit zwei Armeen zu Wasser und zu Lande zu führen. Ihr solltet dann, in einen Zweifrontenkrieg eingespannt, um den Bestand des Reiches kämpfen müssen.

10. Indes wurde die Gefahr, die auf der einen Seite von Sertorius und Spanien drohte und eine weit gefährlichere Machtkonzentration darstellte, von Gnaeus Pompeius mit seiner genialen Taktik und seiner einzigartigen Tapferkeit abgewehrt. Auf der anderen Seite hat Lucius Lucullus, ein bedeutender Mann, die Sache so geführt, daß man die anfänglichen großen, glänzenden Erfolge offensichtlich nicht seinem Glück, sondern seiner Tüchtigkeit zuschreiben muß. Die Mißerfolge der letzten Zeit aber sind wohl nicht seinem Verschulden, sondern dem Schicksal anzulasten. Von Lucullus will ich aber an anderer Stelle sprechen, ihr Bürger, und zwar will ich ihm in meiner Rede weder die verdiente Ehre verweigern noch falsche andichten.

11. Was aber Ansehen und Ruhm eures Reiches angeht, so überlegt, wie ihr euch dazu stellen müßt. Das war ja der erste Punkt meiner Rede.

Unsere Vorfahren haben oftmals Kriege geführt, nur weil man römische Kaufleute oder kleine Reeder etwas schlecht behandelt hat – welche Haltung müßt ihr dazu einnehmen, wenn so viele Tausende römischer Bürger auf einen Wink hin auf einmal hingemordet wurden? Weil man unsere Gesandten etwas von oben herab angeredet hatte, wollten eure Vorfahren Korinth, den strahlenden Mittelpunkt Griechenlands, ausgelöscht sehen – und ihr laßt diesen König ungestraft, der einen Gesandten des

10 Der aufständische Römer Sertorius und die Keltiberer und Lusitanier.

römischen Volkes in konsularischem Rang mit Fesseln und Schlägen und Martern aller Arten traktieren und ermorden ließ[11]? Sie nahmen es nicht hin, daß römische Bürger in ihrer Freiheit eingeschränkt wurden – aber ihr wollt es durchgehen lassen, daß man ihnen das Leben raubte. Sie haben die Verletzung des Gesandtschaftsrechts geahndet, obwohl sie nur durch Worte geschehen war – und ihr wollt es hingehen lassen, daß man einen Gesandten unter allen erdenklichen Martern getötet hat?

12. Den Vorfahren gereichte es zur höchsten Ehre, euch ein so ruhmvolles Reich zu hinterlassen – paßt nur auf, daß es für euch nicht die ärgste Schande wird, wenn ihr unfähig seid, das überkommene Reich zu schützen und zu bewahren.

Weiter – daß die Existenz unserer Bundesgenossen in höchste Gefahr geraten ist, wie müßt ihr euch eigentlich dazu stellen? Aus seinem Reich vertrieben ist der König Ariobarzanes, ein Bundesgenosse und Freund des römischen Volkes, ganz Asien wird bedroht von zwei Königen: euren erbittertsten Feinden wie auch denen eurer Bundesgenossen und Freunde. Alle Städte in ganz Asien und Griechenland sehen sich in ihrer äußerst gefährdeten Lage genötigt, von euch Hilfe zu erwarten. Einen bestimmten Feldherrn von euch zu fordern, wagen sie nicht, zumal ihr ja schon einen anderen geschickt habt[12]; sie halten das für zu gefährlich.

13. Sie sehen und denken aber das gleiche wie ihr: Nur einen Mann gibt es, der alle Voraussetzungen erfüllt, und dieser ist in der Nähe – deshalb vermissen sie ihn nur um so schmerzlicher. Sie stellen fest, daß sein bloßes Erscheinen und die Kunde seines Namens, obwohl er ja nur zum Seeräuberkrieg kam, den feindlichen Vormarsch aufgehalten und verzögert hat. Sie bitten euch gleichsam schweigend – es steht ihnen ja nicht zu, sich frei zu äußern –, ihr möchtet sie, genau wie die übrigen Bundesge-

11 Manius Aquilius, Gesandter an König Nikomedes von Bithynien.
12 Manius Acilius Glabrio, der sich als unfähig erwiesen hatte.

nossen in den Provinzen, für wert halten, ihr Heil diesem großen Manne anzuvertrauen[13]. Und sie wünschen es um so mehr, da wir ja sonst Männer als Statthalter in die Provinzen schicken, die ihnen zwar militärischen Schutz vor Feinden gewähren, deren Ankunft in den verbündeten Städten sich aber dennoch kaum von einer feindlichen Eroberung unterscheidet[14]. Von Pompeius aber hörten sie es schon früher und sehen es jetzt an ihm selbst, wie maßvoll, wie mild und menschenfreundlich er ist, so daß man die für die glücklichsten Menschen von der Welt halten muß, bei denen er sich möglichst lange aufhält.

14. Wenn also unsere Vorfahren nur den Bundesgenossen zuliebe, ohne selbst durch ein Unrecht gereizt zu sein, mit Antiochos, mit Philipp, mit den Aetolern, mit den Puniern Krieg geführt haben[15], mit wieviel mehr Einsatz müßt ihr dann, durch Rechtsbruch herausgefordert, Leib und Leben eurer Verbündeten zugleich mit der Ehre eures Reiches verteidigen, zumal es ja auch um eure bedeutendsten Einkünfte geht! Denn das Steueraufkommen aus allen übrigen Provinzen ist nur so hoch, ihr Bürger, daß wir es kaum als ausreichend für den Schutz der betreffenden Provinzen selbst ansehen können. Asien dagegen ist so fruchtbar und ergiebig, daß es mit dem reichen Ertrag seiner Landwirtschaft, der Vielfalt seiner Anbauerzeugnisse, sei-

13 Die *lex Gabinia,* die Vollmacht des Pompeius für den Seeräuberkrieg, unterstellte ihm die kleinasiatischen Küstengebiete bis 75 Kilometer landeinwärts.

14 Hier ist u. a. an C. Verres, den räuberischen Statthalter Siziliens, zu denken, den Cicero vor Gericht angeklagt und in seinen *Verrinischen Reden* gebrandmarkt hatte.

15 Antiochos III. von Syrien hatte kleinasiatische Griechenstädte unterworfen, die Rom für frei erklärt hatte; er wurde 189 v. Chr. von den Römern besiegt. Philipp V. von Makedonien hatte die mit Rom verbündeten Staaten Pergamon, Rhodos und Athen angegriffen; er unterlag den Römern nach dreijährigem Kampf im Jahr 197 v. Chr. Die Aetoler in Mittelgriechenland, Bundesgenossen des Königs Antiochos, hatten thessalische Städte angegriffen, die unter Roms Schutz standen. Der 2. Punische Krieg (218–202) mit Hannibal entstand wegen Karthagos Angriff auf das mit Rom verbündete Sagunt.

ner ausgedehnten Weidewirtschaft und der Fülle seiner Ausfuhrgüter leicht alle übrigen Länder übertrifft. Wollt ihr daher die Mittel für die Kriegführung und für ein angemessenes Leben in Friedenszeiten behalten, Bürger, so müßt ihr diese Provinz nicht nur vor dem Ruin, sondern schon vor der Furcht vor einem Ruin bewahren.

15. Überall sonst im Leben tritt der Schaden erst ein, wenn das Unglück geschehen ist. Bei den Steuereinkünften aber bringt nicht allein der tatsächliche Ruin Verlust, sondern schon die bloße Befürchtung. Denn steht der Feind in der Nähe, läßt man noch vor einem Einmarsch die Herden im Stich, gibt die Äcker auf, und die Handelsschiffahrt kommt zum Erliegen. Daher kann man weder den Hafenzoll noch die Ernteertragssteuer, noch die Weidepachtgebühren sicher einbringen. So verliert man oft die Einkünfte eines ganzen Jahres nur durch ein einziges Gerücht einer Gefahr, eine einzige Panikmeldung von einem Krieg.

16. Wie wird also wohl denen zumute sein, die uns Steuern zahlen, und denen, die sie verwalten und eintreiben, wenn zwei Könige mit gewaltiger Streitmacht ganz in der Nähe stehen? Wenn ein einziger Streifzug der Reiterei im Handumdrehen das Steuereinkommen eines ganzen Jahres zunichte machen kann? Wenn die Steuerpächter ihre Massen von Arbeitskräften, die sie in den Salinen, in der Landwirtschaft, in den Häfen und auf Zollstationen beschäftigen, in großer Gefahr glauben? Meint ihr, dabei Gewinne machen zu können, ohne die Leute, die euch zu Gewinnen verhelfen, sicherzustellen und sie, wie vorhin angeführt, nicht nur von Unheil, sondern sogar von der Furcht vor Unheil zu befreien?

17. Ihr dürft aber auch folgendes nicht übersehen, was ich mir als letztes vorgenommen habe, als ich über die Art dieses Krieges zu reden begonnen habe: Er beeinträchtigt das Vermögen eines großen Teils der römischen Bürger. Auf sie müßt ihr, wie es eurer Klugheit entspricht, sorgsam Rücksicht nehmen, ihr Bürger. Denn einmal haben die Steuerpächter, hochachtbare, ange-

sehene Leute, ihre Geschäftsinteressen und ihr Kapital in dieser Provinz. Schon um ihrer selbst willen müßtet ihr euch um ihr Vermögen und ihre Geschäfte kümmern. Wenn wir aber immer den Grundsatz vertreten haben, die Steuereinnahmen bildeten den Lebensnerv des Staates, dann dürfen wir gewiß diesen Stand, der sie verwaltet, mit Recht die Stütze der übrigen Stände nennen.

18. Außerdem betreiben strebsame, fleißige Männer aus den übrigen Ständen zum Teil selbst Geschäfte in Asien, und ihr müßt für sie während ihrer Abwesenheit Sorge tragen. Zum Teil haben sie auch beträchtliches Kapital in dieser Provinz investiert. Die Menschlichkeit fordert es also von euch, eine große Zahl von Mitbürgern vor Schaden zu bewahren, und die Klugheit, zu erkennen, daß der Ruin vieler Mitbürger nicht vom Staatswohl getrennt gesehen werden kann. Einmal wiegt nämlich der Einwand gering, daß die Steuerpächter ja ihre verlorenen Steuersummen später durch unsern Sieg wiedergewinnen könnten, denn sie selbst werden infolge ihres Ruins nicht die Mittel besitzen, die Steuerpacht erneut zu übernehmen, und anderen wird aus Angst die Lust dazu fehlen.

19. Zum andern müssen wir die Lehre, die uns dieses Asien und eben dieser Mithridates zu Beginn des Krieges in Asien erteilt haben, durch Schaden klug geworden, im Gedächtnis behalten. Denn damals, das wissen wir ja, als sehr viele Leute in Asien beträchtliche Geldsummen einbüßten, kam in Rom der Zahlungsverkehr ins Stocken, und das Kreditwesen brach zusammen. Es können in einem Staat nicht viele ihre Vermögenswerte verlieren, ohne daß sie noch viele andere mit sich in den Ruin reißen. Vor dieser Gefahr bewahrt den Staat und glaubt mir, was ihr ja selbst vor Augen habt: Unser Kreditwesen und unser Kapitalmarkt hier in Rom, auf dem Forum, befindet sich in engster Verflechtung mit dem Kapital in Asien. Die Geldverhältnisse dort können nicht zusammenbrechen, ohne daß das hiesige Finanzwesen von derselben Erschütterung erfaßt und ruiniert wird. Seht daher zu, ob ihr zaudern dürft, euch mit al-

lem Eifer ins Zeug zu legen für diesen Krieg, in dem es darum geht, euren glorreichen Namen, die Existenz der Bundesgenossen, die bedeutendsten Steuereinnahmen und das Vermögen zahlreicher Mitbürger zu verteidigen, das mit dem Wohl und Wehe des Staates verbunden ist.

20. Ich habe über die Art dieses Krieges gesprochen, nun will ich einiges über seine Bedeutung sagen. Man könnte ja behaupten, die Art des Krieges mache es wohl nötig, ihn zu führen, aber er sei nicht von solcher Bedeutung, daß man Befürchtungen hegen müsse. Dabei müßt ihr aber besonders aufpassen, daß ihr nicht über etwas hinwegseht, was ihr gerade sorgfältig beachten müßt. Und damit alle sehen, daß ich dem Lucius Lucullus so viel Lob zolle, wie es einem tapferen Soldaten, einem klugen Mann und einem großen Feldherrn gebührt, sage ich folgendes: Bei seinem Eintreffen besaß Mithridates eine riesige, mit allem aufs beste ausgerüstete Streitmacht. Kyzikos, eine der glanzvollsten Städte Asiens und mit uns eng befreundet, wurde von dem König mit gewaltiger Übermacht belagert und heftig bestürmt. Lucius Lucullus hat sie mit tapferem Einsatz, Ausdauer und kluger Taktik von den schrecklichen Gefahren der Belagerung befreit.

21. Derselbe Feldherr hat eine riesige, wohlausgerüstete Flotte, die von Anhängern des Sertorius befehligt wurde und in loderndem Haß gegen Italien heranstürmen sollte, besiegt und versenkt[16]. Kampfstarke Armeen wurden außerdem in zahlreichen Schlachten vernichtet und unsern Legionen der Weg geöffnet nach Pontus, das dem römischen Volk bislang von allen Seiten her verschlossen gewesen war. Die Städte Sinope und Amiso[17], in denen sich glänzende, reich mit allem ausgestattete Residenzen des Königs befanden, sowie zahlreiche andere Städte in Pontus und Kappadokien gewann er einzig schon durch seinen

16 Mithridates hatte die Flotte unter dem Befehl eines Anhängers des aufständischen Sertorius ausgesandt. Lucullus vernichtete sie in der Seeschlacht von Tenedos 73 v. Chr. Vgl. die Rede für Archias 21.

17 Von Lucullus 70 v. Chr. erobert.

Anmarsch und sein bloßes Erscheinen. Der König, des Reiches seiner Ahnen beraubt, begab sich bittflehend zu anderen Königen und zu fremden Völkern. Bei all diesen Erfolgen wurde den Bundesgenossen des römischen Volkes kein Haar gekrümmt, und die Steuereinnahmen blieben in voller Höhe erhalten.

Damit habe ich wohl genug gesagt zu seinem Lobe, und ich habe es so vorgebracht, daß ihr erkennen könnt, ihr Bürger: Keiner von den Gegnern unseres Antrags und Vorhabens hat Lucius Lucullus von dieser Stelle aus in ähnlicher Weise gerühmt.

22. Doch jetzt mag man vielleicht fragen: Wenn das so ist, wie kann dann überhaupt noch ein solch bedeutender Krieg übriggeblieben sein? Laßt euch davon unterrichten, Bürger, die Frage erscheint ja nicht unberechtigt. Zunächst einmal hat Mithridates die Flucht aus seinem Königreich so angetreten, wie die Medea der Sage einst aus demselben Land Pontus geflohen sein soll: Man erzählt, sie habe auf ihrer Flucht die Gliedmaßen ihres Bruders dort verstreut, wo ihr Vater auf seiner Verfolgung vorbeikommen mußte. Das Aufsammeln der verstreuten Gebeine und der Schmerz des Vaters sollten die schnelle Verfolgung verlangsamen[18]. Ebenso hat auch Mithridates bei seiner Flucht all seine ungeheuren Schätze an Gold, Silber und Kostbarkeiten aller Art in Pontus zurückgelassen, die er von seinen Ahnen ererbt oder im letzten Krieg selbst aus ganz Asien zusammengeraubt und in seinem Reich angehäuft hatte. Während nun unsere Leute das alles gar zu sorgfältig einsammelten, entschlüpfte der König ihren Händen. So verlangsamte bei dem sagenhaften König die Trauer, hier bei unseren Leuten aber die Freude die Verfolgung.

23. Den angstvoll flüchtenden Mithridates nahm der armenische König Tigranes auf, gab ihm, der schon an seiner Lage ver-

18 Die Argonautensage erzählt, daß Medea, die Tochter des Königs Aietes von Kolchis am Schwarzen Meer, mit Jason und dem geraubten Goldenen Vlies floh und ihren Bruder Apsyrtos mitnahm, den sie unterwegs tötete. Durch ihre List gelang den Argonauten die Flucht.

zweifelte, neuen Mut, richtete ihn aus seiner Niedergeschlagenheit auf und stärkte ihn, als er sich schon verloren gab, von neuem. Als dann später Lucius Lucullus mit seiner Armee in Tigranes' Reich einrückte, hetzte man noch mehr Völker gegen unsern Feldherrn auf. Diese Völker, die das römische Volk niemals zum Kriege zu reizen oder auch nur zu beunruhigen gedacht hatte, hatten sich nämlich Angst einjagen lassen. Und noch eine andere Einbildung, die tiefen Eindruck machte und die Leidenschaften erregte, hatte sich der Gemüter dieser Barbarenstämme bemächtigt: Um ein überaus reiches und besonders hoch in Ehren gehaltenes Heiligtum zu plündern, seien unsere Truppen hierhergebracht worden[19]. So ließen sich zahlreiche große Volksstämme durch eine solch arge Schreckensnachricht in Panik versetzen und aufpeitschen. Unser Heer hatte zwar die Hauptstadt im Reiche des Tigranes erobert und siegreiche Schlachten geschlagen, aber nun litt es trotzdem unter der allzu großen Abgeschiedenheit dieser Landstriche und dem Heimweh nach den Angehörigen.

24. Mehr will ich hier nicht sagen; es kam jedenfalls so weit, daß unsere Soldaten keinen weiteren Vormarsch, sondern einen raschen Rückzug aus diesen Gegenden forderten. Mithridates aber hatte inzwischen seine Truppenmacht neu formiert und fand Unterstützung durch den starken Zustrom von Hilfstruppen aus den Gebieten vieler Könige und Völker. Denn so geht es ja in der Regel, wie wir aus der Geschichte wissen: Kommt ein König ins Unglück, so zieht dies leicht Hilfe und Mitleid vieler an, besonders solcher, die selbst Könige sind oder die in einem Königreich leben. Ihnen erscheint ja der königliche Name als etwas Erhabenes und Geheiligtes.

19 Cicero äußerte sich hier sehr vorsichtig; das Gerücht war nämlich nicht unbegründet, denn einen großen Tempel in Kappadokien hatte das Heer bereits geplündert. – Im folgenden umschreibt Cicero die Meuterei der Truppen nach der Einnahme der armenischen Hauptstadt Tigranokerta. Lucullus war als Feldherr erledigt, da er dieser Meuterei nicht Herr wurde.

25. Daher konnte Mithridates als Besiegter so viel gewinnen, wie er es auf der Höhe seiner Macht niemals zu hoffen gewagt hätte. Denn als er in sein Reich zurückgekehrt war, gab er sich keineswegs zufrieden mit diesem unerwarteten Glück, nach seiner Vertreibung sein Land überhaupt noch einmal wiederzusehen, er ging vielmehr zum Angriff über auf unser sieggekröntes Heer. Laßt mich an diesem Ort, ihr Bürger, wie es die Dichter in ihrer Darstellung der römischen Geschichte machen, über unser Unglück hinweggehen[20]. Es war so gräßlich, daß nicht einmal ein Bote aus der Schlacht da war, um die Nachricht dem Feldherrn zu Ohren zu bringen, sondern nur ein von Mund zu Mund verbreitetes Gerücht.

26. Hier in diesem Unglück und in den schwersten Mißhelligkeiten dieses Krieges hätte Lucius Lucullus vielleicht doch irgendeinen Ausweg aus diesen Schwierigkeiten gefunden, aber da glaubtet ihr, der Tradition gemäß sein Kommando nicht mehr verlängern zu dürfen. Also war er auf euer Geheiß gezwungen, einen Teil der Soldaten, die schon ausgedient hatten, zu entlassen, einen anderen Teil dem Manius Glabrio zu übergeben. Vieles übergehe ich mit Absicht, doch könnt ihr euch selbst vorstellen, welches Ausmaß dieser Krieg angenommen haben muß, den zwei der mächtigsten Könige gemeinsam führen, den aufgehetzte Völker wiederaufnehmen, ungeschwächte Stämme beginnen und den auf unserer Seite ein neuer Feldherr mit einem verbrauchten, geschlagenen Heer übernehmen muß.

27. Ich glaube, ich habe genug gesagt darüber, warum dieser Krieg seiner Art nach notwendig, wegen seiner Ausweitung aber gefährlich ist. Es bleibt nun noch übrig, darüber zu sprechen, wen man zum Oberbefehlshaber dieses Krieges wählen und mit einem so wichtigen Kommando betrauen soll.

20 Z. B. Naevius (ca. 280–200) in seinem Epos über den 1. Punischen Krieg oder Ennius (239–169) in seinem Hauptwerk *Annales.* Cicero meint die Niederlage des C. Valerius Triarius, des Legaten des Lucullus, im Jahr 67 bei Zela in Pontus, wo 7000 Römer gefallen waren.

Hättet ihr, Mitbürger, nur eine solch große Anzahl von tüchtigen, uneigennützigen Männern zur Verfügung, daß euch die Überlegung schwerfiele, wem ihr am ehesten die Leitung so wichtiger Aufgaben und eines so großen Krieges übertragen solltet! Nun ist aber Gnaeus Pompeius der einzige, dessen Tüchtigkeit nicht nur den Ruhm der Zeitgenossen, sondern auch die Erinnerung an die Heldentaten der Vorzeit verdunkelt – worüber könnte es da bei irgend jemand in dieser Sache noch Zweifel geben?

28. Ich denke so: Ein hervorragender Feldherr muß vier Vorzüge besitzen: militärische Kenntnisse, Tapferkeit, Autorität und Glück.

Wer hätte aber jemals eine größere Kenntnis des Kriegswesens besessen, oder wer hätte sie haben sollen als dieser Mann? Von der Schulbank und vom Jugendunterricht weg ist er in das Heer des Vaters und in die Schule des Krieges eingetreten, als gerade ein schwerer Krieg gegen gefährliche Feinde entbrannt war. Am Ende seiner Knabenjahre diente er als Soldat im Heere eines überragenden Feldherrn, zu Anfang seiner Jugendzeit befehligte er selbst ein riesiges Heer[21]. Er hat öfter mit dem Landesfeind gekämpft, als sich irgendwer mit seinem persönlichen Feind gestritten hat, er hat mehr Kriege geführt, als andere aus Büchern kannten, mehr Provinzen unterworfen, als andere je begehrten. Er hat sich in jungen Jahren die Kenntnis des Kriegshandwerks angeeignet, nicht durch fremde Weisung, sondern durch eigene Heeresführung, nicht durch Mißerfolge im Krieg, sondern durch Siege, nicht durch abgeleisteten Kriegsdienst, sondern durch Triumphe. Welche Art von Krieg ist überhaupt denkbar, in der ihm das Geschick unseres Staates nicht Übung verschafft hätte? Der Bürgerkrieg, Kriege in Afrika, jenseits der

21 Pompeius diente im Bundesgenossenkrieg (91–89) unter seinem Vater Cn. Pompeius Strabo, dann unter Sulla, dem er im Bürgerkrieg gegen Marius als 23jähriger ein selbst angeworbenes Heer zuführte und der ihn mit dem Beinamen Magnus und dem Triumph ehrte.

Alpen, in Spanien, gegen Sklaven, ein Seekrieg – Kriege also von jeder Art, in allen Himmelsrichtungen, gegen alle möglichen Feinde hat dieser eine Mann nicht nur geführt, sondern auch siegreich beendet. Sie dienen zum Beweis, daß es auf militärischem Gebiet nichts gibt, was sich seiner Kenntnis entzieht.

29. Was nun vollends die persönlichen Fähigkeiten des Gnaeus Pompeius betrifft, wie könnte man dafür die entsprechenden Worte finden? Was könnte man vorbringen, was seiner würdig oder euch neu oder sonst jemandem noch unbekannt wäre? Nicht nur darin bestehen nämlich die Vorzüge eines Feldherrn, was man so gemeinhin dafür hält: rege Tätigkeit bei militärischen Aufgaben, Tapferkeit in Gefahren, entschlossenes Handeln, rasches Ausführen, weitblickende Planung. All dieses besitzt dieser eine Mann in dem Maße, wie alle anderen Feldherrn zusammen es nicht besessen haben, die wir aus der Gegenwart oder Vergangenheit kennen.

30. Zeuge ist Italien, das nach dem eigenen Eingeständnis des Siegers Sulla durch Pompeius' tapfere Hilfeleistung befreit wurde. Zeuge ist Sizilien, das er nicht durch schrecklichen Krieg, sondern durch raschen Entschluß aus einer gefährlichen Umklammerung befreite. Zeuge ist Afrika, das, von starken feindlichen Verbänden bedrängt, mit Feindesblut getränkt wurde. Zeuge ist Gallien, durch das er unseren Legionen den Weg nach Spanien bahnte, indem er die Gallier vernichtend schlug. Zeuge ist Spanien, dem sich wieder und wieder der Anblick bot, wie Pompeius feindliche Truppenmassen besiegte und niederstreckte. Zeuge ist abermals und immer wieder Italien, das den Abwesenden unter dem Druck des schändlichen, gefahrvollen Sklavenkrieges um Hilfe bat. Dieser Krieg verlor durch die bloße Aussicht auf dessen Kommen an Härte und Ausdehnung, seine wirkliche Ankunft aber beendete ihn völlig.

31. Zeugen sind jetzt vollends alle Küstenländer und alle fremden Völker und Stämme, schließlich alle Meere in ihrer gesamten Ausdehnung wie auch alle Buchten und Häfen an den

einzelnen Küsten[22]. Wo gab es denn während der letzten Jahre einen Ort am Meer, der so starken Schutz besaß, daß er Sicherheit bot, oder so versteckt lag, daß er in Geborgenheit blieb? Wer konnte zur See fahren, ohne Tod oder Sklaverei fürchten zu müssen, da er entweder im Winter oder auf einem von Seeräubern wimmelnden Meer reisen mußte? Wer hätte noch daran geglaubt, daß dieser große, schmähliche Krieg, der schon so lange dauerte und sich überallhin erstreckte, zu Ende gebracht werden konnte – sei es von allen Feldherrn in einem Jahr oder von einem Feldherrn in all seinen Jahren?

32. Wo habt ihr in den letzten Jahren eine Provinz besessen, die frei war von dem Raubgesindel? Welche Steuereinnahmen waren euch sicher? Welchen Bundesgenossen konntet ihr wirksam verteidigen? Wem habt ihr mit euren Flotten Beistand gewähren können? Wie viele Inseln, glaubt ihr, sind verlassen, wie viele Städte der Bundesgenossen sind aus Furcht vor den Seeräubern aufgegeben oder von ihnen besetzt?

Doch wozu schildere ich Begebenheiten in weiter Ferne? Das gab es einst, es war eine Eigentümlichkeit des römischen Volkes, weit entfernt von zu Hause Krieg zu führen, mit vorgeschobenen Bastionen Hab und Gut der Bundesgenossen, nicht den eigenen Herd zu verteidigen. Muß ich erwähnen, daß unseren Bundesgenossen in diesen Jahren das Meer verschlossen blieb? Wagten doch eure eigenen Heere nur im tiefsten Winter von Brundisium aus die Überfahrt! Soll ich darüber jammern, daß Leute, die von fremden Völkern zu euch geschickt worden waren, in Gefangenschaft gerieten, wenn selbst Gesandte des römischen Volkes losgekauft werden mußten? Muß ich darüber sprechen, daß das Meer für die Kaufleute nicht sicher war? Es sind doch zwölf Liktorenbeile den Räubern in die Hände gefallen[23].

33. Soll ich daran erinnern, daß die berühmten Städte Knidos,

22 Hier werden die Kämpfe gegen die Anhänger des Marius (Sizilien, Afrika), gegen Sertorius (Spanien) und Spartacus (Sklavenkrieg) sowie der Seeräuberkrieg erwähnt.

23 D. h. zwei Praetoren, vgl. die Zweite Rede gegen Catilina 13, Anm. 7.

Kolophon und Samos und zahllose andere erobert worden sind? Ihr wißt doch, daß eure Häfen, und zwar die Häfen, durch die ihr lebt und atmet, in der Gewalt der Räuber waren? Oder wißt ihr nicht, daß die Seeräuber den vielbesuchten, von Schiffen wimmelnden Hafen von Caieta vor den Augen eines Praetors geplündert haben? Daß ferner aus Misenum ausgerechnet die Kinder des Mannes[24], der zuvor dort gegen die Piraten gekämpft hatte, von den Räubern entführt wurden? Denn wozu soll ich das Mißgeschick von Ostia beklagen, diesen Schandfleck für unsern Staat, als sozusagen vor euren Augen die Flotte, die ein Konsul des römischen Volkes befehligte, von den Seeräubern im Handstreich genommen wurde? Bei den unsterblichen Göttern! Welch ein Licht des Heiles hat die kaum faßbare, über Menschenmaß hinausgehende Tatkraft dieses einen Mannes unserem Staat in so kurzer Zeit gebracht: Kurz zuvor hattet ihr noch eine Piratenflotte vor der Tibermündung erblickt, jetzt hörtet ihr, es gäbe diesseits der Ausfahrt zum Ozean[25] kein Seeräuberschiff mehr!

34. Und mit welcher Schnelligkeit dies vollbracht wurde, darüber darf ich, obwohl ihr es ja selbst vor Augen habt, doch nicht hinweggehen. Wer hat es nämlich jemals im Eifer der Erledigung von Geschäften oder des Gelderwerbs fertiggebracht, in so kurzer Zeit so viele Gegenden zu besuchen, solche Strecken zurückzulegen, und zwar mit solcher Geschwindigkeit, wie Gnaeus Pompeius als oberster Kriegsherr zur See daherbrauste? Bevor das Meer noch offen war für die Schiffahrt, landete er schon in Sizilien, durchkämmte Afrika, kam mit der Flotte nach Sardinien und schützte diese drei Kornkammern des Reiches durch starke Besatzungen und Flottenverbände.

35. Von dort kehrte er nach Italien zurück. Vorher sicherte er noch die beiden spanischen Provinzen und das jenseitige Gallien durch Stützpunkte zu Wasser und zu Lande. Ebenso ent-

24 Des Marcus Antonius, des Vaters des Triumvirn.
25 Die Straße von Gibraltar.

sandte er Schiffe an die Küste des illyrischen Meeres[26], nach Achaia und ganz Griechenland. Die beiden Meere Italiens stattete er mit riesigen Flottenverbänden und starken Stützpunkten aus. Er selbst hat – seit seiner Abreise aus Brundisium waren 48 Tage vergangen – ganz Kilikien dem Reiche des römischen Volkes eingegliedert. Die Piraten wurden samt und sonders allenthalben gefangengenommen und getötet oder ergaben sich diesem einen Mann auf Gnade und Ungnade. Als ihm dann die Kreter[27] bis nach Pamphylien bittflehend Gesandte nachschickten, nahm er ihnen nicht die Hoffnung auf Annahme ihrer Kapitulation, ließ sie aber Geiseln stellen. So hat Gnaeus Pompeius diesen schweren, langwierigen, weitverzweigten Krieg, der auf allen Völkern und Stämmen lastete, bei Wintersende vorbereitet, zu Frühlingsanfang begonnen und im Hochsommer beendet.

36. Das ist wahrhaft eine göttliche, kaum faßbare Feldherrnbegabung! Aber die anderen Tugenden eines Heerführers, die ich kurz zuvor begonnen habe aufzuzählen – in welcher Fülle und Vielfältigkeit besitzt er die erst! Nicht nur militärische Tüchtigkeit muß man ja von einem vollkommenen Feldherrn fordern, diese wird vielmehr noch von zahlreichen anderen herausragenden Fähigkeiten hilfreich begleitet. Zuerst: wie groß muß die Uneigennützigkeit der Feldherrn sein, ferner: wie groß ihre Mäßigung auf allen Gebieten, ihre Zuverlässigkeit, Umgänglichkeit, wie weit ihr geistiger Horizont, wie groß ihre Menschlichkeit! Wie sich diese Eigenschaften bei Pompeius finden, das wollen wir kurz betrachten. Er besitzt sie nämlich alle in höchster Vollendung, doch kann man sie durch den Vergleich mit anderen besser erkennen und würdigen, als wenn man sie für sich allein betrachtet.

37. Könnten wir denn einen Feldherrn irgendwie achten, in dessen Heer Hauptmannsstellen verschachert wurden und es

26 Dalmatien, Albanien. – Die Peloponnes hieß damals *Achaia*.

27 Kreta war ein Stützpunkt der Seeräuber. – Die Ansiedlung der Seeräuber – von ihren Gartenanlagen spricht Vergil Georgica 4, 118 ff. – war eine bedeutende soziale Tat des Pompeius.

noch werden? Welch hohe und erhabene Staatsgesinnung kann wohl einer hegen, der das Geld aus dem Militärfonds genommen und es in der Gier, sein Provinzkommando verlängert zu bekommen, an Staatsbeamte verteilt oder aus Habsucht in Rom auf Zinsen angelegt hat? Euer beifälliges Gemurmel, ihr Bürger, zeigt, daß ihr anscheinend die kennt, die das getan haben. Ich nenne keinen mit Namen, dann kann niemand wütend auf mich sein, er müßte denn zuvor zugeben, daß er sich betroffen fühlt. Und wer weiß nicht, welches Unheil unsere Heere wegen dieser Habsucht ihrer Feldherrn anrichten, wohin sie auch kommen?

38. Erinnert euch nur, wie in den letzten Jahren unsere Feldherrn hier in Italien durch die Ländereien und Städte römischer Bürger marschiert sind. Dann werdet ihr leichter eine Vorstellung davon gewinnen, wie es erst bei fremden Völkern zugegangen sein mag. Was glaubt ihr – haben eure Soldaten in den letzten Jahren mehr feindliche Städte mit ihren Waffen zerstört oder mehr Städte der Bundesgenossen durch ihre Winterlager ruiniert? Es kann nämlich kein Feldherr sein Heer im Zaum halten, der sich selbst nicht beherrschen kann, keiner kann strenge Urteile fällen, der kein strenges Gericht über sich selbst wünschen kann.

39. Und da wundern wir uns, daß dieser Mann so turmhoch über den anderen steht: Sind doch seine Legionen nach Asien gelangt, ohne daß, wie es heißt, aus dem riesigen Heer eine Hand, ja nicht einmal die Spur eines Fußes einem friedlichen Bürger Schaden zugefügt hätte. Und vom Verhalten der Soldaten im Winterquartier hören und lesen wir täglich: Niemand wird zu Ausgaben für die Verpflegung der Soldaten gezwungen, ja selbst wenn sich jemand dazu drängt, gestattet man es ihm nicht. Zum Obdach gegen den Winter, nicht zur Befriedigung der Habgier sollten die Häuser der Bundesgenossen und Freunde dienen, so wollten es unsere Vorfahren.

40. Betrachtet ferner, wie groß seine Mäßigung auch auf anderen Gebieten ist: Wie ist ihm denn wohl diese blitzartige, un-

glaublich rasche Fahrt gelungen? Keine außergewöhnliche Kraft seiner Ruderer, keine geheimnisvolle Steuerkunst oder irgendwelche sagenhaften Winde haben ihn so rasch an die äußersten Enden der Erde gebracht; vielmehr haben die Dinge, derentwegen die Leute gewöhnlich einen Aufenthalt einlegen, seine Fahrt nicht verlangsamen können. Keine Habgier hat ihn vom eingeschlagenen Kurs weg auf einen Beutezug gelockt, kein Gelüst lockte ihn zur Befriedigung einer Leidenschaft, keine reizvolle Landschaft zur Erholung, keine berühmte Stadt zur Besichtigung, ja nicht einmal seine angestrengte Tätigkeit zu einer Rast. Ja, die Dinge, von denen andere glauben, sie unbedingt mitnehmen zu müssen, Statuen, Gemälde und die übrigen Kunstgegenstände in den griechischen Städten, die hielt er nicht einmal einer Besichtigung für wert.

41. Daher schauen jetzt alle Menschen dort auf Gnaeus Pompeius, als sei er nicht von dieser Stadt geschickt, sondern vom Himmel herabgestiegen. Jetzt endlich beginnen sie sich mit der Vorstellung zu befreunden, es habe wirklich einmal Römer von solcher Selbstbeherrschung gegeben; das hielten die anderen Völker ja nachgerade schon für eine unglaubwürdige und gefälschte Geschichte. Jetzt beginnt die Sonne eurer Herrschaft auch diesen Völkern zu leuchten, jetzt erkennen sie, daß ihre Vorfahren nicht ohne Grund damals, als wir noch solch integre Beamte besaßen, lieber dem römischen Volk dienen als selbst über andere herrschen wollten. Ja, Privatleute haben, wie es heißt, so leicht Zugang zu ihm, können so offen ihre Beschwerden über die Ungerechtigkeiten anderer vorbringen, daß der Mann, der durch seinen Rang die Höchsten überragt, sich durch seine Leutseligkeit mit den Niedrigsten auf eine Stufe zu stellen scheint.

42. Welchen Eindruck er durch seine politische Einsicht, seine machtvolle und gedankenreiche Rede macht – darin zeigt sich sozusagen schon die Feldherrnwürde –, das habt ihr, Bürger, gerade von dieser Stelle aus schon oft feststellen können. Wie hoch mögen die Bundesgenossen sein Wort einschätzen,

wenn es für die Feinde allerorts als fest und unverbrüchlich gilt? Seine Menschlichkeit steht auf so hoher Stufe, daß es schwer zu sagen ist, ob die Feinde mehr im Kampf seine Tapferkeit gefürchtet oder mehr in der Niederlage seine Milde verehrt haben. Und da will noch jemand Zweifel hegen, daß man die Führung in diesem schweren Krieg dem Manne übertragen muß, der gleichsam nach göttlichem Ratschluß in die Welt gekommen zu sein scheint, um alle Kriege unseres Zeitalters zu Ende zu bringen?

43. Und da es bei der Führung eines Krieges und eines militärischen Kommandos so sehr auf Autorität ankommt: Gewiß gibt es für niemanden einen Zweifel, daß gerade darin seine stärkste Waffe als Feldherr besteht. Jeder ist sich darüber klar, daß es bei der Kriegführung sehr wesentlich darauf ankommt, was die Feinde, was die Bundesgenossen von unsern Feldherrn halten. Bekanntlich lassen sich ja die Menschen bei wichtigen Entscheidungen durch Vorurteile und Gerüchte ebenso sehr wie durch vernünftige Überlegung zu Verachtung, Furcht, Haß oder Liebe bewegen. Wessen Name strahlte jemals heller auf Erden, wessen Taten waren den seinen gleich? Wem anders habt ihr – und daraus erwächst doch die Autorität vor allem – für solche bedeutenden und ehrenvollen Aufgaben eure Stimme gegeben?

44. Oder glaubt ihr, es gäbe irgendwo in der Welt ein solch gottverlassenes Gestade, daß die Kunde nicht dorthin gedrungen wäre von jenem Tag[28], an dem das gesamte römische Volk sich auf dem Forum drängte, die Stufen aller Tempel besetzte, von denen aus man einen Blick auf diesen Platz hier hat, und für einen Krieg, der alle Völker gemeinsam anging, einzig und allein Gnaeus Pompeius als Feldherrn mit Nachdruck forderte. So will ich denn, um es kurz zu machen und nicht erst durch andere Beispiele zu beweisen, wieviel die Autorität im Kriege vermag, wieder dem Wirken des Pompeius die Beispiele für hervorragende Leistungen aller Art entnehmen.

28 Als Pompeius das Oberkommando im Seeräuberkrieg erhielt (67 v. Chr.).

An dem Tag, an dem er von euch zum Oberbefehlshaber im Seekrieg bestimmt wurde, fiel der Getreidepreis plötzlich mitten in der höchsten Knappheit und Teuerung, nur durch die Hoffnung, die der Name dieses einen Mannes erweckte, auf einen so niedrigen Stand, wie es sonst kaum in langer Friedenszeit bei einer besonders guten Ernte einmal der Fall war.

45. Als die Schlacht in Pontus, an die ich euch vorhin nur ungern erinnert habe, einen schweren Rückschlag brachte, waren die Bundesgenossen in Furcht geraten, den Feinden aber waren Macht und Mut gewachsen. Unsere Provinz aber verfügte über keinen ausreichenden Schutz. Da hättet ihr Asien verloren, ihr Bürger, hätte nicht gerade im entscheidenden Augenblick damals durch göttliche Fügung das Glück des römischen Volkes Gnaeus Pompeius dorthin geführt. Seine Ankunft wies Mithridates, den der unerwartete Sieg übermütig gemacht hatte, in die Schranken und hemmte den Vormarsch des Tigranes, der Asien mit gewaltiger Heeresmacht bedrohte. Und da will noch jemand zweifeln, was der Mann durch seinen persönlichen Einsatz erreichen wird, der schon durch sein Ansehen allein einen solchen Erfolg hatte! Oder wie leicht er als Feldherr an der Spitze eines Heeres die Bundesgenossen und die Steuereinkünfte sichern wird, wenn er sie schon durch seinen bloßen Namen und das Gerücht von seiner Ankunft hat schützen können!

46. Welch deutlicher Beweis für den Respekt, den er bei den Feinden des römischen Volkes genießt, ist doch die Tatsache, daß sich alle miteinander, von weit her und aus allen Himmelsrichtungen, in so kurzer Zeit dem einen Mann ergeben haben. Ferner daß die kretischen Gesandten – obwohl sich auf ihrer Insel ein römischer Feldherr mit einem Heer befand – Gnaeus Pompeius bis ans Ende der Welt nachgereist sind mit der Erklärung, alle Städte Kretas wollten sich ihm unterwerfen. Weiter: Hat nicht der besagte Mithridates ebendemselben Pompeius einen Gesandten bis nach Spanien nachgeschickt? Pompeius hat ihn jedenfalls stets als Gesandten angesehen; Leute, denen es ganz und gar nicht paßte, daß man ihn gerade zu Pompeius ge-

schickt hatte, wollten ihn lieber als Spion betrachtet wissen. Was dieses Ansehen des Pompeius betrifft, das ja später durch die zahlreichen Erfolge und durch ehrenvolle Beschlüsse von eurer Seite noch gesteigert wurde, so könnt ihr nun ermessen, ihr Bürger, wieviel es bei den Königen dort, wieviel es bei den auswärtigen Völkern ausrichten wird.

47. Nun bleibt mir nur noch übrig, über das Glück zu sprechen, für das sich ja bei sich selber niemand verbürgen kann. Bei einem anderen dürfen wir es uns aber wohl ins Gedächtnis rufen und vor Augen stellen, in ehrfürchtiger Zurückhaltung, wie es sich gehört, wenn Menschen über das Walten der Götter sprechen. Ich bin nämlich überzeugt, man hat dem Maximus, Marcellus, Scipio, Marius[29] und den anderen großen Feldherrn nicht nur ihrer Tüchtigkeit wegen, sondern auch wegen ihres Glückes so häufig Oberbefehl und Heer anvertraut. Denn wahrhaftig, manch großer Mann wurde sozusagen durch göttliche Fügung vom Glück begleitet, damit er sich Größe und Ruhm erwerben und Heldentaten vollbringen konnte. Über das Glück dieses Mannes, von dem hier die Rede ist, will ich mit einer solchen Zurückhaltung sprechen, daß ich nicht etwa behaupte, er könne das Glück zwingen. Vielmehr soll man sehen, daß wir uns an Vergangenes erinnern und Gleiches von der Zukunft erhoffen; unsere Rede darf ja den unsterblichen Göttern weder überheblich noch undankbar erscheinen.

48. Ich will daher nicht ruhmredig schildern, welch große Unternehmungen Gnaeus Pompeius in Krieg und Frieden, zu Wasser und zu Lande vollbracht hat und wie ihm in allem das Glück zur Seite stand, wie seinem Wunsch und Willen nicht nur die Mitbürger stets zugestimmt, die Bundesgenossen Folge geleistet und die Feinde gehorcht haben, sondern wie ihm auch Wind und Wetter günstig waren. Nur dies will ich in aller Kürze

29 Fabius Maximus Cunctator, Feldherr im 2. Punischen Krieg; M. Claudius Marcellus, der Eroberer von Syrakus (212); Scipio Africanus Minor, der Zerstörer von Karthago (146) und Numantia (133); Marius, der Sieger über die Kimbern und Teutonen (102/101).

erwähnen: Nie wäre jemand in seiner Unbescheidenheit so weit gegangen, von den unsterblichen Göttern im stillen so viele große Erfolge zu erbitten, wie sie die Götter Gnaeus Pompeius verliehen haben. Daß dieses Glück sein dauerndes Eigentum bleibe, das müßt ihr, Bürger, wie ihr es sowieso schon tut, auch weiterhin hoffen und wünschen, um des Wohles der Allgemeinheit und des Reiches wie auch um seiner selbst willen.

49. Der Krieg ist also unumgänglich, und zwar so, daß er nicht unterschätzt werden darf, er ist so bedeutend, daß er mit aller Umsicht geführt werden muß, und ihr seid in der Lage, seine Leitung einem Feldherrn zu übertragen, der außergewöhnliche Kriegserfahrung, einzigartige Tüchtigkeit, glänzendes Ansehen und ein ganz einmaliges Glück besitzt. Könnt ihr da noch Bedenken tragen, ihr Bürger, dieses Geschenk, das euch von den unsterblichen Göttern zuteil wurde, zur Erhaltung und Mehrung des Staates zu verwenden?

50. Selbst wenn Pompeius zur Zeit als Privatmann in Rom wäre, so müßte er dennoch zum Führer dieses gewaltigen Krieges gewählt und entsandt werden. Nun kommt aber zu all den anderen außerordentlichen Vorteilen noch der glückliche Umstand, daß er sich schon in der Gegend des Kriegsschauplatzes befindet, daß er ein Heer besitzt und die Heere der anderen Feldherrn auf der Stelle übernehmen kann. Worauf warten wir da noch? Warum folgen wir nicht dem Wink der Götter und übertragen diesem Mann, dem wir ja schon alles übrige zum Besten des Staates anvertraut haben, auch noch diesen Krieg gegen die Könige?

51. Aber da gibt es eine hochgestellte Persönlichkeit, einen glühenden Patrioten, den ihr mit den höchsten Ehrenstellen ausgezeichnet habt, Quintus Catulus, und es gibt noch einen anderen Mann, dem Ehre, Vermögen, Tüchtigkeit und Talent in höchstem Maße eigen sind, Quintus Hortensius[30], und diese

30 Q. Lutatius Catulus, einflußreiches Mitglied der Nobilität, Konsul im Jahr 65, unterstützte Cicero später gegen Catilina, Q. Hortensius Hortalus, 69 Konsul, neben Cicero der berühmteste Redner seiner Zeit.

beiden raten von unserm Vorschlag ab. Ich räume ein, daß ihre Stimme bei euch bei zahlreichen Gelegenheiten sehr viel gegolten hat und Geltung verdient. In diesem Falle aber steht es so: Ihr seht zwar, daß die Autorität von tüchtigen, hochangesehenen Männern auf der Gegenseite steht, aber hier können wir diese Autorität einmal beiseite lassen und durch sachliche Überlegung die Wahrheit ermitteln. Dies können wir um so leichter tun, da sie ja selbst zugeben, meine bisherigen Ausführungen entsprächen der Wahrheit: Der Krieg sei unumgänglich und von großer Bedeutung, und Pompeius besitze alle erforderlichen Fähigkeiten in höchstem Maße.

52. Was sagt Hortensius also? Wenn man alle Rechte einem Manne übertragen müsse, so sei allerdings Pompeius der würdigste, aber man dürfe eben nicht alles einem einzigen überantworten. Dieser Einwand ist jedoch längst hinfällig geworden, Tatsachen mehr noch als Worte haben ihn widerlegt. Denn du selbst, Hortensius, hast dich ja mit der dir eigenen Fülle des Ausdrucks und mit deinem einzigartigen Rednertalent auch gegen den wackeren Aulus Gabinius in nachdrücklichen und wohlgesetzten Worten ausgesprochen, als dieser seinen Gesetzesvorschlag veröffentlichte, einen einzigen Mann mit dem Kommando gegen die Seeräuber zu betrauen. Hier von dieser Stelle aus hast du dich wortreich gegen dieses Gesetz gewandt.

53. Nun, hätte damals – bei den unsterblichen Göttern! – deine Autorität beim römischen Volk mehr vermocht als das Wohl und das wahre Interesse eben dieses römischen Volkes – hätten wir dann heute überhaupt noch diese ruhmreiche Herrschaft über die ganze Welt? Oder verdiente das in deinen Augen noch den Namen Herrschaft, als Gesandte des römischen Volkes, Quaestoren, Praetoren in Gefangenschaft gerieten, als weder privat noch von Staats wegen ein Verkehr mit unseren Provinzen möglich war? Als uns sämtliche Meere verschlossen waren, so daß wir weder private noch staatliche Geschäfte über See tätigen konnten?

54. Wo hat es früher einen Staat gegeben – ich meine jetzt

nicht Athen, das, wie es heißt, einst seine Herrschaft recht weit übers Meer ausgebreitet hatte, noch Karthago, das sein Ansehen aus seiner gewaltigen Flotte und seiner seebeherrschenden Stellung bezog, noch Rhodos, dessen ruhmreiche seemännische Schulung bis in unsere Tage in Geltung blieb –, wo hat es früher einen Staat gegeben, frage ich, sei er auch noch so schwach oder auch nur ein kleines Inselchen, der nicht seine Häfen und Äcker und wenigstens einen Teil des Landes und der Küste aus eigener Kraft zu schützen vermocht hätte? Aber, weiß Gott, das berühmte römische Volk, das doch bis in unsere Zeit den Namen einer unbesiegten Seemacht führte, hat während einer Reihe von Jahren vor dem Gabinischen Gesetz zum großen, ja größten Teil auf seine Einkünfte wie auch auf Ehre und Herrschaft verzichten müssen.

55. Unsere Vorfahren haben die Könige Antiochos und Perseus zur See geschlagen[31], die zur See erfahrenen, aufs beste gerüsteten Karthager in allen Seegefechten besiegt, wir aber konnten nirgendwo mehr mit den Seeräubern fertig werden. Wir hatten vorher nicht nur Italien in sicherem Besitz, sondern konnten auch an den entlegensten Gestaden durch das Ansehen unseres Reiches die Sicherheit all unsrer Bundesgenossen garantieren. Damals hatte selbst die Insel Delos[32] nichts zu fürchten, obwohl sie so weit von uns entfernt im Ägäischen Meer gelegen ist und Schiffe aus aller Welt mit Warenladungen ein- und ausliefen, und obwohl sie vollgestopft mit Reichtümern und dabei klein und ohne Befestigungsmauer war. Wir aber mußten nun nicht nur auf unsere Provinzen, die Küstenstriche Italiens und unsere Häfen, sondern sogar schon auf die Via Appia verzichten. Und empfanden in jenen Zeiten die Beamten des römischen

31 Vgl. Anm. 15. Perseus von Makedonien, Sohn Philipps V., wurde 168 bei Pydna geschlagen. Seine Flotte ergab sich kampflos dem römischen Admiral Cn. Octavius.

32 Bedeutender Hafenplatz mit dem größten Sklavenmarkt des Altertums, von Rom zum Freihafen erklärt, von den Seeräubern und Mithridates ausgeplündert.

Volkes nicht Scham, diesen Platz hier zu betreten, den doch unsere Vorfahren uns im Schmuck erbeuteter Schiffsausrüstungen hinterlassen haben[33]?

56. Das römische Volk zweifelte keineswegs daran, daß du, Quintus Hortensius, in bester Absicht deine Meinung geäußert hast, ebenso wie alle anderen, die dieselbe Ansicht vertraten. Aber ebendieses römische Volk wollte sich, wo es um das Heil aller ging, lieber von seiner eigenen schmerzlichen Erfahrung als von eurer Autorität leiten lassen. So haben uns denn ein Gesetz, ein Mann, ein Jahr nicht nur von diesem schmachvollen Elend befreit, sondern es zugleich auch bewirkt, daß wir endlich einmal wieder als die wahren Herrscher über alle Völker und über Land und Meer erscheinen.

57. Da ist es für mich um so empörender, daß man bisher Gabinius – oder soll ich sagen: Pompeius, oder richtiger: beiden – entgegengearbeitet hat: Aulus Gabinius soll keine Legatenstelle bei Gnaeus Pompeius erhalten[34], obwohl dieser ausdrücklich darum gebeten hat. Verdient denn jemand, der für einen so schweren Krieg einen Legaten seiner Wahl fordert, die Erfüllung seines Wunsches nicht, während alle anderen zum Ausrauben der Bundesgenossen und zum Ausplündern der Provinzen diejenigen als Legaten mitgenommen haben, die sie wollten? Oder darf der Mann, dessen Gesetz das Wohl und Ansehen des römischen Volkes und aller Völker fest begründet hat, keinen Anteil haben am Ruhm des Feldherrn und des Heeres, das auf seinen Vorschlag und auf seine Verantwortung hin aufgestellt wurde?

58. Oder durften Gaius Falcidius, Quintus Metellus, Quintus Caelius Latiniensis, Gnaeus Lentulus, die ich alle mit gebühren-

33 Die Rednertribüne (*rostra*) hatte ihren Namen von erbeuteten Schiffsschnäbeln, die dort seit dem Jahre 338 v. Chr. als Siegeszeichen befestigt waren.

34 Der Legat war der Adjutant des Feldherrn oder Statthalters. Gabinius befand sich noch im Amt als Volkstribun und durfte laut Gesetz kein Amt in einem Kommando antreten, das er selbst beantragt hatte.

dem Respekt erwähne, ein Jahr nach ihrem Volkstribunat Legaten werden – und einzig bei Gabinius nimmt man es so genau? Er müßte doch in diesem Kriege, der aufgrund des Gabinischen Gesetzes geführt wird, bei diesem Feldherrn und diesem Heer, das er selbst mit eurer Zustimmung aufgestellt hat, eine Vorzugsstellung genießen! Ich hoffe, die Konsuln werden wegen seiner Ernennung zum Legaten beim Senat einen Antrag stellen. Sollten sie zaudern oder Schwierigkeiten machen, so erkläre ich, daß ich es tun werde, und kein Edikt eines Gegners[35] wird mich daran hindern, im Vertrauen auf euch für das von euch gewährte Recht und Entgegenkommen einzutreten. Ich werde höchstens auf den Einspruch eines Volkstribunen hören, aber das werden sich die Herren, die immer wieder damit drohen, gut überlegen, ob sie sich das erlauben dürfen. Meine Meinung, ihr Bürger, lautet so: Aulus Gabinius ist der einzige, dem man zu Recht einen Anteil am Seekrieg und an den Taten des Pompeius zuschreiben kann. Der eine hat nämlich den anderen mit euren Stimmen zum alleinigen Oberbefehlshaber in diesem Kriege gemacht, und der andere hat dann den Auftrag übernommen und den Krieg erfolgreich zu Ende geführt.

59. Es bleibt nun nur noch übrig, über die gewichtige Meinung des Quintus Catulus zu sprechen. Er hat euch gefragt, wenn ihr all euer Heil auf Pompeius setztet, auf wen ihr denn dann bauen würdet, falls diesem etwas zustieße. Da erntete er einen herrlichen Lohn für seine Tüchtigkeit und sein Ansehen: Ihr rieft nämlich alle wie mit einer Stimme, er selber sei dann eure Hoffnung. Und wahrhaftig, das ist ein Mann, für den nichts zu schwer und zu mißlich ist, daß er es nicht durch seine Umsicht meistern, durch seine lautere Gesinnung wahren und mit seiner Tatkraft durchsetzen könnte.

Aber in diesem Punkte vertrete ich eine völlig andere Ansicht.

35 Ein Antrag konnte durch ein Edikt eines Konsuls von der Tagesordnung gestrichen werden. Das Entgegenkommen bestand in der Erlaubnis, daß sich Pompeius seine Legaten selbst aussuchen durfte.

Denn gerade je weniger Sicherheit und Dauer das menschliche Leben besitzt, desto mehr muß sich der Staat, solange es die Götter zulassen, die Lebenszeit und die Befähigung eines großen Mannes zunutze machen.

60. Aber, wendet man ein, es darf doch nichts Neues gegen die beispielhaften Einrichtungen der Vorfahren eingeführt werden[36]! Ich will an dieser Stelle nicht darauf zu sprechen kommen, daß unsere Vorfahren sich im Frieden stets von der Tradition, im Krieg aber vom Nutzen haben leiten lassen, daß sie sich an neue Zeitumstände stets mit Hilfe entsprechender neuer Maßnahmen angepaßt haben. Ich will auch nicht erwähnen, daß die zwei schwersten Kriege, gegen Karthago und Spanien, von einem Feldherrn zu Ende geführt wurden, daß die zwei mächtigsten Städte, von denen diesem Reich die meiste Gefahr drohte, Karthago und Numantia, von ein und demselben Scipio zerstört wurden. Auch will ich nicht daran erinnern, daß es vor einiger Zeit euch und euren Vätern richtig schien, alle Hoffnung des Reiches auf den einen Gaius Marius zu setzen, und daß es derselbe Mann war, der den Krieg gegen Jugurtha, gegen die Kimbern, gegen die Teutonen führte. Und erinnert euch nur, wie viele Neuerungen gerade bei Pompeius schon eingeführt worden sind – mit vollster Zustimmung des Quintus Catulus, der jetzt bei ihm gerade keine Neuerungen zulassen will.

61. Was war wohl so neu wie die Tatsache, daß ein junger Mann ohne amtliche Befugnis in einer politischen Krisenzeit ein Heer aufstellte? Er hat es aufgestellt. Daß er dieses Heer befehligte? Er hat es befehligt. Daß er unter eigenem Kommando große Leistungen vollbrachte? Er hat es getan. Was ist so wider alles Herkommen wie die Tatsache, daß man einem ganz jungen Mann, der noch lange nicht das Alter für die Senatorenwürde

36 Es verstieß gegen das Herkommen, daß ein Feldherr allein länger als ein Jahr das Kommando führte. Kollegialität und Annuität galten als die wichtigsten Sicherungen der republikanischen Staatsform. Der Vorwurf, gegen den *mos maiorum*, die geheiligte Vätersitte, zu verstoßen, wog sehr schwer. Cicero verweist daher auf Präzedenzfälle.

hatte[37], ein Kommando und ein Heer gab, daß man ihm Sizilien und Afrika und die Führung des Krieges dort übertrug? Er bewies in diesen Provinzen eine einzigartige Uneigennützigkeit, würdevolles Auftreten und Tatkraft; er beendete den schweren Krieg in Afrika glücklich und brachte das Heer sieggekrönt nach Hause zurück. Was ist nun vollends so unerhört neu wie die Tatsache, daß ein römischer Ritter zu einem Triumph kam? Und das hat das römische Volk nicht nur erlebt, es hat geglaubt, dies unter allgemeiner Anteilnahme miterleben und mitfeiern zu sollen.

62. Was ist ferner so ungewöhnlich wie die Tatsache, daß ein römischer Ritter – während doch zwei hochangesehene, tüchtige Konsuln zur Verfügung standen – in einen äußerst schweren, schrecklichen Krieg geschickt wurde[38], und zwar mit konsularischer Befugnis? Man hat ihn geschickt. Damals gab es so manchen, der es für nicht richtig erklärte, daß man einen Privatmann anstelle eines Konsuls entsende. Da soll Lucius Philippus den Ausspruch getan haben, er beantrage seine Entsendung nicht anstelle eines Konsuls, sondern anstelle beider Konsuln[39]. Solch große Hoffnung setzte man auf ihn, er werde den Auftrag des Staates erfolgreich durchführen, daß man den Aufgabenbereich zweier Konsuln der Tatkraft des einen jungen Mannes übertrug. Was ist so einmalig, als daß er, auf Senatsbeschluß von den gesetzlichen Bedingungen befreit, Konsul wurde, bevor er noch dem Gesetz nach berechtigt gewesen wäre, überhaupt irgendein

37 Pompeius war zum erwähnten Zeitpunkt 24 Jahre, Senator wurde man erst nach der Verwaltung der Quaestur, also frühestens mit 30 Jahren. Auch ein Triumph stand dem Herkommen nach nur einem Senator zu, der aus der Nobilität stammte und Konsul gewesen war. Pompeius (106 v. Chr. geb.) triumphierte in den Jahren 80, 71 und 61. Das Konsulat hatte er 70, 55 und 52 inne.

38 Gegen Sertorius in Spanien im Jahr 77. Die Konsuln D. Junius Brutus und Mamercus Aemilius Lepidus hatten den Oberbefehl abgelehnt.

39 Wortspiel mit der übertragenen und der wörtlichen Bedeutung von *pro consule* – mit konsularischer Befugnis bzw. anstelle eines Konsuls. L. Marcius Philippus, ein berühmter Redner, war 91 v. Chr. Konsul.

Staatsamt zu bekleiden? Was war so unglaublich, als daß ein römischer Ritter mit einer Ausnahmegenehmigung des Senats noch ein zweites Mal einen Triumph feierte? Alle Neuerungen, die man seit Menschengedenken für alle Menschen zusammen eingeführt hat, sind nicht so zahlreich wie die, die wir hier bei diesem Manne sehen.

63. Und all diese vielen weitreichenden und einschneidenden Neuerungen sind zugunsten eines und desselben Mannes zustande gekommen aufgrund der Empfehlung des Quintus Catulus und der übrigen ebenso einflußreichen und hochgestellten Persönlichkeiten. Daher sollten sie überlegen, ob das nicht höchst unbillig und untragbar ist: Ihr habt ihre Anträge über Amt und Würden des Pompeius stets gebilligt, sie aber mißbilligen nun euer Urteil über denselben Mann und damit die erklärte Meinung des römischen Volkes. Überdies kann das römische Volk, was diesen Mann angeht, mit vollem Recht seine Autorität verteidigen, auch gegen alle Andersdenkenden: Gegen den Widerspruch genau derselben Männer habt ihr ja ihn allein aus allen anderen auserwählt als den Mann, dem ihr die Leitung im Seeräuberkrieg übertragen wolltet.

64. Habt ihr dabei unüberlegt gehandelt und zu wenig das Wohl des Staates im Auge gehabt, dann haben sie ganz recht, wenn sie eure Neigungen durch ihre klugen Ratschläge zu lenken versuchen. Habt ihr damals aber die Lage des Staates klarer gesehen, habt ihr gegen ihren Widerspruch, ganz auf euch gestellt, dem Reiche Ansehen, der Welt aber Rettung gebracht, dann mögen jene sogenannten führenden Männer endlich einmal zugeben, daß auch sie und ihr Anhang sich dem erklärten Willen des gesamten römischen Volkes zu fügen haben.

Im übrigen bedarf es in diesem Krieg gegen die Könige in Asien nicht nur militärischer Tugenden, wie sie Gnaeus Pompeius in so einmaligem Maße besitzt, es sind vielmehr noch zahlreiche andere bedeutende Charaktereigenschaften erforderlich. Es ist eine schwierige Sache für unseren Feldherrn, sich in Asien, Kilikien und Syrien und in den Reichen im Landesinnern so zu verhalten, daß er ausschließlich an den Feind und an den Ruhm denkt. Überdies, selbst wenn es einmal Leute gibt, die aus Ehrgefühl und Selbstbeherrschung gemäßigter auftreten, so glaubt doch kein Mensch, daß sie wirklich so sind, weil die Menge der Habgierigen überwiegt.

65. Es ist kaum zu sagen, ihr Bürger, wie verhaßt wir bei den anderen Völkern sind wegen der Willkür und der Übergriffe der Männer, die wir in den letzten Jahren als Befehlshaber zu ihnen geschickt haben. Was glaubt ihr – welches Heiligtum galt unseren Beamten als verehrungswürdig, welche Stadt als unverletzlich, welches Haus war fest genug verwahrt? Man sucht nachgerade reiche, begüterte Städte, denen man die Schuld an einem Krieg anhängt, weil man darauf brennt, sie auszuplündern.

66. Gern würde ich einmal mit Quintus Catulus und Quintus Hortensius, die ja tüchtige, hochangesehene Männer sind, darüber von Mann zu Mann sprechen; sie kennen ja die Wunden der Bundesgenossen, sehen ihr Elend, hören ihre Klagen. Was glaubt ihr: Entsendet ihr ein Heer zum Schutze der Bundesgenossen gegen die Feinde, oder sind die Feinde nur ein Vorwand, und es geht gegen die Bundesgenossen und Freunde? Wo gibt es in Asien eine Stadt, die die Anmaßung und den Hochmut nicht eines Statthalters oder Legaten, sondern auch nur eines einzigen Militärtribunen befriedigen könnte?

Also, wenn ihr vielleicht auch jemanden habt, der in offener Feldschlacht die Heere von Königen zu schlagen vermag, dann ist er dennoch nicht der geeignete Mann für den Krieg in Asien gegen die Könige, wenn er nicht zugleich imstande ist, Hände, Augen und Gedanken fernzuhalten vom Vermögen der Bundesgenossen, von ihren Frauen und Kindern, von den Kunstgegenständen in Tempeln und Städten und dem Gold und den Schätzen der Könige.

67. Was glaubt ihr: Hatte dort irgendeine Stadt Frieden, die reich ist? Oder war eine reich und wurde dann von diesen Leuten wie eine friedliche Stadt behandelt? Die Menschen in den Küstengebieten, ihr Bürger, ersehnten Pompeius nicht nur

wegen seines militärischen Ruhmes, sondern auch wegen seiner Beherrschtheit. Sie mußten es ja mit ansehen, wie mit geringen Ausnahmen die Statthalter sich Jahr für Jahr mit Geld aus der Staatskasse bereicherten[40], und wie wir mit Flotten, die nur dem Namen nach da sind, nichts anderes zuwege brachten, als immer neue Schläge einzustecken und damit offenkundig nur noch größere Schande zu ernten. Mit welcher Gier heutzutage die Leute in die Provinzen gehen, wie sie kein Opfer an Geld und nicht die härtesten finanziellen Belastungen dafür scheuen, das wissen natürlich diese Herren nicht, die da glauben, man dürfe nicht alle Rechte auf einen Mann übertragen! Als ob wir nicht sähen, daß Gnaeus Pompeius seine Größe noch mehr den Lastern der anderen als seinen eigenen Vorzügen verdankt!

68. Tragt darum kein Bedenken, diesem einen Mann alles anzuvertrauen, denn er ist in so vielen Jahren der einzige gewesen, über den sich die Bundesgenossen gefreut haben, wenn er mit seinem Heer in ihre Städte kam.

Steht ihr aber auf dem Standpunkt, ihr Bürger, unsere Sache müsse von Autoritäten getragen sein, so habt ihr hier als Gewährsmann den Publius Servilius[41], der sich in jeder Art von Krieg und in den schwierigsten Unternehmungen aufs beste auskennt. Er hat zu Wasser und zu Lande so große Taten vollbracht, daß es für euch militärisch keine größere Autorität geben kann. Ihr habt auch Gaius Curio, der bei euch die höchsten Ehrenstellen bekleidet und die größten Erfolge gehabt hat, einen hochbegabten, klugen Mann. Ihr habt Gnaeus Lentulus; wie ihr alle wißt, ist er ein Mann von höchster Einsicht und Charak-

40 Das zur Ausrüstung der Flotte bestimmt war und von den Bundesgenossen aufgebracht werden mußte.

41 P. Servilius Vatia Isauricus, Konsul 79, Sieger über die Isaurer, einen Seeräuberstamm in Kilikien. C. Scribonius Curio, Konsul 76, besiegte die Thraker in Makedonien (75-73). Cn. Cornelius Lentulus Clodianus, Konsul 72, Freund des Pompeius, 67 Legat im Seeräuberkrieg. C. Cassius Longinus Varus, 73 Konsul, kämpfte gegen Spartacus.

terfestigkeit, wie es auch den hohen Ehrenstellen entspricht, mit denen ihr ihn ausgezeichnet habt. Ihr habt ferner Gaius Cassius, dem ganz besondere Lauterkeit, Tatkraft und Standhaftigkeit eigen sind. Darum seht: Wir sind mit diesen Autoritäten auf unserer Seite ganz offensichtlich imstande, den Erklärungen Andersdenkender etwas Gleichwertiges entgegenzusetzen.

69. Daher spreche ich zunächst deinem Gesetzesantrag, Gaius Manilius, wie überhaupt deinem Bestreben und deiner Auffassung ganz nachdrücklich mein Lob und meine Zustimmung aus. Weiter fordere ich dich auf, gestützt auf die Autorität des römischen Volkes bei deiner Meinung zu bleiben und dich von niemandem durch Gewalt oder Drohung einschüchtern zu lassen. Ich glaube, du hast genügend Mut und Standhaftigkeit dazu. Außerdem: Wenn wir eine so zahlreiche Menge hier begeistert auf unserer Seite sehen – wir sehen sie zum zweiten Mal so zahlreich versammelt zur Verleihung eines Kommandos an denselben Mann –, wie könnten wir da an der Sache selbst oder am Erfolg zweifeln?

Ich für meine Person verspreche und übertrage dir und dem römischen Volk zur Durchführung dieses Antrags alles, was mir an Eifer, Einsicht, Arbeitskraft und Redetalent zu Gebote steht, alles, was ich durch mein vom römischen Volk verliehenes Amt, die Praetorenwürde, und alles, was ich durch Ansehen, Zuverlässigkeit und Standfestigkeit vermag.

70. Ich rufe alle Götter zu Zeugen an, vor allem die Schirmherrn dieses heiligen Bezirks. Sie können ja am besten all denen ins Herz sehen, die sich dem Staatsdienst widmen: Ich tue dies nicht, weil mich jemand darum gebeten hat, noch etwa weil ich durch meine Stellungnahme die Gunst des Pompeius zu gewinnen hoffe. Ich tue es auch nicht, weil ich mir von der Machtstellung eines anderen Schutz bei Anklagen oder Unterstützung bei Amtsbewerbungen verspräche. Denn etwaige Anklagen werde ich leicht– soweit sich ein Mensch dafür verbürgen kann – durch eine tadellose Lebensführung abwehren können. Ein Ehrenamt aber will ich weder aus der Hand eines einzelnen noch durch das

Wirken an dieser Stelle hier erlangen, sondern, vorausgesetzt, ihr wünscht es, einzig durch meine bisherige mühevolle Lebensarbeit[42].

71. Ich versichere also, daß ich alles, was ich in dieser Sache unternommen habe, nur dem Staat zuliebe auf mich genommen habe, und ich bin weit davon entfernt zu glauben, ich hätte mich dadurch besonders beliebt gemacht. Mir ist vielmehr klar, daß ich mir damit allerhand offene und versteckte Feindschaften eingehandelt habe, die für mich nicht unumgänglich, für euch aber nicht ohne Nutzen sind. Aber da ich dieses Ehrenamt und andere hohe Auszeichnungen von euch empfangen habe, ihr Bürger, habe ich es mir zum Grundsatz gemacht, eurem Willen, der Würde des Staates und dem Heil der Provinzen und Bundesgenossen den Vorrang einzuräumen vor allen persönlichen Vorteilen und Interessen.

Übersetzt von Marion Giebel

42 Cicero will zum Konsulat nicht durch politische Agitation, sondern durch die Tätigkeit des Gerichtspatrons und Anwalts aufsteigen.

Rede für Archias

Einleitung

Cicero war nicht nur in der römischen *res publica* zu Hause, sondern auch in der Welt des griechischen Geistes. Einen Blick auf die Rolle Ciceros als Vermittler der griechischen Kultur erlaubt die Rede, die er im Jahre 62 v. Chr. als Verteidiger des in Rom lebenden griechischen Dichters Archias gehalten hat. Dieser war angeklagt, sich das römische Bürgerrecht angemaßt zu haben. Darauf stand die Strafe der Ausweisung. Archias behauptete, ein Bürger der unteritalischen Stadt Heraclea zu sein und als solcher dem Gesetz gemäß das römische Bürgerrecht zu besitzen. Dies wurde ihm vom Ankläger bestritten, und Archias vermochte keine Urkunde darüber vorzulegen, da das Archiv von Heraclea verbrannt war. Für ihn zeugten eine Abordnung aus Heraclea sowie sein Gönner Marcus Lucullus, der Bruder des Feldherrn im 3. Mithridatischen Krieg. Auch lag eine Meldeliste aus Rom vor, die einen ordnungsgemäßen Eintrag des Archias enthielt. Die Anklage stand somit auf schwachen Füßen; es ist zu vermuten, daß man damit weniger Archias persönlich treffen wollte, vielmehr handelte es sich eher um einen Vorstoß der Anhänger des Pompeius (seit dem 3. Mithridatischen Krieg waren Pompeius und Lucius Lucullus verfeindet), die die mit Archias befreundete Familie der Luculli treffen wollten und deshalb einen sonst unbekannten Mann namens Grattius als Ankläger vorschoben.

Der Fall bot keine juristischen Schwierigkeiten, daher nahm Cicero die Gelegenheit wahr, von der Person und dem Amt des Dichters ausgehend in der Öffentlichkeit für eine Beschäftigung mit Kunst und Wissenschaft einzutreten. Er hat es als seine Lebensaufgabe angesehen, die Werte der griechischen Bildung, vorab die Philosophie, ins Römische einzuschmelzen und ihnen den gebührenden Platz anzuweisen. Diesem Ziel dienten vor allem die philosophischen Werke seiner späteren Lebenszeit. In der Archiasrede wie auch später noch mußte er gegen das Vorurteil ankämpfen, die schönen Künste seien nur ein Zeitvertreib für leichtfertige Griechen und eines ernsthaften Römers unwürdig. Er legte seine *auctoritas*, seine Geltung als Staatsmann und ehemaliger Konsul, in die Waagschale als *exemplum* dafür, daß man sich ohne Verlust an *gravitas*, an Würde und Ernsthaftigkeit, in der Welt des Staates wie in der des Geistes bewegen könne. Dabei ist Bildung für ihn nicht so sehr eine intellektuell-ästhetische als vielmehr eine soziale Tugend: Als Zeugen dienen ihm die großen Männer Roms, ein Scipio, ein Laelius, die ihm stellvertretend stehen für die typisch römische Art der Bildung, die als *humanitas* den ganzen Menschen formt und sein Wirken bestimmt.

Doch Cicero will seine Zuhörer nicht überfordern, daher führt er zum Schluß wieder ein leicht eingängiges Nützlichkeitsargument an: Archias befriedigt das römische Grundbedürfnis nach *gloria;* er hat die Geschichte Roms rühmend dargestellt und wird dies weiterhin tun, dies spricht in besonderem Maße zu seinen Gunsten. Ciceros Verteidigung war erfolgreich, der Dichter wurde freigesprochen.

Die Rede hat folgende Gliederung:

I Einleitung *(exordium, prooemium)* 1–4: Verpflichtung Ciceros, Archias zu helfen, 4 *propositio, partitio:* Angabe der Art der Verteidigung

II Darlegung des Sachverhalts (*narratio*) 4–7: Lebensgang des Archias, Verleihung des Bürgerrechts

III Beweisgang (*confirmatio*) 8–11: Erfüllung der gesetzlichen Bestimmungen, Archias als römischer Bürger

IV Erörterung außerhalb der Rechtssache (*egressio, argumentatio extra causam)* 12–30: Wert der Bildung, Würde des Archias als Dichter, seine Bedeutung für Rom

V Schlußwort (*peroratio*) 31–32

Rede für Archias

1. Angenommen, ich hätte einiges Talent zum Redner, ihr Richter – ich fühle allerdings, wie wenig es ist –, oder einige Übung im Reden – immerhin habe ich mich damit, was ich nicht leugnen will, nicht ganz oberflächlich befaßt –, oder gesetzt den Fall, ich besitze auch nur einige theoretische Kenntnisse in diesem Fach, hervorgegangen aus dem eifrigen Studium der schönen Künste, das ich, um es offen zu sagen, zu keiner Zeit meines Lebens vernachlässigt habe – dann darf mein Klient Aulus Licinius[1] in erster Linie die Früchte dieses Strebens für sich beanspruchen. Soweit ich mich nämlich auch an die Vergangenheit erinnern und mir die frühesten Eindrücke aus meiner Jugend ins Gedächtnis zurückrufen kann, jedesmal, wenn ich so weit zurückdenke, sehe ich diesen Mann vor mir, der mein Führer war bei der Wahl dieser Studien und in ihren Anfangsgründen. Wenn sich also meine Redegabe durch die Anleitung und Unterweisung dieses Mannes ausbildete und wenn sie schon manche Existenz gerettet hat, dann ist es doch meine Pflicht, gerade dem Mann nach Kräften Hilfe und Rettung zu bringen, von dem ich die Gabe empfing, mit der ich anderen ein rettender Beistand sein konnte.

2. Es mag sich jemand über meine Worte wundern, weil doch dieser Mann hier ein ganz anderes Fachgebiet hat und nicht die Kunst und Wissenschaft der Rede – nun, auch ich habe diesen einen Wissenszweig niemals ausschließlich betrieben. Alle Ein-

1 Cicero stellt seinen Klienten gleich mit seinem römischen Namen vor, um ihn ganz als römischen Bürger zu zeigen. Licinius hieß er nach dem Gentilnamen der Luculli, seiner Patrone.

zelwissenschaften, die auf die menschliche Bildung abzielen, sind ja durch ein gemeinsames Band verbunden und werden zusammengehalten durch eine Art von Verwandtschaft[2].

3. Nun mag es jemandem unter euch verwunderlich vorkommen, daß ich in einem öffentlichen Kriminalprozeß, der vor dem Praetor des römischen Volkes, einem hochgeschätzten Manne[3], vor äußerst gestrengen Richtern, vor einem so zahlreich zusammengeströmten Zuhörerkreis stattfindet, eine solche Art des Vortrags wähle. Sie weicht ja nicht nur von der Gerichtspraxis, sondern überhaupt von der üblichen Sprache des Forums ab. Daher habe ich folgende Bitte an euch: Macht mir in diesem Prozeß ein Zugeständnis, das der Person dieses Angeklagten hier entspricht und euch hoffentlich nicht lästig ist. Ich spreche hier für einen Dichter von höchstem Range, einen äußerst gebildeten Mann, vor einem Zuhörerkreis von erlesenen Literaturkennern, vor Menschen von solch feinsinniger Menschlichkeit, wie ihr es seid, schließlich vor einem solchen Mann als Praetor und Gerichtsvorsitzendem. Da laßt mich etwas freier über die Beschäftigung mit Bildung und Wissenschaft sprechen und gestattet mir hier bei einer Persönlichkeit, die wegen ihrer zurückgezogenen wissenschaftlichen Betätigung noch nie zu Gerichten und Prozessen geschleppt wurde, eine wohl neuartige und unübliche Art des Vortrags zu wählen.

4. Merke ich, daß ihr mir dieses Zugeständnis erweist, so werde ich euch sicherlich zu der Überzeugung bringen, daß dieser Aulus Licinius nicht aus der Bürgerliste gestrichen werden darf, wenn er ein Bürger ist, ja daß man ihn, falls er keiner wäre, hätte einschreiben müssen.

2 Die aus der griechischen Philosophie und Rhetorik stammende Lehre vom *Syndesmos*, vom Zusammenhang aller Wissenschaften untereinander, erläutert Cicero in *De oratore* III 21. Bildung entsteht aus dem Eindringen in alle Bereiche der Künste und Wissenschaften, ausschließliches Betreiben nur eines Faches würde zum – von Cicero als zu eng abgelehnten – Spezialistentum führen.

3 Ciceros Bruder Quintus, der sehr gebildet war und selbst dichtete (darauf wird Ende 3 Bezug genommen).

Sobald nämlich Archias über das Knabenalter hinaus war und sich von den Studien, die das Kindesalter in die Welt der Bildung einführen, zum Schreiben gewandt hatte, gelang es ihm, zunächst in Antiochia[4] – denn hier ist er in einer vornehmen Familie geboren –, einer einst stark bevölkerten, reichen Großstadt, in der die gebildete Welt und Wissenschaft zusammenströmte, durch den Glanz seines Talents bald alle übrigen zu überstrahlen. Später erregte seine Ankunft überall in Kleinasien und in ganz Griechenland ein solches Aufsehen, daß die Erwartungen, die man an sein Erscheinen knüpfte, den Ruf seines Talents übertrafen; die Bewunderung, die sein Erscheinen dann hervorrief, übertraf jedoch noch diese Erwartung.

5. In Unteritalien standen damals allenthalben die griechischen Künste und Wissenschaften in Blüte, und diese Studien wurden auch in Latium damals eifriger betrieben, als dies heute in den gleichen Städten der Fall ist. Auch hier in Rom wurden sie infolge der politisch ruhigen Zeiten keineswegs vernachlässigt. Daher beschenkte man ihn in Tarent, Locri, Regium und Neapel[5] mit dem Bürgerrecht und sonstigen Auszeichnungen, und alle, die nur irgendwie ein Urteil hatten über schöpferische Gaben, würdigten ihn der Bekanntschaft und Freundschaft. Als sich sein Ruhm schon so weit verbreitet hatte, daß er auch für Leute, die ihn noch nie gesehen hatten, ein Begriff war, da kam er nach Rom, zur Zeit der Konsuln Marius und Catulus[6]. Er traf damit gleich solche Konsuln an, von denen ihm der eine den gewaltigsten Stoff zu Dichtwerken, der andere aber zu den Heldentaten auch noch Interesse und ein offenes Ohr bieten konn-

4 Hauptstadt Syriens, damals eine glänzende Metropole des Geistes mit Rhetoren- und Philosophenschulen. Dort war Archias um das Jahr 118 geboren.

5 Diese Städte waren wie die meisten in Unteritalien griechische Gründungen und Zentren griechischer Kultur, weshalb man dieses Gebiet auch *Magna Graecia*, Großgriechenland, nannte.

6 Im Jahre 102 v. Chr. Beide Konsuln besiegten 101 die Kimbern bei Vercellae.

te. Sogleich nahmen ihn die Luculler in ihr Haus auf, obwohl Archias damals noch ein ganz junger Mann war. Aber nicht nur sein Talent und seine Bildung, sondern auch sein ganzes Wesen und sein edler Charakter waren die Ursache dafür, daß das gleiche Haus, das den jungen Mann als erstes aufnahm, auch die vertraute Heimstatt des alten blieb.

6. Zu dieser Zeit war er auch beliebt bei Quintus Metellus Numidicus und dessen Sohn Pius; Marcus Aemilius gehörte zu seinem Zuhörerkreis, mit Quintus Catulus, dem Vater wie dem Sohn, verkehrte er und erfreute sich der Wertschätzung des Lucius Crassus. Mit den Lucullern aber, mit Drusus, mit den Octaviern, mit Cato und dem ganzen Haus der Hortensier stand er in enger Verbindung[7]. Daher genoß er höchste Wertschätzung, da ihn nicht nur Leute in ihre Nähe zogen, die Erkenntnisse aus seinem Vortrag zu gewinnen suchten, sondern auch solche, die nur bildungsbeflissen erscheinen wollten.

Unterdessen, nachdem eine genügend lange Zeit verstrichen war[8] – er war mit Marcus Lucullus nach Sizilien gereist und hatte diese Provinz in Begleitung desselben Lucullus wieder verlas-

7 Q. Metellus Numidicus hatte seinen Beinamen von erfolgreichen Kämpfen gegen Jugurtha, den König von Numidien (109/8). Sein Sohn (vgl. auch 26) verdankte seinen Beinamen Pius (d. h. der, der die Kindespflicht treu erfüllt) seinen Bemühungen um die Rückberufung seines Vaters aus der Verbannung. M. Aemilius Scaurus, 115 Konsul, war wie Vater und Sohn Catulus einer der führenden Männer des Senats. L. Crassus ist der aus Ciceros *De oratore* bekannte Redner. Der berühmteste der Luculli war Lucius Licinius Lucullus Ponticus, der Feldherr des 3. Mithridatischen Krieges (vgl. die Rede für den Oberbefehl des Pompeius), ein hochgebildeter Mann. M. Livius Drusus trat als Volkstribun dafür ein, daß die römischen Bundesgenossen das Bürgerrecht erhielten. Der bekannteste Octavier war Cn. Octavius, 87 Konsul, Führer des Senats während Sullas Abwesenheit im Osten; er versuchte Rom vor der Schreckensherrschaft des Cinna zu bewahren. Cato: Hier ist der Enkel des berühmten Censors gemeint, der Vater des Cato Uticensis. Berühmtester Hortensier ist der Redner Q. Hortensius Hortalus, vgl. die Rede für den Oberbefehl des Pompeius 51 ff.

8 D. h., nachdem er also schon lange Zeit (10 Jahre) in Rom ansässig gewesen war, was für das folgende wichtig ist.

sen –, kam er nach Heraclea[9]. Da dies eine Stadt war, die mit uns einen Bündnisvertrag auf der Basis gleichen Rechts besaß, ersuchte er um die Aufnahme in die Bürgerliste. Die Bürger von Heraclea gewährten sie ihm; einmal galt er selbst schon in eigener Person für würdig, dann aber standen noch Ansehen und Einfluß der Luculler hinter ihm.

7. Nun wurde ihm das römische Bürgerrecht erteilt, gemäß dem Gesetz des Silvanus und Carbo[10]. Dieses gilt: »Wenn jemand in einer verbündeten Stadt eingetragen war, wenn er zu dem Zeitpunkt des Gesetzeserlasses in Italien seinen Wohnsitz hatte, und wenn er sich binnen 60 Tagen beim Praetor gemeldet hat.« Da mein Klient schon viele Jahre seinen Wohnsitz in Rom hatte, meldete er sich beim Praetor Quintus Metellus, seinem vertrauten Freund.

8. Wenn ich nun ausschließlich über das Bürgerrecht und die Rechtslage sprechen wollte, dann wäre nichts Weiteres mehr zu sagen; der Fall ist abgehandelt. Denn welche meiner Behauptungen kann entkräftet werden, Grattius[11]? Willst du abstreiten, daß mein Klient damals in Heraclea in die Bürgerliste aufgenommen wurde? Da ist Marcus Lucullus, ein Mann von höchstem Ansehen, höchster Glaubwürdigkeit und Zuverlässigkeit. Er sagt aus, er berufe sich nicht auf Vermutungen, sondern auf Wissen, nicht auf Hörensagen, sondern auf eigenen Augenschein, nicht auf bloße Anwesenheit, sondern auf eigene Teilnahme. Da ist die Abordnung aus Heraclea, lauter ehrenwerte Männer; sie sind mit amtlichen Dokumenten und einem offiziellen Gutachten zu diesem Prozeß gekommen. Sie sagen aus, mein Klient sei in die Bürgerliste von Heraclea eingeschrieben. Und da vermißt du noch die Akten des Archivs von Heraclea,

9 Am Golf von Tarent.

10 Laut Gesetzesantrag der Volkstribunen M. Plautius Silvanus und C. Papirius Carbo – *lex Plautia Papiria* – aus dem Jahre 89 wurde den Einwohnern der italischen Bundesstädte das römische Bürgerrecht erteilt.

11 Der Ankläger, ein sonst nicht weiter bekannter Mann.

von dem wir alle wissen, daß es während des Bundesgenossenkrieges in Flammen aufgegangen ist? Es ist doch lächerlich, zu dem, was wir haben, keine Stellung zu nehmen, aber Dinge zu fordern, die wir gar nicht haben können, das Zeugnis lebender Menschen totzuschweigen und das toter Buchstaben zu fordern. Da hast du die zuverlässige Aussage eines hochangesehenen Mannes, die eidesstattliche Auskunft einer untadeligen Bundesstadt, Aussagen, die sich auf keine Weise verfälschen lassen – und du weist sie zurück und forderst Listen, von denen du selbst sagst, daß sie mit Vorliebe gefälscht werden.

9. Oder hatte er etwa keinen Wohnsitz in Rom? Der Mann, der sich so viele Jahre vor seiner Einbürgerung mit all seinem Hab und Gut in Rom niederließ? Oder hat er sich vielleicht nicht angemeldet? Im Gegenteil, seine Meldung ist gerade in den Listen enthalten, die als einzige von den Meldelisten beim Praetorenkollegium noch Gültigkeit haben. Denn Appius stand in dem Ruf, die Listen nicht sorgfältig aufbewahrt zu haben, Gabinius[12] aber nahm, als er noch unbescholten war, durch seinen Leichtsinn, nach seiner Verurteilung aber durch sein Mißgeschick den Listen alle Glaubwürdigkeit. Metellus aber, der gewissenhafteste und gründlichste Mann, den man sich denken kann, nahm es so peinlich genau damit, daß er zu dem Praetor Lucius Lentulus und zu den Richtern ging, um zu melden, er sei besorgt wegen einer möglichen Korrektur an einem einzigen Namen. Gerade in diesen Listen findet ihr aber keine Änderung beim Namen Aulus Licinius.

10. Was habt ihr bei dieser Sachlage noch für einen Grund, an seinem Bürgerrecht zu zweifeln, zumal er noch in anderen Städten in die Bürgerlisten eingetragen war? Während die Leute in Unteritalien damals viele Durchschnittsgrößen mit gar keinem oder nur einem kümmerlichen Talent freigebig mit dem Bür-

12 Die beiden Praetoren des Jahres 89. Appius Claudius Pulcher war der Vater von Ciceros Feind Clodius, Gabinius war wegen räuberischer Erpressung als Provinzstatthalter von Griechenland verurteilt worden.

gerrecht beglückten, da sollten wohl die Bürger von Regium, Locri, Neapel oder Tarent, die schon Komödianten damit zu beschenken pflegten, einem Mann von höchstem Genie und Ruhm diese Auszeichnung vorenthalten haben! Außerdem: Da konnten sich andere nicht nur nach der allgemeinen Verleihung des Bürgerrechts, sondern sogar noch nach dem Erlaß des Papischen Gesetzes[13] irgendwie in die Bürgerlisten ihrer Städte einschleichen, und dieser Mann, der nicht einmal Gebrauch macht von den Listen, in denen sein Name steht, weil er sich eben immer für einen Bürger von Heraclea hielt – der soll ausgestoßen werden?

11. Du vermißt unsere Eintragung in die Steuerlisten. Natürlich, es ist ja auch streng geheim, daß mein Klient während der letzten Steuerschätzungen zusammen mit dem hochberühmten General Lucius Lucullus beim Heer gewesen ist, daß er bei der vorletzten mit demselben Lucullus – damals Quaestor – in Kleinasien war und daß bei der ersten, unter Julius und Crassus[14], gar keine Angehörigen aus dem Volk steuerlich erfaßt wurden. Die Steuerliste ist kein Beweis für rechtmäßigen Besitz des Bürgerrechts, sie besagt ja nur, daß der steuerlich Geschätzte sich zu dem Zeitpunkt als Bürger ausgab – zu der Zeit, da du ihn beschuldigst, sich selbst nicht einmal als römischen Bürger betrachtet zu haben, da hat er mehrmals nach unseren Gesetzen ein Testament abgefaßt, hat Erbschaften von römischen Bürgern angetreten und hat vom Prokonsul Lucius Lucullus eine Anweisung an die Staatskasse erhalten zwecks Kostenerstattung. Suche das zu widerlegen, wenn du kannst. Mein Klient

13 Die *lex Papia* aus dem Jahr 65 bedrohte alle, die das römische Bürgerrecht zu Unrecht für sich in Anspruch nahmen, mit Ausweisung.

14 Der *census* war die von den Censoren alle 5 Jahre durchgeführte Vermögensschätzung, nach der die römischen Bürger in Steuerklassen eingeteilt wurden. L. Julius Caesar und L. Licinius Crassus (90 bzw. 97 Konsuln) waren im Jahr 89 Censoren, beide nicht zu verwechseln mit den Triumvirn; der letztere ist der aus Ciceros *De oratore* bekannte Redner.

wird weder von seinem eigenen noch vom Urteil seiner Freunde jemals überführt werden können.

12. Du fragst nun, Grattius, warum ich ein solcher Verehrer dieses Mannes bin. Weil er mir eine Stätte bietet, wo sich mein Geist vom Lärm des Forums erholen und meine Ohren von ermüdenden Wortgefechten Ruhe finden können. Oder meinst du, ich hätte Tag für Tag bei immer andersgearteten Fällen genügend Stoff zum Reden, wenn ich mich nicht wissenschaftlich weiterbildete – oder glaubst du, ich könnte diese enorme Nervenanspannung aushalten, wenn ich nicht eben in dieser wissenschaftlichen Betätigung Entspannung fände? Ich bekenne mich offen zu diesen Studien. Andere mögen sich genieren, wenn sie so in ihre Bücher vergraben sind, daß sie aus ihnen nichts Nützliches für die Allgemeinheit beitragen noch überhaupt etwas zu Tage fördern können. Aber was soll ich mich schämen, ihr Richter – ich lebe doch schon seit vielen Jahren so, daß mich keine Freizeit, kein Vergnügen, nicht einmal die Nachtruhe davon abhält, einem anderen beizustehen, mag er im Vorteil oder im Nachteil sein!

13. Weshalb sollte mich da also jemand tadeln oder mir berechtigte Vorwürfe machen können, wenn ich soviel Zeit für die Weiterbildung in diesen Studien aufwende, wie man anderen für ihre Privatangelegenheiten, zur Feier der Spiele, zu anderen Vergnügungen und eben zur Erholung von Körper und Geist gönnt und die sie mit ausgedehnten Gastmählern, gar mit Würfel- und Ballspielen verbringen? Man muß mir doch dieses Zugeständnis um so eher machen, da ja diese Studien der Nährboden meines rednerischen Talents sind, das – ob mehr oder weniger groß – noch niemals einen bedrängten Freund im Stich gelassen hat. Mag dieses mein Talent auch dem einen oder anderen etwas unbedeutend erscheinen, ich kenne aber doch wenigstens die Quelle, aus der ich Wissen um die höchsten Werte schöpfen kann.

14. Denn hätte ich nicht durch häufige Unterweisung und eifriges Studium von Jugend auf die Überzeugung gewonnen, es sei im Leben nichts ernstlich erstrebenswert außer Ruhm und Ehre, und auf dem Weg dorthin müsse man jede Art von kör-

perlichen Leiden, Gefahr für Leib und Leben oder Verbannung gering achten, dann hätte ich mich niemals um eures Heiles willen so häufig schweren Kämpfen und den täglichen Angriffen dieser verkommenen Existenzen ausgesetzt[15]. Diese Auffassung findet sich jedoch in allen Büchern, in allen Sentenzen der Philosophen, in allen lehrreichen alten Geschichten. Und dies alles bliebe im Dunkeln, wenn das geschriebene Wort es nicht mit seinem Licht erhellte. Wie viele anschauliche Porträts von heldenhaften Männern haben uns nicht die griechischen wie auch die lateinischen Schriftsteller zum Anschauen wie auch zum Nacheifern hinterlassen! Sie habe ich mir bei meiner politischen Tätigkeit stets vor Augen gestellt und habe Herz und Sinn durch die Beschäftigung mit diesen großen Geistern zu formen gesucht.

15. Jetzt fragt vielleicht jemand: »Wie? Diese hervorragenden Männer, von deren Heldentaten die Werke der Literatur künden, sind diese denn in dieser Gelehrsamkeit ausgebildet gewesen, die du so in den Himmel hebst?« Das läßt sich schwerlich von allen mit Sicherheit behaupten, aber ich habe dennoch eine befriedigende Antwort darauf. Ich gebe zu, es hat viele außerordentlich intelligente und sittlich hochstehende Männer gegeben, die ohne wissenschaftliche Bildung, allein durch ihre fast über Menschenmaß hinausgehende Veranlagung ganz aus sich heraus ernste und gesetzte Menschen geworden sind. Ich füge auch noch hinzu: Eine gute Naturanlage ohne gelehrte Bildung hat es häufiger zu Ruhm und Heldentum gebracht als eine Ausbildung ohne natürliche Begabung. Aber ebenso vertrete ich auch folgende Behauptung: Wenn zu einer hervorragenden, glänzenden Naturbegabung noch eine systematische wissenschaftliche Ausbildung tritt, dann entsteht in der Regel etwas Überragendes und ganz Einmaliges[16].

15 Gemeint sind die Kämpfe gegen Catilina und seine Gesinnungsgenossen.

16 Die These, ob Naturanlage oder Kunst mehr vermögen, behandelt Cicero ausführlich in *De oratore* (vgl. II 1 ff.). Sie ist auf dem Hintergrund

16. Zu diesen Erscheinungen gehört Africanus, den unsere Vorväter als einen gottbegnadeten Mann vor Augen hatten, Gaius Laelius gehört dazu, Lucius Furius, lauter Männer voll höchster Besonnenheit und Selbstzucht, ebenso wie der berühmte alte Cato, ein wackerer und für die damalige Zeit hochgebildeter Mann[17]. Hätten diese Männer die Wissenschaften nicht als hilfreich auf dem Weg zur höchsten Vollendung angesehen, so hätten sie sich niemals diesen Studien gewidmet. Auch wenn der Gewinn nicht so groß und so offensichtlich wäre, wenn diese Studien einfach nur Freude machten, ich glaube, ihr würdet diese Art von Entspannung doch für das dem Menschen am meisten Angemessene und Edelste halten. Alle anderen Beschäftigungen lassen sich nicht in jeder Lage, in jedem Alter und an jedem Ort ausüben. Unsere Studien aber sind die Wegzehrung in der Jugend, ein Labsal im Alter, ein Glanzlicht in glücklichen und eine tröstende Zuflucht in unglücklichen Zeiten; sie sind eine Freude daheim und keine Behinderung unterwegs, sie durchwachen mit uns die Nächte, gehen mit uns auf Reisen und aufs Land.

17. Wenn wir auch selbst diese Studien nicht ausüben könnten oder keinen Sinn dafür hätten, so müßten wir ihnen doch Bewunderung zollen, auch wenn wir sie nur bei anderen sehen. Ist einer von uns so roh und gefühllos, daß er nicht neulich vom

des römischen Mißtrauens gegen die allzu subtile griechische Gelehrsamkeit zu sehen. Mit diesen Vorbehalten seiner römischen Zeitgenossen setzt sich Cicero ausführlich auseinander in: *De or. II 1 ff., Or. 140–148, De nat. deor. I 5 ff., De fin. I 1 ff.*

17 Die Vorbildgestalten Scipio Africanus der Jüngere, Laelius, Furius und Cato der Ältere treten in Ciceros Dialogen *De re publica (Über den Staat), De amicitia (Über die Freundschaft), De senectute (Über das Alter)* als Gesprächspartner auf. Scipio Africanus der Jüngere, der Zerstörer Karthagos (146), gilt für Cicero als Verkörperung des idealen römischen Staatsmannes, Laelius und Furius waren seine Freunde und bildeten mit ihm und anderen den Scipionenkreis, der sich in exemplarischer Weise mit Kunst, Wissenschaft und Politik beschäftigte. Cato der Ältere (235–149) ist der berühmte Censor, Redner und Politiker.

Tode des Roscius[18] erschüttert wurde? Er ist hochbetagt gestorben, und doch herrschte allgemein der Eindruck, ein solch begnadeter, virtuoser Künstler dürfe überhaupt nicht sterben. Wenn er also schon mit seiner vollendeten Körperbeherrschung soviel Beliebtheit bei uns allen gewonnen hat, wie sollte da die unbegreifliche Beweglichkeit und Gewandtheit des Geistes keinen Eindruck auf uns machen?

18. Wie oft habe ich, ihr Richter – ihr hört mir bei meinem Vortrag, mit dem ich Neuland betrete, so aufmerksam zu, daher will ich eure Güte noch weiterhin in Anspruch nehmen –, wie oft also habe ich es nicht erlebt, daß unser Archias hier aus dem Stegreif, ohne sich ein Wort aufgeschrieben zu haben, eine Menge hervorragender Verse über Fragen der Gegenwart dichtete! Wie oft hat er dabei auf Beifallskundgebungen hin dasselbe Thema mit anderen Worten und Gedanken noch einmal dichterisch gestaltet! Was er aber nach Plan und Ausarbeitung schrieb, das wurde mit so viel Beifall aufgenommen, daß es sich mit dem Ruhm der alten Dichter messen konnte. Und einen solchen Mann sollte ich nicht aller Hochachtung und Bewunderung für wert halten, ich sollte nicht überzeugt sein, ihn mit höchstem Einsatz verteidigen zu müssen?

Alle übrigen Kunstfertigkeiten beruhen – so haben wir es von den Großen im Reich der Bildung gelernt – auf Unterweisung, Kunstregeln und einem wissenschaftlichen System. Der Dichter allein ist groß nur durch sein angeborenes Talent; er wird durch die Kraft seines Geistes angeregt und gewissermaßen durch göttlichen Anhauch entflammt. Daher konnte unser großer Ennius[19] die Dichter mit Recht heilig nennen, weil sie uns gewissermaßen als ein verpflichtendes Geschenk von den Göttern anvertraut sind.

19. Bei euch, ihr Richter, die ihr höchst gebildete Menschen

18 Q. Roscius Gallus, berühmter Schauspieler, 62 gestorben; Cicero hatte ihn vor Gericht verteidigt durch die Rede *Pro Q. Roscio comoedo* (Für den Schauspieler Quintus Roscius).

19 Vgl. die Rede für den Oberbefehl des Cn. Pompeius 25, Anm. 20.

seide, sollte der Name des Dichters heilig sein, den doch nicht einmal die Barbarenwelt je verletzt hat! Felsen und Einöden antworten seiner Stimme, wilde Tiere bleiben oft wie von seinem Gesang verwandelt stehen – da sollten wir, in den schönen Künsten erzogen, uns nicht von der Dichterstimme rühren lassen? Homer sei ihr Mitbürger, behaupten die Leute in Kolophon, Chios nimmt ihn für sich in Anspruch, Salamis fordert ihn für sich, Smyrna nennt ihn gar den Seinen und hat ihm daher auch ein Heiligtum in der Stadt gestiftet. Und außerdem streiten sich noch zahlreiche andere Städte erbittert um ihn.

Diese Leute reißen sich also um einen Fremden sogar noch nach dessen Tod, eben nur, weil er ein Dichter war. Und wir sollten diesen Mann, der nach eigener Überzeugung wie nach dem Gesetz der unsre ist, zu Lebzeiten verstoßen – und das, obwohl Archias seit langem all sein Streben und sein Talent darauf verwendet, Ruhm und Ansehen des römischen Volkes zu preisen! Als junger Mann hat er nämlich den Kimbernkrieg in einer Dichtung dargestellt und war sogar bei dem großen Gaius Marius beliebt, der doch für diese Künste reichlich wenig übrig hatte.

20. Es ist ja doch keiner so unempfänglich gegenüber den Musen, daß er es nicht gerne geschehen ließe, wenn seine Taten durch die Dichtung Ewigkeitswert erlangen. Der berühmte Themistokles[20], der größte Mann von Athen, soll auf die Frage, welches dichterische Glanzstück oder welchen Dichter er am liebsten höre, geantwortet haben: »Den, der den schönsten Preisgesang auf meine Heldentaten anstimmt.« Aus diesem Grund hat auch der große Marius den Lucius Plotius[21] so hochgeschätzt. Seinem Talent traute er es nämlich zu, seine Kriegstaten preiswürdig darzustellen.

20 Athenischer Feldherr und Politiker (524–459), siegte 480 in der Seeschlacht von Salamis über die Perser.

21 L. Plotius Gallus, bekannter Redelehrer, lehrte als erster die Rhetorik in Rom auf lateinisch (94 v. Chr.).

21. Der Krieg gegen Mithridates aber, dieses gewaltige, vielfach verschlungene Geschehen mit seinen wechselnden Schauplätzen zu Wasser und zu Lande, ist von Archias in seinem ganzen Verlauf dargestellt worden. Dieses Werk verherrlicht nicht nur den heldenhaften, hochberühmten Lucius Lucullus, sondern auch den Namen des römischen Volkes. Das römische Volk hat nämlich unter dem Oberbefehl des Lucullus den Pontus erschlossen, der vordem durch die Machtmittel seines Königs und schon durch das Gelände selbst wie mit einem Schutzwall gesichert war. Das römische Volk hat unter der Führung desselben Mannes mit geringer Streitmacht die Massenheere der Armenier geschlagen. Das römische Volk kann es sich zum Ruhme anrechnen, durch die Taktik desselben Mannes die mit uns befreundete Stadt Kyzikos allen Angriffen des Königs und dem Höllenrachen des Krieges entrissen und gerettet zu haben. Als unsere Ruhmestat gilt für alle Zeiten die schon legendäre Seeschlacht von Tenedos, in der Lucius Lucullus auf Tod und Leben kämpfte, die feindlichen Oberbefehlshaber fielen und die Flotte versenkt wurde. Unser sind die Trophäen, unser die Siegerstatuen, unser die Triumphe. Und wer diese Heldentaten durch sein Talent kundtut, der feiert den Ruhm des römischen Volkes.

22. Unser Ennius erfreute sich der Wertschätzung des älteren Africanus, und man glaubt auch, er stehe daher als Marmorstatue auf der Grabstätte der Scipionen. Jedenfalls preist seine Dichtung nicht nur ihren Helden, sondern verklärt darüber hinaus den Namen des römischen Volkes. In den Himmel erhoben wird der Urgroßvater unseres Cato hier[22]; die Geschichte des römischen Volkes gewinnt dadurch bedeutend an Ehre. Alle jene großen Männer schließlich, ein Maximus, Marcellus, Ful-

22 Im Werk des Ennius. Der anwesende Cato der Jüngere starb als aufrechter Republikaner im Kampf gegen Caesar bei Utica in Afrika (46 v. Chr.) und erhielt daher den Namen Uticensis. Sein Urgroßvater ist Cato der Ältere, vgl. Anm. 17.

vius[23] können nicht gerühmt werden, ohne daß ein Strahl dieses Ruhmes auf uns alle fällt. Diesen Mann also, der das vollbracht hat, einen Mann aus Rudiae, haben unsere Vorfahren in unsere Bürgerschaft aufgenommen. Und da sollten wir diesen Mann aus Heraclea, den viele Städte für sich haben wollten, der nach Recht und Gesetz in unserer Stadt eingebürgert wurde, aus unserer Bürgerschaft ausstoßen?

23. Es könnte nun einer die Ansicht vertreten, aus griechischen Versen erwachse weniger die Saat des Ruhmes als aus lateinischen. Aber da wäre er gewaltig im Irrtum. Denn Griechisch spricht man in fast allen Ländern der Erde, das Lateinische aber ist auf seine eigenen engen Grenzen beschränkt. Wenn nun unsere Waffentaten erst am Saum der Erde ihre Grenzen finden, so müssen wir auch den Wunsch hegen, daß ebenso weit wie unsere Waffen auch unser Ruhm und unsere Weltgeltung dringen möge. Denn dies ist einmal für die Völker selbst, deren Geschichte beschrieben wird, bedeutungsvoll, dann aber ist es mit Sicherheit für alle, die für den Ruhm ihr Leben aufs Spiel setzen, der höchste Ansporn, Gefahr und Mühsal auf sich zu nehmen.

24. Wie viele Geschichtsschreiber soll nicht Alexander der Große bei sich gehabt haben! Und doch rief er, als er auf Sigeion[24] am Grabhügel Achills stand: »Du glücklicher Jüngling, der du einen Homer als Künder deiner Heldentaten gefunden hast!« Und damit hatte er recht, denn hätte es nicht die Ilias gegeben, so hätte der gleiche Hügel, der Achills Leib bedeckte, auch jedes Gedächtnis an ihn begraben. Weiter: Hat nicht unser Pompeius der Große, dessen Tapferkeit so groß ist wie sein Kriegsglück, dem Theophanes von Mytilene, der seine Taten beschrieb, vor versammeltem Heere das Bürgerrecht verliehen?

23 Vgl. die Rede für den Oberbefehl des Cn. Pompeius 47, Anm. 29. M. Fulvius Nobilior, Sieger über die Aetoler (189 v. Chr.), wurde begleitet von dem Dichter Ennius, der aus Rudiae in Kalabrien stammte.

24 Vorgebirge bei Troja.

Und haben nicht unsere wackeren Männer, obschon rauhe Krieger, berauscht von der Süßigkeit des Ruhmes, dabei ein lautes Beifallsgeschrei erhoben, als seien auch sie es, die gerühmt würden?

25. Da hätte es wohl Archias, wenn er nicht schon nach dem Gesetz römischer Bürger gewesen wäre, nicht auch so weit bringen können, daß ihm irgendein Feldherr das Bürgerrecht geschenkt hätte! Sulla, der Spanier und Gallier damit beschenkte, hätte es ihm wohl auf sein Bitten verweigert! Wir haben es ja in einer Volksversammlung: Ein armseliger Dutzendpoet reichte Sulla aus der Menge ein Blättchen, und dieser ließ ihm augenblicklich, nur weil er ein endloses Machwerk in Versen auf ihn verfaßt hatte, etwas von den Dingen zur Belohnung überreichen, die er gerade versteigern ließ[25] – freilich unter der Bedingung, daß er hinfort das Dichten sein ließe. Und er, der die Lobhudelei eines dichtenden Schwachkopfs immerhin glaubte belohnen zu müssen – er hätte das Talent, die dichterische Kraft und den Erfindungsreichtum dieses Mannes hier nicht für sich gewinnen wollen?

26. Weiter: Hätte Archias das Bürgerrecht nicht von seinem guten Freund Quintus Metellus Pius, der so viele damit beschenkt hat, erhalten können, entweder auf eigene Bitte oder auf die der Luculler? Metellus ging in seinem Wunsch nach einer Darstellung seiner Heldentaten doch so weit, daß er sogar Dichtern aus Corduba trotz ihrer schwülstigen und fremdartig klingenden Redeweise sein Ohr lieh.

Wir brauchen nicht zu verheimlichen, was sich sowieso nicht verbergen läßt, sondern dürfen uns ruhig dazu bekennen: Uns alle treibt die Begierde nach Ruhm, und gerade für die Besten ist der Ruhm der Leitgedanke. Sogar die Philosophen setzen ihren

25 Nach seiner siegreichen Rückkehr nach Rom 83 v. Chr. vernichtete Sulla seine politischen Gegner durch Proskriptionen. Ihre Namen wurden auf Listen gesetzt, sie selber damit für vogelfrei erklärt und ihr Vermögen eingezogen und versteigert. Bei diesen Versteigerungen war Sulla meist selbst zugegen.

Namen auf die Bücher, die sie über die Verachtung des Ruhmes schreiben: Gerade dort, wo sie Lobpreis und Berühmtheit mit Verachtung abtun, wollen sie sich gerühmt und genannt wissen.

27. Auch ein Decimus Brutus, hervorragend als Persönlichkeit wie als Feldherr, hat die Eingänge zu den Tempeln und den anderen von ihm errichteten Bauwerken mit den Versen seines vertrauten Freundes Accius[26] schmücken lassen. Und vollends der Mann, der in Begleitung des Ennius gegen die Aetoler kämpfte, Fulvius, trug keine Bedenken, die Beute des Mars den Musen zu weihen. In dieser Stadt haben Feldherrn fast noch in Waffen dem Namen der Dichter und den Heiligtümern der Musen ihre Verehrung bezeugt. Da dürfen sich doch gerade hier nicht Richter in Friedenszeiten der Ehrung der Musen und der Rettung eines Dichters versagen!

28. Und damit ihr dies um so lieber tut, ihr Richter, will ich mich jetzt hier selbst vor euch zur Anzeige bringen und euch meine Ruhmbegierde eingestehen. Sie ist vielleicht allzu leidenschaftlich, aber doch noch im Bereich des Ehrenhaften. Denn die Taten, die ich während meines Konsulats mit euch zusammen für das Heil dieser Stadt und des Reiches wie für das Leben der Bürger und für den ganzen Staat vollbracht habe, diese Taten hat der Mann hier begonnen, in einem Epos darzustellen[27]. Als ich davon hörte, habe ich ihn eindringlich zur Vollendung des Werkes aufgefordert, denn dies schien mir etwas Wichtiges und Erfreuliches zu sein. Kein anderer Lohn erscheint ja der wahren Tüchtigkeit erstrebenswert für verdienstvolle Taten als eben Preis und Ruhm. Wird uns dieser entzogen, ihr Richter,

26 D. Brutus Callaecus, 138 Konsul, Sieger über die spanischen Stämme der Callaecer und Lusitanier, Freund und Gönner des Dichter Accius (170-85), des bedeutendsten altrömischen Tragödiendichters. Fulvius (vgl. Anm. 23) erbaute einen dem Hercules und den Musen geweihten Tempel.

27 Dieses Werk wurde jedoch nicht vollendet. Wieviel eine solche Darstellung für Cicero bedeutete, erhellt sein Brief an L. Lucceius *(Ad fam. V 12)*.

wofür sollen wir uns dann in den engen Grenzen unserer kurz bemessenen Lebensbahn mit solchen Strapazen abplagen?

29. Ja, wenn wir uns mit unserm Geist nicht in die Zukunft versetzen könnten, wenn wir mit all unserm Denken in die engen Grenzen unserer Lebenszeit eingeschlossen blieben, dann würden wir uns nicht in solcher Mühsal verzehren, uns in schlaflosen Nächten mit Sorgen plagen und so oft unser Leben in die Schanze schlagen. So aber wohnt gerade in den Besten die Begierde nach großen Leistungen, die uns Tag und Nacht im Gedanken an den Nachruhm keine Ruhe läßt mit der Forderung, wir dürften das Gedächtnis unseres Namens nicht mit unserm Leben aufhören lassen, sondern müßten es gleichermaßen auf alle kommenden Geschlechter übertragen.

30. Oder sollten wir alle, die wir mitten im politischen Leben stehen mit all seinen Mühen und Gefahren, uns so kleinmütig zeigen, zu glauben, für uns sei mit dem Tode alles aus, nachdem wir bis zu unserm letzten Atemzug keinen ruhigen und friedlichen Augenblick gehabt haben? Statuen und Bilder, Darstellungen nicht des Geistes, sondern des Körpers, haben viele bedeutende Männer gern der Nachwelt überliefern wollen – und da sollten wir uns nicht viel eher wünschen, ein Abbild unseres Geistes und unserer Wirksamkeit zu hinterlassen, ein Bild, das von höchster Kunst geschaffen und ausgestaltet wurde. Ich habe jedenfalls bei all meinen Taten schon bei ihrer Ausführung das Bewußtsein gehabt, dabei die Saat meines Ruhmes für ewige Zeiten auf der ganzen Welt auszustreuen. Mag dieser Ruhm nach meinem Tode meiner Wahrnehmung entzogen sein, oder mag er, wie die Philosophen glauben, Teil meines Bewußtseins werden, ich gebe mich jedenfalls jetzt schon freudigen, hoffnungsvollen Gedanken daran hin.

31. Also erhaltet uns diesen Mann, ihr Richter! Seine Ehrenhaftigkeit bestätigen hochgestellte Persönlichkeiten durch ihre langjährige Freundschaft, sein Talent aber muß man als hervorragend einschätzen, da sich, wie ihr seht, Männer von höchstem Format um ihn bemüht haben. Rechtlich gesehen sprechen für

ihn: der Beistand des Gesetzes, die verbürgte Aussage einer Bundesstadt, das Zeugnis des Lucullus und die Listen des Metellus. So liegt der Fall, und daher habe ich, wenn denn solche genialen Menschen nicht nur menschlichen, sondern sogar göttlichen Schutz beanspruchen dürfen, eine Bitte an euch, ihr Richter: Dieser Mann hat euch, eure Feldherrn und die Taten des römischen Volkes unablässig verherrlicht, er verspricht, auch mein und euer gefahrvolles innenpolitisches Wirken aus jüngster Zeit rühmend zu verewigen. Und er gehört doch zu denen, die allzeit bei allen Menschen für heilig gehalten und auch so bezeichnet wurden. Nehmt ihn daher so in eure Obhut, daß er durch eure Menschlichkeit erhoben und nicht durch eure Härte verletzt erscheint.

32. Meine gewohnheitsmäßig kurzen und einfachen Ausführungen zur Rechtslage haben euch, ihr Richter, wie ich zuversichtlich hoffe, alle überzeugt. Was ich aber abweichend vom üblichen Ton des Forums und der Gerichte über das Talent meines Klienten und ganz allgemein über Kunst und Wissenschaft gesagt habe, das habt ihr, ihr Richter, hoffe ich, günstig aufgenommen, vom Gerichtsvorsitzenden weiß ich das mit Gewißheit.

Übersetzt von Marion Giebel

Zeittafel

106 Cicero in Arpinum geboren.
88–82 Bürgerkrieg zwischen Marius und Sulla. Proskriptionen.
80 Rede Ciceros für Sextus Roscius aus Ameria.
76/75 Cicero Quaestor in Sizilien.
70 Verres-Prozeß (C. Verres 74 Praetor urbanus in Rom, 73–71 Propraetor in Sizilien, angeklagt *de pecuniis repetundis*, wegen Bereicherung im Amt).
70 *Lex Aurelia*, Besetzung der Geschworenengerichte durch je ein Drittel Senatoren, Ritter und Aerartribunen.
69 Cicero Aedil.
66 Cicero Praetor. Rede *De imperio Cn. Pompei*, für den Oberbefehl des Pompeius im Mithridatischen Krieg.
63 Cicero Konsul. Niederschlagung der Verschwörung des Catilina. Vier Reden gegen Catilina. 5. Dezember: Beschluß des Senats über die Hinrichtung der Catilinarier.
62 Sieg über Catilina bei Pistoria. Clodius-Affäre (Bona-Dea-Skandal).
61 Rückkehr des Pompeius aus Asien.
60 Erstes Triumvirat (zwischen Caesar, Pompeius und Crassus).
59 Caesar Konsul, dann Statthalter in Gallien für fünf Jahre.
58 Gabinius und Piso Konsuln. Clodius Volkstribun, erläßt ein rückwirkendes Sondergesetz gegen Cicero wegen der Hinrichtung der Catilinarier. Im April geht Cicero in die Verbannung nach Makedonien und Dyrrhachium (Illyrien). Clodius beherrscht Rom durch Bandenterror.
57 Lentulus und Metellus Konsuln, unterstützen die Be-

mühungen des Senats um Ciceros Rückberufung. Pompeius schließt sich an, durch die Übergriffe des Clodius erbittert. P. Sestius Volkstribun, ermöglicht durch Aufstellung einer Schutztruppe die Durchführung der Senatsbeschlüsse für Ciceros Rückkehr. 4. September: Cicero wieder in Rom.

56 Februar/März: P. Sestius von Clodius und dessen Hintermännern *de vi*, wegen Gewalttätigkeiten, angeklagt. Ciceros Rede für Publius Sestius, mit seinem politischen Programm eines Zusammenschlusses aller positiven Kräfte im Staat *(consensus omnium bonorum)*. April Konferenz von Luca, Erneuerung des Triumvirats.

55 Zweites Konsulat des Pompeius und Crassus, Caesar weitere fünf Jahre Statthalter in Gallien. Cicero schreibt die drei Bücher vom Redner *(De oratore)*.

54 Cicero politisch ohne Einfluß, erste schriftstellerische Periode: Beginn der Arbeit an *De re publica* (Vom Staat) und *De legibus* (Von den Gesetzen).

53 Crassus gegen die Parther gefallen.

52 Clodius nach jahrelangen Bandenkämpfen von Milo getötet. Ciceros Rede für Milo. Caesar besiegt Vercingetorix in Gallien, wachsende Entfremdung von Pompeius.

51 *De re publica* abgeschlossen. Cicero Statthalter in Kilikien (Kleinasien), vorbildliche Provinzialverwaltung, Ausrufung Ciceros zum Imperator.

49 Rückkehr Ciceros nach Rom. Caesar weigert sich, seine Truppen zu entlassen und sich als Privatmann in Rom um das Konsulat zu bewerben. Er überschreitet den Rubikon; Bürgerkrieg zwischen Caesar und Pompeius, dem Repräsentanten des Senats. Am 7. Juni folgt Cicero Pompeius nach Griechenland.

48 Sieg Caesars bei Pharsalos, Pompeius in Ägypten ermordet. Cicero wartet in Brundisium auf die Begnadigung durch Caesar.

47–44 Cicero amnestiert, Beendigung des Bürgerkriegs, Caesar Diktator auf Lebenszeit. Zweite schriftstellerische Periode Ciceros während seiner politischen Zurückgezogenheit: U. a. *Brutus, Orator, Cato, Laelius, Tusculanen, De officiis.* 15. März 44: Ermordung Caesars, erneuter Bürgerkrieg.

44/43 Cicero der Führer der Senatspartei im Kampf gegen Marcus Antonius. Vierzehn Philippische Reden. Zweites Triumvirat (zwischen Antonius, Octavian [Augustus] und Lepidus). Antonius läßt Cicero am 7. Dezember 43 bei Formiae ermorden.

Bibliographische Hinweise

Der Übersetzung liegt die Oxford-Ausgabe zugrunde (Oxford Classical Texts):

M. Tulli Ciceronis Orationes

Vol. I: Pro Sex. Roscio, De Imperio Cn. Pompei, In Catilinam. Ed. A.C. Clark. Oxford 1905, ND 1978.

Vol. II: Philippicae. Ed. A.C. Clark. Oxford 2. Edition 1918, ND 1956 .

Vol. III: In Verrem. Ed. W. Peterson, Oxford 1917, ND 1978.

Vol. V: Pro Sestio. Ed. W. Peterson, Oxford 1911, ND 1978.

Vol.VI: Pro Archia. Ed. A.C. Clark. Oxford 1911, ND 1978.

Weitere Ausgaben:

Teubner-Ausgabe (BT): Cicero, M. Tullius: Scripta quae manserunt omnia

Fasc. 17: In Catilinam orationes IV. Ed. T. Maslowski.

Fasc. 19: Oratio pro Archia poeta. Ed. H. Kasten. Leipzig/München 1993 (ND der 3. Aufl. von 1966)

Fasc. 22: Oratio pro Sestio. Ed. T. Maslowski. Leipzig/München 1986.

Fasc. 28: In M. Antonium Philippicae XIV. Ed. P. Fedeli. Leipzig/München 2. Aufl. 1986.

Cicero: Die Prozeßreden. Lat.-dt. hrsg. von M. Fuhrmann. 2 Bde. Düsseldorf/Zürich 1997.

Cicero: Die politischen Reden. Lat.-dt. hrsg. von M. Fuhrmann. 3 Bde. Düsseldorf/Zürich 1993.

Cicero: Sämtliche Reden. Übers. u. hrsg. von M. Fuhrmann. Düsseldorf/Zürich 2. Aufl. 1982–1985.

Cicero: Staatsreden. Lat.-dt. hrsg. von H. Kasten. Teil 1–3. Berlin/Darmstadt 4. Aufl. 1988.

Hilfsmittel

M. Gelzer/W. Kroll/K. Büchner/R. Philippson: M. Tullius Cicero. In: Realencyclopädie der classischen Altertumswissenschaft VII A 1939 (auch als Sonderdruck Stuttgart o. J.)

M. von Albrecht: Geschichte der römischen Literatur. Bd. 1: Cicero (Werkübersicht 2: Reden S. 417–423). München 1994.

M. Fuhrmann: Geschichte der römischen Literatur. Stuttgart 1999.

A. D. Leeman (Hrsg.): Die römische Literatur in Text und Darstellung Bd. 2: Republikanische Zeit II. Stuttgart (Reclam) 1985.

Bibliographien

D. Gerstmann: Bibliographie Lateinunterricht. Bd. 1: Lateinische Autoren: Sekundärliteratur, Werkausgaben, Kommentare und Übersetzungen. Bd. 2: Didaktik, Methoden, Realien, Sachbegriffe, Eigennamen, Grammatik (hierin: Rhetorik S. 230–233). Paderborn 1997.

A. Müller/M. Schauer: Bibliographie für den Lateinunterricht. Clavis Didactica Latina. Bamberg 1994.

Darstellungen

D. Berger: Cicero als Erzähler. Forensische und literarische Strategien in den Gerichtsreden. Frankfurt a. M. u. a. 1978.

K. Büchner: Cicero. Bestand und Wandel seiner geistigen Welt. Heidelberg 1964

K. Büchner (Hrsg.): Das neue Cicerobild. Darmstadt 1971. Wege der Forschung Bd. XXVII.

Christ, K.: Krise und Untergang der römischen Republik. Darmstadt 2. Aufl. 1984.

M.L. Clarke: Die Rhetorik bei den Römern. Göttingen 1968.

C.J. Classen: Recht – Rhetorik – Politik: Untersuchungen zu Ciceros rhetorischer Strategie. Darmstadt 1985.

W. Eisenhut: Einführung in die antike Rhetorik und ihre Geschichte. Darmstadt 5. Aufl. 1994.

M. Fuhrmann: Die antike Rhetorik. München/Zürich 1984.

M. Fuhrmann: Cicero und die römische Republik. Düsseldorf/Zürich 4. Aufl. 1997.

M. Gelzer: Cicero. Ein biographischer Versuch. Wiesbaden 1969.

M. Giebel: Cicero. Rowohlts Monographien. 13. Aufl. Reinbek 2000.

J. Graff: Ciceros Selbstauffassung. Heidelberg 1963.

P. Grimal: Cicero. Philosoph – Politiker – Rhetor. München 1988.

Chr. Habicht: Cicero der Politiker. München 1990.

G. Jäger u. a.: Rede und Rhetorik im Lateinunterricht. Zur Lektüre von Ciceros Reden. Auxilia 26. Bamberg 1992.

R. Klein (Hrsg.): Das Staatsdenken der Römer. Darmstadt 1966. Wege der Forschung Bd. XLVI.

I. König: Der römische Staat I: Die Republik. Stuttgart (Reclam) 1992.

B. Kytzler (Hrsg): Ciceros literarische Leistung. Darmstadt 1973. Wege der Forschung Bd. CCXL.

U. Manthe/J. von Ungern-Sternberg: Große Prozesse der römischen Antike. München 1997.

Chr. Meier: Res publica amissa. Eine Studie zu Verfassung und Geschichte der späten römischen Republik. Wiesbaden 1966.

Chr. Meier: Cicero. Das erfolgreiche Scheitern des Neulings in der alten Republik. In: Die Ohnmacht des allmächtigen Dictators Caesar. Frankfurt a.M. 1980, S. 103–222.

Chr. Neumeister: Grundsätze der forensischen Rhetorik, gezeigt an Gerichtsreden Ciceros. München 1964.

O. Plasberg: Cicero in seinen Werken und Briefen. Leipzig 1926. ND Darmstadt 2. Aufl. 1962.

O. Seel: Cicero. Wort. Staat. Welt. Stuttgart 1953, 3. Aufl. 1967.

H. Strasburger: Concordia ordinum. Eine Untersuchung zur Politik Ciceros. Borna 1931, ND Amsterdam 1956.

W. Stroh: Taxis und Taktik. Ciceros Gerichtsreden. Stuttgart 1975.

W. Stroh: Worauf beruht die Wirkung ciceronischer Reden? In: Rede und Rhetorik im Lateinunterricht. Auxilia 26, Bamberg 1992, S. 5–37.

R. Syme: Die römische Revolution. ND hrsg. von W. Dahlheim. München 1992.

J. Vogt: Cicero und Sallust über die Catilinarische Verschwörung. Frankfurt a.M. 1938.

GOLDMANN KLASSIKER MIT ERLÄUTERUNGEN
Anthologien

Deutsche Fabeln aus tausend Jahren. Eine Anthologie.

Mit Fabeln von: Dem Herger – Dem Stricker – Konrad von Würzburg – Hugo von Trimberg – Gerhard von Minden – Ulrich Boner – Heinrich von Mügeln – Magdeburger Äsop – Heinrich Steinhöwel – Johann Geiler von Kaysersberg – Johannes Pauli – Martin Luther – Burkard Waldis – Hans Sachs – Sebastian Franck – Erasmus Alberus – Hans Wilhelm Kirchhof – Johann Fischart – Abraham a Sancta Clara – Daniel Wilhelm Triller – Daniel Stoppe – Johann Ludwig Meyer von Knonau – Friedrich von Hagedorn – Christian Fürchtegott Gellert – Magnus Gottfried Lichtwer – Johann Wilhelm Ludwig Gleim – Johann Adolf Schlegel – Friedrich Karl von Moser – Just Friedrich Wilhelm Zachariä – Gotthold Ephraim Lessing – Gottlieb Konrad Pfeffel – Gottlob Wilhelm Burmann – Ludwig Heinrich von Nicolay – Heinrich Gottfried von Bretschneider – Christian Friedrich Daniel Schubart – Matthias Claudius – Johann Heinrich Merck – Johann Gottfried Herder – Johann Heinrich Friedrich Meineke – Christian Gottlieb Göz – Johann Benjamin Michaelis – Johann Heinrich Pestalozzi – Gottfried August Bürger – Johann Wolfgang von Goethe – Friedrich von Schiller – Friedrich Haug – Friedrich Adolf Krummacher – Christian August Fischer – Novalis – Heinrich von Kleist – Brüder Grimm – Friedrich Rückert – Arthur Schopenhauer – Wilhelm Hey – Franz Grillparzer – Abraham Emanuel Fröhlich – Heinrich Heine – Gustav Pfarrius – Gustav Theodor Fechner – Robert Reinick – Theodor Fontane – Marie von Ebner-Eschenbach – Wilhelm Busch – Heinrich Seidel – Otto von Leixner – Friedrich Werner van Oestéren – Paul Gurk – Franz Kafka – Rudolf Kirsten – Erich Weinert – Bert Brecht – Günther Anders – Heinz Erhardt – Wolfdietrich Schnurre – Fritz Winterling – Gerhard Branstner – Helmut Arntzen – Reiner Kunze – Rafik Schami

Herausgegeben und mit einem Nachwort sowie biographischen und bibliographischen Hinweisen versehen von Dr. Josef M. Werle, Universität Trier
(7663)

GOLDMANN KLASSIKER MIT ERLÄUTERUNGEN
Deutschsprachige Autoren

Novalis (1772 – 1801)

Hymnen an die Nacht – Heinrich von Ofterdingen. Nachwort, Zeittafel zu Novalis, Erläuterungen und bibliographische Hinweise: Professor Dr. Helmut Pfotenhauer, Universität Würzburg. (7572)

Ernst Theodor Amadeus Hoffmann (1776 – 1822)

Die Elixiere des Teufels. Roman. Nachwort, Zeittafel zu Hoffmann, Erläuterungen und bibliographische Hinweise: Privatdozent Dr. Franz Loquai, Universität Bamberg. (7523)

Lebens-Ansichten des Katers Murr. Roman. Nachwort, Zeittafel zu Hoffmann, Erläuterungen und bibliographische Hinweise: Privatdozent Dr. Franz Loquai, Universität Bamberg. (7553)

Nachtstücke. Erzählungen. Inhalt: Der Sandmann – Ignaz Denner – Die Jesuiterkirche in G. – Das Sanctus – Das öde Haus – Das Majorat – Das Gelübde – Das steinerne Herz. Nachwort, Zeittafel zu Hoffmann, Anmerkungen und bibliographische Hinweise: Privatdozent Dr. Franz Loquai, Universität Bamberg. (7678)

Heinrich von Kleist (1777 – 1811)

Sämtliche Erzählungen und Anekdoten. Inhalt: Michael Kohlhaas – Die Marquise von O… – Das Erdbeben in Chili – Die Verlobung in St. Domingo – Das Bettelweib von Locarno – Der Findling – Die heilige Cäcilie oder die Gewalt der Musik – Der Zweikampf – Anekdoten. Nachwort, Zeittafel zu Kleist, Erläuterungen und bibliographische Hinweise: Professor Dr. Hannelore Schlaffer, Universität Freiburg im Breisgau. (7621)

GOLDMANN KLASSIKER MIT ERLÄUTERUNGEN
Deutschsprachige Autoren

Rainer Maria Rilke (1875 – 1926)

Geschichten vom lieben Gott

Inhalt: Das Märchen von den Händen Gottes – Der fremde Mann – Warum der liebe Gott will, daß es arme Leute gibt – Wie der Verrat nach Rußland kam – Wie der alte Timofei singend starb – Das Lied von der Gerechtigkeit – Eine Szene aus dem Ghetto von Venedig – Von Einem, der die Steine belauscht – Wie der Fingerhut dazu kam, der liebe Gott zu sein – Ein Märchen vom Tod und eine fremde Nachschrift dazu – Ein Verein, aus einem dringenden Bedürfnis heraus – Der Bettler und das stolze Fräulein – Eine Geschichte, dem Dunkel erzählt – Anhang: Ein Brief des lahmen Ewald

Mit einem Nachwort, einer Zeittafel zu Rilke, Anmerkungen und bibliographischen Hinweisen von Professor Dr. Franz Loquai, Universität Bamberg
(7664)

Die Aufzeichnungen des Malte Laurids Brigge

Inhalt: Die Aufzeichnungen des Malte Laurids Brigge – Anhang: Aus dem Nachlaß: Erste Fassung des Anfangs der Aufzeichnungen – Zweite Fassung des Anfangs der Aufzeichnungen – Ursprünglicher Schluß der Aufzeichnungen – Erste Fassung – Zweite Fassung

Mit einem Nachwort, einer Zeittafel zu Rilke, Anmerkungen und bibliographischen Hinweisen von Professor Dr. Franz Loquai, Universität Bamberg
(7680)

Zwei Prager Geschichten

Mit einem Nachwort, einer Zeittafel zu Rilke, Anmerkungen und bibliographischen Hinweisen von Professor Dr. Franz Loquai, Universität Bamberg
(7691)